Christiane Vetter
Der kleine Gauner

Christiane Vetter

# Der kleine Gauner

Pädagogischer Lebensweltbezug
und psychoanalytisch fundiertes Verstehen
eines dissozialen Jungen

Juventa Verlag Weinheim und München 2003

Die Autorin

Christiane Vetter, Jg. 1962, Dr. päd., Dipl. Päd., Dipl. Soz. Päd. und Dipl. Rel. Päd., ist zur Zeit Mitarbeiterin in der Ambulanz des Vereins für psychoanalytische Sozialarbeit e.V.

Ihre Arbeitsschwerpunkte sind Theorie, Methoden und Praxis der Sozialen Arbeit mit dem Schwerpunkt Hilfen zur Erziehung und psychoanalytische Pädagogik.

Diese Arbeit wurde 2002 an der Pädagogischen Hochschule Ludwigsburg unter dem Titel „'Der kleine Gauner' - Pädagogischer Lebensweltbezug und psychoanalytisch fundiertes Verstehen eines dissozialen Jungen. Eine Fallstudie" als Dissertation eingereicht.

Bibliografische Information Der Deutschen Bibliothek

Die Deutsche Bibliothek verzeichnet diese Publikation in der Deutschen Nationalbibliografie; detaillierte bibliografische Daten sind im Internet über http://dnb.ddb.de abrufbar.


Umschlaggestaltung: Atelier Warminski, 63654 Büdingen
Umschlagabbildung: Anne Siering
Printed in Germany

ISBN 3-7799-1661-4

# Vorwort

Ausführliche Pädagogische Fallstudien - häufig gefordert - haben nach wie vor Seltenheitswert. Als „große“ Fallstudie reicht die hier vorgelegte Studie von Christiane Vetter weit hinaus über das übliche Darbieten illustrierender Praxisepisoden. Mit ihrer ausführlichen Falldokumentation und Fallinterpretation gibt Christiane Vetter einen spannenden Einblick in die pädagogischen Prozesse auf der Mikro-Ebene des sozialpädagogischen Alltags einer lebensweltlich orientierten Tagesgruppe. Es gelingt ihr, Fehlentwicklungen und mühsam errungene Entwicklungsfortschritte eines schwierigen Jungen bis ins Detail nachvollziehbar zu machen. - Ben ist ein Junge, der allen, die mit ihm zu tun haben, das Leben sehr schwer macht. Oftmals erscheint sein Verhalten nicht mehr verstehbar. Damit bringt er sowohl seine Erzieherin, andere Teammitglieder wie auch seine Lehrer zur Verzweiflung und droht deren Handlungsfähigkeit zu lähmen. Christiane Vetter entfaltet den Prozess der praktischen und theoretischen Suche nach Möglichkeiten des Verstehens seiner Verhaltensauffälligkeiten in eindrucksvoller Weise. Dazu muss sie ihr pädagogisches Handlungswissen erweitern. Über psychoanalytische Konzepte findet sie schließlich einen vertieften Verstehenszugang zu Ben. So steht diese Fallarbeit im Schnittpunkt zwischen psychoanalytischer und sozialpädagogischer Kasuistik.

Bei Ben, dem „kleinen Gauner“, handelt es sich um einen neurotisch schwer gestörten Jungen mit ausgeprägten dissozialen Verhaltensweisen und belastetem Familien- und Migrationshintergrund, um einen pädagogischen Grenzfall also, der ohne Einblick in dissoziale Dynamiken und die innere Welt neurotisch gestörter Kinder und Jugendlicher pädagogisch schwerlich zu bewältigen gewesen wäre. Bens destruktives Verhalten gibt Rätsel auf, macht hilflos und wütend. Bens auffällige Strategie, sich aus den zahlreichen Schwierigkeiten, die er nahezu täglich selbst verursacht, immer wieder einfallsreich herauszuschummeln, sich dabei geschickt als Unschuldslamm zu inszenieren, radikalisiert für seine Erzieher das Problem der pädagogischen Beziehung. Trotz aller Schwierigkeiten gelingt es, ihn in der stabilisierenden Tagesgruppe zu halten und ihm auf der Basis einer verlässlichen, konfliktfesten Beziehung unter dieser Rahmung eine psychoanalytisch-sozialpädagogisch begleitende „Nacherziehung“ anzubieten. Die damit einhergehenden Prozesse werden von Christiane Vetter spannend beschrieben und ausführlich interpretiert. Durch psychoanalytische Erkenntnisse zur Bedeutung von Devianz und Dissozialität bei Kindern und Jugendlichen erfährt die Fallstudie eine Vertiefung des hermeneutischen Zugangs, wie sie in dieser Form nur selten gelingt. - Über den Weg vertieften psychoanalytischen Verstehens von Störungssituationen kommen neue Perspektiven der professionellen Bewältigung in den Blick. Indem die Erzieherin Bens aggressive, destruktive Aktionen als Ausdruck seiner Abwehr unbewusster Konflikte zu verstehen lernt, verändert sich ihre Arbeit mit Ben positiv. Das aggressiv Ausgeschlossene kann zunehmend integriert und damit „entschärft“ werden. Ben gelingt es schließlich besser, zu einer realistischeren Sicht auf sich selbst und auf seine Umwelt zu kommen. Seine gestärkte Bindungsfähigkeit lässt es zu, dass er von den erzieherischen Hilfeangeboten schließlich profitieren kann.

Fallstudien als nachträgliche Rekonstruktion pädagogischen Alltagshandelns erfordern immer eine verdichtende Verschiebung des real erlebten Falls in den Vermittlungsraum des Kasuistischen. Insofern stellt jede darstellerische Bearbeitung den realen Fall in einen veränderten Sinnzusammenhang der Nachträglichkeit. Das macht Fallstudien zu einer wissenschaftlichen Textsorte, die an das darstellerische Geschick der Verfasserin besonders hohe Ansprüche stellt. In die Falldarstellung mussten mehrere institutionelle Perspektiven eingeholt werden. So hatte die Verfasserin die Analyse des gesamten Handlungsfeldes einer Jugendhilfemaßnahme zu leisten: Das komplexe institutionelle „setting“ der lebensweltorientierten Tagesgruppe im Verbund mit Bens Grundschule, einer Hauptschule und seiner Schule für Erziehungshilfe; außerdem der intensive Kontakt der Erzieherin und die sehr schwierige Beratungsarbeit mit Bens Eltern. Man gewinnt Einblick in die konfuse migrationsbedingte Situation einer identitätsverunsichernden, marginalisierten Lebenssituation der Familie, die gefährdet ist sowohl durch Dekompensation wie auch durch Überangepasstheit an die Hilfeautoritäten, bei gleichzeitiger Verleugnung von Hilfebedarf.

Eine besondere Herausforderung für die Darstellung ergab sich daraus, dass die Forscherin über ihre eigene Praxis berichtet. Sie hatte somit ihre Arbeit sowohl aus dem unmittelbaren Erleben als Fall*geschichte* zu erzählen, und sie hatte - abständiger - ihre Arbeit mit Ben darüber hinaus theoretisch zu analysieren und zu interpretieren, ohne dabei den unmittelbaren Bezug zum Fallgeschehen aus den Augen zu verlieren. Zur theoretischen Einbettung der Fallstudie führt Christiane Vetter in die für den Fall relevanten sozialpädagogischen, allgemeinpädagogischen und psychonalytischen Theoriesegmente ausführlich ein. Darüber hinaus analysiert sie die familientherapeutisch-systemische sowie die interkulturelle Dimension des Falls. Die komplizierte Gemengelage des Falls wird beim Lesen sehr klar. Bens Schwierigkeiten mit Regeln, mit Verlässlichkeit, seine „antisoziale Tendenz“, seine Aggressivität und auftrumpfende Realitätsverleugnung in der Kindergruppe werden verstehbar als Symptome der Verleugnung von Generationendifferenz. Ben darf nicht „klein“ sein, seine irrealen Größenvorstellungen mindern seine Fähigkeit zu Einsicht und Schuldanerkennung. Ein eigener Abschnitt beleuchtet Hintergründe der adoleszenten Veränderungen Bens. Der Übergang vom Kind zum Jugendlichen wirkt hier als eine Art „zweiter Geburt“, die Ben die Realitätsanerkennung erleichterte. Für seine Erzieherin bedeutete das aber auch, die unvermeidliche Konfrontation mit dem altersgemäßen Ablösungsgeschehen auszuhalten.

Im Abschlusskapitel unternimmt es Christiane Vetter, ihre Fallstudie an den allgemeinpädagogischen Theoriezusammenhang zurückzubinden. Für die transdisziplinäre Verständigung zwischen Pädagogik und Psychoanalyse „am Fall“ kann ihr Buch ein Modell sein. Die dokumentierende und interpretierende Fallstudie stellt eine besonders aufwändige Form der hermeneutischen pädagogischen Praxisforschung dar. Als wichtiger Baustein zu einer – immer noch nicht realisierten - pädagogischen Praxeologie ist sie ergiebiger als die häufiger zu findende Form der narrativen Interviewstudie. Der Wert von Fallstudien besteht vor allem darin, dass sie die prozesshafte Dimension pädagogischen Alltags-Handelns subjektbezogen dokumentieren und reflektieren. Die Arbeit von Christiane Vetter bietet dafür einen Meilenstein.

Ludwigsburg, den 16. März 2003 Luise Winterhager-Schmid

# Danksagung

Die vorliegende Einzelfallstudie, die aus der Praxis der teilstationären erzieherischen Hilfen stammt, hat eine längere Entstehungsgeschichte. Deshalb gilt mein Dank denen, die mich darin unterstützt haben, diese Studie zu schreiben: meinen akademischen Lehrern und psychoanalytischen Gesprächspartnern sowie den Menschen, mit denen ich die Praxis erlebte. Sie haben das Material zur Verfügung gestellt, über das im Rahmen der Studie geforscht werden konnte. Dazu musste aber im Sinne des Lernens aus Geschichten zunächst die eigene berufliche Praxis rekonstruiert werden. Auf diese Weise können aus dem Alltag in einer lebensweltorientierten Tagesgruppe Problemstellungen exemplarisch verdeutlicht werden. Unter der Perspektive struktureller Nacherziehung, die als Selbst- bzw. Ich-Unterstützung verstanden wird, will der Fallbericht das Fallverstehen und die pädagogische Theoriebildung anregen.

Auf die Spur der hermeneutisch-rekonstruktiven Grundlagenforschung brachte mich Frau Professor Dr. Luise Winterhager-Schmid, die diesen Prozess wissenschaftlich begleitete. An dieser Stelle danke ich ihr für ihre Unterstützung. Des Weiteren haben mich einzelne Kollegen und Kolleginnen, vor allem aber Frau Gertrud Hardtmann mit ihrer Zeit und den vielen konstruktiven Anregungen und kritischen Anmerkungen begleitet. Danken möchte ich auch Frau Ulrike Zipperer und Herrn Hubertus Volmer, die an der Endredaktion mitwirkten.

Ben, der Junge der Fallgeschichte, hat seinen ganz besonderen Anteil an dieser Geschichte. Sicher war er ein „kleiner Gauner“. Dennoch konnte er sich auf das erzieherische Angebot in der Tagesgruppe einlassen und damit wichtige neue Erfahrungen machen, die ihn in seiner Selbstwerdung beeinflussten. Mir hat er gezeigt, dass es sich lohnt, immer wieder nach Verstehen und Verständigung zu suchen, um die pädagogische Beziehung als Medium zur Nacherziehung nutzen zu können.

# Inhalt

# 1 Einleitung

„Ab heute soll ich in die Gruppe kommen, haben mein Vater und meine Lehrerin gesagt." – So stellte sich Ben, der Junge dieser Fallgeschichte, eines Nachmittags in der Tagesgruppe vor, die er einige Jahre besuchte.[1] In dieser Tagesgruppe wurden zwölf Kinder und Jugendliche von vier Pädagogen und Pädagoginnen betreut. Das Interesse, gerade über Ben eine Einzelfallstudie zu schreiben, erwuchs aus der Praxis mit ihm. Im Rahmen der Fallstudie steht seine Geschichte repräsentativ für Kinder, die pädagogische Institutionen in besonderer Weise herausfordern: Während viele Kinder und Jugendliche das Angebot der Tagesgruppe als Unterstützung für sich nutzten und rasch Entwicklungsschritte machten, brachte Ben alle, die mit ihm zu tun hatten, in kürzester Zeit gegen sich auf und an die Grenzen ihrer Belastbarkeit.

Einige Kinder, und darin stellt Ben keine Ausnahme dar, widersetzen sich einschlägigen pädagogischen Forderungen, so dass der Umgang mit ihnen zu einer Herausforderung wird. Bei Ben setzte der Migrationshintergrund seiner Familie dem Alltagsverstehen seines Verhaltens zusätzliche Grenzen. Bens Eltern wollten lange Zeit nicht wahrhaben, dass es Probleme mit ihm und seinen Geschwistern gab. Vor diesem Hintergrund bot die Arbeit mit Ben genügend Material, die Erfahrungen mit ihm zu reflektieren und daraus resultierende professionsrelevante Erkenntnisse in einer Fallstudie zu dokumentieren. Meine Ausgangsfrage war, warum sich Ben pädagogischen Angeboten widersetzte, die anderen Heranwachsenden der Tagesgruppe durchaus halfen, und weshalb er sich damit selbstschädigend auch Entwicklungen entzog, die aus erzieherischer Sicht die notwendige Voraussetzung für seine Persönlichkeitsbildung darstellten (vgl. § 1 Abs. 1-3 KJHG). Was sich unter dem Handlungsdruck des pädagogischen Alltags einem tieferen Verstehen entzieht, kann im Zuge der Fallanalyse in einer nachgehenden und verstehenden Reflexion erkannt und weitergeführt werden. Das „Lernen aus Geschichten" ist deshalb ein pädagogisch interessanter Weg, weil die biografische und die Interaktionsgeschichte in der aktuellen Situation des pädagogischen Handelns niemals so zur Verfügung stehen, wie sie im Zuge einer wissenschaftsorientierten Fallstudie entfaltet werden können. Darüber hinaus eröffnet eine rekonstruktive Fallstudie die Möglichkeit,

1 Zum Zwecke der Veröffentlichung dieser Fallgeschichte wurden die Daten anonymisiert und auf Zeitangaben verzichtet, so dass eine Identifikation der Personen für Außenstehende ausgeschlossen wird.

komplexe, auch theoretische Zusammenhänge der Praxis vorzustellen und Theorie und Praxis miteinander zu verbinden.

**Die lebensweltorientierte Tagesgruppe**

Die Tagesgruppe ist eine Jugendhilfeeinrichtung, die nach § 32 des Kinder- und Jugendhilfe-Gesetzes (KJHG) jungen Menschen und ihren Familien „Hilfe durch Erziehung“ anbietet. Im Unterschied zur Heimerziehung wird sie als eine teilstationäre Hilfeform definiert, welche Eltern bei der Wahrnehmung ihres Erziehungsauftrages unterstützt, während das Kind Zuhause wohnt. Die Tagesgruppe verbindet ihrer Intention nach den Alltag des Kindes in seiner Herkunftsfamilie mit neuen lebensweltlichen Erfahrungen in der Gruppe. Im „zweiten Zuhause um die Ecke“ (Moch 1989) werden die Heranwachsenden in ihrer Entwicklung zu einer „eigenverantwortlichen und gemeinschaftsfähigen Persönlichkeit“ erzieherisch gefördert (KJHG § 1,1). Zurzeit vollzieht die Jugendhilfe weitreichende Wandlungsprozesse: Galt die Tagesgruppe anfangs als „Hoffnungsträger“, um die in den 70er Jahren diagnostizierten strukturellen Defizite der Heimerziehung zu kompensieren, steht sie heute selbst auf dem Prüfstand ihrer Leistungsfähigkeit. Der Heimerziehung wurde vorgeworfen, dass sie Kinder aus ihren gewohnten Lebensbezügen herausreiße und darüber hinaus die Bezugspersonen zu häufig wechselten. Des Weiteren wurde der Vorwurf der „totalen Institutionalisierung“ erhoben. Diese strukturellen Defizite sollten durch das Angebot der teilstationären Unterbringung der jungen Menschen und die dadurch mögliche enge Einbeziehung der Herkunftsfamilien in den Prozess der Hilfeleistung vermieden werden (vgl. Zwischenbericht Kommission Heimerziehung 1977). Bisher fehlt jedoch eine umfassende Studie, die die Leistungsfähigkeit der lebensweltorientierten Tagesgruppe aufzeigt und kommentiert.

Der hier an einem Einzelfall vorgestellte pädagogische Alltag der Tagesgruppe eröffnet die Sicht auf die Bedingungen, unter denen „Hilfe zur Erziehung“ geleistet werden muss. Darüber hinaus greift diese Fallstudie eine wichtige Erkenntnis aus der Praxis auf: Die Bereitstellung eines neuen Lebens- und Erfahrungsraumes reicht alleine nicht aus, um Kindern eine gute Entwicklung zu ermöglichen. Um die anspruchsvolle Aufgabe der Hilfe zur Erziehung qualifiziert zu erfüllen, sind strukturelle Rahmenbedingungen und die pädagogische Beziehung notwendige Vorraussetzungen. Evaluative Erfahrungsberichte anhand kasuistischer Studien können zur Verbesserung des professionellen Handelns beitragen, weil sie die Erfahrungsebene reflektieren. Sie zählen somit zum unverzichtbaren Bestand aktueller sozialwissenschaftlicher Forschung (vgl. Friebertshäuser, Prengel 1997). Neben der ausführlichen, auf den Einzelfall bezogenen Fallanalyse wird die Institution der lebensweltorientierten Tagesgruppe in Form einer Leistungsbeschreibung an den Schluss der Arbeit gestellt. Sie enthält notwendige Informationen über die Ziele und Arbeitsweise sowie deren strukturelle Rahmenbedingungen, und die Weiterentwicklung des Konzeptes der Tagesgruppe im Rahmen der Jugendhilfeplanung.

**Die hermeneutisch rekonstruktive Fallstudie**
Die Fallstudie ist nicht nur eine mögliche Form der Berichterstattung, sondern sie ist als hermeneutisch rekonstruktive Studie eine wissenschaftliche Methode, mit deren Hilfe der „Fall Ben“ analysiert werden kann. Sie vollzieht den dialektisch verschränkten Prozess der Darstellung und wissenschaftlichen Reflexion von Praxis nach. Damit dokumentiert die Fallstudie einen wichtigen methodischen Zugang zur sozialpädagogischen Kasuistik und zum pädagogischen Erkenntnisgewinn durch Fallanalysen.

Die Fallstudie stellt exemplarisch einen Fall vor, der für die lebensweltorientierte Tagesgruppe als Grenzfall galt, aber gerade deshalb in der Lage ist, wichtige professionsrelevante Fragestellungen aufzuwerfen. Es wird sich zeigen, dass die von Herman Nohl geprägte sozialpädagogische Perspektive – die Probleme von Heranwachsenden nicht als solche, die diese machen, sondern als solche, die sie haben zu begreifen – folgende theoretische und praktische Konsequenzen nach sich zieht (vgl. Nohl 1926, S. 157): Die professionelle Anstrengung ist nicht ohne Verstehen zu leisten und darf auch nicht allein am biografischen Verstehen orientiert bleiben. Erforderlich wird ein hermeneutisches Fallverständnis, das auch das professionelle pädagogische Anliegen bezogen auf den jeweiligen Fall kritisch reflektiert.

*Aus der Geschichte mit Ben lernen – psychoanalytisch-pädagogische Aspekte der Fallarbeit*
An einem Fall, der hier als erlebte Erziehungspraxis dokumentiert ist, kann, wie Dieter Baacke feststellt, die „Komplexität und Facettenhaltigkeit sozialer Situationen, mit denen es pädagogisches Handeln immer zu tun hat“, praxisnah nachvollzogen werden (Baacke 1993, S. 87). Neben den bereits erwähnten Anliegen, Ausschnitte des beruflichen Alltags darzustellen, die Rahmenbedingungen für „Hilfe durch Erziehung“ offen zu legen und den Schwierigkeiten mit Ben analysierend nachzugehen, soll des Weiteren gezeigt werden, dass die erzieherische Praxis und Kasuistik durch psychoanalytische Erkenntnisse in der Tradition Sigmund Freuds fruchtbar ergänzt werden kann. Dabei beziehe ich mich vor allem auf die objektbeziehungstheoretische Diskussion, die auch für das pädagogische Handeln wichtige Erkenntnisse bereit hält. Ohne ein Wissen über mögliche psychische Motive für dissoziale Verhaltensweisen und die fortwährende Reflexion des professionellen Handelns, wäre es nicht gelungen, Ben in der Tagesgruppe zu begleiten. Bei Kindern, die wie Ben aggressiv auffällig werden, die kaum Frustrationstoleranz ausgebildet haben, die in ihrer Leistungs- und Sozialkompetenz deutlich eingeschränkt sind und in auffälliger Weise Probleme sozialer und psychischer Desintegration zum Ausdruck bringen, müssen nötige psychische Strukturbildungen im pädagogischen Prozess erst einmal gefördert werden. Heute wird oftmals davon ausgegangen, dass diese Pro-

zesse im Rahmen ausgewiesener therapeutischer Settings stattfinden. Diese Fallstudie zeigt jedoch, dass pädagogische Bemühungen nicht umhinkommen, psychische Grundlagen „nachzuerziehen“, worauf bereits Freud hingewiesen hatte. Eine analytische Behandlung setzt nämlich das Vorhandensein gewisser psychischer Strukturen voraus; ansonsten muss Erziehung zunächst dafür eintreten (vgl. Freud 1951 (1925), S. 8).[2] Daher gilt es bei der erzieherischen Arbeit zu beachten, dass notwendige Bildungs- und Selbstbildungsprozesse gefördert werden müssen. Gerade bei dissozialen Heranwachsenden spielt dieser Aspekt eine wichtige Rolle. Mit Hilfe der psychoanalytischen Selbst- und Strukturtheorien können die Verhaltensweisen Bens vor dem Hintergrund unbewusster Konflikte und Triebdynamiken besser verstanden werden. Darüber hinaus bieten diese Theorien idealtypisch eine allgemeine systematische Darstellung psychischer Reifungsprozesse, die die Voraussetzung für die Entwicklung von Subjektautonomie bilden.

Bei allen Arbeitsschritten dieser Fallstudie ist das Verstehen bzw. der Verstehensbegriff die Verbindung zwischen der psychoanalytischen und der pädagogischen Sichtweise auf Ben. So soll diese Fallstudie nicht zuletzt auch dazu beitragen, das hermeneutische Verstehen als einen methodisch abgesicherten Weg der pädagogischen Erkenntnisbildung praxisnah zu reflektieren. Das reflexive Verstehen gilt in der Psychoanalyse als bedeutsamer Weg, Heilungsprozesse zu befördern, und stellt im pädagogischen Kontext eine Grundlage des sozialpädagogischen Handelns dar: Pädagogik basiert auf der kontinuierlichen nachgehenden Reflexion des Handelns im Prozess des Verstehens (vgl. Niemeyer 1999, s.a. Müller 1991, 1997). Seit Friedrich Schleiermacher ist das reflexive Verstehen die Methode der hermeneutisch-pragmatischen Erziehungswissenschaft, worauf in späteren Kapiteln noch ausführlich einzugehen sein wird (s.a. Tenorth 2000, S. 231). Im Rahmen von Supervisionen und Fallbesprechungen ist das Verstehen meines Erachtens eine wirksame pädagogische Intervention, um Erziehungsprozesse innovativ zu fördern – auch wenn es in der Praxis oft als Gegensatz zum Handeln verstanden wird.

Das Verstehen wird als wissenschaftliche Methode vom so genannten hermeneutischen Zirkel geleitet. Er setzt die Grundannahme voraus, dass die hermeneutische Erkenntnisbewegung bei der Erschließung von Bedeutungen und sinnhaftem Verstehen durch die Rekonstruktion des Vorverständnisses einer Erzählung beginnt und beginnen muss. Diese wichtige erkenntnisleitende Grundhaltung bestimmt das Vorgehen innerhalb dieser Einzelfallstudie. Die vorliegende Fallstudie ist darüber hinaus am Vorbild der psychoanalytischen Fallgeschichte orientiert, weil innerhalb dieser For-

2 Die Angabe der in der Klammer erscheinenden Jahreszahl hinter dem Erscheinungsjahr bezieht sich auf die Erstveröffentlichung des Werkes, wenn es sich um ältere Texte handelt. Hervorhebungen innerhalb der Zitate stammen von den Autoren.

schungstradition Fallberichte von jeher als Instrument der Praxisforschung und professionellen Erkenntnisbildung genutzt werden (vgl. Schmid 1997, s.a. Wegner 1998).

**Der Aufbau der Fallstudie**

Im Folgenden wird zunächst die wissenschaftstheoretische Grundlage und Problemstellung der Fallstudie entfaltet (Kapitel 2). Im Anschluss daran erfolgt die Darstellung des sozialpädagogischen Lebensweltkonzeptes, das unter anderem auf der hermeneutisch-pragmatischen Pädagogik und der phänomenologischen Lebenswelttheorie von Alfred Schütz beruht (Kapitel 3). Im anschließenden Kapitel wird die Fallgeschichte im Mittelpunkt stehen (Kapitel 4). Daran schließt sich die Fallanalyse an. Diese basiert auf der Rekonstruktion psychodynamischer Hintergründe der Verhaltensauffälligkeiten, die die Interaktion mit Ben wesentlich bestimmten. Die theoretische Entfaltung des Problems der Dissozialität ist gleichzeitig eine weitergeführte Theoriediskussion von der Trieb- zur Objektbeziehungspsychologie. Im Rahmen dieser Arbeit werden daran anknüpfende psychoanalytisch pädagogische Konzepte vorgestellt, die die Bedeutung der Übertragung und Gegenübertragung, eine Objektbeziehungsanalyse und eine psychodynamische Diagnostik ermöglichen, um das Interaktionsgeschehen mit Ben besser zu verstehen. Eine ausführliche Familienanalyse wird Bens Verhalten im Kontext der familialen Kommunikations- und Beziehungserfahrungen erhellen. Hier steht eine systemische Perspektive im Zentrum, die um den unverzichtbaren Gesichtspunkt der Interkulturalität erweitert wird (Kapitel 5). Im abschließenden Kapitel werden die Erkenntnisse der Fallanalyse auf das für die pädagogische Situation konstitutive Problem der Gleichzeitigkeit von Handeln und Verstehen bezogen. Die dort vorgetragenen Rahmenüberlegungen und der Verstehensbegriff runden die Ergebnisse der Fallstudie ab (Kapitel 6). Die Organisationsstruktur der Institution Tagesgruppe erscheint im Anhang als Leistungsbeschreibung.

# 2 Rahmenbedingungen und Forschungsleistung der Einzelfallstudie

Eine Einzelfallstudie grenzt sich von der Praxis der Fallarbeit insofern ab, als diese sich auf die Lösung konkreter Alltagsprobleme bezieht, während die Fallstudie eine Form der wissenschaftlichen Praxisforschung ist. Daher verbindet die Fallstudie, so betont Reinhard Fatke, das Allgemeine mit dem Besonderen (vgl. Fatke 1997, S. 59 f). Bei einer Einzelfallstudie geht es sowohl darum, mit Hilfe systematischer wissenschaftlich geleiteter Fragestellungen ein ungelöstes Praxisproblem durch nachgehende Reflexion besser zu verstehen, als auch um Erkenntnisgewinn, der über diesen Einzelfall hinaus professionstheoretische Bedeutung hat. „Kasuistisches Wahrnehmen ist eine *prädikative Mitwahrnehmung* des Allgemeinen im Einzelfall, und die Fallanalyse versucht, das Allgemeine an dem Fall als das an ihm Wesentliche auszusprechen. Denn der Gedanke an das Allgemeine hat die Kraft, über diesen Fall hinauszuweisen und den Gedanken an andere Fälle derselben Art geradezu zu provozieren" (Binneberg 1985, S. 781). In diesem Sinne ist die Fallstudie eine wichtige Quelle, um an einer Geschichte zu lernen sowie professionsrelevante Erkenntnisse zu prüfen und zu generieren. Da im vorliegenden Fall die Praxisforschung nicht durch Fremdevaluation erfolgt, sondern im Sinne der Selbstevaluation geschieht, werden zunächst die Rahmenbedingungen dieser Fallstudie vorgestellt.

Die Einzelfallstudie, die eine erlebte Praxis auf rekonstruierende Weise abbildet, trägt dazu bei, spezifisches Berufswissen im Hinblick auf aktuelle Voraussetzungen eines bestimmten pädagogischen Handlungsfeldes theoretisch verdichtet und zugleich erfahrungsnah darzustellen. Die narrative Form der Beschreibung pädagogischen Handelns in Form eines Fallberichts ermöglicht einerseits, dass das pädagogische Geschehen auch von Außenstehenden nachvollzogen werden kann. Andererseits versetzt sie den Forscher oder die Forscherin in Distanz zur eigenen Praxis, wodurch die Möglichkeit zur kritischen Auseinandersetzung eröffnet wird. Annedore Prengel hebt darüber hinaus auch die besondere berufswissenschaftliche Bedeutung der Erforschung des eigenen Arbeitsfeldes für die wissenschaftliche Erkenntnisbildung hervor: Aus der Position der Innenperspektive können spezifische Problemstellungen deutlicher hervorgehoben werden, zu denen ansonsten kaum ein Zugang besteht (vgl. Prengel 1997, S. 600 f). Eine Einzelfallstudie ist also die Rekonstruktion subjektiv erlebter, gleichwohl professioneller Beziehungs- und Verstehensgeschichte. Weil die Narration in Form des Fallberichts aus dem pädagogischen Alltagsengagement heraus auf disziplin- und professionsorientierten Erkenntniszuwachs ausgerichtet ist, gibt sie auf anschauliche Weise die Komplexität sozialer Situationen, pädagogischer Einsichten und Fragestellungen wieder. Des Weiteren zielt, so Fatke, die Fallstudie darauf, Einzelfälle vor dem Hintergrund bestimmter Theorien zu reflektieren und auf diese Weise das bestehende Wissen zu prüfen (vgl. Fatke 1997, S. 59). Fallstudien stellen somit eine wichtige Quelle für die pädagogische Theoriebildung dar. So betont Baacke zu Recht, dass das „Lernen aus Geschichten" Teil des pädagogisch-professionellen hermeneutischen Verstehens werden müsse (vgl. Baacke 1993, S. 116 f). Gleichzeitig ist zu beachten, dass ein Fallbericht immer nur einen Ausschnitt aus dem Ganzen der Lebenswirklichkeit darstellen kann. Hier ist damit nicht nur die biografische Geschichte Bens gemeint, sondern auch der pädagogische Alltag in der Tagesgruppe. Eine Fallstudie ist notwendiger- und sinnvollerweise auf bestimmte Fragestellungen hin fokussiert, die die Perspektive des Berichts bestimmen. Die damit einhergehenden Problemstellungen werden nun dargelegt.

## 2.1 Die erkenntnisleitende Perspektive der hermeneutischen Praxisforschung

Innerhalb der Sozialwissenschaften zählt die Hermeneutik zu den qualitativen Methoden der Praxisforschung, die auf bestimmten epistemologischen Grundannahmen basieren. Nach Prengel ist die pädagogische Praxisforschung perspektivisch begründet: „Die kasuistischen Untersuchungen von Praxisforschung beziehen sich also auf die leiblichen, psychosozialen, kulturellen, geschlechtlichen und kognitiven Existenzweisen von Kindern, Jugendlichen und Erwachsenen als Adressaten von Pädagogik einschließlich ihrer sozialökologischen Kontexte, die Voraussetzungen der Sozialpädagogen und -pädagoginnen selbst sowie die Gestaltung der pädagogischen Konzeptionen und Organisationen und ihre Wirkungen" (Prengel 1997, S. 607). Neben der Perspektivität zählt auch die subjektive Perspektive zu den erkenntnistheoretischen Grundlagen dieser Voraussetzungen. Der eigene Standort und der Wahrnehmungsmodus des Forschers oder der Forscherin, so Prengel, bedingt seine und ihre spezifische Perspektive der Wahrnehmung, begrenzt sie aber auch in ihren Erkenntnismöglichkeiten (ebd., S. 612). Für diese Fallstudie spielt das insofern eine Rolle, als sich die Untersuchung auf ein konflikthaft pädagogisches Verhältnis bezieht, an dem die Forscherin beteiligt war.

Georges Devereux, der die Rolle der Subjektivität des wissenschaftlichen Beobachters im Kontext von Feldforschung untersuchte, betont, dass qualitativ gewonnene Erkenntnisse nicht durch die Beobachtung, sondern erst durch ihre interpretative Validierung gewonnen werden. Damit berührt Devereux eine weitere epistemologische Grundannahme der hermeneutischen Forschung, die Interpretation als einen dialektischen Prozess begreift. Jede bewusst wahrgenommene Beobachtung ist, so Devereux, bereits eine implizite alltagstheoretisch fundierte erste Auslegung eines Sachverhalts. Die Interpretation als eine gedeutete Wahrnehmung kommt also nicht ohne Rückgriff auf bestimmtes Vorwissen aus und wird sich der „Wirklichkeit“ immer nur annähern (vgl. Devereux 1998, S. 162 f). Jede Beobachtung ist daher eine Wahrnehmung, die vor dem Hintergrund der Erfahrung der forschenden Person, ihres professionellen Präkonzeptwissens, des Geschlechts, der Individualität, Bildung, Ausbildung und der normativen kulturellen Prägung gemacht wird. Auch die vorliegende Fallanalyse wird von Theorien bestimmt, die mit dem besonderen Interesse der Forscherin in Verbindung stehen. Dazu zählen das sozialpädagogische Lebensweltkonzept und psychoanalytische Präkonzepte der Selbst- und Objektbildung, langjährige Berufserfahrung sowie psychoanalytische Selbsterfahrung. Der hermeneutische Forschungsprozess richtet sich jedoch auch auf die Rekonstruktion der Präkonzepte, um sie in die Reflexion einzubeziehen. Hermeneutische Forschung ist als eine fortlaufende Suchstrategie zu verstehen. Einerseits bezieht sich die Suche auf bereits vollzogene Interpretationen, die durch Reflexion bewusst gemacht werden, andererseits wird mit Hilfe des Alltagswissens und wissenschaftlicher Theorien etwas bisher Unverständliches mit Bedeutung versehen. Das Besondere dieser Forschung ist also, so Arno Combe und Werner Helsper, dass es um die dialektisch verschränkte Kompetenz von Wissen und Nicht-Wissen in Bezug auf die Bedeutungserschließungen geht, „die uns auch aus der alltäglichen Praxis im Grunde vertraut und zugänglich sind“ (Combe, Helsper 1991, S. 247).

Eine wissenschaftliche Untersuchung, die einen Einzelfall zum Gegenstand der Forschung erhebt, in der der Forscher oder die Forscherin selbst Teil des Erforschten ist, ist daher charakterisiert als:

- Erkenntnisgewinn, der aus der pädagogischen Praxis heraus entsteht und im Dienste innovativer professioneller Praxis steht,
- Erkenntnisgewinn, der diagnostiziert, um was es geht, und prognostisch entwirft, wie es weitergehen soll,
- Erkenntnisgewinn, der am konkreten Fall exploriert wird und von daher das (begrenzt) Verallgemeinerungsfähige herauszuziehen versteht,
- Erkenntnisgewinn, mit dessen Hilfe wissenschaftliche Hypothesen generiert werden können, die dann wiederum an konkreten Einzelsituationen im Feld praxisrelevant überprüft werden können.

## 2.2 Die methodologische Perspektive der Praxisforschung

Die hermeneutisch qualitative Forschung ist ein Verfahren, das das Vorverständnis eines Textes oder eines Praxisproblems rekonstruiert, „bevor dieses zu einem ausdrücklichen Bewußtsein gekommen ist“ (Bollnow 1986, S. 725). Damit operiert die hermeneutische Methode mit der Voraussetzung, „daß soziale Wirklichkeit durch die handelnden Subjekte erzeugt wird und diese die Möglichkeit haben, sich reflexiv auf vorausgegangene Erfahrungen und Handlungen zu beziehen. Diese Reflexivität der alltäglich Handelnden ist zumindest strukturell dem Theoretisieren des Wissenschaftlers vergleichbar“ (Schründer-Lenzen 1997, S. 110). In dieser Folge hat die hermeneutische Methode nicht die Funktion von Hypothesenüberprüfung zur Feststellung von Kausalbezügen, sondern sie will Sinn- und Handlungszusammenhänge explorieren und dichte Beschreibungen ermöglichen, um auf diese Weise neue Sinnzusammenhänge hervorzubringen. Somit ist es erkenntnistheoretisch geboten, den intersubjektiv gemeinten Sinn in Selbstbescheidung als eine Annäherung zu verstehen (ebd., S. 111). Qualitative hermeneutische Praxisforschung erschließt soziale Phänomene erst durch die interpretierte Bestandsaufnahme der Interaktion der Beteiligten. Sie ist, wie gesagt, entscheidend vom offen gelegten und reflektierten Vorwissen sowie der Wahrnehmungsperspektive der jeweiligen Interaktionspartner abhängig. „Ob unsere Wahrnehmungs- und Erkenntnisprozesse als ‚wissenschaftlich‘ bezeichnet werden können, hängt folglich eher von der *Qualität* der Selbstreflexion des einzelnen Forschers, d.h. seiner selbstkritischen Introspektion in diese Wahrnehmungs- und Urteilsprozesse, als von einer spezifischen Methode ab“ (Leuzinger-Bohleber, Garlichs 1997, S. 161). Qualitative Praxisforschung zeichnet sich demnach forschungsmethodologisch aus:

- als Forschungsmethode, die subjektive Bedeutungen in der Rahmung von Situationsbeschreibung und Interpretation erfassen und verstehen will,
- als Forschungsmethode, die auf beobachtbaren Handlungen und Situationen und deren subjektiven Deutungen und Verarbeitungen basiert,
- als Forschungsmethode, die in enger Interdependenz zur Erlebens- und Erfahrungsdimension ihres Forschungsgegenstandes bleiben muss und diesem Anliegen auch in der Darstellungsweise gerecht werden soll.

## 2.3 Die theoriegeleitete Fallstudie im Dialog von Erziehungswissenschaft und Psychoanalyse

Da der Fall Ben bereits in der Praxis viele Fragen aufwarf, die mit erziehungswissenschaftlichen Theoriekonzepten im engeren Sinne unzureichend erklärbar waren, griff ich immer wieder auf psychoanalytische Erkenntnisse zurück, um die Handlungsfähigkeit auch in schweren Konfliktsituationen mit Ben zu gewährleisten. Mit dem Konzept des „dynamischen Unbewussten", des „psychischen Konflikts" und der „Angstabwehr" werden allgemein menschliche Phänomene erfasst, die den pädagogischen Alltag erheblich bestimmen (vgl. Figdor 1989). „Hier können psychoanalytische Theoriekonzepte und Forschungsmethoden eine wesentliche Hilfe sein, weil sie Individuen vor dem Hintergrund ihrer je eigenen, teilweise unbewußt gewordenen Biographie und im Schnittpunkt ihrer aktuellen Lebenssituation zu verstehen bemüht sind" (Leuzinger-Bohleber, Garlichs 1997, S. 157). Mit Hilfe der Analyse von Übertragung und Gegenübertragung können Beziehungskonflikte reflexiv erschlossen werden. Marianne Leuzinger-Bohleber und Ariane Garlichs schlagen aus diesem Grunde das Modell einer theoriegeleiteten Einzelfallstudie im Dialog von Psychoanalyse und Erziehungswissenschaft vor, ein Weg, der mit dieser Fallstudie verfolgt wird. Damit wird die Bedeutung psychoanalytischer Theoriesegmente zur Analyse spezifisch verzerrter Wahrnehmungs- und Erkenntnismuster hervorgehoben, auf die meiner Ansicht nach nicht verzichtet werden kann. Pädagogische Theorien stecken in der Regel den allgemeinen Rahmen ab, um die Funktion und die Bedingungen von Erziehung zu erhellen. Sie bieten jedoch selten eine Möglichkeit, Verhaltensweisen psychodynamisch so zu rekonstruieren oder die Subjektbildungsprozesse so differenziert zu analysieren, dass sie in der Praxis zum Verstehensprozess eines Falls beitragen. Diese Fallstudie kann diese Lücke schließen helfen.

Der hier vorgestellte Fallbericht erzählt vom Umgang mit Ben, von seiner Aufnahme in die Gruppe, den alltäglichen Interventionen und der Zusammenarbeit mit seinen Eltern. Er folgt der psychoanalytisch geprägten Auffassung, dass subjektive biografische Erfahrungen, insbesondere deren konflikthafte intrapsychische Verarbeitung, eine wesentliche Motivation für zwischenmenschliche Konflikte darstellen. Der Fallbericht zeigt, welche negative Entwicklung Heranwachsende nehmen können, wenn wichtige erzieherische und sozialisatorische Funktionen nicht übernommen wurden. Daher geht es mir darum, Hilfe zur Erziehung vom Proprium der Pädagogik her aufzugreifen und die dafür wichtigen Erkenntnisse der Psychoanalyse in den pädagogischen Verstehensprozess einzubeziehen.

Der Fallbericht basiert auf Erlebnissen, die ich in Form von Tagebuchaufzeichnungen, Ergebnisprotokollen von Supervisionen sowie Hilfe- und Erziehungsplänen dokumentiert habe. Teilweise werden auch Informationen aus Gesprächen einbezogen, die mit einem Kollegen des Allgemeinen Sozialen Dienstes des Jugendamtes (ASD) geführt wurden.

**Von der Fallgeschichte zur Fallanalyse**

Die Grundlage dieser Einzelfallstudie ist die Fallgeschichte, die anfangs als eine erlebte Beziehungsgeschichte narrativ rekonstruiert werden musste. Bereits dieser Prozess ermöglichte eine schrittweise Verarbeitung des Erlebten und lässt die Akteurin zu einer Beobachterin werden, die Fragestellungen an den Text richtet. Durch das Aufschreiben einer real erfahrenen Interaktionsgeschichte treten die Menschen, die in ihr vorkommen, als Subjekte ihrer Lebensgeschichte einerseits in den Hintergrund und andererseits in besonderer Weise wieder hervor. Bisher standen sie nicht im Rampenlicht einer Öffentlichkeit, waren noch nicht Objekte einer veröffentlichten Betrachtungsweise, um daraus professionelle Lernprozesse anzuregen (vgl. Wegner 1998, S. 14 f). Um die Erfahrungsebene zu analysieren mussten in den veröffentlichten Bericht Ordnungskriterien eingeführt werden, da es nicht möglich ist, pädagogisches Alltagshandeln voraussetzungslos transparent darzulegen; zudem will die Fallstudie eine professionsrelevante Problemstellung verstehend bearbeiten. So bezieht sich der Bericht auf die Nacherzählung von „Störerfahrungen“, die als Kristallisationspunkt des nachfolgenden Verständigungsprozesses dienen. In dem Augenblick, „wo wir Handeln oder Erfahrung erfassen wollen, entziffern wir sie als Vergangenheit, post festum, in der Bedeutungsstruktur jener Spuren und Niederschläge, die sie hinterlassen hat. Zum Machen der Erfahrung muß eine Form der Rekonstruktion hinzukommen, ‚welche' Erfahrung man gemacht hat und welche, in der Vergangenheit oft schon im Keim vorhandenen Möglichkeiten für den Entwurf des Zukünftigen bereitstehen“ (Combe, Helsper 1991, S. 253). Um die Erfahrung einer wissenschaftlich nachgehenden Betrachtung zu unterziehen, wird im Anschluss an den Bericht die Geschichte mit theoretischen Wissensbeständen angereichert, so dass daraus eine neue Geschichte – die Fallanalyse – entsteht. Im Rahmen sozialpädagogischer Kasuistik wird die symbolische Darstellung einer real erlebten Geschichte als „Fall erster Ordnung“ bezeichnet. Die Analyse des Fallberichts wird als „Fall zweiter Ordnung“ begriffen (vgl. Binneberg 1985, S. 775 f). Durch diesen Wandlungsprozess – vom Erleben hin zur Reflexion verschiedener Abstraktionsebenen – steht nun die weitere Interpretation des Fallberichts im Vordergrund. Diese Anordnung verdeutlicht darüber hinaus, dass, so Alfred Schütz, eine Erfahrungsebene des Alltagsverstands dadurch gekennzeichnet ist, dass subjektiv verinnerlichte Erlebensweisen routiniertes Handeln ermöglichen. Die Fallgeschichte wird möglichst frei von pädagogischen Reflexionen erzählt. Die Begründung der Interventionen erfolgt im nächsten Schritt der Fallanalyse. Erst dann wird die Ebene des „naiven Verstehens“ verlassen und mit Hilfe der hermeneutisch rekonstruktiven Methode zur Reflexion im Sinne des besseren Verstehens genutzt (vgl. Schütz 1971a).

Der Psychoanalytiker Peter Wegner weist darauf hin, dass der Forscher oder die Forscherin auch Furcht hat, bei der Veröffentlichung des Materials etwas von sich oder anderen Personen öffentlich zu zeigen, ohne Einfluss auf das nehmen zu können, was die Leser und Leserinnen dem Material entnehmen werden. Daher ist Mut erforderlich, einen Fallbericht zu veröffentlichen, denn es ist unmöglich, situativ gewachsene Interaktionen exakt abzubilden. Manchmal hängt diese Angst auch mit dem spezifischen Fall zusammen, der fortwährend enttäuschende, zweifelnde und hoffnungslose Selbstanteile berührt. Daher ist Distanz nötig, um eine kritische Betrachtung leisten zu können. Das auf dem Wege der subjektiven Aneignung zur Verfügung gestellte Material der Fallstudie lässt – darin liegt der forschungsmethodologische Gewinn einer narrativen Einzelfallstudie – dem Leser und der Leserin Spielraum, Neues darin zu entdecken, Anregungen aufzunehmen, über ähnlich erlebte Situationen nachzudenken und eigene Schlüsse zu erarbeiten (vgl. Wegner 1998, S. 35 f). Fallberichte tragen nach Wegner dazu bei, „Bereiche menschlichen Erlebens aus einem interaktionellen Kontext darstellbar zu machen, um auf ihre psychische Kraft, Wirksamkeit und Bedeutung hinweisen zu können" (ebd., S. 23). Dabei zeigt Wegner eine strukturelle Ähnlichkeit zwischen der psychoanalytischen Deutung[3] und der Interpretation auf, die durch eine Fallanalyse geleistet wird. Die Ähnlichkeit bezieht sich auf den Aspekt der Kommunikation von Interpretationen über die Beziehungserfahrung. Zwar richtet sich die Deutung unter den besonderen Voraussetzungen eines psychoanalytischen Behandlungssettings auf die im Diskurs zwischen Analytikern und Analysanden gewonnenen Daten. Deutungen basieren auf der Übertragungs- und Gegenübertragungsbeziehung, die an das Setting gebunden ist, und erzielen ihre Wirkung aus dem Grad der Durcharbeitung und der theoretischen Verknüpfung der interaktiv erlebten, aus dem Prozess heraus entstandenen Einsichten. In Form von Fallberichten kann die wechselseitige Perspektive nicht in dem Maße zur Verfügung gestellt werden, wie es im Dialog geschieht. Aber Fallberichte dokumentieren den Prozess der Erkenntnisbildung; sie beweisen nichts, aber illustrieren den Weg des Erkenntnisgewinns (ebd., S. 26 f).

Im Alltag der Tagesgruppe bleiben die aktuellen Interaktions- und Kommunikationsstrukturen den Beteiligten oft rätselhaft und konfliktreich, weil das pädagogische Geschehen nicht als schützendes und handlungsentlastetes Setting strukturiert ist. Manche Reaktionsweisen von Heranwachsenden bleiben unverstanden, weil es nicht möglich ist, sie unmittelbar sinnhaft zu erschließen. Übertragungsprozesse finden ja auch im pädagogischen Feld statt. Sie werden häufig sogar als solche erkannt, in der Regel jedoch nicht

3 Deuten bezeichnet innerhalb der Psychoanalyse die Verständigung über den Sinn von Ereignissen, wie z.B. in Träumen oder in Form einer Erinnerung, durch Einfälle, Fehlleistungen, Symptombildungen und Verhaltensweisen (vgl. Laplanche, Pontalis 1992, S. 117 f).

zur Erarbeitung eines tieferen Verstehens der Situation genutzt. Psychoanalytisch geschulte Pädagogen und Pädagoginnen nutzen die Analyse der Übertragung und Gegenübertragung im Rahmen der Supervision, um ein tieferes Verständnis für die sich entwickelnde Beziehung zu erlangen. Das auf diese Weise gewonnene Wissen über unreflektiert verlaufene Interaktionsprozesse der Beteiligten führt dazu, das eigene Handeln kritisch zu prüfen, andere in ihrer Lebenssituation anzuerkennen und Handlungsvollzüge zu entwerfen, die sich am Vorbild einer „fördernden Umwelt" orientieren (Winnicott 1974). Im Unterschied zur Psychoanalyse ist die pädagogische Interaktion durch die authentische unmittelbare Begegnung zwischen Erwachsenen und Heranwachsenden gekennzeichnet und verfolgt andere Entwicklungsinteressen als die Psychotherapie. Aber: Auch in der pädagogischen Praxis muss man sich zu erst verständigen, bevor man versteht. Einzelfallstudien sind daher auch in der Sozialpädagogik wichtige Grundlagen, um die Praxis zu evaluieren und zu einem Verstehensprozess beizutragen.

**Die Fallgeschichte – eine verdichtete Darstellung von Störungen der pädagogischen Interaktion**

Kasuistik in Form von Fallberichten wird innerhalb der Psychoanalyse gerade deshalb zum Erkenntnisgewinn genutzt, weil der Analytiker oder die Analytikerin die Interaktion mit den Analysanden zum Ausgangspunkt der Reflexion macht. Volker Schmid vertritt die Auffassung, dass die sozialwissenschaftlichen Forschungsansätze von diesem methodischen Prinzip profitieren könnten (vgl. Schmid 1997, S. 178). Im psychoanalytischen Dialog, der in einem Fallbericht rekonstruierend dokumentiert ist, geht es, so Schmid, um eine vertiefte Erschließung der psychischen Realität. Das Verstehen zielt auf die Analyse der Selbstdeutungen und Bewältigungsstrategien der Analysanden und geschieht vor dem Hintergrund der Übertragung und der Analyse von Gegenübertragungsgefühlen (ebd., S. 182). Mit der Entdeckung Freuds, dass seine Patientinnen ihre in der Vergangenheit erworbenen Beziehungsmuster in einer Übertragungsbeziehung reinszenierten, wurde eine entscheidende Wende innerhalb der psychoanalytischen Praxis und Theoriebildung eingeleitet. Jetzt, so der Psychoanalytiker Jürgen Körner, konnte nicht nur die objektive, sondern vor allem die subjektive Realität zum Gegenstand psychoanalytischer Behandlung erhoben werden. Darin sieht Körner den Zugang, der auch den sozialpädagogisch- hermeneutischen Diskurs um die Psychoanalyse weiterführen kann. Da nun den Interpretationen der Patienten und Patientinnen größere Aufmerksamkeit zukommen kann, wird der interpretierenden und sinngebenden Tätigkeit des Menschen ein formender und prägender Einfluss zugeschrieben: „Der psychoanalytische Dialog ist daher ein hermeneutischer, also sinnverstehender, bedeutungssetzender Prozeß" (Körner 1983, S. 126). Das psychoanalytische Konzept von Übertragung und Gegenübertragung definiert Verstehen als Kommunikation über Bedeutungen real erfahrener und in der

Fantasie gebildeter Beziehungserfahrungen, die im Rahmen der Übertragungsbeziehung zum Ausdruck gebracht werden. Die Gegenübertragung gilt heute als eine Antwort auf die Übertragung und eröffnet so gesehen die Möglichkeit, unbewusste Prozesse zu verstehen. Im Konzept der projektiven Identifizierung erfuhr das Konzept von Übertragung und Gegenübertragung in den letzten Jahren nochmals eine Modifikation, denn, so Körner, „sowohl Patient als auch Psychoanalytiker gestalten die gemeinsame Situation, und jeder antwortet auf die Beiträge des anderen und nimmt (...) die erwarteten Reaktionen des anderen in seinem eigenen Beitrag schon vorweg" (Körner, Körner 1997, S. 84). Auf diesen in der Regel unbewusst verlaufenden Prozess werde ich im Zuge der Fallanalyse näher eingehen.

Obwohl sich das therapeutische Setting von sozialpädagogischen Rahmenbedingungen unterscheidet und unterscheiden muss, ist beiden Professionen gemeinsam, dass die Qualität der wechselseitigen Beziehung eine wichtige Rolle für Veränderungen und Reifungsprozesse darstellt. Die pädagogische Beziehung ist der Ort, an dem sich auch die psychische Realität der Beteiligten zu Wort meldet und oftmals als ein bestimmtes störendes Verhalten erlebt wird. In beiden Professionen geht es aber darum, das Beziehungsgeschehen zu verstehen. Innerhalb der psychoanalytischen Forschungstradition dienen „Störungsgeschichten" (Winterhager-Schmid) dazu, die Praxis und Theorieentwicklung der Psychoanalyse voranzutreiben (vgl. King 1998). Immer wieder regen Fallberichte dazu an, seltene und wichtige Störungsphänomene zu beobachten und zu interpretieren und theoretische Schlussfolgerungen praxisnah zu belegen (vgl. Wegner 1998, S. 11). Im Unterschied zu den psychoanalytisch-klinischen Fallberichten nehmen pädagogische Erzählungen jedoch nicht nur die pathologisch verlaufende Psychodynamik in den Blick, sondern beziehen auch das reale Umfeld und entwicklungspsychologisch relevante Aspekte in den Verstehensprozess und dessen Reflexion mit ein.

Gisela Jakob, die jüngst verschiedene Ansätze der rekonstruktiven sozialpädagogischen Fallarbeit[4] untersuchte, hebt die Aufmerksamkeit für das Spannungsfeld der Pädagogik hervor, das besonders in psychoanalytisch-pädagogisch orientierten Fallanalysen reflektiert wird. Das doppelte Mandat der Anwaltschaft, für die Belange der Heranwachsenden zuständig zu sein und den Erziehungsauftrag der Gesellschaft wahrzunehmen, führt in der Praxis häufig zu langwierigen und schwer erträglichen Konstellationen, mit denen die Pädagogen und Pädagoginnen professionell umgehen müssen und die sie nicht selten auch mit den Eltern in Konflikt bringen (vgl. Jakob 1999, S. 109).

---

4 „Der Begriff rekonstruktive Sozialpädagogik bezeichnet Ansätze, in denen es um einen sinnverstehenden, interpretativen Zugang zu fremden Lebenswelten und die methodisch kontrollierte Rekonstruktion sozialer Abläufe geht" (Jakob 1999, S. 99).

**Die Fallstudie als eine „Um-Schreibung" verschiedener Reflexionsebenen**

Die Fülle des Materials der vorliegenden Fallgeschichte erforderte, wie bereits erwähnt, die Einführung von Ordnungskriterien, um die Erfahrung mit Ben zwar so praxisnah wie möglich darzustellen, aber auch zu fokussieren. Obwohl im pädagogischen Alltag mehrere Aspekte des Handelns und des Erlebens zeitgleich stattfinden, musste eine analytische Trennung in die Darstellung der Fallgeschichte eingeführt werden. Das betrifft vor allem die Arbeit mit Bens Familie, die in der Praxis parallel zur Auseinandersetzung mit Ben verlief. Die Teilung der Erzählung in die Arbeit mit Ben und mit der Familie verlangte auch die Verschiebung lebensgeschichtlich relevanter Daten. Um den Bericht nachvollziehbar darstellen zu können, mussten Daten vorweggenommen werden, die sich im Alltag erst im Laufe der Zeit ergänzten.

Das Forschungsinstrument der Einzelfallanalyse wirft des Weiteren das Problem der Diskretion und des Datenschutzes auf. Wie bereits erwähnt basieren die dieser Arbeit zugrunde liegenden Erlebnisse auf Tagebuchaufzeichnungen, Protokollen von Gesprächen mit Kollegen und Hilfeplänen sowie solchen Daten, die ich beim Schreiben wieder erinnerte. Zum Zwecke der Diskretion wurden jedoch Entstellungen vorgenommen und aus diesem Grunde auf Orts- und Zeitangaben verzichtet, um die Personendaten zu anonymisieren. In dieser vorliegenden Fallstudie liegt der Fokus des wissenschaftlichen Interesses vor allem auf der Selbstreflexion, die dem professionellen Handeln zugrunde liegt.

Mit Hilfe der sozialwissenschaftlich-hermeneutischen Paraphrase und dem aus der Psychoanalyse abgeleiteten tiefenhermeneutischen Verstehen von Übertragung und Gegenübertragung wird der Fall Ben interpretiert und analysiert. Die Paraphrase gilt als Möglichkeit, an das Untersuchungsmaterial der Fallgeschichte Alltagswissen, wissenschaftliche Theorien und biografische Erfahrung heranzutragen und im Prozess der Interpretation neue Erkenntnisse hervorzubringen (vgl. Mayring 1999, S. 88 f). Dieses hermeneutische Theorem[5] bestimmt die wissenschaftliche Methode ebenso, wie es auch ein dem Alltag innewohnendes Moment ist: Der hermeneutische Weg bedeutet, dass es keinen voraussetzungslosen Anfang gibt und auch keine letzte Gewissheit. Das Wesen der hermeneutischen Methode ist seine Zirkelhaftigkeit (vgl. Bollnow 1986, S. 725). Die Hermeneutik als Methode des Verstehens ist für die hermeneutisch-pragmatische Pädagogik, die davon abgeleitete sozialpädagogische Kasuistik und die Psychoanalyse hand-

---

5 Wissenschaftstheoretisch wurde Hermeneutik, als Kunst der Deutung, lange Zeit vor allem mit der Auslegung von Texten in Verbindung gebracht, wobei sie, übertragen auf den sozialwissenschaftlichen Kontext, auch auf die Auslegung und Interpretation von zwischenmenschlichen Beziehungen und subjektiven Erlebnissen bezogen werden kann (vgl. Danner 1998, S. 31).

lungsleitend. Von der alltäglichen Verwendung des Verstehensbegriffs in der Praxis unterscheidet sich die Hermeneutik als wissenschaftliche Forschungsmethode insofern, als sie sich der vorschnellen Einengung auf das Nützliche und Verwertbare entzieht und auf Komplexitätserweiterung ausgerichtet ist (vgl. Combe, Helsper 1991, S. 247). Für den Fortgang dieser Fallstudie ist aber auch noch eine weitere Perspektive des hermeneutischen Zirkels von Bedeutung. Helmut Danner weist daraufhin, dass das „Vorverständnis von Erziehung bestimmt, was zur Erziehungswirklichkeit gehören soll, und der Erziehungswirklichkeit kann erst entnommen werden, was Erziehung ist" (Danner 1998, S. 105). In diesem Sinne erfolgt nun die Darstellung des sozialpädagogischen Lebensweltkonzeptes, das durch den gesetzlich verankerten erzieherischen Auftrag der Tagesgruppe ergänzt wird. Die narrative Darstellung der persönlichen Eigenart, alterspezifischen Eigenwelt und der oft schwer verständlichen Handlungen des Kindes Ben in dieser pädagogisch arrangierten Lebenswelt erfolgt im Zuge der Fallgeschichte. Die Wahrnehmung des Nicht-Verstandenden gilt dabei als Beginn eines tieferen Verstehensprozesses im Zuge der Fallanalyse. Die heuristische Heranziehung von psychoanalytisch-pädagogisch relevanten Wissensbeständen als alltagsübergreifende Instrumente des vertieften Verstehens dient der Reflexion von Handeln und Verstehen.

# 3 Das sozialpädagogische Lebensweltkonzept und sein Praxisbezug

Die nachfolgenden Ausführungen stellen Hintergrundinformationen vor, die im Sinne des hermeneutischen Zirkels als Voraussetzung für das pädagogische Handeln in der Tagesgruppe gelten. Im Rahmen der Tagesgruppe ist die Jugendhilfe als eine lebensweltorientierte erzieherische Hilfe definiert. Erziehung wird normalerweise von Familien erwartet und im Rahmen eines institutionalisierten Betreuungsverhältnisses vorausgesetzt. Der Begriff „Erziehung" ist allerdings nicht eindeutig. In diesem Sinne stellt Michael Winkler fest, dass ohne Wissen um Merkmale und Eigenschaften von Erziehung und ohne sachlich gerechtfertigte Maßstäbe „weder der Erziehungssachverhalt in seiner jeweils konkreten Gestalt identifiziert, noch ein fachliches Handeln angeleitet werden" könne (Winkler 1995a, S. 55). Daher wird zunächst das Konzept der Lebensweltorientierung vorgestellt und in einen Zusammenhang zum Erziehungsbegriff gebracht.

Der Begriff „Lebensweltorientierung" wurde innerhalb verschiedener pädagogischer Konzeptionen aus der philosophischen Tradition heraus adaptiert, ohne jedoch an kategorialer Schärfe zu gewinnen. Vieldeutige Bedeutungszuschreibungen verhinderten eine theoretisch-analytische Kraft des Begriffs (vgl. Rauschenbach 1999, S. 226). „Vom Begriff der Lebenswelt ging eher eine Verheißung als ein theoretisch differenziertes Programm aus. Verheißungsvoll ist dieser Begriff, weil er eine Illusion von Unmittelbarkeit ermöglicht, die ein lange gesuchtes Gegengewicht zur Abstraktheit von Theorie anzubieten scheint. Dabei bewahrt der Begriff ‚Welt' einen kosmologischen Traum, die Suche nach verlorenen Einheiten in einer Zeit zerbrochener Ordnungen, der ungelösten Normenproblematik, der Krise von Rationalität. Der Begriff ‚Leben' knüpft an eine Tradition an, wie sie um die Jahrhundertwende in der Lebensphilosophie ausgebildet wurde, die gegen die unausgewiesene Autorität eines Wissens kämpfte, das seine lebendigen Grundlagen vergessen hatte. Dieses wissenschaftskritische Motiv bleibt auch in der phänomenologischen Bewegung unseres Jahrhunderts erhalten, die sich im Anschluß an Husserls Philosophie entwickelte" (Meyer-Drawe 1998, S. 923 f). Philosophen wie Husserl, Heidegger, Schütz und Habermas geht es bei der Verwendung des Begriffs „um die Aufwertung der konkreten Erfahrungswelt faktisch agierender Menschen als eigenständigen Bedeutungszusammenhang" (ebd., S. 924). Teils daran anknüpfend wurde das sozialpädagogische Konzept der Lebensweltorientierung aus der Tradition der hermeneutisch-pragmatischen Erziehungswissenschaft[6] aufgenommen und für die Sozialpädagogik weiterentwickelt (vgl. Thiersch 1992a, S. 6).

Als ein früher Versuch pädagogischer Lebensweltorientierung kann das Konzept der „Erziehungsgemeinschaft“ Wilhelm Flitners (1889-1987) angesehen werden. Er wies bereits auf die Bedeutung pädagogischer Erfahrungsräume in Institutionen hin, um lebensweltlich relevante Erfahrungen ergänzend zur Primärerfahrung des Kindes in der Familie zu vermitteln. Damit erweitert er das von Herman Nohl ausgearbeitete Konzept des pädagogischen Bezugs um den wichtigen Aspekt der „erziehenden Gemeinschaft“. „Als Erziehungsgemeinschaft sei bezeichnet jede Begegnung und Beziehung von Personen, bei der eine erzieherische Situation entsteht und als verpflichtend durchlebt wird“ (Flitner 1997 (1950), S. 70). Flitner definiert Erziehungsgemeinschaften als natürliche, z.B. die Familie, und organisierte, z.B. institutionalisierte Formen der Gemeinschaft, wie beispielsweise die Schule oder sozialpädagogische Institutionen (ebd., S. 72). Ein Heranwachsender braucht, so Flitner, zur Ausbildung seiner Persönlichkeit, Erwachsene und institutionell abgesicherte Rituale und Herausforderungen, „um ihn lebenstüchtig und inhaltreich zu machen“ (ebd., S. 91). Im Rahmen dieser Fallstudie interessieren vor allem die Überlegungen Flitners in Bezug auf die Rahmenbedingungen öffentlicher Erziehung: „Der lebendige erzieherische Bezug, soll er sich selbständig und langandauernd auswirken können, muß *Einrichtungen* um sich haben, die ihn stützen und ihm eine Ordnung geben, wodurch er sich seinen Raum verschafft. Die tiefsten Beziehungen verschleudern ihre Habe, wenn nicht Stunde und Ort, Regel und Sitte, Abmachung und Absonderung bestimmt sind, in denen die Beziehung leben kann. Alles dieses Eingerichtete muß den Geist der Erziehungsgemeinschaft atmen. Hierdurch entsteht dieser Gemeinschaft ein neues Moment. Der Geist und Stil, die Sitte und Form der so objektiv gewordenen *Erziehungsstätte* wird selbst erzieherisch. (...) Aber er kann sich auch erhalten durch lange Zeiten, in denen die Erzieher und Zöglinge vielfach wechseln, trotz aller Verwandlungen als der gleiche Geist einer Erziehungsstätte

6 So wird die Weiterführung der geisteswissenschaftlichen Ausrichtung der Erziehungswissenschaft bezeichnet, die „Erziehungswirklichkeit in ihren Alltagsvollzügen verstehend und auf Handeln bezogen aufzuklären versucht“ (Thiersch 1978, S. 11). Die hermeneutisch-pragmatische Pädagogik geht auf Friedrich Schleiermacher und Wilhelm Dilthey sowie die Vertreter der geisteswissenschaftlichen Pädagogik zurück (Herman Nohl, Wilhelm Flitner, Eduard Spranger, Erich Weniger, Theodor Litt). Die Orientierung an der Hermeneutik bedeutet im Wesentlichen, dass pädagogisches Handeln immer als sinnorientiertes, verstehendes Handeln aufzufassen ist. Unter geisteswissenschaftlicher Pädagogik wird nach Herwig Blankertz ein bestimmter pädagogisch-wissenschaftlicher Diskurs gefasst, der zwischen 1920 und 1970 die Entwicklung der Erziehungswissenschaft bestimmte und sich auf Diltheys Diktum bezog, nach dem pädagogische Reflexion an die historisch und kulturell geformte Erziehungswirklichkeit anzuknüpfen und diese aufzuklären habe (vgl. Blankertz 1982, S. 261).

erkennbar" (ebd., S. 84). Die Wirksamkeit lebensweltlich relevanter Erfahrungen sind nach Flitner an die oben genannten Ordnungen gebunden, ohne die die pädagogische Beziehung ihre erzieherische Wirkung kaum erreichen wird.

Eine kritische Weiterführung und neue Interpretation der hermeneutisch-pragmatischen Tradition erfolgte durch den Tübinger Erziehungswissenschaftler und Sozialpädagogen Hans Thiersch, der im Rahmen von alltagstheoretischen Überlegungen die sozialpädagogische Theoriebildung grundlegend prägte. „Lebensweltorientierung" nennt man heute ein Konzept Sozialer Arbeit[7], das seit dreißig Jahren entwickelt wird und die Theorie- und Praxisentwicklung der Sozialpädagogik entscheidend bestimmt hat. Das Konzept Lebensweltorientierung konkretisierte sich in den 70er Jahren in der Reform der Heimerziehung und floss 1990 in die sozialpolitischen Rahmenbedingungen des KJHG ein (vgl. 8. Jugendbericht 1990). Das sozialpädagogische Lebensweltkonzept trug entscheidend dazu bei, die Begründungen sozialer Hilfen zu reformieren, denn im Mittelpunkt stehen nun die Adressaten und Adressatinnen von Hilfe, nach deren Interessen die Hilfe zur Lebensbewältigung wesentlich ausgerichtet wird. Damit wechselte die Profession einen ihrer Schwerpunkte, in dem sie sich statt der sozialstaatlich zugewiesenen Kontrollfunktion der Fürsorge zur sozialstaatlichen Dienstleistungsfunktion von „Hilfen zur Erziehung" nach § 27 f des KJHG weiterentwickelte. Als strukturelles Organisationsprinzip fand das Konzept im institutionellen Gefüge der Jugendhilfe Akzeptanz bis hin zu den jüngsten Entwicklungen, die im Rahmen der Konzepte um „flexible und integrierte Hilfen" diskutiert und in die Praxis der Jugendhilfe eingeführt wurden (vgl. Peters, Trede u.a. 1999).

## 3.1 Lebensweltbezug als Theorie und praxisförderndes Konzept

Neben den erwähnten philosophischen und allgemein-pädagogischen Traditionslinien knüpft das sozialpädagogische Lebensweltkonzept an die phänomenologisch-wissenssoziologischen Analysen der Alltagswirklichkeit von Alfred Schütz und den sozialphänomenologischen Interaktionsanalysen von Erving Goffman an. Das Konzept wurde anfangs als „Alltagsorientierung" in die sozialpädagogische Theorie-Praxis-Debatte eingeführt und

7 „Soziale Arbeit" ist ein Sammelbegriff, um der modernen professionellen Expansion gerecht zu werden. Die Profession der Sozialpädagogik umfasst mittlerweile neben den traditionellen pädagogischen Aufgaben auch Hilfen für Familien, Angebote in der Schule und Berufsbildung, das Feld der Gesundheits- und Altenhilfe sowie beraterische Tätigkeiten. Aufgrund der Ausweitung der professionellen Einrichtungen und Maßnahmen, wurde der Begriff Soziale Arbeit eingeführt (vgl. Müller, C.W. 1988, S. 480).

wird heute synonym mit dem Begriff der „Lebensweltorientierung“ verwendet.[8] Thiersch stellt die Anschlussfähigkeit des sozialpädagogischen Lebensweltkonzeptes an die Sozialwissenschaften anfangs vor allem über die spezifisch pädagogische Fragestellung her, Förderung von Lern- und Bildungsinteressen und die im Alltag zu bewältigenden Lebensaufgaben (vgl. Thiersch 1986). In den 70er Jahren entwickelte sich die Sozialpädagogik zu einer eigenständigen und von der Allgemeinen Pädagogik unabhängiger werdenden Disziplin. Thiersch insistierte, dass die sozialpädagogische Theoriebildung sich weiterhin am Theorie-Praxis-Theorem der Allgemeinen Pädagogik orientieren und die Problemstellungen vom Alltag her theoretisch erfassen müsse (vgl. Thiersch 1986, S. 54). Die zunehmende Ausdifferenzierung der Arbeitsfelder der Sozialen Arbeit erlaubt es heute jedoch nicht mehr, allein vor dem Hintergrund des Erziehungsbegriffs die Theoriebildung der Sozialpädagogik zu regulieren. Damit einher geht die Sorge, dass wichtige Grundlagen der Profession ins Abseits gedrängt werden könnten, wenn in ihr der Erziehungsbegriff nicht weiterhin reflektiert wird (vgl. Winkler 1999b, s.a. Niemeyer 1999).

Als Thiersch in den 80er Jahren vor dem Hintergrund seiner Alltagstheorie das sozialpädagogische Konzept der Lebensweltorientierung ausarbeitete, bezog er stärker als bisher die gesellschaftliche Perspektive in seine Überlegungen ein: Im Kontext moderner Entwicklungen verlieren naturwüchsige lebensweltliche Bezüge ihre Halt gebenden und strukturierenden Funktionen. Sie müssen daher kulturell hergestellt und zunehmend sozial inszeniert werden (vgl. Thiersch 1986, S. 46 f). Die fortschreitende Individualisierung der Lebensführung und Pluralisierung der Lebenslagen führt bis heute zu Vereinzelungsprozessen und dem Verlust an normativen Orientierungen, so dass Halt gebende, den Alltag des einzelnen Menschen bestimmende Strukturen erodieren. „Sozialpädagogische Aufgaben erweitern sich von hier aus zu lebensweltorientierten Hilfen zur Lebensbewältigung“ (Thiersch 1992b, S. 16). Lebensweltorientierung gilt nach Thiersch nun als „Indiz der Krise lebensweltlicher Verhältnisse wie der Versuch, Lebenswelten zu schützen, zu schaffen, unter neuen Bedingungen neu zu inszenieren“ (ebd., S. 16 f).[9] Die ganzheitliche Wahrnehmung von Lebensmöglichkeiten

---

8 Die pädagogische Forderung nach Alltagsorientierung verweist auf die Tradition der Hermeneutik, der Verstehenden Soziologie, der Phänomenologie und der Kritischen Theorie. Die Gemeinsamkeit dieser Traditionen liegt, so Thiersch, darin, „daß sie thematisieren, wie eine Wissenschaft aussehen müßte, die nicht dem naturwissenschaftlich-technischen Erkenntnisideal verpflichtet ist, sondern dem Gegenstand des menschlichen Lebens, seinen konkreten Interaktionen und Handlungen“ (Thiersch 1995 (1978), S. 220).

9 Durch den Fokus auf den Alltag und die Lebenswelt bleibt das Konzept dialektisch auf die gesellschaftlichen Verhältnisse, die Erfahrung von sozialer Ungleichheit und Ungerechtigkeit, sowie auf die professionelle sozialpädagogische Unterstützung in individuellen Notlagen gerichtet. Das professionelle Selbstverständnis folgt dabei

und -konflikten ist aber nur möglich, wenn sich das Bemühen auf „ein Verstehen der Probleme so, wie sie in der Lebenswelt gegeben sind", konzentriert (Thiersch 1993, S. 23). In den letzten Jahren folgte Thiersch besonders der Frage nach sozialer Gerechtigkeit in der postmodernen Gesellschaft und konzipierte die Sozialpädagogik als mögliche kritische Instanz, die auch zur Verbesserung von Lebensverhältnissen beitragen könne. Dabei bezieht er sich auf einen sozialkritischen Alltagsbegriff (vgl. Grundwald, Thiersch 2001, S. 1136 f).

Der Sozialwissenschaftler Alfred Schütz (1899-1959) führte die Kategorie der Erfahrung des Alltagsmenschen in seine Ausführungen zum Begriff der Lebenswelt ein. Er analysierte den „Alltag" begrifflich im Sinne einer lebensweltlichen Konstruktion, die sich im Erleben des Einzelnen niederschlägt und das Wirklichkeitsverständnis entscheidend prägt. „Im Verhältnis zu anderen Wirklichkeitsbereichen geschlossener Sinnstruktur ist die Lebenswelt des Alltags die Vorzugsrealität. (...) Sie ist der Bereich meiner leiblichen Handlungen; sie bietet Widerstand, und es erfordert Anstrengung, diesen zu überwinden. Der Alltag stellt mich vor Aufgaben, und ich muß meine Pläne in ihm durchführen. Er lässt mich in meinen Versuchen, meine Ziele zu verwirklichen, erfolgreich sein oder scheitern. Durch mein Wirken greife ich in die alltägliche Wirklichkeit ein und verändere sie. Ich kann die Resultate meines Wirkens als Ereignisse innerhalb einer intersubjektiven, daher ‚objektiven' Welt prüfen und von anderen prüfen lassen, und zwar losgelöst vom subjektiven Erzeugungsprozeß, unabhängig von dem Umstand, daß sie durch mein Wirken hervorgebracht wurden. (...) Die Lebenswelt des Alltags ist jene Wirklichkeit, in der wechselseitige Verständigung möglich ist" (Schütz 1975, S. 53). Aus diesem Grunde stellt die Alltagserfahrung eine bereits subjektiv interpretierte Wirklichkeitserfahrung dar, und hinter der Pragmatik des Alltagshandelns verbirgt sich der subjektiv sinnorientierte Versuch, das eigene Leben zu bewältigen.

**Lebenswelt als Medium der Hilfe zur Lebensbewältigung**

Thiersch charakterisiert im Anschluss an Schütz die Lebenswelt als überschaubares und von Routinen geprägtes Verhältnis zur alltäglichen Wirklichkeit, das sich in zeitliche, räumliche und soziale Bezüge gliedert (vgl. Thiersch 2001, S. 36). Darüber hinaus bezeichnet Thiersch mit Lebenswelt aber auch gesellschaftliche Verhältnisse, die vom einzelnen Menschen vorgefunden und gestaltet werden können. Daher orientiert sich das sozialpädagogische Konzept auch an der notwendigen Ausgestaltung von Sozialräumen und legt besonderen Wert auf den konkreten Ausbau sozialpädagogischer Hilfen innerhalb des Sozialstaats. Beide Begriffe, „Lebenswelt" und „Alltag", verweisen darauf, dass der Alltag sowohl als eine Konstruktion

---

dem Anspruch einer ganzheitlichen „Wahrnehmung von Lebensmöglichkeiten und Schwierigkeiten, wie sie im Alltag erfahrbar werden" (Thiersch 1992a, S. 24).

der Wirklichkeit als auch als real erfahrbarer Ort sozialer Lebensvollzüge gedacht werden muss. Im Alltag wird das Leben gelebt und in seiner Stabilität aber auch Brüchigkeit und Ambivalenz erfahren. An verschiedenen Lebensorten, durch Traditionen und erzieherische Einflussnahme werden lebensweltliche Erfahrungen tradiert und hervorgebracht. „Diese unterschiedlichen Lebensorte sind jeweils bestimmt durch eine spezifische Interpretation lebensweltlicher Selbstverständlichkeit und lebensweltlicher Pragmatik, bestimmt vor allem durch die unterschiedlichen Funktionen, die diese Lebensorte im Gefüge heutigen Lebens haben; familiales Zusammenleben hat z.B. in bezug auf soziale Sicherheit und Akzeptanz andere Funktionen als die Schule, die Menschen immer auch in bezug auf ausgewiesene, objektivierbare Leistungsfähigkeit sehen muß" (Thiersch 2001, S. 37). Da die moderne und postmoderne Gesellschaft zahlreiche Anforderungen an die Gesellschaftsmitglieder stellt, die nach Thiersch leicht zur Überforderung des Einzelnen führen können, müssen sozialpädagogische Hilfen im Kontext der Lebenswelt als Hilfen zur Lebensbewältigung ausgewiesen sein. Das professionelle pädagogische Handeln ist somit an den Bedürfnissen der Adressaten und Adressatinnen sozialer Hilfen orientiert und interessiert, an ihren Selbstdeutungen und Handlungsmustern im Rahmen gewachsener gesellschaftlicher Strukturen. Alltagsorientierte Sozialpädagogik will in diesem Sinne „Hilfe zur Selbsthilfe" leisten (Thiersch 1986, S. 42). Die Frage nach sinnorientierter Lebensbewältigung ist jedoch, so Thiersch, nicht ohne Analyse und Rekonstruktion der gesellschaftlichen Verhältnisse zu beantworten (vgl. Thiersch 2001, S. 38 f). Zusätzlich meine ich, dass auch die psychologische Dimension des Menschen, seine subjektive Erlebensweise und Motivation reflektiert werden muss, wenn Sozialpädagogen Hilfe zur Selbsthilfe leisten.

**„Gelingenderer Alltag"**

Das Anliegen, die Sozialpädagogik wissenschaftstheoretisch so zu verankern, dass die Theoriebildung die Alltagspraxis zum Gegenstand ihres Forschungsinteresses erhebt, und die Beförderung eines beruflichen Selbstverständnisses, das an der Entwicklung einer gerechteren Gesellschaftsordnung mitzuwirken hat, prägten die Ausdifferenzierung des sozialpädagogischen Lebensweltkonzepts. Die Kritische Theorie der Frankfurter Schule hat die Erfahrung sozialer Ungleichheit in den Begriff der „Entfremdung" gefasst und erklärt sie als bedingt durch geltende gesellschaftliche Herrschaftsverhältnisse (vgl. Horkheimer, Adorno 1971 (1947)). Thiersch wählt zur Beschreibung dieses Sachverhalts den Begriff des „gelingenderen Alltags", den er meines Erachtens als Gegenbegriff zur Entfremdung konzipiert hat, um damit einer Hoffnung Ausdruck zu verleihen: „Die Frage an eine alltagsorientierte Sozialpädagogik kann also nur die sein, ob es gelingt, die institutionellen und professionellen Ressourcen zu nutzen, um mit ihrer Hilfe Adressaten zu einem gelingenderen Alltag zu helfen und dabei die in der Form moderner Sozialarbeit angelegten Gefahren zu unterlaufen, die dieses

Ziel immer wieder desavouieren" (Thiersch 1986, S. 42). Lebensweltliche Erfahrung ist gekennzeichnet durch gesellschaftliche Widersprüche, Spannungen und Ambivalenzen, die sich im Leben jedes Einzelnen niederschlagen, die aber nicht allein durch Macht- und Herrschaftsverhältnisse erklärt werden können. Da der Alltag sich als Erleben von Entfremdung aber auch von gelungenem Leben erweist, korrespondiert mit dieser Dialektik des Alltags ein Theorieverständnis, das an Aufklärung über den Alltag und an Gestaltungskriterien für einen „gelingenderen Alltag" interessiert ist (vgl. Thiersch 1986, S. 23 f). Die Vorstellungen darüber, was als „gelungenes Leben" anzusehen ist, hängt wiederum eng mit den jeweiligen gesellschaftlichen Verhältnissen und den darin entwickelten Lebensstandards zusammen (vgl. Thiersch 2001, S. 38).

Da der Alltag auch entlastende Routinen zur Verfügung stellt, kann es zu einseitigen individualisierenden professionellen Blickweisen auf die sozialpädagogische Hilfe kommen. Thiersch warnt davor, Fragen, die hinter die Ebene der Erledigung von Alltagsaufgaben zielen, zu tabuisieren: „Warum nämlich Alltag ist und schwierig ist, wie er ist, bleibt im Dunkeln", wenn die Pragmatik der Alltagsbewältigung die Reflexionsarbeit verdrängt (Thiersch 1986, S. 31). Um den gelingenderen Alltag zu ermöglichen, schlägt das Lebensweltkonzept Orientierungsmaximen vor, die einer allgemeinen und einer spezifischen Ausrichtung folgen. Allgemein verfolgt „Lebensweltorientierung" Ziele, die mit den Stichworten der Wahrnehmung des Menschen in den gewachsenen Strukturen, der Ungleichheit von Ressourcen, der Widersprüchlichkeit von Lebensverhältnissen und der Anpassung an den Alltag beschrieben werden kann (vgl. Grunwald, Thiersch 2001, S. 1136 f). Konkret fordert das Konzept den Ausbau sozialer Hilfen im Sinne der Regionalisierung, Vernetzung, Dezentralisierung, Partizipation, Integration und Prävention, wie sie im 8. Jugendbericht beschrieben sind (vgl. 8. Jugendbericht 1990, S. 85 f). Diese Maximen beeinflussen die soziale Infrastruktur der Jugendhilfe und legen die Priorität auf Prävention und ambulante Versorgung innerhalb eines Sozialraums (vgl. Rilling 1998, s.a. Thiersch 1993, S. 18). Der Präventionsbegriff bezieht sich dabei auf die Stabilisierung und Inszenierung einer gerechten, belastbaren und hilfreichen sozialen Infrastruktur und impliziert den „gelingenderen Alltag" (Thiersch 1986, S. 36 f). Die gesellschaftlichen Verhältnisse sollen so mitgestaltet werden, dass das Aufkommen sozial bedingter Notlagen bereits im Vorfeld eingeschränkt wird. Dezentralisierung ist an der Erreichbarkeit sozialer Dienstleistungen im Gemeinwesen orientiert. Partizipation bedeutet die Beteiligung der Hilfesuchenden bei der Hilfeplanung, und Vernetzung zielt auf Formen der Kooperation verschiedener sozialer Dienste innerhalb eines Gemeinwesens. Die Leistungsfähigkeit des Lebensweltkonzeptes zeigt sich aber „nur in bezug auf konkrete Aufgaben, also in der Realisierung im Arbeitsfeld" (Thiersch 1993, S. 12). Aber auch ein gelingenderer Alltag hängt vom subjektiven Erleben und der Fähigkeit ab, mit sich selbst zurechtzukommen. In diesem Zusammenhang spielt die Erziehung eine wichtige Rolle. Erziehung hat im Allgemeinen die Aufgabe, lebensweltlich relevante Erfahrungen zu vermitteln. Dies auch als eine sozialpädagogische Hilfe zu thematisieren, wurde von Thiersch in den letzten Jahren nicht mehr explizit aufgegriffen. Meiner Meinung nach ist es jedoch im Rahmen der Jugendhilfe notwendig, auch einen Erziehungsbegriff zu reflektieren, der das sozialpädagogische Hilfehandeln um die erzieherische Tätigkeit und ihre gesellschaftliche Funktion erweitert. In das Konzept des Lebensweltbezugs sollte daher ein hermeneutisch und nicht normativ begründeter Begriff (re)integriert werden. Der Lebensweltbegriff, so wie er von Schütz konzeptualisiert worden ist, richtet sich auf die unterschiedlichen Wahrnehmungsweisen von Wirklichkeit. Darüber hinaus weist er auf die Notwendigkeit kulturell vermittelter lebensweltlicher Interpretationsschemata hin, die auch im sozialpädagogischen Diskurs um den Lebensweltbegriff berücksichtigt werden. Der Alltag und die sich darin vollziehende biografische Lebensbewältigung, zu deren Gelingen sozialpädagogische Interventionen beitragen, setzt ein Verstehen des biografischen und gesellschaftlich-kulturellen Geworden-Seins voraus (vgl. Böhnisch 1997).

## 3.2 Lebensweltorientierung im Kontext der Hilfen zur Erziehung

Der Phänomenologe Alfred Schütz entwickelte in den 40er Jahren des zwanzigsten Jahrhunderts im Anschluss an den Philosophen Edmund Husserl den Begriff der Alltags- bzw. Lebenswelt als Welt unmittelbarer Erfahrung. Sie umfasst die Einstellung, mit der der Mensch sich und seine Mitwelt erlebt, wie er sich in und mit seiner Mitwelt innerhalb von Natur, Kultur und Gesellschaft erfährt und Stellung zu den Dingen bezieht, von denen er als Mensch beeinflusst wird und auf die er selbst Einfluss nimmt (vgl. Schütz 1971b, S. 153). Die Erfahrung der Lebenswelt wurzelt in der als gegeben unterstellten fiktiven Selbstverständlichkeit der sozialen Welt, aus der heraus lebensweltliche Interpretationen der Wirklichkeitserfahrung abgeleitet werden (vgl. Schütz 1971a, S. 144 f). Diese „naive Einstellung“ (Schütz) muss reflexiv-interpretativ erweitert werden, wenn neue Sichtweisen über den Alltag gewonnen werden sollen. Das naive Alltagsverstehen ist nämlich an routinierten Handlungsabläufen und Pragmatik interessiert und daher auf Komplexitätsreduktion ausgerichtet. An diesen Sachverhalt schließt, so konnte bereits gezeigt werden, Thiersch an. Thiersch ist der Auffassung, dass die gegenwärtige Lebenssituation infolge moderner Entwicklung als Verunsicherung erlebt wird, denn tradierte Muster der Lebensbewältigung und lebensweltlich relevante Strukturen werden brüchig. Das zieht weitreichende Konsequenzen nach sich: „Lebensbewältigung wird ein Geschäft, das besondere Anstrengungen verlangt; Lebenswelten müssen in den so offenen und widersprüchlichen Verhältnissen geschaffen und inszeniert, neu geschaffen, neu inszeniert werden. – Lebensbewältigung ist – noch einmal anders pointiert – in der gegebenen Situation nur möglich als reflexive Strategie; Möglichkeiten müssen gegeneinander geprüft, miteinander verglichen, müssen ausgehandelt werden“ (Thiersch 2001, S. 39). Daraus folgt, dass sozialpädagogische Hilfen vor allem darin bestehen, Offenheit gegenüber verschiedenen Lebensumständen und Lebensentwürfen aufzubringen und kompensierende alternative Lebensräume zu schaffen, die sich aber mit dem Alltag der Menschen verknüpfen lassen. In Bezug auf die Hilfen zur Erziehung bedeutet das unter anderem: „Das Angebot der *Heimerziehung* verschiebt sich zu regionalen Angeboten im Lebensfeld, dorthin, wo Heranwachsende ihre Schwierigkeiten haben. Sie favorisiert jene Tagesgruppen, deren unterstützende Arbeit sich auf die gegebenen Familienverhältnisse und Stadtteilressourcen (Schule, Jugendclubs, Beratungsstellen) bezieht; Elternarbeit gewinnt neue Bedeutung“ (Thiersch 1993, S. 20). Innerhalb der Jugendhilfe ist Erziehung, die in der Tagesgruppe geleistet wird, als eine mögliche Form der erzieherischen Hilfe zur Lebensbewältigung gesetzlich verankert (vgl. § 27 KJHG). Im Folgenden gehe ich deshalb – bezogen auf die pädagogische Arbeit in der Tagesgruppe – der Bedeutung von Erziehung im Kontext der hermeneutisch-pragmatischen Pädagogik nach. Da die praxisorientierte Anwendung des Lebensweltkonzepts andere Schwerpunkte setzte, geriet der sozialisatorische Aspekt des sozialpädagogischen Handelns zunehmend aus dem Blick. Lebensweltorientierung wird heute meist in Bezug auf die sozialpolitische Verantwortung der Profession diskutiert, die sozialräumliche Perspektive und die notwendige Beteiligung der Adressaten im Rahmen der Jugendhilfe als einer sozialen Dienstleitung (vgl. Grunwald, Thiersch 2001, 1136 f). Der sozialisatorische Aspekt gerät zunehmend aus dem Blick, und der Aspekt intentionaler Erziehung erscheint zurückgedrängt.

**Hilfe zur Erziehung in der öffentlichen Jugendhilfe**

Normalerweise gilt die Familie als der Ort, an dem lebensweltliche Erfahrungen tradiert werden, an dem Heranwachsende aufwachsen und erzieherische Primärerfahrungen machen (vgl. Rauschenbach 1998, S. 14). Im Verhältnis zur privaten Erziehung in der Familie wird Hilfe zur Erziehung in einer öffentlichen Einrichtung der Jugendhilfe als familienunterstützend, ergänzend oder -ersetzend ausgewiesen. Die stationären und teilstationären Einrichtungen der Jugendhilfe stehen seit jeher im Dienste eines öffentlichen Erziehungsauftrages. Die Jugendhilfeangebote richten sich an Kinder und Jugendliche in besonders schwierigen Lebenssituationen (ebd., S. 16). Hier soll die staatlich gewährte Hilfe zur Erziehung Eltern unterstützen, das Wohl des Kindes und seine Entwicklung zu fördern (KJHG § 27). Die Tagesgruppe als eine teilstationäre Einrichtung öffentlicher Jugendhilfe ist als Ort des Aufwachsens für Kinder und Jugendliche in besonderer Weise mit ambivalenten Anforderungen erzieherischer Aufgaben konfrontiert. Einerseits soll mit Hilfe der Tagesgruppe die Familie in ihrer erzieherischen

Kompetenz unterstützt werden, damit das Kind weiterhin Zuhause leben kann. Andererseits hängen die besonderen Verhaltensweisen eines Heranwachsenden mit Schwierigkeiten in seiner Herkunftsfamilie zusammen. Hinzu kommt, dass erzieherisches Handeln an bestimmte Rahmenstrukturen und Bedingungen geknüpft ist, die sich in einer sich immer stärker flexibilisierenden und individualisierenden Gesellschaft verflüssigen und das Erziehen – auch strukturell betrachtet – zu einer schwierigen Aufgabe werden lassen. Erziehung ist darüber hinaus in sich selbst sehr widersprüchlich und von Rahmenbedingungen abhängig, die sich allgemein auf die Reproduktion der Gesellschaft beziehen und im Besonderen Heranwachsenden kulturelle Errungenschaften und das Leben in einer Gemeinschaft vermitteln sollen. Die alte Frage, die bereits Schleiermacher beschäftigte, ist immer wieder neu zu beantworten: „Was soll durch die Erziehung bewirkt werden? Und: Was kann durch dieselbige bewirkt werden?“ (Schleiermacher 2000 (1926), S. 14). Der Erziehungsbegriff ist ein vielseitiger und keineswegs eindeutig definierter pädagogischer Grundbegriff. Er ist historisch gesehen älter, als der der Pädagogik.[10] Heinz Elmar Tenorth weist einerseits darauf hin, dass „Pädagogen ihn anscheinend nur ungern verwenden und sich von den Konnotationen dieses Geschäfts eher fernzuhalten suchen. Im Verständnis von Pädagogen gilt Erziehung – anders als ‚Bildung’ – als anstößig, nicht selten nur als Prozeß der Fremdbestimmung“ (Tenorth 2000, S. 14). Andererseits wird Erziehung ganz allgemein als normative Beeinflussung Heranwachsender eingefordert. Tenorth charakterisiert im Anschluss an Schleiermacher den Erziehungsbegriff als das Einwirken der älteren auf die jüngere Generation, bei der es sowohl um den Prozess als auch um das Ergebnis von Erziehung geht. Gerade Schleiermacher erweitere die Perspektive, indem er der erwachsenen Generation die Aufgabe zuweise, im Rahmen von Erziehung die Übernahme gesellschaftlicher Verantwortung vorzubereiten und durch die Weitergabe sozialkultureller Fähigkeiten daran mitzuwirken. Schleiermacher thematisiert das erzieherische Wirken als ein ambivalentes Geschehen, als Unterstützen und Gegenwirken, als Gewährenlassen und Behüten. Immer steht das Erziehen vor der Aufgabe, die Förderung der Individualität mit der Förderung der Gemeinschaftsinteressen zu vermitteln (Schleiermacher 2000 (1926). Der psychoanalytische Pädagoge Siegfried Bernfeld kritisierte bereits 1925, dass Erziehung sich zwar als „Summe der Reaktionen einer Gesellschaft auf die Entwicklungstatsache“ beschreiben lässt, aber selten als solche reflektiert wird. Erzie-

10 Als Wissenschaft hebt sich Pädagogik von Erziehung insofern ab, als der Begriff Pädagogik seit Schleiermacher nicht über das erzieherische Handeln, sondern über die Reflexion des Handelns definiert ist. Schleiermacher bezeichnet Pädagogik als „Kunstlehre“. Er stellt die Dignität der Praxis heraus; sie sei als solche von der Theorie unabhängig. Die Theorie könne aber die Praxis reflektieren, sie dadurch zu einer bewussteren machen, und insofern sie als rational reflektierte Praxis erscheine, sei Pädagogik wissenschaftlich fundiert (vgl. Schleiermacher 2000 (1826), S. 11).

hung spiegelt, so Bernfeld, einen gesellschaftlichen Prozess wider, nach dem Kinder sich in die vorherrschenden Sitten und Bräuche einfügen sollen. Auch die Vorstellung der hermeneutisch-pragmatischen Erziehungstheorien, Erziehung habe die Förderung der Selbsttätigkeit und Bildung des Kindes zu befördern, unterliegt nach Bernfeld immer wieder der Gefahr, von gesellschaftlichen Interessen okkupiert zu werden und damit an ihre Grenzen zu stoßen (vgl. Bernfeld 1994, S. 51 f). Der Erziehungsbegriff lässt sich nach Tenorth dennoch zur Beschreibung eines Prozesses verwenden, „in dem das Individuum an den und durch die ‚Reaktionen der Gesellschaft auf die Entwicklungstatsache' die Kompetenzen überhaupt erst erwirbt, um selbständig an der Auseinandersetzung mit der Kultur teilzunehmen. Der Erziehungsbegriff hat also nicht nur ein zeitliches Ende – definiert durch die Kompetenz der je historischen Subjekte, an ihrer Kultur selbständig teilzunehmen –, er hat auch sein genuines Thema – im Erwerb und in der Vermittlung der Kompetenzen, die zu Prämissen der Teilhabe werden. Die Leistung der Erziehung ist also vorbereitender Natur, der Dauer wie der Thematik nach begrenzt, während Bildungsprozesse solche Begrenzung nicht kennen" (Tenorth 2000, S. 23).

Hans Hermann Groothoff definiert deshalb Erziehung als vorbereitende „Hilfe bei der Menschwerdung der Jugend". Sie könne „nur von dieser Menschwerdung aus verstanden werden. (...) Damit ist zugleich gesagt, daß die Theorie der Erziehung keine bloße Kunstlehre des erzieherischen Handelns, seiner Mittel und Möglichkeiten sein kann. Unter Erziehung (...) versteht man einerseits das Ganze der möglichen Hilfen an der Menschwerdung der Jugend, andererseits diejenigen Hilfen, die sich unmittelbar auf Haltung und Verhalten gegenüber anderen und sich selbst (Charakter, Moralität, Sozialität usw.) beziehen" (Groothoff 1964, S. 74). Lebensweltlich relevante Erfahrungen des Erzieherischen betreffen also nicht nur die Vermittlung von Haltungen und Verhalten, sondern auch „die Erzeugung von Prämissen, Strukturen und Kompetenzen zur selbständigen Teilhabe an Kultur und Gesellschaft" (Tenorth 2000, S. 23).

### *3.2.1 Intentionale und funktionale Bestimmung von Erziehung*

In der Tradition der hermeneutisch-pragmatischen Pädagogik bedeutet Erziehung, wie bereits erwähnt, die Förderung der Entwicklung von Bildung und Selbstbildung des Kindes durch Erwachsene mit dem Ziel, die jüngere Generation auf die Übernahme der Verantwortung in der Gesellschaft vorzubereiten und sie für die Lebensbewältigung „tüchtig" zu machen (vgl. Schleiermacher 2000 (1826), S. 50). Mit dieser bis heute geltenden intentionalen Beschreibung des Erziehungsauftrages hatte Schleiermacher vor Augen, dass Kinder auf das Erwachsenenleben vorbereitet und auf das „Zusammenwirken" in einer sozialen Gemeinschaft hin erzogen werden. Daraus leitete er Aufgabe und Verantwortung der Erwachsenen gegenüber der jüngeren Generation ab. Schleiermachers Generationenbegriff wird im Folgenden noch ausführlich aufgegriffen, denn er gehört zu den zentralen pädagogischen Denkkategorien, die den intentionalen und funktionalen Aspekt des pädagogischen Generationenverhältnisses bestimmen (vgl. Winterhager-Schmid 1996, S. 224 f, Ecarius 1998, S. 42). In der Sozialpädagogik kommt dem Erziehungsbegriff eine besondere Stellung zu. Herman Nohl (1879-1960) prägte das sozialpädagogische Verständnis von Erziehung. In Abgrenzung zum herkömmlichen allgemeinen Erziehungsbegriff bezeichnet Nohl Sozialpädagogik als Intentionsarbeit, d.h. als individuelle Hilfe bei der Lösung einer vorhandenen Not. Dabei bezieht er sozialpädagogisches Handeln auf Heranwachsende, die sich in besonders schwierigen Lebenssituationen befinden (vgl. Niemeyer 1999, S. 16). Damit erklärt Nohl Sozialpädagogik „zu einem besonderen Fall Allgemeiner Pädagogik bzw. der Anwendung allgemein-pädagogischen Wissens gegenüber einer besonderen Klientel“ (ebd., S. 73). Klaus Mollenhauer knüpft an Nohl an, wenn er die erzieherische Intention in der Sozialpädagogik als eine „Erziehungsplanung“ charakterisiert, die „für besondere Erziehungsnotstände pädagogische Planungsmöglichkeiten bereitstellt, die jeweils den Individuen, Gruppen oder Orten angemessen sind“ (Mollenhauer 1991, S. 99).

Die intentionale Bestimmung des Erziehungsbegriffs ist auch in die juristische Regelung der Jugendhilfe eingeflossen. Die Präambel des KJHG von 1990 formuliert das Recht auf Erziehung und die Förderung einer individuellen und gemeinschaftsfähigen Persönlichkeit als aktuelle Aufgabenstellung für die Jugendhilfe. § 1 Abs. 1-3 KJHG geht in einem allgemeinen Teil auf das Recht des Kindes auf Erziehung, auf Elternverantwortung und Jugendhilfe ein:

„(1) Jeder junge Mensch hat ein Recht auf Förderung seiner Entwicklung und auf Erziehung zu einer eigenverantwortlichen und gemeinschaftsfähigen Persönlichkeit.

(2) Pflege und Erziehung der Kinder sind das natürliche Recht der Eltern und die zuvörderst ihnen obliegende Pflicht. Über ihre Betätigung wacht die staatliche Gemeinschaft.

(3) Jugendhilfe soll zur Verwirklichung des Rechts nach Absatz 1 insbesondere 1. junge Menschen in ihrer individuellen und sozialen Entwicklung fördern und dazu beitragen, Benachteiligungen zu vermeiden oder abzubauen. 2. Eltern und andere Erziehungsberechtigte bei der Erziehung beraten und unterstützen. 3. Kinder und Jugendliche vor Gefahren für ihr Wohl schützen, 4. dazu beitragen, positive Lebensbedingungen für junge Menschen und ihre Familien sowie eine kinder- und familienfreundliche Umwelt zu erhalten und zu schaffen“ (Jordan, Sengling 1994, S. 268, s.a. Artikel 6 des Grundgesetzes).

Die öffentliche Erziehung im Rahmen der Tagesgruppe ist aber mit Heranwachsenden konfrontiert, die in Bezug auf die Generationenfrage und mit sozialer Ausgrenzung bereits schlechte Erfahrungen gemacht haben, so dass sie der Erziehung gleichgültig oder gar renitent gegenüber stehen. Zwar sollen im Sinne Schleiermachers Heranwachsende in ihrer Persönlichkeit und in Bezug auf soziale Kompetenzen durch Erwachsene „tüchtig" gemacht werden, doch stellt sich diese Aufgabe in besonderer Weise widersprüchlich, wo individuelle biografische Vorerfahrungen bereits Prägungen hinterlassen haben. Dazu zählen in der Fallgeschichte Bens der interkulturelle Hintergrund mit all seinen besonderen Belastungsfaktoren, die diffuse Erfahrung mit der Generationendifferenz im Elternhaus und unbewusst verlaufende, aber einflussreiche Beziehungsfantasien, die sein Selbstbild prägten. Von daher steht die erzieherische Hilfe hier vor gravierenden Problemstellungen, weil sie mit Misstrauen und Widerstand rechnen muss.

Neben der intentionalen Dimension der Erziehung, Heranwachsende zur Teilhabe an der Gesellschaft zu befähigen, sie auf das Erwachsenenleben vorzubereiten und moralische Haltungen zu vermitteln, wendet sich das erzieherische Interesse auch Aspekten zu, die Kinder befähigen, eine Persönlichkeit[11] zu werden und durch soziale Beziehungen ihre Individualität zu entwickeln. Daher wird der Erziehungsbegriff heute durch den Begriff der Sozialisation ergänzt, und die Begriffe werden oftmals synonym verwendet (vgl. Gerspach 2000, S. 57). Sozialisation bezeichnet den funktionalen Aspekt der Erziehung, in deren Verlauf gesellschaftliche Anforderungen mit individuellen Entwicklungsinteressen vermittelt werden. Das generationale Verhältnis der Differenz zwischen den Älteren und den Heranwachsenden dient dabei als Instanz, soziale Rollen und gesellschaftliche Werte einzuüben (ebd., S. 30 f). Der Sozialisationsbegriff betont die Tatsache der Vergesellschaftung des Subjekts. Er beschreibt den Prozess, „in dem die Heranwachsenden in einer Gesellschaft sozial handlungsfähig werden und die Kompetenz erwerben, an der gesellschaftlich-kulturellen Entwicklung selbständig teilzunehmen" (Tenorth 2000, S. 19). Sozialisation wird heute oft als übergeordneter Begriff verwendet, dem der Begriff der Erziehung untergeordnet ist.[12] Tenorth schlägt vor, den Erziehungsbegriff beizubehalten,

---

11 Unter Persönlichkeit werden Eigenschaften, Einstellungen und Handlungskompetenzen verstanden, die im Zusammenspiel biologischer Aspekte und lebensgeschichtlicher Erfahrung gebildet werden (vgl. Hurrelmann 1986, S. 14).

12 Im Unterschied zum Sozialisationsbegriff findet Erziehung in der „Mündigkeit" und dem Erreichen persönlicher Individualität ihren Abschluss, während der Sozialisationsprozess die gesamte Lebenszeit des Menschen umspannen kann. Nach Schleiermacher ist Erziehung an ihre Grenze gestoßen, wenn die jüngere Generation zur Erfüllung der sittlichen Aufgabe mit der älteren Generation gleichgestellt ist, also „mündig" ist. Erziehung geht dann in Selbsterziehung über (vgl. Schleiermacher 2000 (1826), S. 16 f). Die gesellschaftliche Aufgabe der Erziehung besteht, so Tenorth, so lange, bis der Heranwachsende die Kompetenz zur sozialhistorischen Teilhabe als Gesellschaftsmitglied erreicht hat (vgl. Tenorth 2000, S. 23).

weil sich in ihm, traditionell betrachtet, beide Aspekte vereinen. Erziehung betont dabei stärker die intentionale Dimension als „Sozialmachung", der Begriff Sozialisation beschreibt die funktionale Seite von Erziehung, die „Sozialwerdung" (ebd., S. 19). „Erziehung und Sozialisation pendeln zwischen der *psychologischen* Annahme einer überwiegend endogenen Entwicklung des Menschen und der *soziologischen* Annahme einer gesellschaftlichen Bestimmung des Subjekts" (Gerspach 2000, S. 37). Diesem Verständnis von Erziehung folge ich im Zuge der Verwendung des Begriffs im Rahmen der vorliegenden Fallstudie. Erziehung geschieht in der Beziehung zwischen Erwachsenen und Kindern, Sozialisation geschieht z.B. in der Peergroup, durch Medien und durch weitere Einflussfaktoren, die auf die junge Generation Einfluss nehmen. Erziehung ist, so wurde deutlich, in das Generationenverhältnis eingebettet. Der Generationenbegriff durchzieht die Tradition des pädagogischen Denkens und bildet neben dem Beziehungsaspekt eine wichtige kategoriale Grundlage der erzieherischen Praxis. Die Fallgeschichte zeigt eindrucksvoll, dass Kinder auf generationales Handeln Erwachsener angewiesen sind und dieses auch einfordern, wenn es ihnen verweigert wird.

### *3.2.2 Erfahrung mit Generationendifferenz*

Gegenüber dem Theorem des pädagogischen Bezuges spielte der Generationenbegriff innerhalb der pädagogisch-systematischen Überlegungen lange Zeit eine untergeordnete Rolle (vgl. Winterhager-Schmid 1996, S. 222). Jutta Ecarius präzisierte den Begriff der „Generation" jüngst in den des „Generationenverhältnisses" und den der „Generationsbeziehungen". Das erzieherische Generationenverhältnis bezieht sich auf mehrere aufeinander folgende Generationen und wird von Luise Winterhager-Schmid als sinnorientierte „Erfahrung mit Generationendifferenz" konkretisiert.[13] „Generationenbeziehungen" sind durch verwandtschaftliche und sozialisatorisch-erzieherische Beziehungsmuster und Interaktionsformen bestimmt, die sich in direktem Austausch zwischen den Generationen bilden (vgl. Ecarius 1998, S. 41). Die Vorstellung, die ältere Generation gäbe ihre Tradition und Kultur an die jüngere Generation weiter und sei der jüngeren Generation Wegweiser, wurde durch die Jugendsozialisationsforschung in den 70er

---

13 Der Begriff der Generationendifferenz geht auf den Soziologen Karl Mannheim zurück, der das Verhältnis der Generationen als unterschiedliches Erleben gemeinsamer Zeitgenossenschaft definiert. Aufgrund der Gleichzeitigkeit und Ungleichzeitigkeit der Generationenverhältnisse müsse immer wieder ausgehandelt werden, was als kulturelle Überlieferung an die jüngere Generation verbindlich weiterzugeben sei. Winterhager-Schmid weist darauf hin, dass Mannheim die Generationendifferenz nicht nur im Wissensvorsprung der älteren Generation begründet sieht, sondern auch in den unterschiedlichen Lebens- und Bewusstseinsschichten der Generationenlage (vgl. Mannheim 1971 (1928), s.a. Winterhager-Schmid 1996, S. 227).

Jahren allerdings relativiert. Die These von der Peergruppenbildung, die ihre eigene Jugendkultur postulierte, löste, so Ecarius, den zentralen Stellenwert der Erwachsenengeneration ab, weil „Jugend" nicht mehr über den Erwachsenenstatus, quasi als Übergangspassage definiert wurde, sondern als eigene Lebensform und -kultur, mit eigenen Werten, Lebensstilen und Sensibilitäten. Die „Jugend" wurde als Faktor des sozialen Wandels betrachtet. Damit schien die Theorie eines Generationenkonflikts, der aufgrund der generativen Differenz unterstellt wurde, fraglich. Solange die Jugendphase als Lern- und Vorbereitungsphase für das Erwachsen-Werden angesehen werden konnte, ohne jedoch mit den Privilegien von Erwachsenen ausgestattet zu sein, ging man von einem prinzipiell konfliktträchtigen Verhältnis der Generationen aus, das jedoch eine wichtige Bedeutung habe: „Gerade aus der Versagung und der Vorbereitung entwickeln die Heranwachsenden eine eigene Sicht auf gesellschaftliche Verhältnisse, die in einer konstruktiven Kritik an bestehenden Traditionen münden sollen/können, was dann als Generationenkonflikt bezeichnet wird" (ebd., S. 49).

Die gesellschaftlichen Veränderungen der 70er und 80er Jahre des zwanzigsten Jahrhunderts, die mit dem Schlagwort der „Risikogesellschaft" als Entwicklung hin zu einer „zweiten, reflexiven Moderne"[14] beschrieben wurden, trugen zu weiterer Verflüssigung des konstruktiv-konfliktträchtigen Verhältnisses bei. Die Risikogesellschaft, darin sind sich viele Autoren einig, nimmt den Verlust von traditionellen Werten, Normen und Zukunftseinstellungen wahr und verliert die Hoffnung, dass die gesellschaftliche Erneuerung und Reproduktion allein durch Interaktionen in der Generationenfolge vermittelt werden kann. In den Prozessen der Individualisierung und Pluralisierung, die als dauerhafte dynamische Spannung der Entwicklung von der Moderne zur Postmoderne verstanden werden, findet nach Michael Winkler auch eine Verschiebung von generationalen Interaktionsmustern statt. Immer häufiger ist die jüngere Generation diejenige, die beispielsweise bei der Aneignung von modernen Kulturtechniken zur vermittelnden Generation wird, z.B. in Bezug auf den technischen Fortschritt. Allzu häufig wird sie auch als eine „gleichberechtigte" Generation aufgefasst, wodurch die Differenzerfahrung der Ungleichheit zwischen Eltern und Kindern in der Interaktion häufig vermieden wird (vgl. Winkler 1988, S. 118 f). Auffassungen, die von der Auflösung des Generationenverhältnisses ausgehen, sind innerhalb der Erziehungswissenschaft umstritten. Empirisch betrachtet findet Erziehung nach wie vor in pädagogischen Institutionen und in der Familie statt. Erziehung ist und bleibt eine Tätigkeit, die

14 Ulrich Beck u.a. prägten den Begriff der „zweiten, reflexiven Moderne" (Beck 1996, S. 46), weil dem Befund nach gesellschaftliche Differenzierungsprozesse neue Gesellschaftsformen hervorbringen, um die Lücke der Erosionsprozesse zu schließen. Der Begriff des Risikos greift die Erfahrung unserer Zeit auf, in einer Welt zu leben, in der Probleme als selbsterzeugt erkannt werden, deren Lösung allerdings wieder neue Schwierigkeiten erzeugt (Beck 1986, 1996).

mit der Erfahrung von relationaler Ungleichheit einhergeht. Luise Winterhager-Schmid hält daher die Einführung des anthropologisch und kulturtheoretisch gefassten Begriffs der „Generationendifferenz" für wesentlich. Dieser Begriff benennt die besondere Qualität des Generationenverhältnisses, die auf der Erfahrung von Angewiesenheit, Ähnlichkeit und Abgrenzung basiert. Die generationale Beziehung ist ein ambivalentes Geflecht affektiv aufgeladener Beziehungserfahrungen (vgl. Winterhager-Schmid 2000). Ecarius bestätigt mit ihrer Mehrgenerationenstudie, dass die jüngere Generation Differenzerfahrungen einfordert, dabei aber auf Erwachsene trifft, die keinen Konflikt riskieren, um an einem guten Verhältnis zur jüngeren Generation festzuhalten. Im Anschluss an das Ergebnis ihrer Studie entwickelt Ecarius die These von der „Selbstentmachtung der Erwachsenen" und fordert die ältere Generation auf, Regelungen zu suchen, in denen sich unterschiedliche Generationen begegnen und in denen sie aufhören, die Balance von einer asymmetrischen hin zu einer symmetrischen Erziehungspraxis zu nivellieren (vgl. Ecarius 1998, S. 56 f).

Im Rahmen der Jugendhilfepraxis ist diese Tendenz täglich zu beobachten und sie wird auch durch den vorliegenden Fallbericht bestätigt. Gerade wegen der gravierenden Folgen für Bildungs- und Selbstbildungsprozesse gilt es zu unterstreichen, dass Erziehung und Sozialisation auf die lebensweltlich relevante sinnorientierte Erfahrung mit Generationendifferenz angewiesen ist. Heranwachsende brauchen die bewusst ausgetragene Erfahrung mit generationaler Differenz, um Orientierung und Halt gebende Grenzen zu verinnerlichen. Wie die Geschichte von Ben und seinen Eltern zeigen wird, erzeugen unklare Grenzen und das Fehlen von erlebbarer Differenz, die die Erfahrung von Angewiesenheit, Gewährung von Anlehnung und Ablösung erst ermöglicht, starke Verunsicherung, die sich in aggressiven Verhaltensweisen eines Kindes ausdrücken können. Winterhager-Schmid unterstreicht aus psychoanalytisch-pädagogischer Perspektive, dass das Generationenverhältnis mit seinen komplizierten psychodynamischen Ambivalenzen Dreh- und Angelpunkt ist, um notwendige, die Psyche strukturierende Interaktionsprozesse in Gang zu setzen, ohne die keine entwicklungsförderliche Verortung des Subjekts möglich ist. Die innere Verarbeitung der basalen Erfahrung, durch Erwachsene gezeugt und damit „gemacht" worden zu sein, „verbunden mit der Einsicht in die eigene Abhängigkeit von der Fürsorge der anderen, ist die Voraussetzung – darin besteht das Paradoxe – für Mündigkeit" (Winterhager-Schmid, 1996, S. 239). Wenn ein Kind an dieser Erfahrung nicht fruchtbar partizipieren kann, muss es an der Omnipotenz-Illusion einer imaginären Autonomie festhalten, die seine Herkunft aus dem Klein-Sein verleugnet. Wie Ben, dem Kind der Fallgeschichte, wird es ihnen sehr schwer gemacht anzuerkennen, dass man, bevor man erwachsen wird, erst einmal klein ist und sich an Erwachsene anlehnen darf, die die Geduld haben, psychische Reifungsprozesse zu begleiten, die das Groß-Werden nötig hat.

Die generationale Differenzerfahrung besitzt daher eine Qualität, die pädagogisch wirksam genutzt werden kann, wenn sie nicht zur willkürlichen Machtausübung missbraucht wird.

### *3.2.3 Pädagogischer Bezug*

Der „pädagogische Bezug" zählt zu den pädagogischen Begriffen, die kategoriale Bedeutung erlangten, weil er die professionelle pädagogische Interaktion als persönliches Verhältnis zwischen einem Erzieher oder einer Erzieherin und den zu Erziehenden charakterisiert. Damit kann der Begriff, wie Winterhager-Schmid aufzeigt, als Sonderfall des pädagogischen Generationenverhältnisses aufgefasst werden (vgl. Winterhager-Schmid 2000). Der pädagogische Bezug wurde als Begriff von Herman Nohl geprägt, der als prominenter Vertreter der geisteswissenschaftlichen Pädagogik daran interessiert war, das Wesen des pädagogischen Verhältnisses als ein Beziehungsverhältnis zu beschreiben. Dieses wird von Nohl als Prozess charakterisiert, „in dem ein Mensch auf den anderen wirkt" (Nohl 1957, S. 131). Menschen stehen in vielfältigen Bezügen zueinander, aber im Unterschied zu anderen Beziehungsformen basiert das pädagogische Verhältnis auf dem Verhältnis eines reifen Menschen zu einem Werdenden und wird von Nohl als „leidenschaftliches Verhältnis" beschrieben: „Die Grundlage der Erziehung ist also das leidenschaftliche Verhältnis eines reifen Menschen zu einem werdenden Menschen, und zwar um seiner selbst willen, daß er zu seinem Leben und zu seiner Form komme. Dieses erzieherische Verhältnis baut sich auf auf einer instinktiven Grundlage, die in den natürlichen Lebensbezügen der Menschen und in ihrer Geschlechtlichkeit verwurzelt ist" (ebd., S. 134). Nach Nohl ist das pädagogische Verhältnis immer doppelt bestimmt, nämlich einerseits von der Liebe zum Kind und seiner Wirklichkeit und andererseits von der Liebe zu den eigenen erzieherischen Idealen, die aber an den Wachstumswillen des Kindes gebunden sind (ebd., S. 135 f). Herman Nohl erkennt im erzieherischen Verhältnis eine Tendenz zur Auflösung. Der professionelle Erzieher bzw. die Erzieherin will, so Nohl, dem Kind etwas beibringen oder es vor Gefahren bewahren, während das Kind „selber sein" und „selber machen" will. Aus diesem Gegeneinander und Ineinander von zwei Richtungen entspringt, so Nohl, die eigentümliche Spannung im Erziehungsbegriff, die nur im persönlichen Verhältnis geklärt und am besten als „pädagogischer Takt" beschrieben werden kann (ebd., S. 137). Das erzieherische Verhältnis strebt von beiden Seiten dahin, sich überflüssig zu machen. In Reaktion auf zeitgenössische Zustände innerhalb der Fürsorgeerziehung betont Nohl das Prinzip der Individualisierung im Sinne des Bezugs auf das einzelne Kind, vernachlässigt aber die Bedeutung der lebensgeschichtlichen intergenerativen konflikthaften Auseinandersetzung, die den pädagogischen Bezug charakterisieren (vgl. Niemeyer 1999, S. 16). Nohls Denkfigur des pädagogischen Bezugs ist als dyadische Subjekt-Subjekt-Begegnung konzipiert, in der das Verhältnis der Generationen zwar mitgedacht ist, aber nicht als konflikthafte, sondern als partnerschaftliche „Begegnung“ charakterisiert ist. Die Generationen*ambivalenz*, die bei Schleiermacher noch das Generationenverhältnis bestimmt, weil es als kulturelle Nötigung im Unvollkommenheitsvorbehalt der Älteren das Utopiebegehren der jüngeren Generation aufnimmt, wird bei Nohl zur „Begegnung“ entschärft (vgl. Winterhager-Schmid 1996, S. 228). Der Wiener Pädagoge Helmuth Figdor greift das ambivalente Beziehungserleben zwischen Erwachsenen und Kindern auf. In seinem Konzept des pädagogischen Bezugs stellt er die konflikthafte Seite des Beziehungsverhältnisses in den Vordergrund (vgl. Figdor 1999, S. 49 f). Jürgen Oelkers weist darauf hin, dass der Erziehungsbegriff nicht auf die Beziehung, das Generationenverhältnis und die Differenzerfahrung beschränkt werden sollte. Die Reformpädagogik etwa stellt sich das Kind nicht als „werdenden Erwachsenen“ vor. Sie rechnet vielmehr mit der Eigenwelt des Kindes und mit seinen autonomen Reifungsprozessen. Dennoch betont auch Oelkers, dass moderne Erziehung nicht umhinkommt anzuerkennen, dass die Individualität eines Kindes erst in der Auseinandersetzung mit einer förderlichen Umwelt entfaltet werden kann (vgl. Oelkers 1992, S. 17). Schon Wilhelm Flitner hatte diesen Grundsatz im Begriff der Erziehungsgemeinschaft reflektiert, ein Gedanke, der heute im Lebensweltkonzept aufgenommen wird.

### *3.2.4 Pädagogisches Aneignungstheorem und Ortshandeln*

Im Kontext einer intergenerationalen Differenzerfahrung versucht Michael Winkler in seiner Theorie der Sozialpädagogik eine zeitgemäße und weiterführende sozialpädagogische Interpretation des Lebensweltbezugs aufzuzeigen und theoretisch zu integrieren. Dabei beschäftigt ihn der Aspekt des Erzieherischen, der die Befähigung zur sinnorientierenden Reflexion befördert. Im Zentrum der von Winkler formulierten Theorie der Sozialpädagogik steht die von Schleiermacher aufgeworfene Frage nach der Subjektbildung, die Winkler als Aneignungshandeln und als Ausdruck von Subjektivität interpretiert (vgl. Winkler 1988). Nach Winkler ist eine sozialpädagogische Intervention nötig, wenn die pädagogische Vermittlung und Aneignung der individuellen und sozialen Bildung der Subjekte im herkömmlich traditionellen Rahmen der Familienerziehung nicht geglückt ist (ebd., S. 121). Für Winkler haben die sozialpädagogische Praxis und Theorie die Aufgabe, „die Sicherung der Subjektivität der Subjekte“ zu gewährleisten (Winkler 1999a, S. 308).[15] Das sozialpädagogische Interesse am Subjekt,

15 Moderne Gesellschaften bringen zwar vielfältige individuell zu gestaltende Lebensformen hervor und lassen Individualität als eine soziale Typisierung in Erscheinung treten. Gleichzeitig ist die Subjektwerdung jedoch gefährdet, weil sich die strukturellen Bedingungen zum Erlangen von Individualität verflüssigen. Der Begriff des Subjekts umschließt die menschliche Fähigkeit zur Selbstthematisierung und Selbstschöpfung, zur Reflexion und kritischen Wahrnehmung der widersprüchli-

das bei Winkler auf die Frage nach der Qualität des vom Subjekt her zu denkenden Aneignungshandelns gerichtet ist, beantwortet die Grenze und Möglichkeit pädagogischer Einmischung: Eine pädagogische Intervention ist dann geboten, „wenn der Subjektivitätsmodus durch nichtvollzogene Aneignung gekennzeichnet ist und dieser Zustand beharrlich bleibt" (Winkler 1988, S. 152). Der Subjektbegriff „zielt auf die Möglichkeiten des Subjekts, somit auch auf die von ihm selbst vorgenommene Einschätzung seiner Wirklichkeit – einer Wirklichkeit, in welcher dem Subjekt etwas fehlen kann" (ebd., S. 156). Jeder Aneignungsprozess ist nach Winkler in den Zusammenhang einer sozialen Situation eingebettet. Soziale Orte und Räume, aber auch die pädagogische Beziehung stellen die Voraussetzung dafür her, dass Heranwachsende ihre Subjektivität ausbilden können (ebd., S. 169). Subjektivität entwickelt sich in intergenerationalen Interaktionen, wenn Kinder und Jugendliche mit erwachsenen Bezugspersonen Auseinandersetzungen führen, in denen ihnen Achtung entgegengebracht und Anforderungen an sie gestellt werden. Durch diese Interaktionen erwerben Heranwachsende lebensweltlich relevante Handlungsmuster (ebd., S. 158 f). Vom Standpunkt der Subjektbildung müssen jedoch auch reflexive Fähigkeiten erzieherisch vermittelt werden. Diese könnten sensibel machen für problematische Aneignungs- und Bewältigungsstrategien, die der Entfaltung von Subjektivität entgegenarbeiten. Das sozialpädagogische Lebensweltkonzept verweist darauf, dass Räume und Orte re-inszeniert werden müssen, um Menschen zu unterstützen ihre Subjektwerdung zu ermöglichen (vgl. Thiersch 1986). Erziehung hat nach Winkler die Aufgabe, Aneignung und Vermittlungsprozesse zu gestalten. Dies geschieht, wenn Erzieher authentisch erlebbar sind, den eigenen Lebensentwurf zur Aneignung zur Verfügung stellen und sich auch für konflikthafte Beziehungen öffnen (vgl. Winkler 1995a, S. 65).

Nun gibt es Lebensumstände und gesellschaftliche Benachteiligung, die zur misslungenen Aneignung subjektiver Fähigkeitspotentiale führen können oder bereits geführt haben. Der Fall Ben berichtet von einem solchen Prozess. Wenn sich ein Mensch seiner situativen Basis nicht mehr gewiss sein kann, so Winkler, versucht er, das Risiko des Aneignungsproblems zu verdrängen oder sich seiner in Form von Ersatzhandlungen zu entledigen. Manche Menschen greifen dabei auf imaginative Lösungen zurück, um ihre Identität auch durch Verleugnung zu erhalten. „Der Vorteil dieser Lösungsverfahren liegt darin, daß man die Situationsbasis erst gar nicht erprobt. Indes wird das Aneignungsproblem nicht einmal unzureichend gelöst, sondern bleibt in seiner Ursprünglichkeit erhalten, während zugleich die Probleme hinzutreten, welche durch das Vermeiden selbst entstehen" (Winkler 1988, S. 176). Ein ungelöstes Aneignungsproblem verbirgt sich, so Wink-

---

chen gesellschaftlichen Verhältnisse. Die Begriffe Subjekt und Subjektivität „drücken eine Idee aus, die Hoffnung und Auftrag zugleich ist" (Winkler 1988, S. 143).

ler, hinter auffälligen Verhaltensweisen. Meist wird die soziale Umwelt durch das Verhalten aufgefordert, Kommunikations- und Interaktionsprozesse einzuleiten, über die dann die Bearbeitung eines Aneignungsproblems stattfinden kann (ebd., S. 179). Ziel der sozialpädagogischen Intervention ist es, „Lebensbedingungen zu schaffen, welche den Individuen nicht bloß existentielle Sicherheit geben, sondern Lern- und Entwicklungsmöglichkeiten eröffnen, die schließlich zu einem selbstbestimmten Leben führen, in welchem vor allem auch die Traditionszusammenhänge durch die Betroffenen selbst bestimmt und gestaltet werden. Sozialpädagogik will somit in ihrem eigenen Selbstverständnis helfen, daß die Individuen ihre Rolle als Opfer von Verhältnissen überwinden und ihre Lebensbedingungen als Subjekte selbst ausfüllen“ (ebd., S. 265). Diese anspruchsvolle Aufgabenstellung erfordert einen hohen Reflexionsaufwand, dem in der Praxis bisher weder zeitlich noch ökonomisch entsprochen wird. Hinzu müsste die Möglichkeit treten, etwa im Rahmen von Supervisionen den eigenen professionellen Anspruch kritisch zu reflektieren, damit er nicht als eine Idealisierung den verfügbaren Ressourcen der Adressaten entgegenarbeitet. Diese Fallstudie verdeutlicht auch das Problem der Grenzen der pädagogischen Hilfen.

**Sozialpädagogisches Handeln als „Ortshandeln“**

Die erzieherische Einwirkung geschieht, so Winkler, im Rahmen von pädagogischen Institutionen und Orten, die eine eigene lebensweltlich relevante Struktur ausbilden und darin eine wichtige „Gegenwelt“ zum Alltag der Adressaten und Adressatinnen der sozialpädagogischen Hilfen darstellen: „Die Artifizialität des pädagogischen Ortes gehört mithin der eigenen Rationalität sozialpädagogischen Handelns an, darf deshalb nicht negiert, sondern muß vielmehr bewußt zum Gegenstand der Gestaltung auch solcher Lebensformen benutzt werden, welche naturwüchsig gar nicht denkbar wären“ (Winkler 1988, S. 290). Gerade weil Lern- und Bildungsprozesse durch Differenzerfahrungen ermöglicht werden, eröffnet ein pädagogischer Ort neue Sichtweisen und Erfahrungen, „zeigt die Dinge in anderen Relationen, stellt vor allem sich selbst als eine Realität zur Verfügung, welche der Aneignung bedarf: Aneignungstätigkeit und Perspektivbildung werden in ihrer unauflöslichen Einheit wieder möglich. Denn der Ort gibt – gebrochen als subjektive Perspektive – einen Blick auf neue, vorher nicht gesehene Handlungsmöglichkeiten frei und führt so zu einer veränderten Orientierung, schließlich auch zu einem Wandel in der inhaltlichen Bestimmung des Handelns selbst“ (ebd., S. S. 294). Mit Hilfe der vorliegenden Fallgeschichte wird dieser wichtige Zusammenhang von der wechselseitigen Beeinflussung des Ortes und den daran gebundenen, haltenden Rahmenbedingungen verdeutlicht. Ben profitierte von den in der Tagesgruppe möglichen Erfahrungen, auch wenn es erst einmal darum ging, einige Krisen mit ihm durchzustehen und für die Einhaltung des Rahmens in der Tagesgruppe zu sorgen.

### *3.2.5 Zum sozialpädagogischen Hilfebegriff*

Nach Thiersch ist das sozialpädagogische Hilfehandeln als „Hilfe zur Lebensbewältigung" charakterisiert, das sich von dem anderer helfender Professionen in seiner Begründung von Hilfe unterscheidet. Das sozialpädagogische Hilfehandeln basiert auf dem pädagogischen Interesse der Bildung und Selbstbildung und der kulturellen Reproduktion der Gesellschaft (vgl. Thiersch 1986). Damit hält er meiner Ansicht nach an der Auslegung der Sozialpädagogik als einer erziehungswissenschaftlich verantworteten und sozialstaatlich verankerten Tradition fest (vgl. Niemeyer 1999, S. 31 f). Der Begriff „Sozialpädagogik" verbindet Pädagogik und Hilfe in enger Weise. Historisch war die enge Verbindung von Hilfe und Kontrolle dominanter, die die sozialadministrative Seite des Hilfehandelns hervorhebt (vgl. Winkler 1999a, Niemeyer 1999). In einigen Praxisfeldern der Jugendhilfe haben es Sozialpädagogen und -pädagoginnen allerdings mit beiden Aspekten gleichzeitig zu tun. Sofern sie mit bereits auffällig gewordenen Heranwachsenden arbeiten und Jugendhilfe als Mittel der sozialen Kontrolle beispielsweise devianter Verhaltensweisen gewährleistet wird, tragen sie zur Beruhigung und Normalisierung der gesellschaftlichen Verhältnisse bei. Diese Situation charakterisiert auch den Beginn der Fallgeschichte. Wie der Fallbericht aber auch zeigen wird, bahnen Sozialpädagogen und –pädagoginnen Wege, um auf soziale Bedingungen der Bildung erzieherisch Einfluss zu nehmen und die Aneignungsbedingungen des sozialen Lebens zu gestalten. Sie tragen zu einem kompetenteren Umgang mit Ausgrenzung, Dissozialität und interkulturellen Herausforderungen in der Gesellschaft bei.

**Sozialpädagogisches Handeln als „Hilfe für Neuanfänge"**

Reinhard Hörster und Burkhard Müller begreifen sozialpädagogische Hilfen als Fähigkeit zur Herstellung eines „Raumes für Neuanfänge" und halten sie für eine Grundfigur der sozialpädagogischen Kompetenz (vgl. Hörster, Müller 1996, S. 617 f). Das „Herstellen neuer Anfänge" steht, so Hörster und Müller, in enger Verbindung zum hermeneutischen Grundsatz, Verstehen als Verständigung über das Nicht-Verstandene aufzufassen. Die sozialpädagogische Kompetenz liegt dabei darin, eine Ebene der Verständigung überhaupt auszumachen und einen Rahmen zur Verfügung zu stellen, der offen ist für neue lebensweltliche Erfahrungen. Damit wird nicht nur die reflexive Kompetenz angesprochen, sondern auch Intuitionen im Ausloten von Spielräumen und Grenzsetzungen als notwendige Voraussetzung, Hilfe zu ermöglichen (ebd., S. 623). Hans H. Groothoff erweitert den oftmals normativ verkürzt verstandenen Erziehungsbegriff um den Hilfebegriff, der alle Hilfen umfasst, die zur „Menschwerdung" beitragen. „Erziehung kann nichts anderes sein als Aktivierung bzw. Modifikation der Personagenese. Sie besteht im wesentlichen darin, daß man auffordert, selbst jemand zu werden; hierin stimmt der Erzieher mit dem Zögling überein, denn dieser will immer schon ‚selbst jemand werden' (...); anders wäre auch keine Erziehung, sondern nur Dressur möglich. Hieraus folgt, daß die Erziehung ein Lebensvorgang ist, der in andere Lebensvorgänge eingebettet ist und mit diesen zusammen gedacht werden muß" (Groothoff 1964, S. 77 f). So besteht die erzieherische Hilfe darin, authentische Begegnungen und Differenzerfahrungen zu ermöglichen und Orte als Rahmenbedingungen zu schaffen, die auch in krisenhaften Auseinandersetzungen mit Heranwachsenden standhalten: „Krisen können nur in einer ‚stabilen' Lebenswelt produktiv werden" (ebd., S. 78). In diesen Zusammenhang gehört auch Winklers wichtige Überlegung zum „Ortshandeln" innerhalb der Sozialpädagogik.

Bisher wurden die kategorialen Grundbegriffe rekonstruiert, die im lebensweltlichen Kontext den Erziehungsbegriff charakterisieren. Im Sinne des hermeneutischen Zirkels bietet die Rekonstruktion der Kategorien die Möglichkeit, sich über Vorbedingungen zu verständigen, die für das Verstehen des nachfolgenden Fallberichts relevant sind. Das Konzept des sozialpädagogischen Lebensweltbezugs vernachlässigte, je mehr sich die Sozialpädagogik zu einer von der Allgemeinen Pädagogik unabhängigen Disziplin entwickelte, den Erziehungsbegriff. Damit ist ein Problem der erzieherischen Hilfen offen gelegt: Soll die angebotene Hilfe Erziehung ermöglichen, oder ist die öffentliche Erziehung die eigentliche Hilfe. Die Praxis der Jugendhilfe erfordert einen Diskurs über diese Schwierigkeit und einen sozialpädagogischen Erziehungsbegriff, der die Dimensionen öffentlicher Erziehung aufnimmt. Die Ausgestaltung der institutionellen Rahmenbedingungen der Tagesgruppe, das erzieherische Handeln im pädagogischen Alltag vor Ort, die Vermittlung der gesellschaftlich-kulturellen Grundlagen sowie das sozialpädagogische Hilfeverständnis verlangen nach einer expliziteren pädagogischen Grundlegung, damit die erzieherische Praxis im Kontext der Jugendhilfe angemessen reflektiert werden kann. Aus alltagspragmatischen Erwägungen heraus gilt es allerdings auch, die Kategorie der Erfahrung bei der Rekonstruktion der genannten erzieherischen Grundbegriffe stärker zu berücksichtigen. Gerade hier lässt sich nun das sozialpädagogische Lebensweltkonzept mit psychoanalytischen Reflexionen ergänzend verbinden. In der Psychoanalyse werden die unterschiedlichen Erfahrungs- und unbewussten Erlebensweisen eines Menschen reflektiert, die sich in der Beziehung und in der Beziehungsfähigkeit spiegeln. In der Fallarbeit mit Ben spielten psychoanalytisch geprägte Denk- und Verstehensweisen sowie psychoanalytische Theorien zur Dissozialität eine wichtige Rolle. Daher sollen im Folgenden einige Grundprinzipien der Psychoanalyse dargestellt werden, die für den Umgang mit Ben handlungsleitend waren.

## 3.3 Lebensweltorientierte Sozialpädagogik und Psychoanalyse

„Ein Erzieher kann nur sein, wer sich in das kindliche Seelenleben einfühlen kann“ (Freud 1971b (1913), S. 128). Mit diesem fast schon programmatischen Satz erklärt Freud das pädagogische Interesse an der Psychoanalyse. Er meint, dass Vertrautheit mit den Erkenntnissen der Psychoanalyse dazu führe, bestimmte Phasen der psychosexuellen Entwicklung sowie kindliche Verhaltensweisen besser einzuschätzen seien. Die Psychoanalyse zeige, welcher Gefahr die Erziehung von Kindern unterliege, aber auch, welch wertvoller Beitrag zu erwarten sei, wenn Affekte und Triebbedürfnisse nicht verdrängt, sondern durch den Prozess der Sublimierung im Rahmen von Erziehung gelenkt werden könnten.

Pädagogen und Pädagoginnen sind für die Heranwachsenden wie für ihre Eltern bedeutsame Bezugspersonen, die Einfluss auf die Entwicklung der Kinder und Jugendlichen nehmen und erleben, mit welchen inneren und äußeren Schwierigkeiten diese Heranwachsenden nicht zurechtkommen. Kinder wie Ben haben ein Gespür dafür, dass sie Hilfe nötig haben, auch wenn sie diesen Wunsch nicht direkt äußern und nur selten formulieren können, worunter sie leiden. Dies zu erkunden ist ein Teil der Aufgabe einer von der Psychoanalyse inspirierten Pädagogik. Als „Psychoanalyse“ wird hier vor allem die Tiefenpsychologie in der Tradition Sigmunds Freuds aufgegriffen. Diese beeinflusste schon in den 20er Jahren des vergangenen Jahrhunderts hermeneutisch-pädagogische Theorie- und Praxis-Diskurse (vgl. Füchtner 1993). Bereits zu Beginn des 20. Jahrhunderts erkannte Siegfried Bernfeld die Bedeutung der Psychoanalyse für die Selbstreflexion der Pädagogen und Pädagoginnen. Pädagogische Ziele, so Bernfeld, seien oft daran ausgerichtet, allgemeine normative statt individuelle Erziehungsziele zu formulieren (vgl. Bernfeld 1994 (1925), S. 35 f). Die Erziehung werde daher zu schnell für gesellschaftliche Zwecke funktionalisiert. Dass Erzieher häufig selbst unter dem Einfluss unbewusster eigener Motive handeln, werde meist nicht thematisiert (ebd., S. 49 f). Bernfeld wies auf die Gefahr der erzieherischen Manipulation hin (ebd., S. 56 f). Die Einsichten Bernfelds über die pädagogische Wirkung, auch die der institutionellen Rahmenbedingungen, Kontroll- und Disziplinierungsmechanismen, wurden diskutiert, aber theoretisch nicht weiterentwickelt (vgl. Thiersch 1978).

Der Begriff „Psychoanalytische Pädagogik“ steht für eine mittlerweile fast achtzigjährige Diskurstradition, die belegt, dass immer wieder versucht wurde, pädagogische und psychoanalytische Kompetenzen, Techniken und Konzeptionen auf die erzieherische und kasuistische Praxis zu beziehen (vgl. Körner 1983, S. 123 f). Heutige Diskurse[16] werden einerseits als Kooperation beider Disziplinen unter Berücksichtigung der jeweiligen Eigenständigkeit von Psychoanalyse und Pädagogik geführt. Andererseits soll das Gemeinsame beider Professionen als etwas Neues herausgearbeitet werden, so dass, wie Helmuth Figdor im Anschluss an Winterhager-Schmid fordert, die „wählerische Liebe“ nicht platonisch bleibt (Figdor 1993, S. 93).

Das Interesse der Pädagogik an der Psychoanalyse halte ich unter vier Gesichtspunkten für sinnvoll: Als eine Möglichkeit der Selbsterfahrung und Reflexion im Rahmen einer Analyse bietet sie den Pädagogen und Pädagoginnen Hilfen, die eigene Person in den unbewussten Dimensionen zu erkunden und damit in der Lage zu sein, das psychische Erleben anderer Menschen auf neue Weise nachvollziehen zu können. Als eine Psychologie bietet sie der Pädagogik Entwicklungstheorien, an denen sie das pädagogische Handeln orientieren kann. Als Forschungsmethode dient sie dazu, allgemein menschliche Phänomene und kulturelle Symbolsysteme zu interpretieren. Im Sinne einer kasuistischen Praxisforschung, das wurde in Kapitel 2 vorgestellt, trägt das Junktim zwischen Heilen und Forschen dazu bei, pädagogische Erkenntnisbildung erfahrungsnah zu sichern. Im Rahmen von Supervisionen dient die Psychoanalyse schließlich der reflexiven Selbstkontrolle und einem besseren Verstehen dynamischer seelischer Prozesse in der Komplexität des Berufsalltags. Die Handhabung der Übertragung und Gegenübertragung kann, wie gezeigt werden soll, auch in der Pädagogik im Rahmen des Verstehensprozesses genutzt werden.

### *3.3.1 Psychoanalytische Theorien der Subjektbildung*

Die Psychoanalyse ist eine therapeutische und hermeneutische Methode wissenschaftlicher und praktischer Forschung (vgl. Füchtner 1993, S. 157). Jürgen Körner hält die Psychoanalyse darüber hinaus für eine Entwicklungspsychologie, deren Epistemologie in klinischen Kontexten gewonnen und im Sinne des Junktims von Heilen und Forschen begriffen wird. Daher können erfahrungsnahe Erkenntnisse theoretisch fruchtbar weiterentwickelt werden (vgl. Körner 1985, S. 88 f). Die psychoanalytischen Theorien der Ich- und Objektbeziehungsentwicklung, des Narzissmus und der Affekte, der Sexual- und Geschlechtsidentitätsentwicklung etc. gelten heute als allgemein gültige Theorien. Sie verbindet die Grundannahme, dass körperliche Prozesse und Umwelterfahrungen den menschlichen Subjektwerdungsprozess bestimmen. Des Weiteren gilt die Annahme, dass sich einmal gebildete psychische Strukturen durch weitere Reifungsprozesse fortentwickeln. Sie können allerdings durch traumatische Einflüsse in ihrer Entwick-

16 Eine systematische Weiterführung der Anliegen einer psychoanalytischen Pädagogik begann, als 1987 innerhalb der Deutschen Gesellschaft für Erziehungswissenschaft eine Arbeitsgruppe „Psychoanalytische Pädagogik“ gegründet wurde (vgl. Bittner 1989, S. 222).

lung beeinträchtigt werden. Damit kann die seelische Funktionsweise in erheblichem Maße gestört werden, was nicht selten die Grundlage für soziale Konflikte darstellt. Aus klinischer Perspektive bilden die Trieb-Konflikttheorien sowie die Narzissmus- und Objektbeziehungstheorien den Untergrund für die psychoanalytische Neurosenlehre (vgl. Loch 1999). Allgemein erfasst die Triebtheorie die Entwicklung der Persönlichkeit vor dem Hintergrund psychisch-körperlicher Bedürfnisse und Fantasien. Bereits um die Jahrhundertwende hatte Freud erkannt, dass hysterische Symptome auf Fantasien zurückzuführen sind. Daher muss, so Freud, die fantasierte Szene genauso aufmerksam analysiert werden, wie eine real erlebte Erfahrung – „die psychische Realität verlangt neben der praktischen Realität gewürdigt zu werden“ (Freud 1971a, S. 154). Die Bedeutung der Fantasien bei der Entstehung von Konflikten ermöglicht es erst die Psychoanalyse als eine hermeneutische Methode zu konzeptualisieren (vgl. Körner 1985). Freuds Interpretation des „ödipalen Konflikts“ ist von anderen revidiert worden. Dennoch gilt die ödipale Phase als zentraler Entwicklungsabschnitt, der die biografische Entwicklung eines Menschen entscheidend beeinflusst. Der ödipale Konflikt des vier bis fünf Jahre alten Kindes kommt in der Lebensphase auf, in der die Geschlechterdifferenz bewusster wahrgenommen wird und das Abhängigkeitsverhältnis des Kindes zu den Eltern aus der sexuellen Perspektive heraus eine wichtige Rolle spielt (vgl. Tyson, Tyson 1997, S. 23). Mit der dominanten Orientierung der Vollendung der Geschlechtsidentität nach Abschluss des „Ödipuskomplexes“ beginnt die subjektive Verortung in der symbolischen Anordnung der Geschlechter. Dieses Grundtheorem wurde im Zuge der Ausdifferenzierung der psychoanalytischen Theorien relativiert, aber niemals aufgegeben (vgl. Winterhager-Schmid 1998).

Die Ich-Psychologie beschäftigt sich mit der Funktionsweise des Ich als Vermittler zwischen Trieb- und Umweltanforderungen und als zuständiger Instanz für Abgewehrtes und Verdrängtes, das dynamisch wirksam bleibt und in Form des Wiederholungszwangs seine psychodynamische Wirkung entfaltet. Die Objektbeziehungstheorien richten sich auf die unbewussten Fantasien und ihre interaktiven Dynamiken und erfassen die Beziehung zwischen äußeren Ereignissen und inneren Erlebensweisen. Innerhalb des psychoanalytischen Diskurses fand und findet also immer wieder eine Akzentverschiebung statt. So wurde die von Melanie Klein kritisierte Auffassung Freuds, die Persönlichkeit bilde sich um die Erfahrung und Lösung des ödipalen Konflikts, von ihr vordatiert. Sie ergänzte die vorhandenen Theorien zudem um die frühkindlichen Aggressionen und Angstfantasien. Donald W. Winnicott erweiterte dieses Verständnis der präödipalen Zeit – das Alter zwischen Geburt und vier Jahren – um die in diesem Lebensabschnitt stattfindenden Prozesse der Selbst- und Objektbildung und die daran beteiligte Erfahrung einer entwicklungsförderlichen Mutter-Kind-Beziehung. Beide Konzepte, das von Klein und das von Winnicott, werden im

Rahmen der Fallanalyse ausführlich dargestellt. Die psychoanalytischen Theorien der Subjektgenese erhellen die subjektiven Erfahrungsstrukturen, die als Mutter- und Vaterrepräsentanzen verinnerlicht werden. Eine Verarbeitung des Erlebens abhängiger Beziehungen bildet nach psychoanalytischer Vorstellung die eigentlich reife Persönlichkeitsstruktur.

Die Psychoanalyse ist aber auch eine Theorie der Empfindungen von Körperlichkeit und der biologischen Entwicklungsschritte. Darüber hinaus konzeptualisiert sie die dazugehörigen Affekte und Fantasien. Ihnen kommt die gleiche Aufmerksamkeit zu wie den real erlebten sozialen Erfahrungen. Die Rolle der Triebwünsche und des Begehrens sowie die Anerkennung von ambivalenten Gefühlsbeziehungen und Fantasien zu wichtigen Bezugspersonen spielt eine zentrale Rolle, wenn es darum geht, eine andere Person durch Verstehen zu fördern oder im Rahmen der Therapie zu heilen. Die stärkere Beachtung der Psychodynamik im Rahmen „nacherziehender Prozesse“ kann dazu beitragen, dass unbewusste Aspekte der Interaktion in nicht deutende Interventionen umgesetzt werden können. Das pädagogische Interesse richtet sich daher darauf, das Spektrum der Wahrnehmungs-, Erlebens- und Handlungsmöglichkeiten im Umgang mit den Heranwachsenden zu erweitern (vgl. Brauner 1998, S. 1229).

**Konstruktivismus und Hermeneutik in der Psychoanalyse**

Die klassischen psychoanalytischen Theorien und ihre weitere Ausdifferenzierung, ihre Begriffe und das Verständnis sozialer und individueller Vorgänge basieren auf der erkenntnistheoretischen Grundannahme, dass jede Wahrnehmung und jeder Gedanke eine Funktion erfüllt. Der amerikanische Psychoanalytiker Merton Gill zeigt, dass die Verbindung zwischen dem psychoanalytischen Verstehensprozess und dem Erreichen einer Verständigung (Deutung) vor dem Hintergrund einer konstruktivistischen Erkenntnis erfolgt: „Jede Wahrnehmung und jede Idee entstehen aus einer bestimmten Perspektive des wahrnehmenden oder denkenden Menschen“ (Gill 1997, S. 21). Das bedeutet, dass es keine Realität an sich gibt; die Realität ist das Konstrukt, das wir uns von der „Realität“ machen. „Ein Konstrukt unterliegt der Beschränkung durch die Realität, auch wenn wir nicht sagen können, was Realität tatsächlich ist“ (ebd., S. 22). Menschliche Äußerungen, darauf wurde bereits in Kapitel 2 hingewiesen, sind deshalb auf Interpretationen angewiesen, denn erst die Interpretation erschafft ihre Bedeutung. Mit Hilfe der Methoden der Hermeneutik kann etwas menschlich Bedeutsames interpretiert werden, auch wenn es nicht möglich ist, die Interpretation als eine allgemeingültige Aussage zu verwenden. Menschlich Bedeutsames ist subjektiv und vom situativen Kontext des Erlebten abhängig. So kann etwa eine abweisende Begrüßung eines Kindes sehr wohl die Bedeutung haben, dass das Kind eine enge und intensive Beziehung zu der Person unterhalten will, die es vordergründig abweist. Ganz im Gegenteil zum beobachtbaren Verhalten wird es vielleicht die Bezugsperson insgeheim sehr lieben. Unter Umständen will das Kind mit Hilfe von aus Enttäuschung entstandener Wut auf diesen Umstand aufmerksam machen.

In der Psychoanalyse werden Verhaltensweisen im Sinne der Abwehr von Affekten oder im Sinne notwendiger Anpassungsvorgänge gedeutet. Sie dienen dazu, das innere Gleichgewicht handelnd herzustellen (ebd., S. 36). Mit Hilfe der tiefenhermeneutischen Methoden des Verstehens können die jeweiligen Motive für ein Verhalten verstanden und in dieser Folge eingeschätzt werden, ob es sich um entwicklungsförderliche oder -hemmende Verhaltensweisen handelt.

### *3.3.2 Psychoanalytischer Verständigungsprozess*

Innerhalb des psychoanalytisch-therapeutischen Dialogs geht es darum, mit Hilfe von Assoziationen, Träumen, Erinnerungen, plötzlichen Einfällen, Fehlleistungen und Handlungen unter dem Schutz des eigens dafür vorgesehenen analytischen Settings Symptome, lebensgeschichtlich relevante Ereignisse oder aktuelle konflikthaft erlebte Situationen zu deuten. Aus der therapeutischen Beziehung heraus wird unter dem Schutz des analytischen Settings eine Deutung versucht, die im Dialog gewonnen wurde. Die Methode der „gleichschwebenden Aufmerksamkeit" (einfühlendes Verstehen), die Abstinenz und Neutralität des Analytikers und der Analytikerin sowie die Vereinbarung über die Stundenfrequenz bilden das Setting, innerhalb dessen eine Deutung wirksam werden kann. Dagegen würden im Alltag Versuche, unbewusste Motive eines Gegenübers zu deuten, zu heftigen Störungen der Beziehung führen, während sie den Verstehensprozess innerhalb der Therapie vorantreiben können. Die Sicherheit einer Deutung verdankt der Therapeut bzw. die Therapeutin einer Besonderheit, die mit dem Wesen des neurotischen Konfliktes zusammenhängt: Neurotische Prozesse stellen einen Vorgang der Sinnentstellung dar, unterliegen jedoch kausalen Gesetzmäßigkeiten (vgl. Körner 1985, S. 76, s.a. Lorenzer 2000). Die durch unbewusste Konflikte entstandenen Kompromissbildungen, die sich in Symptomen und Verhaltensweisen Ausdruck verschaffen, führen zu Wahrnehmungsverzerrungen. In der Übertragungsbeziehung zum Analytiker oder zur Analytikerin können diese Verzerrungen bewusst werden. Erst nach der gemeinsamen Arbeit am Widerstand und dem Wiedererleben traumatischer Erfahrungen können unbewusste seelische Vorgänge in einer Weise erfahren werden, die dem oder den Analysanden eine Verhaltensänderung ermöglichen. Die Psychodynamik des Konfliktes, die sich in Form des Widerstandes zeigt, setzt zeitweise regressive Bewegungen in Gang. Deshalb bietet das Setting der analytischen Therapie eine wichtige Voraussetzung für den Heilungsprozess (vgl. Körner, Körner 1997). Der Umgang mit Widerstand im Rahmen der Therapie, das Verstehen notwendiger psychischer Abwehrprozesse und das Wiedererleben traumatischer Erfahrungen ermöglichen es, dass der Patient oder die Patientin in die Lage kommt, durch Verstehen zu entscheiden, ob dieses oder jenes Verhalten das für eine Situation angemessene Verhalten ist (Körner 1983, S. 127).

Das analytische Setting unterscheidet sich erheblich vom pädagogischen Rahmen. Daher ist es nicht ohne weiteres möglich, analytische Methoden der Deutung im pädagogischen Alltag anzuwenden. Deshalb werde ich in Kapitel 6 ausführlich auf die pädagogischen Rahmenbedingungen zu sprechen kommen. Die Psychoanalyse bietet einer Pädagogik, die an der Förderung von Bildungs- und Selbstbildungsprozessen orientiert ist, die das Entwicklungsinteresse des Kindes in den Vordergrund stellt und am Verstehen von Interaktionen interessiert ist, wichtige Hinweise, Fantasien und Übertragungsprozesse in das pädagogische Handeln einzubeziehen. Da die im Rahmen der Jugendhilfe betreuten Kinder und Jugendlichen ihre „Geschichte“ mitbringen, liegt es nahe, dass der Umgang mit unbewussten Anteilen der Subjektbildung immer eine Rolle spielt und somit auch reflektiert werden sollte.

**Die Übertragung in ihrer Bedeutung für die Pädagogik**

Freud hält die Übertragung für eine ubiquitäre Erscheinung, die jede Beziehung gravierend beeinflussen kann: „In jeder analytischen Behandlung stellt sich ohne Dazutun des Arztes eine intensive Gefühlsbeziehung des Patienten zur Person des Analytikers her, die in den realen Verhältnissen keine Erklärung finden kann. Sie ist positiver oder negativer Natur, variiert von leidenschaftlicher, vollsinnlicher Verliebtheit bis zum extremen Ausdruck von Auflehnung, Erbitterung und Haß. Diese abkürzend sogenannte *Übertragung* setzt sich beim Patienten bald an die Stelle des Wunsches nach Genesung und wird, solange sie zärtlich und gemäßigt ist, zum Träger des ärztlichen Einflusses und zur eigentlichen Triebfeder der gemeinsamen analytischen Arbeit. Später, wenn sie leidenschaftlich geworden ist oder ins Feindselige umgeschlagen hat, wird sie das Hauptwerkzeug des Widerstandes. (...) Man darf nicht glauben, daß die Analyse die Übertragung schafft und daß diese nur bei ihr vorkommt. Die Übertragung wird von der Analyse nur aufgedeckt und isoliert. Sie ist ein allgemein menschliches Phänomen, entscheidet über den Erfolg bei jeder ärztlichen Beeinflussung, ja sie beherrscht überhaupt die Beziehungen einer Person zu ihrer menschlichen Umwelt“ (Freud 1971a, S. 70 f). Aufgrund der unbewussten gefühlsmäßigen Einstellung eines Menschen zu seinem Gegenüber ist die Übertragung außerhalb des therapeutischen Settings allerdings schwer zu deuten. „Der Patient *wiederholt* in der Form der Verliebtheit in den Analytiker seelische Erlebnisse, die er bereits früher einmal durchgemacht hat – er hat seelische Einstellungen, die in ihm bereitlagen und mit der Entstehung seiner Neurose innig verknüpft waren, auf den Analytiker *übertragen*. Er wiederholt auch seine damaligen Abwehrreaktionen vor unseren Augen, möchte am liebsten alle Schicksale jener vergessenen Lebensperiode in seinem Verhältnis zum Analytiker wiederholen. Was er uns zeigt, ist also der Kern seiner intimen Lebensgeschichte, er *reproduziert ihn greifbar, wie gegenwärtig, anstatt ihn zu erinnern*" (Freud 1971b (1926), S. 185). Die Behandlung durch eine aufdeckende Deutung ist daher, so Freud, Kern der „Handhabung der Übertragung" und zielt auf die Deutung der Übertragungsliebe als einer entscheidenden Situation im Analyseverlauf (ebd. S. 185 f).

Sandor Ferenczi und Alice Balint bewerteten den Beziehungsaspekt in der Übertragung anders als Freud. Sie kritisierten seine Auffassung, die Übertragung nur auf das Deuten der infantilen Fantasien zu beziehen und nicht das gesamte Handeln des Analytikers einzubeziehen. Herbert Will weist darauf hin, dass Ferenczi und Balint dazu beitrugen, die Theorie und Methode der Behandlung weiterzuentwickeln. Die Bedeutung des Erlebens der aktuellen Beziehung in der Übertragung und die Berücksichtigung des Beitrags des Analytikers an der Übertragung eröffneten ein neues Verständnis der Übertragung. Die Übertragung wird nicht mehr ausschließlich als Ort der Reproduktion von Kindheitserfahrungen interpretiert, sondern der dyadische Charakter der analytischen Situation wird einbezogen. „Die Ansicht, man könne durch absolute Passivität eine Nicht-Beeinflussung der Übertragung erreichen, ist obsolet geworden. Stattdessen hat sich ein weitgehender Konsens darüber hergestellt, dass die nicht-deutenden Aktivitäten des Analytikers von entscheidender Bedeutung für erfolgreich verlaufende Analysen sind" (Will 2001, S. 208 f).

Freud und die Vertreter und Vertreterinnen der Ich-Psychologie folgten noch einem Beobachtungsmodell, bei dem die Übertragungsbeziehung zum Analytiker dazu genutzt wurde, die Widerstände des Analysanden zu deuten. Der Interaktion wurde keine erkenntnisleitende Bedeutung beigemessen. Merton Gill vertritt dagegen ein Interaktionsmodell der Übertragungsbeziehung: „Der Analytiker beeinflußt den Patienten *immer*, und umgekehrt beinflußt auch der Patient den Analytiker *immer*. Dieser wechselseitige Einfluß kann nicht vermieden – er kann nur gedeutet werden" (Gill 1997, S. 87). Daraus folgt, dass die Übertragung „nicht nur auf dem Verhalten der Bezugspersonen beruht, die den Patienten in der Vergangenheit freundlich behandelt haben, sondern auch auf dem freundlichen Verhalten des Analytikers" (ebd., S. 98). Gill definiert daher die Übertragung als eine Interaktion, die psychoanalytisch untersucht werden muss und die Art und Weise widerspiegelt, „wie der Patient die Interaktion erlebt" (ebd., S. 103). Im Anschluss daran wird die Übertragung im Sinne Gills als Widerstand gegen das Bewusstwerden oder als Weigerung, sich erneut in frühkindliche Erfahrungen verstricken zu lassen, gedeutet. Der Widerstand richtet sich gegen die Auflösung der Übertragung (vgl. Will 2001, S. 225). Die Übertragung ist im Sinne Gills das Ergebnis der Anstrengung, die Wünsche des Analysanden in der Übertragungsbeziehung zu erleben, die gemeinsam mit dem Analytiker bzw. der Analytikerin gedeutet werden müssen, um psychisch zu reifen (ebd., S. 226).

Auch wenn Freud seine Gegenübertragung theoretisch vernachlässigte, kannte er die Wirkung der gefühlsmäßigen Beteiligung bei der Analyse. Heute werden Übertragung und Gegenübertragung nicht mehr als gegeneinander gerichtet interpretiert. „Die Handhabung der Übertragung meint etwas anderes als die Deutung der Übertragung. Sie bezieht sich auf den Handlungsaspekt des analytischen Arbeitens und *thematisiert den Beitrag des Analytikers zur Interaktion*. Sie kann als psychoanalytisches Konzept dazu verhelfen, das ursprünglich sozialwissenschaftliche Modell von Interaktion in die psychoanalytische Theorie der Technik zu integrieren, weil sie das *gesamte* Handeln des Analytikers für die Selbstreflexion erschließt und die Möglichkeit bietet, Interaktion und Deutung füreinander zu öffnen" (Will 2001, S. 209).

Dieses Verständnis von Übertragung bietet auch Anknüpfungspunkte für pädagogische Überlegungen zum Umgang mit affektiven Wahrnehmungen in einer Beziehung. Gegenübertragungsgefühle und -reaktionen gelten als Schlüssel zum besseren Verstehen der Übertragung. Der Fallbericht wird zeigen, dass Ben uns in Rollen drängte und in uns Affekte wachrief, die nur schwer zu verstehen und auszuhalten waren, solange wir auf eine bestimmte Art der Interaktion mit Ben eingestimmt blieben. Wie in einer Art Wiederholungszwang gefangen, tauchten immer wiederkehrende Verhaltensmuster bei Ben und bei den Pädagogen auf, die mit Hilfe der Analyse der Übertragung verständlich wurden und durch die Reflexion der Beziehungsfantasien teilweise verändert werden konnten. Übertragung und Gegenübertragung können auch im pädagogischen Kontext aufeinander bezogen werden. „Mit der psychoanalytischen Reflexion pädagogischen Handelns ist weniger die Fähigkeit gemeint, psychoanalytische Kenntnisse zur Anwendung zu bringen, als vielmehr pädagogische Prozesse in psychodynamischer Hinsicht und unter Reflexion des Eigenanteils des Pädagogen an konflikthaftem Beziehungsgeschehen erschließen und mit angemessenen Handlungen beantworten zu können" (Brauner 1998, S. 1230).

# 4 „Die Fallgeschichte Ben"

Im Zentrum der Fallstudie steht die langjährige Arbeit mit Ben in der Tagesgruppe, die nun einer Fachöffentlichkeit zur Verfügung gestellt werden soll. Zunächst wird die Erfahrungsebene rekonstruiert, so dass die sich an den Bericht anschließende Fallanalyse Sichtweisen eröffnet, die für ähnliche Fälle von Bedeutung sein können.

Der Fallbericht wird auch beim Leser und der Leserin widersprüchliche Gefühle und Gedanken auslösen. Dies ist beabsichtigt, denn der Fallbericht soll den Alltag und die durch Ben ausgelösten Affekte und Reaktionen möglichst erlebnisnah widerspiegeln. Die Fallstudie rekonstruiert darüber hinaus den mühevollen Weg des Ringens um Veränderungen der Selbst- und Fremdwahrnehmung innerhalb von Beziehungserfahrungen und führt vor Augen, wie das Verstehen gegen eigene und äußere Widerstände das professionelle Handeln immer wieder bestimmt. Im Fall Ben handelt es sich nicht um eine „Erfolgsgeschichte". Der Fallbericht nimmt gerade das Scheitern pädagogischer Bemühungen zum Ausgangspunkt für die Fallanalyse. Im Folgenden geht es darum, das erzieherische Handeln zu reflektieren und aus den Fehlern zu lernen. Dabei folge ich der Annahme, dass „Fehler" ein charakteristisches Merkmal pädagogischer Interventionen darstellen. Sie können nicht vermieden, müssen jedoch reflektiert werden.

Die Aufnahme Bens in die Tagesgruppe steht am Anfang der Erzählung, die sich auf das erste Jahr Bens in der Gruppe richtet. Im zweiten Teil werden wesentliche Gesichtspunkte der pädagogischen Arbeit mit Ben zusammengefasst. Dabei handelt es sich um weitere Jahre, die bis zum Beginn der Forschungsarbeit reichen. Im dritten Teil steht Bens Familie im Mittelpunkt. Diese Einteilung erfolgte im Hinblick auf eine übersichtliche Darstellung des Fallberichts und die sich daran anschließenden Fragestellungen. Die sozialpädagogische Anamnese und Diagnostik spielen besonders zu Beginn einer Aufnahme in die Tagesgruppe eine wichtige Rolle, denn das pädagogische Angebot orientiert sich an den daraus abgeleiteten Erziehungs- und Bildungsinteressen (Kriterium der Perspektivität). Des Weiteren wird ein praxisrelevantes Problem auch bei der Darstellung der Fallgeschichte berücksichtigt: Letztlich ist es kein Zufall, dass die Familie erst zum Schluss Thema der Fallgeschichte wird, denn auch in der Praxis waren familiale Hintergründe selten direkt zu erfassen. Das schränkte die Möglichkeiten ein, Zusammenhänge zwischen Bens Verhaltensweisen und aktuellen Erlebnissen in der Familie unmittelbar herzustellen. Hierbei handelt es sich um ein charakteristisches Problem sozialpädagogischer Fallarbeit, wenngleich es sich in jedem Einzelfall auf besondere Weise einstellt.

Am Ende jedes Kapitels werden meine Reaktionen und Gefühle auf die Erlebnisse mit Ben und seiner Familie zusammengefasst. Diese bilden den Übergang zur Fallanalyse, um Bens biografische Geschichte unter psychodynamischen Gesichtspunkten zu interpretieren. Wesentliche Grundannahmen des sozialpädagogischen Lebensweltkonzepts und die systematische Darstellung pädagogischer Begrifflichkeiten wurden dem Fallbericht vorangestellt, so dass darauf explizit und implizit Bezug genommen werden kann. Die Fragestellungen dieser Studie beziehen sich auf eine psychodynamische Diagnostik und den pädagogischen Umgang mit Ben und sind somit auf die Einzelfallarbeit fokussiert. Deshalb verweist erst die Leistungsbeschreibung der Tagesgruppe auf die vielfältigen Möglichkeiten der Gemeinwesen-, Gruppen- und Einzelfallarbeit in der Tagesgruppe.

## 4.1 Die Aufnahme Bens in die Tagesgruppe

Ben wurde aufgrund der Initiative seiner Grundschullehrerinnen in die lebensweltorientierte Tagesgruppe aufgenommen. Der neunjährige Ben lebte damals mit seinen Eltern und Geschwistern in einer kleinen Wohnung. Anlass zur Aufnahme in die Gruppe waren Verhaltensweisen Bens, die bereits in der Grundschule dazu führten, dass seine Lehrerinnen Ben für die Sonderschule für Erziehungshilfe empfahlen, damit dort intensiver auf seine Bedürfnisse eingegangen werden könne. Die Rektorin seiner Grundschule hatte sich an den ASD gewandt, weil die Eltern aus Sicht der Schule nicht in der Lage waren, erzieherischen Einfluss auf ihren Sohn auszuüben, dass Ben sich in der Klasse integrieren konnte. Bei Ben sollte dringend etwas unternommen werden, weil seine Versetzung gefährdet und er – und durch ihn seine Klasse – im Leistungsvermögen eingeschränkt waren. Ständig drängte er sich in den Mittelpunkt, stiftete Unruhe und löste Streit unter Mitschülern aus. Wenn er nicht beachtet wurde, versuchte er auf störende Weise auf sich aufmerksam zu machen. Er widersetzte sich den geltenden Regeln, brachte beim Lernen nur eine geringe Frustrationstoleranz auf und konnte sich kaum konzentrieren. Das veranlasste die Schulleitung, den Eltern eine weitere Beschulung ihres Kindes in der Schule für Erziehungshilfe anzuraten. Zudem forderten Bens Lehrerinnen sie auf, das auffällige Verhalten ihres Sohnes auch psychiatrisch abklären zu lassen: Da Ben log, wenn er Hausaufgaben nicht gemacht hatte, und sehr aggressiv reagierte, wenn er dafür zur Rede gestellt wurde, waren seine Lehrerinnen empört. Bens Klassenlehrerin erlebte bei der Hausaufgabenbetreuung, dass Ben sich weigerte, Aufgaben zu erledigen, die sie der Klasse gegeben hatte, und darauf beharrte, sie habe ihm das morgens nicht gesagt. Nach Konfliktsituationen mit anderen Kindern, die sich während des Unterrichts oder am Nachmittag beim Spielen ereigneten, stritt er seine Beteiligung am Streit regelmäßig ab und reagierte aggressiv, wenn man ihm seine Unschuldsbeteuerungen nicht glaubte. Er stahl Mitschülern Geld und Süßigkeiten und leugnete dies ohne jedes Anzeichen von schlechtem Gewissen. Die Lehrerinnen hatten Angst, Ben könnte den Bezug zur Wirklichkeit verlieren. Aus Sicht der Schule brauchte Ben zumindest eine Nachmittagsbetreuung, da seine Eltern mit der Erziehung überfordert seien und die Fehler nur auf Seiten der Schule sähen. Außerdem habe die Mutter keine Möglichkeit, die Kinder schulisch zu fördern, weil sie kaum Deutsch spräche. Als die Eltern ihr Einverständnis für die Sonderschulüberprüfung nicht gaben, wurde der zuständige ASD-Kollege zu den Gesprächen in der Schule hinzugezogen. Anschließend sprach der Kollege mit der Familie. Ergebnis dieser Gespräche war, dass ein Termin in der Tagesgruppe mit Ben und der Familie vereinbart wurde, um ihn in der Tagesgruppe vorzustellen. Bald nach diesem Gespräch wurde Ben damals in die Gruppe aufgenommen. Die folgenden Informationen erhielten wir erst nach und nach.

**Die Anamnese**

Ben ist der Sohn der Familie Jelloun, einer muslimischen Familie. Seine älteren Schwestern nenne ich Osira und Nasri, den jüngeren Bruder Omah und die kleine Schwester Esira. Sie war gerade geboren, als Ben in die Gruppe kam. Herr Jelloun lebt seit vielen Jahren in Deutschland und holte seine Frau später nach. Ihre Kinder kamen hier zur Welt. Die Familie hat außer einer Schwester der Mutter, die nicht im Kontakt zur Familie steht, keine Verwandten in Deutschland. Die Geschwister und Eltern des Ehepaares leben im Herkunftsland; zu ihnen reist die Familie regelmäßig.

*Der Vater*

Bens Vater verließ sein Heimatland, als er selbst noch ein Jugendlicher war. In Holland lernte er einen Beruf, den er heute allerdings nicht mehr ausübt. Er ist der älteste Sohn von sechs Kindern und lebte mit seinen Eltern in einem Dorf. Seine Mutter war bei seiner Geburt sehr jung. Seine sehr viele Jahre jüngere Frau lernte er während eines Besuchs in seiner Heimat kennen. Ein Jahr nach der Eheschließung wurde Osira und zwei Jahre später Nasri geboren, ihr folgte wiederum zwei Jahre später Ben. Omah wurde sechs Jahre nach Ben und im Anschluss daran noch ein Mädchen geboren, Esira. Herr Jelloun arbeitete in einer Fabrik. Er machte viele Überstunden und jobbte mal hier und da. Alle Familienmitglieder haben die deutsche Staatsbürgerschaft angenommen. Herr Jelloun spricht sehr gut deutsch, tritt gepflegt und charmant auf und hat viele Bekannte in der Stadt. Er möchte, dass seine Kinder in Deutschland eine gute Schulbildung erhalten.

*Die Mutter*

Bens Mutter versorgte den Haushalt und die Kinder. Da sie kaum Deutsch sprach, konnte sie sich anfangs an den Gesprächen mit mir nicht aktiv beteiligen. Sie ist eine attraktive Frau, die auf ihr äußeres Erscheinungsbild ebenso Wert legte wie ihr Mann. Zuhause sprach sie mit den Kindern in ihrer Muttersprache. Sie vermittelte den Eindruck, ungern in Deutschland zu leben, und wirkte auf mich unglücklich und traurig. Sie stammt aus einer reichen Bauernfamilie.

*Die Kinder*
Als Ben in die Tagesgruppe aufgenommen wurde, besuchte die älteste Tochter, Osira, die Hauptschule; die zweite Tochter, Nasri, wurde im Gymnasium eingeschult. Ben besuchte die letzte Klasse der Grundschule, der jüngere Bruder ging in den Kindergarten. Im Unterschied zu Osira war Nasri ein lebhaftes und sehr von sich überzeugtes Mädchen. Sie zeigte eine schnelle Auffassungsgabe, hielt sich jedoch nicht an Klassenregeln, log und war bereits bei Ladendiebstählen erwischt worden. Des Öfteren wollten die Mädchen nach der Schule nicht nach Hause gehen. In der Vier-Zimmer-Wohnung teilten sich die Mädchen und die Jungen je ein gemeinsames Zimmer. Spielsachen waren kaum vorhanden. Zum Spielen gingen die Kinder auf die Straße. Das Baby schlief im Zimmer der Eltern. Alle Geburten waren problemlos verlaufen. Ben kam allerdings durch einen Kaiserschnitt zur Welt. Obwohl er gesund war, hatte seine Mutter anschließend Angst, dass ihr Sohn sterben könnte.

**Aufnahmebegründung**
Bens Aufnahme in die Tagesgruppe war geprägt vom Interesse der Lehrerinnen und des ASD-Kollegen, für Ben eine geeignete Form der Hilfe zu finden, die ihm einen Rahmen setzte und ihn unterstützte, die Hausaufgaben zu erledigen. Später wurde deutlich, dass die Lehrerinnen und Bens Eltern sehr unterschiedliche Wahrnehmungen in Bezug auf Bens Probleme hatten. Die Angriffe Bens auf seine Mitschüler und Mitschülerinnen bagatellisierten seine Eltern als normalen Streit unter Kindern, denn Ben wehre sich, wenn er angegriffen werde. Sie wünschten sich von den Lehrerinnen, dass sie mit Ben konsequenter umgehen sollten. In Anwesenheit der Lehrerinnen zeigte Herr Jelloun, wie er sich das vorstellte: Er wies seinen Sohn in strengem Ton zurecht und hielt ihn an zu tun, was die Lehrerinnen von ihm verlangten. Dabei setzte er Ben verbal unter Druck und drohte ihm Hausarrest an, wenn er sich nicht an die Regeln seiner Lehrerinnen halte. Obwohl die Lehrerinnen mit Bens Verhalten unzufrieden und eigentlich selbst verärgert waren, bekamen sie daraufhin Mitleid mit dem Jungen und fühlten sich durch das Auftreten des Vaters kritisiert. Die Verweigerungshaltung der Eltern, den Schulwechsel zu ermöglichen, ihre Art, das Verhalten von Ben zu bagatellisieren und Schuldzuschreibungen vorzunehmen, brachte die Lehrerinnen gegen sie auf. Das psychiatrische Gutachten brachte keine medizinische Klärung und der hinzugezogene ASD-Kollege wollte den Eltern aufgrund seiner Einschätzung der Problematik zunächst eine Erziehungsberatung vorschlagen. Diesen Vorschlag lehnten Bens Eltern jedoch ab, weil Herr Jelloun zu viel arbeite und deshalb keine Zeit habe. Aus Sicht des Kol-

legen schwankte der Erziehungsstil der Eltern zwischen extremer Nachgiebigkeit und übergroßer Strenge. Ben schien seinen Vater nicht ernst zu nehmen; er hatte aber vor seinen gelegentlichen Wutausbrüchen Angst. Darüber hinaus neigte Herr Jelloun dazu, im Gespräch zwar die benannten Probleme anzuerkennen und nach gewisser Zeit die angebotene Hilfe für die Problemlösung anzunehmen; aber beim nächsten Treffen betonte er, dass alle Probleme bereits gelöst seien. Frau Jelloun beteiligte sich nicht aktiv an den Gesprächen.

Das „Vorstellungsgespräch“ fand nach den Sommerferien in der Tagesgruppe statt. Daran nahmen Herr und Frau Jelloun, Ben, der Kollege des ASD, die Kollegin Judith, die für Ben in der Tagesgruppe zuständig sein sollte, und der Kollege Ingo teil. Am folgenden Tag öffnete sich die Tür zur Gruppe, herein spazierte Ben, ein kleiner hübscher Junge, der mir selbstsicher sagte: „Ab heute soll ich in die Gruppe kommen, haben mein Vater und meine Lehrerin gesagt.“ Ich war gerade alleine im Raum und konnte mir nicht vorstellen, dass die Aufnahme derart schnell beschlossen worden sei. So sagte ich Ben, dass ich davon noch nichts wisse und mich erst einmal erkundigen müsse. Er solle erst einmal wieder nach Hause gehen, wir würden seine Eltern anrufen. Als Ben, offensichtlich enttäuscht, gerade gegangen war, und die Szene noch in mir nachwirkte, kam die Kollegin und berichtete, dass Ben vermutlich in Kürze aufgenommen werden sollte. Ich erzählte ihr von der eben erlebten Begegnung mit dem Jungen und spürte, dass ich ihn schon in mein Herz geschlossen hatte und mich auf ihn freute, während die Kollegin sich mit erwartungsvollen Gefühlsäußerungen zurückhielt. Was war mit Ben los, dass er in der Schule eine derart aggressive Stimmung gegen sich erzeugte und mir gleichzeitig so originell erschien? Etwas später rief Bens Vater an, und noch bevor ich ihm sagen konnte, dass ich die Kollegin ans Telefon holen wolle, machte er mir klar, dass Ben doch in die Gruppe kommen sollte! Er hätte jetzt solange überlegt und uns beobachtet: Die Gruppe sei das Richtige – außerdem könnte Ben sonst nicht weiter zur Schule gehen. Ich teilte Bens Vater mit, dass er seinen Entschluss dem ASD mitteilen müsse und Ben könne erst nach Antragstellung zu uns kommen.

Unter den pädagogischen Fachkräften galt Ben als „Symptomträger“ der Familie. Seitens der Jugendhilfe wurde eine zügige Aufnahme in die Tagesgruppe ermöglicht, weil zu befürchten war, dass Herr Jelloun die einmal getroffene Entscheidung wieder rückgängig machen könnte. Ben sollte einen verbindlichen und strukturierten Rahmen erhalten, in dem er Kontrolle, Konsequenzen, Halt und Orientierung erfahren könnte, und seine Eltern in ihrer Erziehungsverantwortung unterstützt werden sollten.

**Beobachtungen in der Tagesgruppe**

Zur Zeit der Aufnahme Bens in die Tagesgruppe hatte ich noch keine Fallverantwortung. Diese übernahm ich, als Ben etwa vier Wochen in der Gruppe war. Zwei Wochen vor der Aufnahme gab es im Team einen Konflikt, der sich an der zukünftigen Betreuung von Ben entzündete. Meine Kollegin Judith konnte sich nicht vorstellen, Ben und seine Familie zusammen mit dem Kollegen Jens, mit dem sie in einem Unterteam der Tagesgruppe enger zusammenarbeitete, zu betreuen. Sie sah sich nicht genügend von ihm unterstützt und fand ihn daher nicht geeignet, sie in der Familienarbeit zu begleiten. Sie rechnete damit, dass Herr Jelloun sie als Frau bei Elterngesprächen nicht akzeptieren könnte und wollte daher die Unterstützung durch den Kollegen. Da sie ihre Ablehnung der Fallverantwortung an der Zusammenarbeit mit dem Kollegen festmachte, hatten wir einen Teamkonflikt zu lösen. Bens Aufnahme stand jedoch kurz bevor und so beschlossen wir pragmatisch, Kollege Ingo sollte mit der Kollegin die nötigen Elterngespräche führen.

In der Tagesgruppe machte Ben sich von der ersten Minute an Feinde. Kaum angekommen, trat er, der Kleinste und Jüngste, als „Alleskönner" auf. Der Aggressionspegel unter den Kinder stieg von Tag zu Tag. Ben zeigte alle Symptome, die die Lehrerinnen der Grundschule beschrieben hatten. Er war unruhig, wollte überall dabei sein und löste dadurch in der Gruppe Aggressivität und Streitlust aus, die ihn täglich in körperliche Auseinandersetzungen verstrickte, bei denen er das Opfer zu sein schien. Ben wartete nicht ab, bis er oder ob er von anderen wahrgenommen wurde, sondern drängte sich den anderen auf. Es kam auch vor, dass er ohne dass wir das bemerken konnten, andere im Flur schubste und sagte: „Geh weg, du Hurensohn." Seit Bens Ankunft herrschte in der Gruppe eine angespannte, unruhig-aggressive Atmosphäre. Täglich waren Konflikte und Streitereien unter den Jungen zu schlichten und zu klären, wer das Sagen habe. Konflikte sollten in der Tagesgruppe nicht in einer Art Selbstjustiz gelöst werden. Der deutlichste Ärger entzündete sich an Bens Größenfantasien, die als Angebereien entlarvt wurden. „Ich bin der beste Tischtennisspieler", tönte er bereits am ersten Nachmittag. Das provozierte den Jungen, der seit einiger Zeit ausgewiesener Tischtennismeister in der Gruppe war: „Das glaub ich dir nicht!" Im Tischtennisraum, der sofort für das Duell zur Verfügung stand, hatte Ben gegen die Schmetterbälle des Gegners keine Chance. „Du willst gut sein?", ertönte es von den Zuschauern und Ben wurde ausgelacht. Kurz darauf schmiss er den Schläger in die Gruppe der Kinder und verließ heulend den Raum. „Mamasöhnchen", posaunte es nun hinter ihm her. Ben konnte wenig von dem, was er vorgab, und bei allen gemeinsamen Aktivitäten wurde er wütend oder weinte, weil er nicht verlieren konnte oder nicht im Mittelpunkt stand. Ben ertrug keine Frustration, ohne wütend zu reagieren. Seine heftigen Wutausbrüche jagten den anderen Angst ein. War ein Erwachsener im Raum, drückte er im wahrsten Sinne des Wortes auf seine

Tränendrüsen. Mir war klar, dass Ben die Gruppe verlassen müsste, wenn wir nicht eine Möglichkeit fänden, die Lage zu entschärfen. So probierten wir, ob Ben in der Gruppe der älteren Jugendlichen zurechtkommen würde, weil sie sich ihm gegenüber besser abgrenzen könnten. Tatsächlich aber setzten sich die Jugendlichen noch heftiger zur Wehr als die jüngeren Kinder. Ben bekam Schläge und wurde ausgegrenzt. Einmal kam ich in ein Zimmer, als gerade einer der Jugendlichen Ben würgte, dass ihm die Luft wegzubleiben drohte. Unter starkem körperlichem Einsatz musste ich die Streithähne auseinander bringen.

Wir Erwachsenen erlebten vor allem Situationen, in denen Ben das Opfer war. Dementsprechend setzte ich mich mit den Jungen auseinander. Das verärgerte die Gruppenmitglieder: Wir würden ja gar nicht sehen wie schlimm der sei, wurde uns von ihnen vorgeworfen, und sie fühlten sich bestärkt, Bestrafungen Bens weiterhin in eigener Regie durchzuführen. Ein Teufelskreis der Gewaltanwendung schien im Gange. Das den Streit auslösende Verhalten von Ben konnten wir so gut wie nie direkt beobachten, und so war es nicht möglich, sanktionierend einzuschreiten, weil Ben alle Vorwürfe vehement abstritt. Die sichtbaren Reaktionen der Jungen zu kritisieren und zu bestrafen, brachte sie noch heftiger gegen Ben und auch gegen uns auf. Es dauerte eine Weile, bis wir herausfanden, dass Ben andere Kinder bestahl, sie mit seinen Angebereien abwertete und mit Schimpfwörtern bedachte. Kollege Ingo war der Erste, der, kurz nachdem Ben in unsere Gruppe wechselte, annahm, dass Ben nicht nur Opfer, sondern auch Verursacher der Streitereien war. Erst mit dieser offenen Einstellung gelang es, dass die Jugendlichen langsam auf die an Ben durchgeführten Bestrafungen verzichteten, weil sie sich durch meinen Kollegen unterstützt fühlten. Obwohl Ben nach und nach manche Diebstähle, z.B. von Süßigkeiten, Geld und Gameboyspielen nachgewiesen werden konnten, stritt er sie ab. Sein leugnendes Verhalten löste Wut und Hilflosigkeit aus. Wenn wir ihn zur Rede stellten, hatte das Gespräch die Atmosphäre eines Verhörs, in dem wir detektivisch genau seine Schuld beweisen mussten: „Das stimmt nicht, was ihr da sagt! Ich habe damit nichts zu tun – außerdem rede ich nicht mit euch darüber. Lass mich in Ruhe und fick dich selbst!“ Wenn wir ihm daraufhin versuchten klar zu machen, dass er so nicht mit uns sprechen dürfe, reagierte Ben immer nach dem gleichen Schema: Aggressives Brüllen zu seiner Verteidigung, dass er es nicht gewesen sei, und dann kamen vulgäre Beleidigungen gegen uns, weil wir zu den anderen halten würden. Wenn er es nicht schaffte, uns zum Schweigen zu bringen, hielt er sich die Ohren zu, weinte und beteuerte, dass er unschuldig sei und nicht mit uns sprechen müsse. Solche konfrontierenden Gespräche waren emotional sehr anstrengend. Lüge und Wahrheit waren kaum voneinander zu trennen, und damit blieb im Einzelfall unklar, ob Ben zu Recht oder zu Unrecht beschuldigt wurde. Das machte mich sehr nachdenklich und ich fühlte mich in der Rolle der Staatsanwältin unwohl. Wir verfolgten seine Delikte zwar so gut es ging, konnten ihn aber offensichtlich nicht dazu bewegen, seine Beteiligung zuzugeben. Ich spürte Bens Überforderung, einen Fehler oder gar Schuld einzugestehen und dachte, dass wir zunächst einen anderen Weg nehmen müssten. Nach solchen konfrontativen Gesprächen, bei denen Ben sich verfolgt fühlte, versuchte ich, in zeitlichem Abstand, mit ihm über das zu sprechen, was gerade geschehen war. „Ben, du fühlst dich jetzt zu Unrecht angegriffen, und glaubst, dass wir dir nur schaden wollen!" Oder ich fragte ihn: „Hast du den Eindruck, dass das Abstreiten und Beschimpfen im Moment die einzige Möglichkeit für dich ist?" Manchmal beruhigte sich Ben daraufhin und nickte mit dem Kopf, manchmal hielt er sich auch die Ohren zu und wollte nicht mit mir reden. Den Sachverhalt konnte ich zunächst nicht mit ihm klären.

Als ich Bens Eltern fragte, was er über die Gruppe erzähle, sagten sie, er komme gerne in die Gruppe. Genaueres schienen sie nicht zu wissen. Ben verheimlichte offenbar, wie viel Ärger er bei uns hatte. Kollege Ingo glaubte, Ben könne Situationen nicht realistisch einschätzen und keine Lehren aus den Reaktionen der anderen ziehen. Mich beschäftigte, dass die Gruppe für Ben spürbar wichtig war, er jedoch alles tat, um von den anderen ausgegrenzt zu werden. Er konnte keine positive, den anderen wertschätzende Beziehungsaufnahme gestalten. Warum war das so?

In den ersten Wochen wollte er überall dabei sein und schreckte vor keiner körperlichen Auseinandersetzung zurück. Auch wenn bereits vorher feststand, dass er beim Boxen oder Tischtennis der Verlierer sein würde, forderte er die anderen arrogant heraus. Da er von sich so überzeugt war, konnte er auch beim Spielen nicht verlieren. Meistens beendete er ein Gesellschaftsspiel vorzeitig, in dem er die Karten zu Boden schmiss oder Spielfiguren vom Tisch fegte, begleitet von verbalaggressiven Wutausbrüchen. Bei einem Tischtennisspiel schmiss er einmal den Schläger auf die Platte, so dass diese zu Bruch ging. Als wir über Formen der Wiedergutmachung in Bezug auf das zerstörte Material mit seinen Eltern und Ben sprachen, stellte sich heraus, dass er gar kein Taschengeld bekam: Ben erhielt von seinen Eltern alles, was er wollte. Auch in diesem Fall übernahm sein Vater ohne weiteres die finanzielle Schadensbeteiligung an der Tischtennisplatte. Wir dagegen forderten, Ben solle selbst einen Beitrag zur Schadensregulierung leisten. Diese Art pädagogischen Denkens war den Eltern vollkommen fremd. Da wir sie nicht dazu gewinnen konnten, sollte Ben den durch ihn verursachten Schaden durch Küchendienste wieder gut machen. Ben murrte und regte sich auf, dass er nun der „Bimbo" sei, tat aber, was verlangt wurde. Bei weiteren Spielen, die in Zerstörung zu eskalieren drohten, reichte ein Hinweis auf mögliche folgende Sanktionen oder ich brach das Spiel ab.

**Supervision**

Unser Team hatte regelmäßige Supervision bei einer Familientherapeutin. Dort brachten wir den Fall vor, als Ben etwa acht Wochen in der Gruppe war. Es gab erste Bedenken im Team, ob die Tagesgruppe für Ben der richtige Ort sei. Mit Hilfe der Supervisorin erkannten wir, dass wir es mit den Auswirkungen eines Macht-Ohnmacht-Konfliktes zu tun hatten, der vor dem Hintergrund narzisstischer Größenvorstellungen und ungelöster Familienthemen zu verstehen war. Ben stellte immer wieder Situationen her, in denen entweder er die Macht hatte, so dass ich mich nach seinem Willen verhielt und selbst mehr oder weniger ohnmächtig war, oder er fühlte sich als Opfer. Wir vermuteten, dass Bens Eltern in einer spannungsreichen Beziehung lebten und zudem unter dem Verlust ihrer Heimat litten. Kulturelle Differenzen führten wahrscheinlich zu Verunsicherungen beider Elternteile. Frau Jelloun, die depressiv wirkte, hatte vielleicht mit unverarbeiteten Verlusterfahrungen zu tun, und reagierte auf ihre Lebenssituation verzweifelt und traurig. Mein Fokus sollte darauf gerichtet sein, die Eltern in ihrer Verantwortung zu stärken und ihnen die Aufgabe der Erziehung der Kinder nicht abzunehmen. „Die Tagesgruppe kann ein Ort sein, durch den Ben“, so die Supervisorin, „entlastet wird.“ Die Gefahr bestünde allerdings, die Familie aus der Verantwortung zu entlassen. Wichtig sei daher, dass nicht wir entscheiden, ob Ben bei uns richtig untergebracht ist, sondern seine Eltern. Im Umgang mit Ben komme es darauf an, dass alle Teammitglieder Ben vermittelten, dass er aushaltbar sei. Gleichzeitig sollten ihm Frustrationen zugemutet werden. Auch wenn er sehr leicht in seinem Omnipotenzgefühl gekränkt werde, müsse er erfahren, Kind zu sein und das auch sein zu dürfen. Die Frage nach den familialen Grenzen und den erzieherischen Grenzziehungen drängte sich auf: In aufgeregten und emotional aufgeladenen Situationen wollten wir ihn daher zukünftig separieren, damit er sich beruhigen könne und die Gruppe geschützt sei. Meine Kollegen prägten während einer Supervisionssitzung für Ben den Namen „der kleine Gauner“. Damit wollten sie zum Ausdruck bringen, dass Ben nicht nur Opfer war, sondern auch bewusst andere schädigte. Kollege Ingo forderte von Ben immer wieder, sein Verhalten zu kontrollieren; andernfalls müsse er die Gruppe verlassen. Ich dagegen sah in Ben das Kind, das dazu noch nicht in der Lage war, und das Grenzen eher so zu erleben schien, dass es sich durch sie bedroht und ausgeschlossen fühlte. Es zeichnete sich ab, dass unsere unterschiedlichen Sichtweisen auf Ben sich polarisierten, statt dass wir sie reflektierten und damit in die Arbeit mit Ben integrierten. Immer wieder wurde ich von einzelnen Kollegen aufgefordert, einer Fremdunterbringung Bens zuzustimmen und die Eltern zu bewegen, diesen Schritt zu vollziehen. Insgesamt blieben wir als Kollegenteam aber ambivalent, wenn wir uns über Ben und das, was er mit uns machte, austauschten.

**Lernsituation**

Während der Hausaufgabenzeit bekam ich immer deutlicher zu spüren und zu sehen, dass Ben keineswegs das „bedauernswerte Opfer" war, sondern mich kühl berechnend belog und entwertete. Er strapazierte unablässig meine Geduld und provozierte Verärgerung über ihn, weil er selten auf Mahnungen hin reagierte und ständig agierte: Wenn ich mich um andere kümmerte, saß Ben am Tisch, beschmiss sie mit Papierkügelchen und weigerte sich anzufangen. Stand ich neben ihm, sagte er gelangweilt: „Wir haben heute nichts auf!" Im Hausaufgabenheft fehlte jeder Eintrag, und wenn ich doch etwas entdecken konnte, fehlten Hefte oder Schulbücher. „Zum hundertsten Mal" hatte er seine Schulsachen nicht vollständig beieinander. Seiten waren aus Büchern und Heften herausgerissen, im Mäppchen befanden sich nur noch abgebrochene Stifte, in seinem Ranzen herrschte ein Arbeitsblätter-Chaos. Er fälschte Unterschriften bei schlechten Klassenarbeiten und schaute mir dabei in die Augen, als ob alles in Ordnung wäre. Ich war jedes Mal unsicher; er glaubte an seine Lügen! Schuldgefühle oder ein schlechtes Gewissen konnte ich bei ihm nicht feststellen. Oft ließ er mich links liegen, tat so, als ob ich gar nicht anwesend sei. Obwohl alle Kinder wussten, dass wir um 14.00 Uhr mit den Hausaufgaben begannen, mussten wir sie in der Regel dazu auffordern, ins Hausaufgabenzimmer zu kommen. Ben kam meist erst dann, wenn die anderen bereits mit ihren Aufgaben begonnen hatten. Die Tür ging auf, Ben schmiss seine Jacke und den Ranzen auf den Boden und setzte sich demonstrativ lustlos an seinen Platz. Alle schauten auf ihn. „Schau mich nicht so blöd an, sonst kriegst du eine", zischte er in Richtung eines Jungen. Ich schritt ein und forderte ihn auf, die Jacke aufzuhängen und wie die anderen seine Aufgaben zu erledigen. „Die blöde Fotze kann mich mal!" „Hör mal, so redet man nicht über seine Lehrerin!" Nach kurzer Pause: „Aber es scheint etwas zu geben, worüber du dich geärgert hast." „Nein, die ist einfach blöd. – Außerdem geht dich das gar nichts an!" „Dann zeig mir mal dein Hausaufgabenheft, denn ich glaube nicht, dass du heute nichts aufbekommen hast." „Dein Problem!" Wahrscheinlich entnahm er meinem Gesichtsausdruck, dass ich noch damit kämpfte, was ich nun sagen sollte. Dann stieß er mit seinem Fuß den Ranzen in meine Richtung und kommentierte: „Das Heft ist in der Tasche, da kannst du es dir holen, wenn du es unbedingt brauchst." Der Tonfall, mit dem Ben diesen Dialog führte war derart arrogant, dass die anderen Jungen abgelenkt waren und natürlich gespannt beobachteten, wie ich auf seine Provokation reagierte. Ich musste mich sehr beherrschen, Ben gegenüber nicht ausfällig zu werden. Oftmals weigerte er sich, meiner Aufforderung nachzukommen und selbstständig mit den Hausaufgaben zu beginnen. Diesmal zog ich das Heft aus dem Ranzen und sah, dass kaum noch Seiten vorhanden waren, geschweige denn, dass ich dort Eintragungen fand. „Also Ben, so geht das nicht. Ich rufe jetzt deine Lehrerin an, um zu fragen, was zu tun ist." Der neunjährige Ben sagte mir daraufhin: „Ich werde die Aufgaben trotzdem nicht machen, die blöde Hure kann mich mal!" Jetzt separierte ich Ben aus dem Zimmer, um mich für eine heftige Auseinandersetzung mit ihm zu rüsten. Nachdem ich erfahren hatte, was er tun musste, teilte ich ihm mit: „Ben, das kannst du mir glauben, heute verlässt du die Gruppe erst, wenn alle Aufgaben von dir erledigt worden sind. Dafür werde ich eigenhändig sorgen." Mittlerweile waren die anderen Jungen fertig und ich zog Ben gewaltsam in das Zimmer zurück, weil er sich weigerte die Küche zu verlassen. „Lass mich in Ruhe, ich zeig dich an, wenn du mich noch einmal anfasst!" „Ich lass dich los, werde dich aber nicht in Ruhe lassen, denn du hast hier eine Aufgabe zu erledigen." Ben nahm wütend einen Stuhl und schmiss ihn nach mir. Mittlerweile bebte ich innerlich vor Wut und Anstrengung, erhielt aber Rückendeckung durch die Kollegen, diese Machtprobe jetzt durchzuhalten. Ich fasste Ben fest an und drückte ihn auf seinen Platz: „So, Ben, jetzt reicht es, jetzt fängst du an, dich um deine Sachen zu kümmern!" Ben packte tatsächlich aus, schmiss aber das Heft auf den Tisch und zerbrach vor meinen Augen einen Bleistift. Ich wusste nicht, ob es besser sei, nochmals darauf zu reagieren oder still zu sein und zu warten, bis er selbst anfing, sein Buch aufzuschlagen. Ich entschied zu warten und auf keine weitere Provokation einzusteigen. Es dauerte eine Weile, bis der ebenfalls aufgewühlte Junge so weit war, die Aufgaben hervorzuholen. Die Pause tat gut. Als er mir mit seinem Finger die Textaufgabe andeutete, kommentierte ich: „Ja, jetzt versteh ich, warum du nicht daran gehen wolltest – die ist ja wirklich schwer." Ben war erstaunt. „Wir probieren mal zusammen, ob wir die Aufgabe lösen können." Ich spürte, wie Ben darum kämpfte, ob er nun seinerseits einlenken oder weiterhin sich verweigern sollte. Ich begann, ihm die Aufgabe vorzulesen und Ben machte mit. Zu dieser Zeit war es allerdings unmöglich, ihn darauf anzusprechen, dass er sich wohl mit der Hausaufgabe überfordert fühlte. Das hätte sofort zu neuen Streitigkeiten geführt. So erlebten wir beide, dass ich ihm auch nach einer sehr anstrengenden Auseinandersetzung helfen konnte. Am nächsten Tag schien diese wichtige Erfahrung wie weggeblasen. Ben ignorierte mich bereits, als er aus der Schule kam. Ohne zu grüßen, rannte er aus dem Zimmer. Als die Hausaufgabenzeit nahte, wollte er im Zimmer meines Kollegen seine Hausaufgaben erledigen. Als ich ihm das nicht erlaubte, gebot er mir: „Lass mich in Ruhe, du hast mir überhaupt nichts zu sagen." So entbrannte eine weitere Auseinandersetzung darüber, dass er so nicht mit mir sprechen dürfe. Die Beziehungsaufnahme zwischen uns war über längere Zeit derartig schwierig, dass die Bindung zwischen mir und ihm immer wieder zu zerbrechen drohte – und doch wuchs. Es kam mir vor, wie auf einer Achterbahn mit ihm zu sein: Mal ließ er sich auf mich ein, um mich dann direkt im Anschluss an eine gute Begegnung zu entwerten. Meine Intuition und das Wissen, dass Ben die Tragfähigkeit der Beziehung testen musste und möglichst erleben sollte, dass seine Vorgabe – niemand hält es mit mir aus – sich mit mir nicht wiederhole, ließen mich durchhalten.

Alle Kinder saßen am Schreibtisch und hatten mit den Aufgaben begonnen. Ich saß neben Max und erklärte ihm eine schwierige Aufgabe. Ben malte mit Stiften auf den Schreibtisch und an die Wand, was Dirk beobachtete und sofort laut mitteilte. „Ben, hör sofort damit auf", rief ich. Ben reagierte gar nicht. Als ich ihn mit Gewalt in die Küche verfrachtete, griff er mich verbal an: „Lass mich los, das darfst du gar nicht, ich zeige dich bei der Polizei an." Die Beschimpfung hörte erst auf, als der Kollege sich einschaltete. Manchmal kam Ben ins Hausaufgabenzimmer und schimpfte über seine Lehrerin: „Die blöde Fotze, immer bin ich schuld, die soll doch ihren Kram alleine machen." Ich fragte, was los gewesen sei. „Die ist so ungerecht, ich hab gar nichts gemacht und soll jetzt eine Strafarbeit machen, die kann mich mal." Was er getan hatte, erfuhr ich nicht, aber die Konzentration bei den anderen war ganz auf Ben gerichtet. Wenn ich mich bei der Lehrerin nach den Hausaufgaben erkundigt hatte – was ich anfangs täglich tat, und daher wusste, was zu tun war – erklärte er mir, dass sie ihm das nicht gesagt habe und dass er die Aufgaben daher nicht machen werde. Manchmal stimmte seine Aussage – aber verlassen konnte ich mich darauf nicht.

Dann wiederum kam es vor, dass er sich hinsetzte und demonstrativ seine Schulsachen auspackte. Als ich nicht sofort bei ihm war beklagte er sich über mich. „Immer bist du mit den anderen beschäftigt." Wenn ich seine erledigten Aufgaben anschauen wollte, schimpfte Ben ebenfalls und wollte sie mir nicht zeigen. Mal verlangte ich in seinen Augen zu viel, wenn er seine Fehler korrigieren sollte. Dann wiederum warf er mir vor, er könne Aufgaben nicht lösen, weil ich sie nicht richtig erkläre. Wenn ich tatsächlich eine Aufgabe nicht sofort erklären konnte, wurde er ungeduldig: „Wie soll ich denn die Aufgabe lösen, wenn du dazu zu dumm bist?" Über seine tatsächlichen kognitiven Fähigkeiten konnte ich mir kein realistisches Bild machen, weil kein Vertrauen und keine Ruhe in unsere Beziehung kamen. Ein Lob konnte ebenfalls dazu führen, dass er sich verweigerte, statt nun gestärkt weiterzuarbeiten. Lange Zeit durfte ich nicht darauf reagieren, was aktuell geschah, ohne weitere Konflikte heraufzubeschwören. Die Hausaufgabenzeit zählte anfangs zu den anstrengendsten Begegnungen mit Ben. Es war sehr schwer, die eigenen Gefühle so weit zu kontrollieren, dass sie sich nicht an ihm entluden. Einmal verlor ich die Beherrschung und gab ihm eine Ohrfeige, weil er zu unverschämt wurde. Das brachte ihn in diesem Moment zur Ruhe. Ich schämte mich jedoch und dachte, versagt zu haben. So holte ich ihn zeitweise ins Zimmer, noch bevor die anderen mit den Aufgaben begonnen hatten. Dann duldete er nicht, dass ich mich später auch um die anderen Kinder kümmerte. Manchmal verhandelte ich mit ihm: „Ben was schlägst du vor, wie du selbst an die Bücher denken kannst?" Ben zuckte mit den Schultern. „Wenn es dir dreimal gelungen ist, bekommst du eine kleine Überraschung, wie findest du das." Ihm fiel dazu nichts ein. „Weißt du, was eine Eselsbrücke ist?" Das ließ ihn aufhorchen. Dann ließ ich ihn eigene Vorschläge machen, wie er sich Eselsbrücken bauen könnte, wenn er wieder einmal etwas vergessen hatte. Diese Idee gefiel ihm, wenngleich er sie nicht umsetzte. Seine Verweigerungshaltung, selbstständig mit den Hausaufgaben zu beginnen, gab er meist erst auf, wenn ich konsequent neben ihm sitzen blieb. Dann fiel er wie ein kleines Kind in sich zusammen, das nicht in der Lage war, einen einzigen Schritt ohne mich und meine Zuwendung zu unternehmen. Ich erhielt Entlastung, indem der Kollege sich zeitweilig um die anderen Kinder kümmerte oder mir zur Seite stand, wenn ich Ben gewaltsam separieren musste. In den ersten Monaten war ich täglich damit konfrontiert, ein enges Netz von Kontrollen um ihn herum zu legen. Ich telefonierte mit der Lehrerin, wir erzählten uns gegenseitig auch, was wir Ben gesagt hatten, um uns ihm gegenüber abzusichern. Später kommunizierte ich über das Hausaufgabenheft mit der Lehrerin, und nach einigen Monaten konnte ich Ben nachmittags zur Schule schicken, um dort die vergessenen Aufgaben von der Tafel abzuschreiben. Anfangs wäre er bei dieser Methode nicht mehr in die Gruppe zurückgekommen. Ben band meine komplette Aufmerksamkeit, so dass ich Schwierigkeiten hatte, den anderen Kindern gerecht zu werden. Oft hatte ich es mit dem Gefühl, versagt zu haben, und der Scham darüber, etwas nicht zu können, zu tun. Das löste Verwirrung aus. Ich verstand nicht, warum Ben sich so verhielt.

**Beginnende Veränderungen**

Nach einigen Monaten bemerkte ich, dass Ben in Gruppensituationen zurückhaltender wurde. Wir Erwachsenen waren ihm gegenüber stärker eingeschritten, und die aggressiven Tendenzen in der Gruppe waren daraufhin deutlich zurückgegangen. Ich hatte mit einigen Kindern, darunter auch Ben, eine Rollenspielgruppe begonnen. In Anlehnung an Spielelemente aus dem Psychodrama spielten wir „Safari“ oder „Traumschiff“. Gerade das letztgenannte Thema wurde von den Kindern begeistert aufgenommen. Ben spielte gleich im ersten Spiel einen Ganoven, der nach kurzer Zeit alle Passagiere auf dem Schiff erschoss. Zwar schaute er etwas ratlos auf das von ihm angerichtete Schlachtfeld, aber er bestand darauf, dass wir tot sein sollten. Es war mühsam, ihm klar zu machen, dass das Spiel nun zu Ende war. Weil er stur blieb, regte sich Ärger bei den Mitspielenden, die ihre Rollen gern gespielt hätten. Es kam quasi zur Meuterei. Beim nächsten Traumschiffspiel übernahm er die Rolle eines Schiffsarztes und drängte jedem Passagier seine ärztliche Hilfe auf.

Bens Mutter kam eines Tages wütend in das Hausaufgabenzimmer und schimpfte auf Arabisch mit Ben, so laut, dass alle in der Gruppe Mitleid mit ihm bekamen. Es dauerte, bis ich verstand, was sie wollte: Ben sollte zwei Jacken aus der Schule holen, die er seit einigen Tagen nicht mit nach Hause gebracht hatte. Sie drohte ihm eine Woche Hausarrest an, wenn er nicht sofort die Jacken holte. Ich wusste nicht, ob ich sie unterstützen sollte, denn Ben dachte nicht daran, zur Schule zu gehen. Er sagte, der Hausmeister sei sowieso nicht da, womit er vermutlich Recht hatte. Ich beschloss, diesen

Vorfall die Angelegenheit der Familie sein zu lassen. Hausarrest bekam Ben nicht. Zwei Tage später kam seine Mutter erneut erregt in unser Zimmer und erzählte, Ben habe das Zimmer seiner Schwestern verwüstet und solle es nach der Gruppe sofort aufräumen. Am nächsten Tag fragte ich ihn, ob er das gemacht habe, was er verneinte. Frau Jelloun hätte die Probleme mit Ben auch Zuhause klären können. So vermutete ich, dass sie mehr von mir erfahren wollte, wie ich mit Ben Konflikte löste. Außerdem wollte sie mir vielleicht zeigen, dass Ben ihr erhebliche Probleme bereitete.

*Ben feiert Geburtstag*
Kurz vor seinem ersten Geburtstag in der Gruppe nahmen die Streitereien mit Ben erneut zu. Mir schien, sein bevorstehender Geburtstag trug dazu bei. Ben wollte seinen zehnten Geburtstag mit einer großen Party feiern. Seine Schwestern hatten vor, das Fest mit ihm zusammen in den Räumen der Tagesgruppe auszurichten. Als ich merkte, dass sie Ben für ihre eigenen Wünsche vorschickten, schlug ich vor, Ben solle ein Fest mit seinen Klassenkameraden feiern. Da die Schwestern in Sachen Party eindeutig den Ton angaben, waren sie enttäuscht, als ich festlegte, dass es keine Disco geben werde. Auf diese Weise erfuhr ich im Zuge der Vorbereitungen, wie wichtig und wie schwierig zugleich Freundschaften für Ben waren, besonders zu Gleichaltrigen. Er hatte Angst, Klassenkameraden einzuladen, weil er in der Klasse umstritten war und fürchtete, dass niemand zu ihm kommen würde. Dass ich darüber mit ihm sprechen konnte, wertete ich als Fortschritt. Ich gewann Ben für die Idee, eine Fahrradrallye mit anschließendem Grillen im Wald zu planen, und besprach mit Frau Jelloun, dass wir einen „Kindergeburtstag“ und keine Jugendlichenparty feiern wollten. Seine Mutter wollte die Verpflegung zum Grillen mitbringen und uns an der Feuerstelle im Wald treffen. Es kamen zehn Kinder aus Bens Klasse, die ihm Geschenke mitbrachten. Ben aber stand den ganzen Tag wie unter Strom. Auf die vielen Gäste und die Konkurrenzsituation des Spiels reagierte er, indem er das Gegenteil von dem tat, was andere gerade machten. Selbst beim Grillen war er nicht Teil seiner Geburtstagsgruppe. Obwohl er sich sehr auf das Fest und die Klassenkameraden mit ihren Geschenken gefreut hatte, beleidigte er sie vom Waldrand her, griff sie an, bewarf sie mit Dreck und rannte weg, als ich ihn zur Rede stellen wollte. Seine Mutter griff nicht ein. Beim anschließenden Gespräch am nächsten Tag hielt Ben sich die Ohren zu und sprach kein Wort mit mir.

*Ben verlässt die Grundschule*
Kurz vor Beendigung der Grundschule war Ben angespannt, konnte aber nicht sagen, was in ihm vorging. Dann kam ein Anruf aus der Schule. Seine Klassenlehrerin berichtete, sie habe Ben die Hauptrolle in dem Theaterstück, das zur Abschlussfeier in der Grundschule aufgeführt werden sollte, weggenommen. Ben hatte sich keine Kritik gefallen lassen, hatte gestört, wenn er nicht dran war, und anderen Kindern Schläge angedroht. Mir hatte

Ben zuvor erzählt, er habe freiwillig auf seine Theaterrolle verzichtet, weil er keine Lust mehr gehabt habe, mit „diesen Idioten“ zusammen zu spielen. „Außerdem – ich geh gar nicht zur Abschlussfeier!“ Das hatte er mir in derart arrogantem Ton erklärt, dass ich bereits geahnt hatte, dass er nicht freiwillig auf die Rolle verzichtet hatte und dass es letztlich um das schwierige Thema des Abschieds ging. Noch am selben Tag informierte ich die Eltern über diesen Vorfall in der Schule und wollte mit ihnen auch besprechen, dass Ben mit Jungen aus der Gruppe Wetten abgeschlossen hatte. Seine verlorenen Wetten sollte er, so die Wettregel der Kinder, mit Geld und Videospielen begleichen. Ben hielt sich nicht an diese Absprache. Seit Tagen gab es deshalb Streit, und wir verboten das Wetten in der Gruppe. Während eines Gesprächs mit den Kindern wurde vereinbart, Ben sollte für seine verlorenen Wetten aufkommen. Ich wollte mit seinen Eltern über Möglichkeiten sprechen, wie er die Wettschulden begleichen könnte. Ich redete mit Bens Mutter, die verärgert reagierte, weil die Kinder nicht mit Ben hätten wetten sollen und ich das hätte verbieten müssen. Weil sie den anderen die Schuld gab, lud ich sie für den nächsten Tag ein, um an einer Gruppenkonferenz zu diesem Thema teilzunehmen. Als sie während der Gruppensitzung für Ben Partei ergriff, waren die Kinder außer sich vor Wut und beleidigten sie. Dabei kam heraus, dass Ben einem Kind zwei Gameboyspiele gestohlen hatte. Als Frau Jelloun das hörte, beschimpfte sie Ben, so dass einige Kinder nun wiederum Mitleid mit Ben bekamen. Am nächsten Tag brachte sie mir zwei Spiele, damit ich diese dem bestohlenen Jungen gäbe. Ich bat sie, dafür zu sorgen, dass Ben die Spiele selbst zurückgibt, wozu es leider nicht kam. Kurz vor ihrer Abreise in den Sommerurlaub kam Frau Jelloun nochmals in die Gruppe und beschwerte sich, dass ihr jüngster Sohn in der Schule als Dieb bezeichnet worden sei, weil die Kinder dort von Bens Diebstählen erzählt hätten. Sie wolle nicht, dass so etwas über ihre Söhne erzählt werde, schon gar nicht solle der kleine Bruder mit hineingezogen werden.

### Die Zusammenarbeit mit der Familie

In den ersten Wochen führten Kollege Ingo und ich regelmäßig Elterngespräche. Dabei ging es darum, einen Zugang zu Bens Eltern zu finden, die ich sympathisch fand. Ich wollte mehr von ihnen erfahren, um mir ein Bild zu machen, was Ben mit seinen Eltern erlebte. Die Gespräche fanden anfangs in der Wohnung von Familie Jelloun und erst später in der Tagesgruppe statt. Bei den ersten Treffen redete ausschließlich der Vater. Er saß im Schaukelstuhl, rechts von ihm seine Frau. Wir nahmen ihm gegenüber auf einem weißen Ledersofa Platz. „Wissen Sie, wir sind froh, dass Ben in die Gruppe kommt. Meine Frau hat zu viel zu tun und ich arbeite. Aber Ben muss gut in der Schule werden! Die Schule ist nicht gut, Ben hat viele Probleme. Wir müssen immer kommen, aber wir haben doch noch die anderen Kinder und keine Zeit“, sagte Herr Jelloun. Ich bat ihn, uns zu erzählen, um welche Probleme es sich handele. „Ben macht die Hausaufgaben nicht, aber die müssen einfach strenger mit Ben umgehen. Bitte tun Sie etwas, Ben muss sich in der Schule bessern." Wir versuchten den Eltern zu vermitteln, dass Ben nicht nur seine Leistung verweigere, sondern sich auch nichts sagen lasse. „Ja, der lässt sich das nicht gefallen, wenn er ungerecht behandelt wird." Daraufhin fragte ich Herrn Jelloun, worin er glaube, dass Ben ungerecht behandelt werde. „Immer bekommt Ben die Schuld, wenn die Kinder streiten."

Mein Kollege und ich waren anfangs regelmäßig verwirrt, wenn wir mit Bens Eltern gesprochen hatten. Bens Schwierigkeiten als seine Probleme anzuerkennen war nicht möglich, weil Herr Jelloun sofort das Verhalten rechtfertigte. Offenbar fühlte er sich nun bedroht, worüber jedoch nicht gesprochen werden konnte. So unterstrichen wir, dass wir die Einschätzung, die Schule trage die Schuld, nicht teilten. Aus unserer Sicht gehe es auch nicht darum, einen Schuldigen zu finden, sondern darum, wie Ben in seinem Verhalten verstanden werden könne. Bens Eltern dagegen erhofften sich, dass wir stellvertretend für sie Ben schulisch fördern, sie jedoch in Ruhe lassen sollten. Klar und unmissverständlich machten wir darauf aufmerksam, dass wir auf ihre Unterstützung angewiesen seien, wenn Ben in der Schule besser werden solle. Obwohl Frau Jelloun sehr schlecht Deutsch sprach, schien sie das verstanden zu haben: „Ich möchte mit Ihnen sprechen, damit es für Ben besser wird." Unsere Erzählungen über Bens Verhalten und sein Befinden in der Gruppe machten die Eltern ratlos. Sie beteuerten, alles für ihre Kinder zu tun, „aber sie machen was sie wollen". Bens Vater sagte, seine Kinder sollten es besser haben, als es ihm ergangen sei. Deshalb seien sie hier in Deutschland und sollten eine gute Schulbildung erhalten. In der Kinder- und Jugendpsychiatrie habe man ihnen gesagt, sie als Eltern würden Ben falsch behandeln, sie müssten strenger mit ihm sein. Er sähe nun den Fehler auch bei sich, weil er manchmal Ben etwas erlaubt habe, was seine Frau ihm verboten hatte. Aber das habe er bereits verändert. Nachdem Herr Jelloun den Termin in der Kinder- und Jugendpsychiatrie erwähnte, fragte ich nach dem Ergebnis der Untersuchung. Der Vater sagte: „Ich gestehe, ich habe Ben in der Vergangenheit bevorzugt, weil er mein erster Sohn ist." Die Psychologen hätten gesagt, der Fehler läge nicht bei Ben, sondern bei ihnen. Dass Herr Jelloun tatsächlich nie mit einem Psychologen der Psychiatrie gesprochen hatte, wurde mir erst später klar. Ben war mit seiner Mutter zu einem Gespräch gegangen.

Da ich spürte, dass Bens Eltern sich fortwährend angegriffen fühlten und dann verteidigten, wählte ich den Weg, von meinen Erfahrungen mit Ben zu erzählen. Ich konnte ihnen sagen, dass Ben ein kreativer Junge sei, der jedoch fast ausschließlich damit beschäftigt wäre, negativ auf sich aufmerksam zu machen. Jetzt war es möglich zu erfahren, dass es ihnen mit Ben nicht anders erging. Die regelmäßigen Termine und mein Interesse, ihre Not anzuerkennen, eröffnete ein Gespräch. Ben erzählte Zuhause nichts aus der Gruppe – seine Eltern fragten ihn aber auch nicht danach. So wussten sie nicht, was wir mit Ben erlebten. Als ich von meinen Erfahrungen erzählte, teilten sie mit, dass Ben auch sie bestohlen hatte, sich nicht an Absprachen hielt und aggressiv wurde, wenn er seiner Mutter helfen sollte. Darüber seien sie ziemlich verärgert, aber auch verzweifelt, weil sie nicht wüssten, was sie da tun könnten. Immer wieder beteuerten sie, nicht zu verstehen, warum er sich so schlimm verhalte, obwohl er doch alles bekomme, was er wolle. Dass gerade das auch ein Problem war, wollten sie allerdings nicht zur Kenntnis nehmen.

Auffällig blieb, dass Herr Jelloun in fast jedem Gespräch betonte, es ginge mit Ben Zuhause mittlerweile besser und er gehorche, seit er in der Gruppe sei. Er sei sehr zufrieden mit uns. Diese Äußerung interpretierte ich so, dass Herr Jelloun nicht über seine Beziehung zu seinem Sohn reden und seine Familie betrachten wollte. Er schämte sich dafür, dass er uns brauchte. Andererseits drückte er der Tagesgruppe und mir gegenüber Wertschätzung aus – manchmal spürte ich auch Hoffnung, dass die Gruppe wirklich helfen könnte –, und darüber hinaus wollte er vermutlich seine Angst verbergen, Ben könnte der Familie weggenommen werden. Bereits hier begann sich eine schwierige Situation zu manifestieren. Um das Vertrauen der Eltern in meine Unterstützung für Ben zu stärken, musste und wollte ich sie darin unterstützen, dass Ben bei ihnen leben konnte. Ich nahm wahr, dass es das Tabu gab, einzugestehen, mit Ben nicht zurechtzukommen und dafür Hilfe zu benötigen. Gleichzeitig war eine starke Verbundenheit zwischen den Familienmitgliedern spürbar vorhanden und ein starker Widerwillen, sich Fremden gegenüber mitzuteilen.

Die Mutter beteiligte sich selten aktiv am Gespräch. Ich erinnere mich, dass sie sich ins Gespräch einmischte, als es um die Essgewohnheiten Bens in der Gruppe ging. Sie hatte gehört, dass Ben bei uns Schweinefleisch esse. Da Frau Jelloun das nicht wollte, schlug sie vor, Ben könne zum Mittagessen nach Hause kommen. Herr Jelloun unterstützte sie in diesem Anliegen, wenngleich er uns sagte, dass es ihm nicht so wichtig sei wie seiner Frau. So versprach ich, Ben erhalte ein gesondertes Essen, womit die Mutter zufrieden war. Den Aufwand, ein zusätzliches Essen zu kochen, betrieben wir allerdings nicht lange, weil Ben dieses Essen nicht wollte. Nachdem sich die Situation in der Gruppe deutlich entspannt hatte, zog sich Kollege Ingo aus zeitökonomischen Gründen aus der Elternarbeit zurück. Zur gleichen Zeit verabschiedete sich Bens Vater mit dem selben Argument. Ich traf mich nun regelmäßig mit Frau Jelloun, die in Anwesenheit ihres Mannes meistens geschwiegen hatte und jetzt mit mir sprach. Ich erfuhr, dass sie seit kurzem an einem Deutschkurs teilnahm. Bisher hatte die ältere Tochter übersetzt und Briefe, z.B. die aus der Schule, beantwortet. Sie erzählte von ihrem Haus, zeigte mir Fotos, und ich war in der Tat beeindruckt: Sie hatten in ihrem Heimatland ein großes Haus, in dem eine Etage für sie reserviert blieb, die anderen Wohnungen waren vermietet. Frau Jelloun vermittelte deutlich, dass sie eigentlich lieber dort wäre, auch wenn sie darüber nicht redete. Zuhause sprach sie mit den Kindern in ihrer Muttersprache, und obwohl sie seit vielen Jahren in Deutschland lebte, war ihr Deutsch nur schwer zu verstehen. Wir sprachen über die Wichtigkeit, mit Ben Absprachen zu treffen, an die er sich halten müsse. Ich machte ihr Vorschläge, was sie tun könne, wenn er diese Absprachen nicht einhalte. Dabei ging es mir auch darum zu zeigen, dass nicht einzuhaltende Strafdrohungen sinnlos sind. Bens Mutter konnte keinen Zusammenhang zwischen ihrem Verhalten und dem von Ben herstellen. Ich spürte, dass seine Mutter, aber auch der Vater mit Grenzziehungen und Auseinandersetzungen, die bei Ben Wut und Zorn hervorriefen, überfordert waren. Die Auffassung, dass Kindern auch Frustrationen zuzumuten sind, teilten sie nicht. Immer wieder stand ich vor der Situation, dass ihr Sohn gut in der Schule sein sollte und keine Probleme machen durfte. Dafür sollte es ihm materiell gesehen an nichts mangeln. Andererseits machte Ben wohl gerade deshalb Probleme, weil er von seinen Eltern nicht genügend differenziert wahrgenommen wurde.

Der Schulwechsel zur Sonderschule für Erziehungshilfe war nicht zu verhindern, aber die Entscheidung konnte so lange aufgeschoben werden, bis Ben sich mit Hilfe der Tagesgruppe stabilisierte und seine Eltern dem Wechsel zustimmten. Ben war zu dieser Zeit nicht in der Lage, den schulischen Anforderungen an einer öffentlichen Hauptschule gerecht zu werden.

**Erstes Hilfeplangespräch**

Als Ben neun Monate in der Tagesgruppe war, fand das erste Gespräch zur Fortschreibung des Hilfeplans[17] statt. Exemplarisch für viele weitere Erfahrungen mit Familie Jelloun zeigte dieses Gespräch besonders deutlich, welche Kommunikations- und Interaktionsstrukturen innerhalb dieser Familie üblich waren. Zum Gespräch versammelten sich in der Wohnung von Familie Jelloun Ben und seine Eltern, der ASD-Kollege und ich. Auf die Frage des ASD Kollegen, wie es Ben in der Gruppe gehe, antwortete er: „Gut, ich werde nicht mehr so viel von den anderen in der Gruppe geschlagen wie früher!“ Im weiteren Verlauf des Gesprächs teilte Ben mit, er wolle nicht mehr in die Gruppe kommen, weil er zu wenig Freizeit habe und die anderen in der Gruppe ihn „nervten“. Als Ben das gesagt hatte, verließ Herr Jelloun wütend das Zimmer. Alle waren irritiert. Der ASD-Kollege bat ihn, zurückzukommen und mitzuteilen, was passiert sei. Bens Vater sagte, er halte es nicht aus, was Ben gerade gesagt habe. Auf meine Nachfrage, was daran so schlimm gewesen sei, stellte sich heraus, dass er Ben abmelden wollte, weil die Tagesgruppe zu teuer sei. Wenn Ben wenigstens eine Gegenleistung brächte und in der Schule besser dastünde! Aber was er von

17 Ein Hilfeplan ist eine schriftliche Vereinbarung aller am Hilfeprozess beteiligten Personen, die sich im Rahmen eines Gespräches darüber verständigen, in welchem Umfang welche Art der Hilfe gestellt wird und welche Ziele mit der Hilfe verfolgt werden sollen. Der Hilfeplan wird zu Beginn der Maßnahme erstellt und dann regelmäßig zur Fortschreibung oder zur Veränderung überprüft (vgl. KJHG § 36).

seinem Sohn höre, sei ja gerade das Gegenteil. Dann lobte er Ben für seine Pünktlichkeit und das Einhalten von Absprachen. Zuhause gebe es bereits Eifersucht unter den Geschwistern, weil Ben „so gute Sachen“ in der Gruppe mache. Er sei der Meinung, dass Ben die Gruppe brauche, weil er noch viel Ordnung lernen müsse. Als Beispiel hierfür erzählte er, dass er Ben zum Geburtstag ein sehr teures Fahrrad gekauft hatte. Ben lasse das Fahrrad aber überall liegen und schließe es nicht ab. Ihn als Vater ärgere das, denn das Rad könnte leicht gestohlen werden. Ben kümmere sich nicht darum. Wir schlugen Herrn Jelloun vor, Ben das Fahrrad wieder abzunehmen und mit ihm zu besprechen, unter welchen Bedingungen er dieses Fahrrad besitzen dürfe. Wertschätzung müsse Kindern von ihren Eltern vermittelt werden. Auf diesen Vorschlag wollte sich Herr Jelloun nicht einlassen. Er blieb bei seinen Klagen über Bens Unordnung und Undankbarkeit. Auf die Frage nach der Zusammenarbeit mit der Tagesgruppe zeigte sich Herr Jelloun bis auf einen Punkt zufrieden. Er erinnerte nochmals an das Essensthema und sagte, er sei damals nicht einverstanden gewesen, dass Ben in der Tagesgruppe Schweinefleisch gegessen habe. Er selbst sei zwar kein gläubiger Moslem, aber Bens Mutter. Ich erzählte, dass Ben das für ihn gekochte Essen regelmäßig zurückgewiesen hatte. Wir hätten gern auf die religiösen Traditionen Rücksicht genommen und seien dazu immer noch bereit, wenn sie selbst mit Ben darüber nochmals sprechen wollten. Wir vermuteten, dass es Ben wichtiger sei, keine Sonderrolle einzunehmen. Dafür zeigten die Eltern Verständnis.

**Gegenübertragungsgefühle und -reaktionen**

Gegenübertragungsgefühle sind unbewusste und bewusste Reaktionsweisen auf ein Gegenüber und eignen sich, Übertragungen in Interaktionen besser zu verstehen. Übertragungen dienen dazu, die unbewussten Lebenserfahrungen aus der Vergangenheit in der aktuellen Beziehung zum Pädagogen oder zur Pädagogin zu re-inszenieren. Daher sind Gegenübertragungsreaktionen ein wesentliches Hilfsmittel, die Beziehungsfantasien des Kindes zu reflektieren.

Ben löste bei mir ein Wechselbad der Gefühle aus, und es war nicht immer zu erkennen, ob es sich um Bens oder meine eigene Verletzbarkeit handelte. Einerseits mochte ich den Jungen, fand ihn in seiner Art sehr originell und spürte, dass er Hilfe und Unterstützung brauchte, sich selbst besser zu kontrollieren und einen Platz zu haben. Andererseits verunsicherte er mich, indem er mich durch seine aggressive und dabei entwertende Beziehungsaufnahme angriff, verletzte und auch in Not brachte. In der Gruppe wurde ich zunehmend isoliert, weil die Kontaktaufnahme zu Ben keinen Dritten zuließ. Ich hatte den Eindruck, dass er keine guten Erfahrungen mit tragfähigen und verlässlichen Beziehungen gemacht hatte. Meine anfängliche Beziehung zu Ben kann ich am besten bildlich beschreiben. Wir schienen uns wie auf einer hauchdünnen Eisdecke, manchmal wie auf einer Achterbahn zu bewegen. Wenn wir beide befriedigende Momente erlebten, verkehrte er diese Situation sofort ins Gegenteil: Er griff mich an, beschimpfte mich und lehnte Versuche ab, an ihn heranzukommen. Lange Zeit erlebte ich mich im Umgang mit Ben angestrengt, nervös und aufgeregt, nicht wissend, ob er mir zuhören würde, wenn ich den Kontakt zu ihm suchte. Manchmal kam ich mir als Verfolgerin vor, aber so, als ob ich ihn verfolgen sollte. Einmal gab ich ihm eine Ohrfeige, als er mir sehr unverschämt entgegentrat und das Erledigen seiner Aufgaben verweigerte. Heftige Reaktionen meinerseits beruhigten ihn, wenngleich ich es nun mit Wut- und Schamgefühlen über mich zu tun hatte. Manchmal konnte ich nicht sofort reagieren, weil ich so verwirrt und ratlos darüber war, wie unberechenbar Ben war. Wenn Ben sich verweigerte, zerriss er Hefte, zerbrach Stifte und brüllte entsetzlich, so dass Außenstehende hätten glauben können, ich täte ihm Gewalt an. Meistens reagierte ich dann nicht mit Konfrontation, sondern versuchte, die Gefühle, die sein Verhalten bei mir auslöste, wahrzunehmen und in mir zu ordnen. Sanktionen erreichten ihn nicht, und mit ihm über sein Verhalten zu sprechen war ebenfalls nicht möglich. So wollte ich darauf achten, mich in angespannten Situationen nicht verführen zu lassen, mich an ihm zu rächen. Wortgefechte endeten regelmäßig mit wechselseitiger Verärgerung. Wenn ich ruhig bleiben konnte, erholte er sich meistens von seinem Wutausbruch. Konnte ich ihm sagen, dass er sich offenbar gerade angegriffen oder überrumpelt fühle, verzweifelt sei, weil die Aufgabe so schwer sei oder er sich ungerecht behandelt fühle, beruhigte er sich. Unsere Beziehung war allerdings noch nicht stark genug, um ihn mit seinen Reaktionen auf andere zu konfrontieren. Dafür musste ein Boden bereitet werden, der Ben Sicherheit gab. Erst dann würde es möglich sein, dass seine Wahrnehmungsweise sich verändern könnte. Trotz aller Schwierigkeiten mochte ich Ben und wollte ihn erreichen.

Zu den Besonderheiten Bens gehörten seine aggressiven Wutausbrüche. Er zeigte kein Empfinden von Schuld oder schlechtem Gewissen, wenn er wütete. Außerdem log er so glaubhaft, dass ich manchmal nicht zwischen Lüge und Wahrheit unterscheiden konnte. Ben stritt so überzeugt seine Beteiligung an Streitereien und Diebstählen ab, dass ich verunsichert wurde und manchmal selbst glaubte, ihn zu Unrecht zu beschuldigen. Obwohl Ben von allen in der Gruppe Grenzen gezeigt bekam und zurückweisende Reaktionen erfuhr, beklagte er sich nicht, in die Gruppe kommen zu müssen. Er kam regelmäßig und blieb, bis wir den Gruppentag beendeten. Ben forderte über einen langen Zeitraum, dass ich mich auf ihn einließ. Er löste in mir widersprüchliche Gefühle aus: Meine aggressiven Affekte auf ihn bezogen sich einertseits auf den Umstand, dass er mich zwang, unter erheblichem emotionalen Aufwand ihn zu begrenzen und dabei auf seine Entwertungen nicht strafend zu reagieren. Andererseits hatte ich auch den Impuls, ihn zu schützen und zu bemuttern, weil ich ihn als Opfer der Gewaltbereitschaft anderer wahrnahm und kindlich bedürftig. So wurde ich einerseits gebraucht, um ihn überhaupt halten zu können. Andererseits war ich fortwährend damit konfrontiert, das gerade nicht umfassend leisten zu können, weil sein Verhalten nicht akzeptabel war und das Lernen aus Erfahrung nicht ohne Weiteres funktionierte. So hatte ich mit Gefühlen der Ohnmacht und Verzweiflung zu tun, dem Gefühl, ihm nicht genug zu geben und wie vor einem Fass ohne Boden zu stehen. Die Belastung, neben Ben auch für andere Kinder da zu sein, die ebenfalls Aufmerksamkeit und Zuwendung einforderten und sich manchmal zurückgesetzt fühlten, war zeitweise ein unauflösbarer Konflikt. In diesem Zusammenhang fühlte ich mich dann in meiner Arbeit durch die Kollegen nicht genügend unterstützt und in meinen ambivalenten Gefühlen nicht ausreichend verstanden. Darüber hinaus war ich aber auch immer wieder neugierig auf Bens Lebensgeschichte, wollte mehr über Hintergründe seines Verhaltens erfahren und mochte den „Teufelskerl". Ob der Umgang mit Ben in der Tagesgruppe mit den Anforderungen der familial-kulturellen Prägung seiner Herkunftsfamilie für Ben in Einklang zu bringen sei, war auch für mich immer wieder fraglich.

Unter den Teamkollegen löste Ben ebenfalls ambivalente und vor allem aggressive Gefühle aus. Manchmal richtete sich ihr Ärger auch auf meinen Umgang mit ihm. Die Einschätzung war, Ben müsse konsequent Grenzen erfahren, und immer häufiger wurde die Frage gestellt, ob wir Ben überhaupt das Richtige geben könnten. Bens Verhaltensweisen wurden als so gravierend problematisch angesehen, dass die Kollegen mehr oder weniger deutlich formulierten, er solle die Gruppe verlassen. Ich solle einer Fremdunterbringung zustimmen. Das ärgerte und verletzte mich.

In Bezug auf Bens Eltern spürte ich ebenfalls ambivalente Gefühle. Sie waren mir sympathisch, zeigten sich mir gegenüber freundlich und aufgeschlossen, wenngleich bald zu spüren war, dass hinter der Freundlichkeit starke Verunsicherung und Angst lauerte. Eigentlich wollten sie keine Hilfe. Auch im Zusammensein mit ihnen hatte ich das Gefühl, verwirrt zu sein. Einerseits vermittelten sie, dass ihnen ihre Kinder sehr viel bedeuteten. Bens Vater drückte immer wieder aus, dass er für seine Kinder alles tue, und in der Tat wurden sie materiell sehr verwöhnt. Andererseits merkte ich, dass Bens Eltern nicht in der Lage waren, sich in ihre Kinder einzufühlen. Sie sollten funktionieren und keinen Ärger machen. Ihre Schuldzuweisungen an die Schule waren nichts Unübliches. Das kannte ich von vielen Betreuungsverhältnissen in der Tagesgruppe. Ärgerliche Gefühle bei mir spürte ich in Bezug auf ihren widersprüchlichen Umgang mit den Kindern. Mal machte Herr Jelloun seine Frau für das Scheitern der Erziehung verantwortlich, trat in öffentlichen Gesprächen als strenger Vater auf, während er tatsächlich kaum Zeit fand, sich an der Erziehung seiner Kinder zu beteiligen. Hatte seine Frau es geschafft, eine Grenze zu ziehen, konnte es vorkommen, dass er die Kinder verwöhnte und ihnen das erlaubte, was die Mutter gerade verboten hatte. Besonders dann, wenn eigentlich Konsequenzen nötig und eine Auseinandersetzung über Bens Verhalten wichtig gewesen wären, reagierte Herr Jelloun inkonsequent. Beide Eheleute verwöhnten ihre Kinder und suchten auf diesem Weg, Zuneigung zu gewinnen. Immer wieder beschäftigte mich die Frage, warum diese Familie nach Deutschland gekommen war, denn ihr Argument, dass sie wegen der Schulbildung ihrer Kinder hier seien, überzeugte mich nicht. Später erfuhr ich, dass Herr Jelloun als Arbeitsmigrant nach Europa kam, weil er sich bessere Lebensverhältnisse wünschte. Die Gespräche mit Bens Mutter über dieses Thema hinterließen in mir ein Gefühl von Traurigkeit, das in Bezug zu ihrer Erzählung über den Verlust der Heimat stand. Über dieses Thema konnte Frau Jelloun zunächst nicht sprechen. Im Umgang mit Bens Eltern fühlte ich immer wieder Verwirrung und Scham. Ihre Hilflosigkeit und Ohnmacht, Verzweiflung und Hoffnung, erlebte ich, indem sie mir einen kleinen Ausschnitt aus ihrem Leben zeigten. Meist konnte ich jedoch keinen Zusammenhang zu Bens aktuellen Schwierigkeiten herstellen, weil die Probleme gar nicht von ihnen benannt wurden. Das Gefühl, in der Familie störend zu sein und dennoch gebraucht zu werden sowie die schwierige Kommunikation aufgrund verbaler Einschränkungen, hinterließ bei mir oft den Eindruck, dass hier etwas nicht stimmte. Meine Verärgerung darüber, dass Bens Eltern Geld und Energie in ihr Haus investierten und sich hier so wenig um ihre Kinder kümmerten, verpuffte, wenn ich mit ihrer Hilflosigkeit in Berührung kam. Die geringen Veränderungsmöglichkeiten innerhalb der Familie führten zu ständigem Handlungsdruck und der Übernahme von erzieherischer Verantwortung in der Tagesgruppe.

## 4.2 Die pädagogische Arbeit mit Ben in der Tagesgruppe

Die pädagogische Arbeit mit Ben in der Tagesgruppe umfasste neben den regelmäßig stattfindenden Elterngesprächen zahlreiche Nachmittagsaktivitäten, die schulische Begleitung, Ferienangebote, Supervision und Fallbesprechungen sowie die Vermittlung einer analytischen Kinder- und Jugendtherapie. Im nun folgenden Teil fasse ich Ereignisse und Gespräche, Bens Entwicklung und die Interaktion in der Gruppe unter diesen Gesichtspunkten zusammen. Auf Bens Familie gehe ich gesondert ein.

**Nachmittagsaktivitäten und Freizeitangebote**
In der Tagesgruppe wurden die zwölf Kinder und Jugendlichen in zwei nebeneinanderliegenden Drei-Zimmer-Wohnungen betreut. In jeder Wohnung arbeiteten je ein Pädagoge und eine Pädagogin, die jeweils für drei Heranwachsende und ihre Familien die Fallverantwortung trugen. Nach der Betreuung und Unterstützung der Heranwachsenden bei den Hausaufgaben fanden in der Regel Kleingruppen statt, an denen zwei bis sechs Kinder teilnahmen, und im Anschluss daran traf sich die Gesamtgruppe zu einer Vesper, die den Tag in der Gruppe beendete. Für manche Kinder gab es, so

auch für Ben, immer wieder die Möglichkeit, dass ein Erwachsener ein Einzelangebot machte. Die feststehenden Nachmittagsangebote wurden in der Regel zweimal jährlich festgelegt. Im Team tauschten wir uns regelmäßig über den jeweiligen Entwicklungsstand eines Kindes aus, um das pädagogische Angebot an den Entwicklungsbedürfnissen und an unseren Möglichkeiten zu orientieren. Dazu gehörten Spiel- und Sportgruppen, Zaubern, Akrobatik, Bastel- und Werkangebote, Fotografieren, Filmen, Kochen etc. Alle Angebote zielten direkt oder indirekt auf die Vermittlung der Erfahrung, verlässlich versorgt zu werden, auf die Förderung von Fertigkeiten, auf das Einüben von Konzentration und Ausdauer, auf Spaß, Bewegung und auf das Erfolgserlebnis, etwas aus eigenen Kräften hergestellt zu haben.

Ben besuchte seit einem Jahr die Tagesgruppe, als er am Koch- und Backtreff teilnahm. Die Kinder durften ihre Produkte meist mit nach Hause nehmen, aber manchmal sollten sie etwas davon zur gemeinsamen Vesper zur Verfügung stellen. Das Abgeben fiel Ben schwer. Während eines Treffs wollte er eine „fette" Torte herstellen. Er hatte kreative Ideen zur Umsetzung seines Vorhabens. Als ich ihm sagte, dass er heute auch für die Gruppe backe, wollte Ben gar nicht erst anfangen, ließ sich dann aber doch überreden. Als die Torte fertig war, weigerte sich Ben, sie zu zerteilen. Alle Kinder saßen um den Tisch, während zwischen mir und ihm ein Machtkampf entbrannte. Am Ende ließ ich ihm die Torte, damit sie nicht seiner Zerstörungswut zum Opfer fiel. Die anwesenden Kollegen konnten nicht verstehen, weshalb ich mich Ben gegenüber nicht durchgesetzt hatte.

Vor Weihnachten stellten wir mit einigen Kindern Lebkuchenhäuschen her. Ben nahm sich Berge von Süßigkeiten, die für alle Kinder gedacht waren. Sobald sein Haus, welches das größte war, Wände hatte, versteckte er die Süßigkeiten darin. Als wir ihm das verboten, nahm er anderen ihre Zutaten weg und versteckte sie unter dem Tisch. Die Aktion war von ständigen Auseinandersetzungen und Zurechtweisungen Bens begleitet. Pausenlos forderte er uns dazu auf, ihm zu bestätigen, dass sein Haus das größte und schönste sei, was unter den Kindern Verärgerung hervorrief, weil er sich dadurch in den Mittelpunkt stellte. Nach einiger Zeit kündigten wir Ben an: „Wenn du es nicht schaffst, mit deinem Teil zurecht zu kommen, musst du nach Hause gehen, es reicht." Da Ben daraufhin weiter provozierte, griffen der Kollege und ich ein, und Ben musste gehen.

Eines Tages drang der mittlerweile zehnjährige Ben mit anderen Jungen aus der Gruppe in die Privatwohnung eines unserer Mädchen ein, und gemeinsam hatten sie das Mädchen sexuell belästigt. Wir konnten auch im Nachhinein nicht genau feststellen, was dort geschehen war, beschlossen aber einen Ausschluss der beteiligten Jungen aus der Gruppe für die Zeit der Herbstferien. Als Ben wieder in die Gruppe kam, wollte er nicht mehr über diese Angelegenheit sprechen. Dieses Ereignis beschäftigte das Team, doch erzielten wir keine weiterführende Einigung darüber, wie dieser Vorfall mit allen Beteiligten in der Gruppe weiter aufgegriffen werden konnte.

Die latente Gewaltbereitschaft, die die Gruppe anfangs gegen Ben gezeigt hatte, nahm ab. Mittlerweile griffen die Kinder und Jugendlichen Ben nicht mehr an, aber sie wollten auch nichts mit ihm zu tun haben, weil es mit ihm immer Streit gab. Ben konnte sein Verhalten, vor allem wenn er aufgebracht war, nicht kontrollieren. Bei gemeinsamen Aktivitäten musste ich darauf bestehen, dass Ben dabei sein durfte. Der ständige Ärger, sein abwertendes Verhalten und die zur Erwartung gewordene Erfahrung, dass es Ärger geben werde, beeinflussten die Gruppenatmosphäre. Auch sein delinquentes Verhalten schreckte die Kinder ab und verhinderte, dass sich eine vertrauensvolle Beziehung aufbauen konnte. Manche fühlten sich auch von seinen Störmanövern angezogen. War dies in einer größeren Gruppenkonstellation der Fall, konnte die Konzentration auf das Angebot nicht hergestellt werden. In solchen Fällen wurde Ben meist vom Angebot ausgeschlossen. Ich bemerkte, dass Ben jetzt auch kindliches Verhalten zeigen konnte. Er ließ sich kitzeln, von anderen fangen oder sogar in den Arm nehmen, spielte begeistert Verstecken im Dunkeln und musste nicht in jeder Situation den Ton angeben und den Überlegenen spielen. Es kam vor, dass er mir ganz stolz zeigte, was er z.B. im Werktreff hergestellt hatte. Nie zuvor hatte er mir etwas von ihm Hergestelltes gezeigt. Das bezog sich auch auf die Schulsachen. Freiwillig hatte er seine Klassenarbeiten, selbst wenn sie gut waren, nicht „herausgerückt“. Jetzt zeigte er seine Ergebnisse und konnte seinen Stolz nicht verbergen.

Ein Erlebnis soll exemplarisch verdeutlichen, wie schwer es Ben nach wie vor fiel, sich in die Gruppe einzufügen. Ben, der seit zwei Jahren in die Gruppe kam, war begeistert von der Idee, in einer geplanten Varieté-Aufführung Jonlagen vorzuführen und einen Fakir zu spielen. Der Kollege, der diesen Workshop anbot, hatte alle Mühe, Bens Aktivitätsdrang zu bremsen, denn andere Kinder kamen kaum zum Zuge. Ben wollte die Hauptrolle übernehmen, sonst würde er nicht mitspielen. Obwohl er gute Fähigkeiten zur Ausgestaltung der Rolle zeigte und sein Talent begeisterte, hätte er üben müssen, wozu er sich weigerte. Der Kollege gab ihm in einer Sitzung unmissverständlich zu verstehen, dass Ben die Rolle nicht vorführen werde, ohne vorher dafür geübt zu haben. Wenn Ben warten musste und seine Rolle nicht ausprobieren konnte, wann er wollte, beschimpfte er andere oder machte sich über sie lustig und stiftete damit Unruhe in der Theatergruppe. Dann war er der Meinung, andere würden bevorzugt behandelt und dürften immer etwas zeigen, „immer wenn sie wollen!“. Wenn es ihm nicht auf der Stelle gelang, ein Kunststück vorzutragen, fluchte er und suchte sich eine neue Beschäftigung. Dennoch gelang es dem Kollegen, dass Ben bei der Vorführung vor Grundschulkindern seiner früheren Schule den Fakir spielte und seinen Auftritt gut hinbekam. Hinter den Kulissen war Ben jedoch so aufgeregt und stand so unter Strom, dass er mit Bällen und

Keulen um sich warf und mit allem störte, was er fand, wenn er nicht an der Reihe war. Um Ruhe zu schaffen, mussten wir ihn vor die Tür setzen, weil er andere zu Gleichem anstiftete. In dieser Situation musste eine Person sich nur um Ben bemühen, was zu Konflikten führte, weil andere uns auch brauchten. Vor allem beim Sporttreff wirkte sich negativ aus, dass Ben nicht verlieren konnte und sich nicht an Regeln hielt. Oft beruhigte er sich erst, wenn er ausgeschlossen wurde. Beschimpfungen und Beleidigungen anderer waren weiterhin typische Verhaltensweisen Bens. Im Anschluss an Eskalationen suchte ich oft das Gespräch mit ihm. Dabei hielt er sich meist die Ohren zu und sagte: „Ich hör dir gar nicht zu, ich will nicht mit dir darüber reden." Oder er war so aufgebracht, dass ich vulgär beschimpft wurde: „Ach, du kannst mich mal!" Oder: „Ach komm, leck mich!" In solchen Situationen reagierte ich nicht mit einer konsequenten Zurechtweisung auf seine Beschimpfungen. Wenn es mir gelang, ruhig zu bleiben, konnte ich mit ihm reden und meist erfahren, was die Hintergründe seiner Wut waren. Ein Satz wie: „Du musst ja ganz schön verärgert sein!", konnte ihm jetzt zumindest manchmal einen Weg bahnen, zu sagen, was aus seiner Sicht vorgefallen war. Wenn es ihm nur darum gegangen war, andere zu ärgern, verweigerte er ein vertiefendes Gespräch. Oft aber verbarg sich hinter seiner Reaktion eine Enttäuschung. Solche Situationen erforderten Einfühlung, denn allein aus der beobachteten Situation waren die beteiligten Gefühle und seine subjektive Erlebensweise nicht eindeutig zu erkennen. Die Bedeutung, die Ereignisse für ihn hatten, erschlossen sich mir erst nach und nach. Bens aggressive Beschimpfungen, die ich zunehmend als eine Reaktion auf ihn enttäuschende Erlebnisse begriff, schienen dem Gegenüber nur zwei Reaktionsweisen zu ermöglichen. Entweder wurde Ben vor die Tür gesetzt, oder man hielt es aus, dass Ben aggressiv wurde und sein Gegenüber entwertete. Wenn er ausgeschlossen wurde war, war im Anschluss kein Gespräch über den eigentlichen Vorfall möglich, weil Ben sich weigerte, darüber zu reden. Es schien, als ob es gar nicht um die Sache ging, denn das Thema hatte bereits an Aktualität verloren. So merkte ich, dass es wohl die Schwierigkeit der Ausgrenzung war. Wenn ich darauf verzichtete, seine Beleidigungen sanktionierend aufzugreifen, und mich bemühte, das dahinter liegende Gefühl zu erfassen, beruhigte er sich jetzt immer häufiger. Er ließ sich auf das ein, was ich spürte, und hörte mir zu. Natürlich musste Ben auch unmittelbare Konsequenzen erfahren. Bei Autofahrten zettelte Ben regelmäßig Streit an und beleidigte Fußgänger aus dem offenen Fenster. Als er einmal damit nicht aufhörte, drohte mein Kollege ihm an, dass er nach Hause laufen müsse. Daraufhin provozierte Ben: „Ja, tu es doch, lass mich ruhig laufen, wenn du so cool bist!" Ben hörte mit seinem Spiel nicht auf, woraufhin Kollege Jens ca. zwei Kilometer vor der Tagesgruppe anhielt. Ben sollte aussteigen. Als es Ernst wurde, weigerte er sich und musste von uns mit Gewalt aus dem VW-Bus gezogen werden. Ben kamen nun sogar die Tränen und Kollege Jens hatte das Gefühl, er ziehe einen zweijährigen Jungen auf die Straße. Dennoch blieb es dabei, Ben musste den Weg zu

Fuß gehen. Das beeindruckte ihn jedoch nur für kurze Zeit. Bei nächster Gelegenheit verhielt er sich erneut provozierend.

Nachdem Ben seit drei Jahren in die Gruppe kam, lag mir daran, mit ihm einen Werktreff zu machen. Ben griff diesen Vorschlag begeistert auf. Er schlug seinerseits vor, einen großen Billardtisch zu bauen, was für mich eine Herausforderung war, aber ich wollte mich auf seinen Vorschlag einlassen. Da Ben bisher auf Schwächen anderer aggressiv reagiert hatte, stellte ich mich auf anstrengende Stunden ein, in denen er mich vorrangig abwerten würde. Ich hatte auch Angst, der Sache nicht gewachsen zu sein und sprach mit Ben darüber. Dann ereignete sich das Gegenteil: Das Projekt wurde von uns beiden als sehr befriedigend erlebt. Ben genoss es, mir zu zeigen, wie ein Billardtisch gebaut werden kann. Kurz vor Weihnachten war der Tisch fertig und Ben nahm ihn vorrübergehend mit nach Hause, um ihn stolz seinem Vater zu zeigen. Wir spielten nun auch häufiger Gesellschaftsspiele oder Tischtennis und Verstecken im Dunkeln. In den brenzligen Situationen des Verlierens nahm ich wahr, dass Ben inzwischen in der Lage war, statt das Spiel zu zerstören zu sprechen: „Du kommst dir jetzt toll vor!“ Oder: „Bist du jetzt stolz?“ – „Dafür kann ich besser Fußballspielen!“ Eigene Fehler oder schmerzhafte Verluste einzugestehen, fiel ihm allerdings immer noch sehr schwer und wenn andere dabei waren, agierte er, um sein Gesicht nicht zu verlieren.

An einem anderen Nachmittag dieses Jahres nahm er an der Theater- und Filmgruppe teil. Dieses Angebot dominierte er so, dass die Gruppe nicht mehr zu leiten war. Da das Theaterspielen auf Selbstdarstellung aufbaute, entwickelte Ben Größenvorstellungen, die ihn, und mit ihm die Gruppe, in einen regelrechten Rausch versetzten. Ständig war er damit beschäftigt, den „Clown“ zu spielen und sich z.B. vor der Gruppe wild zu bewegen und die Kinder zum Lachen zu bringen. Er hörte nicht zu, wenn es Anweisungen gab, wollte nicht warten, bis alle eine Rolle ausprobieren durften, und beschimpfte den Gruppenleiter, wenn der ihn in seine Schranken verwies. Nach einigen Treffen und Gesprächen wurde Ben von dieser Gruppenaktivität ausgeschlossen.

**Die Sommerfreizeit**

Ein einschneidendes Erlebnis für Ben und die Gruppe stellte die erste Sommerfreizeit dar, an der Ben teilnahm, nachdem er seit zwei Jahren in die Gruppe kam. Hier zeigte sich sehr deutlich, wie er auf Trennungen von wichtigen Bezugspersonen und haltgebenden Alltagsstrukturen reagierte. Später nahm er an Gruppenreisen teil, wenn die Freizeit nur wenige Tage dauerte. Die erste Sommerfreizeit, an der Ben teilnahm, führte für zehn Tage nach Brandenburg und Berlin. Kurz vor Beginn der Ferien berichtete die Presse von rechtsradikalen Überfällen auf Campingplätze. Die Kinder und Jugendlichen hatten Angst, dorthin zu fahren. Auch wir überlegten, ob eine Reise unter diesen Bedingungen ratsam sei, denn es fuhren einige ausländische Heranwachsende mit. Nach einigen Gesprächen entschieden die Kollegen, die Freizeit durchzuführen. Kollege Jens und ich hatten währenddessen Urlaub. Als wir wieder im Dienst waren, lag ein langer Brief des Kollegen Ingo an mich adressiert vor. In seinem Schreiben teilte er mit, dass die Freizeit wegen Ben sehr schwierig gewesen sei und dass eine neue Lösung für Ben gefunden werden müsse. Er listete die Vorfälle auf: Ben war kurz vor Beginn der Freizeit im Freibad von der Polizei aufgegriffen worden, weil er mit einem Schulfreund eine Brieftasche gestohlen hatte. Die Eltern mussten ihn bei der Polizei abholen. Dann hatte Ben zwei Mädchen aus der Nachbarschaft mit einem Messer bedroht. Ben behauptete jedoch, kein Messer zu besitzen, was seine Eltern ihm glaubten. Einige Tage später fand meine Kollegin bei Ben ein Butterflymesser und nahm es ihm ab. Während der Freizeit hatte Ben einen Jugendlichen, mit dem er das Zimmer teilte, mit einem neuen Butterflymesser bedroht, das ein anderer Junge für Ben auf einem Trödelmarkt in Berlin gekauft hatte. Am nächsten Tag bestahl Ben seinen Mitbewohner, woraufhin von den Kollegen eine Gruppensitzung einberufen wurde, die drei Stunden dauerte. Ben stritt alle Vorwürfe ab. Die Gruppe entzog Ben ihr Vertrauen. Keiner wollte mehr mit ihm ein Zimmer teilen. Die Kollegen beschlossen, die Eltern anzurufen und sie darauf vorzubereiten, dass Ben mit dem Flugzeug nach Hause geschickt würde. Daraufhin gestand Ben im Einzelgespräch mit den Kollegen die Diebstähle und gab zu, im Jahr zuvor nicht nur zwei Gameboyspiele gestohlen zu haben, sondern fünf. Diese hatte er damals an zwei Jugendliche aus der Gruppe verkauft, die diesen Vorfall deshalb verschwiegen hatten. Ben versprach, sich bei der Gruppe zu entschuldigen. Da es für Ben ein Einzelzimmer gab und er sich bei allen in der Gruppe entschuldigte, konnte er bleiben. Kurz vor dem Ende der Freizeit war Ben auf einmal verschwunden, obwohl die Regel bestand, nicht alleine wegzugehen. Gerade als man ihn suchen wollte, kam er zum Essen. Zur Strafe sollte er schon um 21.00 Uhr auf sein Zimmer gehen. Er sah seinen Fehler ein, sagte aber, dass er nicht verstehe, warum er schon um 21.00 Uhr aufs Zimmer solle, da er seine Schuld zugegeben habe. Die Kollegen räumten ihm daraufhin eine Fristverlängerung von einer Stunde ein, was er ablehnte, weil er wie die anderen behandelt werden wollte. Um 21.00 Uhr versuchte Ben zu verschwinden, was ihm nicht gelang, da er beobachtet wurde. Der Kollege begleitete Ben auf das Zimmer und sah, wie Ben sich demonstrativ Turnschuhe anzog. Nach einem Wortgefecht schloss der Kollege Bens Zimmer ab. Vor dem Haus beobachtete die Kollegin, wie Ben aus dem dritten Stock zum Fenster hinausklettern wollte. Sie schaffte es, ihn durch Zurufe davon abzuhalten. Nach der Reise übergab Kollege Ingo die Gameboyspiele und die beiden Butterflymesser Bens Eltern. Er erfuhr, dass Ben seinen Eltern erzählt hatte, alle Kinder hätten sich ein Messer gekauft, um sich gegen die Angriffe von Fremden zu schützen. Die Kollegin habe das erlaubt und sie bringe das Messer bei Gelegenheit Zuhause vorbei. Als Kollege Ingo Bens Eltern von der Freizeit erzählte, zeigten sie sich völlig ratlos; er vertrat die Überzeugung, Ben müsse in einer Wohngruppe untergebracht werden, weil sein Verhalten für die Gruppe nicht mehr tragbar sei. Mich beschäftigte sein Brief: Ich spürte, dass Ben mich brauchte. Gleichzeitig bedrohte der Kollege durch seinen Wunsch, die langsam wachsende Bindung zwischen uns beiden zu unterbinden, meine Arbeit mit ihm – aber natürlich konnte ich mir eindrücklich vorstellen, wie sehr Ben die Kollegen und die Gruppe strapaziert hatte. Dennoch hätte ich gerne mit ihnen über ihre Belastung gesprochen und daran Anteil genommen. Sicher wäre es auch hier gut gewesen, über mögliche andere Interventionen nachzudenken, denn die Situation hatte sich wechselseitig aufgeladen. Dass gerade das im Fall Ben nicht möglich war, gehört meines Erachtens zu der schwierigen psychischen Dynamik des Jungen, die später ausführlich reflektiert wird.

Als Kollege Jens und ich am folgenden Tag mit den Kindern im Freibad waren, erzählten diese, wie anstrengend die Freizeit gewesen sei. Da Ben von sich aus nichts erzählte, beschloss ich mit meinem Kollegen, Ben in einem eigens dafür hergestellten Gesprächsrahmen auf die Freizeit anzusprechen. Ich erzählte Ben, was im Brief des Kollegen zu lesen war. Ben hörte sich alles an und stritt erstmals nichts ab. Da wagte ich mich weiter vor und redete darüber, wie einsam er sich gefühlt haben müsse und wie schlimm es sei, niemanden um sich zu wissen, der einen verstehe. Darauf reagierte er aufgeregt und beschimpfte die Gruppe: Wir seien an allem schuld, alle wollten ihn nur fertig machen. Ich solle damit aufhören. Dann weinte er bitterlich. Wir warteten eine Zeit lang, ohne weiterzureden. Danach gelang mir, mit Ben darüber zu sprechen, wie es dazu kommen konnte, dass alle gegen ihn waren. Ich machte das an einer Situation fest, die wir am Tag zuvor beobachtet hatten. Wir waren zusammen klettern gewesen und Ben hatte sich bereits während der Fahrt angeberisch benommen. Obwohl zu spüren war, dass er große Angst davor hatte, ob er die Felswand erklimmen könne, prahlte er. Die anderen Kinder seien deshalb verärgert gewesen, weil allen die Kletterwand Angst eingeflößt habe, sagte ich. Hätte er, Ben, seine Angst zeigen können, hätten alle anders auf ihn reagiert. Mein Kollege bestätigte ihm diese Erfahrung. Nun schlug ich die Brücke zur Freizeit und sagte: „Ben, ich glaube, es ist dir gelungen, allen zu zeigen, dass man es mit dir gar nicht aushalten kann, aber eigentlich hattest du Angst vor der Freizeit, vor Brandenburg und davor, alleine zu sein, ohne deine Eltern und mich. Und da hast du alles dran gesetzt, die Angst zu bekämpfen. Für die andern wurde aber nur sichtbar, dass man mit dir nicht zurechtkommt." Ben musste das nicht von sich weisen, sondern fühlte sich von uns beiden verstanden. Er wurde sehr nachdenklich.

Als die Kollegen ihrerseits aus dem Urlaub zurück waren vermittelten sie, dass sie nicht bereit waren, Ben weiterhin in der Gruppe zu betreuen. Sie fühlten sich noch immer so bedroht, dass sie die Verantwortung für Ben nicht mehr übernehmen wollten. Erst die Supervision verhalf, etwas Distanz zu bekommen. Nach wie vor plädierte die Supervisorin dafür, dass wir Ben nicht vor die Tür setzen sollten.

**Die Schule für Erziehungshilfe**

Da Ben im Anschluss an die Grundschule die Schule für Erziehungshilfe besuchte, möchte ich zunächst das Konzept dieser Schule vorstellen. Diese Schule bietet den Bildungsgang der Grund- und Hauptschule (E-Schule) und den der Förderschule (F-Schule). Sie ist Teil einer Jugendhilfeeinrichtung. Die Aufnahmekriterien sind in einem Erlass zum Sonderschulaufnahmeverfahren vom Kultusministerium geregelt. So können Kinder zum Besuch dieser Schule verpflichtet werden, denen nach einem sonderpädagogischen Gutachten mit Einwilligung der Erziehungsberechtigten und der Schulaufsichtsbehörde diese Schule empfohlen wurde. Bei Ben zeigten die Ergebnisse der Testverfahren eine deutliche Störung der Leistungsmotivation. Sein Intelligenzquotient wurde als überdurchschnittlich getestet. Das Gutachten wies auf eine gravierende Störung des Selbstwertsystems hin und empfahl den Besuch der E-Schule. Da alle Kinder, die hier zur Schule gehen, Auffälligkeiten und Defizite im sozialen, im normativ-emotionalen und im Leistungsbereich mitbringen, bietet diese Schule Lernstrukturen, die an öffentlichen Regelschulen nicht möglich sind. Neben starkem persönlichen Engagement der Lehrer und Lehrerinnen für die Kinder, einer spezifischen Weiterbildung des Lehrpersonals und der Möglichkeit zur individuell gestalteten Unterrichtsbeziehung lernen die Schüler und Schülerinnen in kleinen Gruppen. In einer Klasse werden durchschnittlich acht Kinder bzw. Jugendliche unterrichtet. Seitens der Schule ist eine enge Kooperation mit den Erziehungsberechtigten und den jeweiligen Pädagogen und Pädagoginnen der Jugendhilfeeinrichtungen gewünscht. Der Einzugsbereich der Schule erstreckt sich über mehrere Landkreise. Wegen ihrer besonderen Lage wird der Transport der Schüler und Schülerinnen durch einen Pendelverkehr mit Kleinbussen organisiert. Diese Fahrten erledigen Zivildienstleistende. Ben wurde mit dem VW-Bus der Schule morgens abgeholt und gegen 12.00 Uhr nach Hause gebracht, begleitet von zwei weiteren Jungen aus der Gruppe, für die die Fallverantwortung ebenfalls bei mir lag. Alle drei Jungen fühlten sich in einer „Sonderrolle", die durch die Fahrten mit dem VW-Bus für sie in entwertender Weise unterstrichen wurde. Sie schämten sich, auf eine „Behindertenschule" gehen zu müssen. Auch wenn die Jungen während der Fahrten stritten und häufig aggressiv gestimmt in die Gruppe kamen, merkte man Ben an, dass diese Schule ihn entlastete: Er zeigte sich insgesamt ruhiger, und im Laufe der ersten Wochen hatte er alle Schulsachen in ordentlichem Zustand und erledigte seine Hausaufgaben. Doch dann traten Klagen auf, Ben habe Hausaufgaben nicht erledigt, sei aggressiv und beschimpfe die Lehrer und Lehrerinnen. Die Probleme wurden im Rahmen der Schule aufgegriffen. Ben durfte in diesen Fällen nicht in die Pause oder musste im Anschluss an den Unterricht nachsitzen. In den ersten zwei Schuljahren hatte ich den Eindruck, dass Ben mit den Lehrern und Lehrerinnen darum kämpfte, wer das Sagen habe. Er zeigte, wie schwer es ihm fiel sich unterzuordnen, nicht im Mittelpunkt zu stehen und Grenzen zu ertragen. Er griff seine Lehrer verbal an und stellte ihre Kompetenz in Frage, vertrug selbst aber keine Kritik. Gegen Ende der 7. Klasse schien Ben ruhiger, er war insgesamt zugänglicher und man konnte ihn in Auseinandersetzungen erreichen, was früher nicht der Fall gewesen war. Seine pauschalen Beschimpfungen und Beleidigungen der Lehrer traten deutlich in den Hintergrund.

Von der 8. Klasse an hatte Ben ein neues Klassenlehrerteam, und aufgrund weiterer Entwicklungsschritte Bens, war es seltener nötig, sich nach seinen Hausaufgaben zu erkundigen. In der Klasse wurde er zeitweise zusammen mit sieben Mitschülern und einer Mitschülerin unterrichtet. Die Lehrer und Lehrerinnen berichteten, trotz positiver Entwicklung im Bereich der Leistung störe Ben, wenn er selbst nicht beteiligt sei, lenke Mitschüler ab, erpresse andere und rauche unerlaubterweise. Wenn er erwischt wurde, reagierte er nach wie vor mit Empörung und stritt alles ab. Wenn Ben motiviert und konzentriert war, stellte der Lernstoff kein Problem für ihn dar. Die Sprachen lagen ihm besonders, er schrieb gute Aufsätze und Fantasiegeschichten im Fach Deutsch und war in der Lage, den Sinn eines Textes zu erfassen. Beim Schreiben seiner Texte benutzte er komplexere Satzstrukturen. Dass Ben gerne Bücher las, wusste ich. Ich hatte ihm manchmal spannende Jugendromane aus dem Gruppenbestand gegeben, die er auch las. Er war in der Lage, gut verständliche Zusammenfassungen von gelesenen Büchern wiederzugeben und komplexe Sachverhalte zu reproduzieren. Seine englische Aussprache war gut, was er weniger beherrschte, waren grammatikalische Regeln und ihre Anwendung. Größere Schwierigkeiten hatte Ben mit Mathematik. Die insgesamt schlechten Noten erhielt er allerdings aufgrund seines destruktiven sozialen Verhaltens, z.B. der Abwertungen der Lehrkräfte und der Störmanöver in der Klasse. Zuweilen gab er leere Klassenarbeiten ab, provozierte und gab sich keinerlei Mühe, seine Antworten ausführlich zu gestalten oder in Mathematikarbeiten vollständige Rechenwege darzulegen. Aufgrund dieser andauernden Verhaltensweisen fiel es Ben schwer, dem Unterricht zu folgen. Er war nicht in der Lage, sein Verhalten zu ändern, um sich schulisch zu verbessern.

Von der Schule erzählte Ben sehr wenig. Die Berichte seiner Lehrer und Lehrerinnen fügten sich aber zu meinen Erfahrungen mit Ben in der Tagesgruppe. Die anderen Heranwachsenden, für die ich zuständig war, erzählten manchmal von Begebenheiten, vor allem wenn Ben sich in den Pausen als der „Coole“ aufspielte.

**Bens Therapie**

Bens schulische Probleme hatten sich in der Schule für Erziehungshilfe erst allmählich verändert. Da seine Lehrer und Lehrerinnen wie auch ich Ben jedoch nach der 5. und 6. Klasse insgesamt stabiler und selbstsicherer wahrnahmen, kam bei mir der Wunsch auf, Ben therapeutisch behandeln zu lassen. Ich erhoffte mir, dass er die unbewussten Anteile seiner Verhaltens- und Leistungsprobleme im Rahmen einer Therapie besser verstehen und dort bearbeiten könnte. So redete ich mit Ben darüber, dass ich der Meinung sei, sein Verhalten habe eine seelische Ursache, die ihn am schulischen Erfolg hindere. Ich würde ihn gerne an jemanden vermitteln, der gelernt habe, solche Schwierigkeiten zu verstehen. Ben war für das Thema aufgeschlossen. Seine Lehrer und Lehrerinnen unterstützen diese Idee, und in einem Elterngespräch sprach Bens Lehrerin die Empfehlung zur Therapie aus. Bens Eltern stimmten zu. Ben hatte die Wahl zwischen einer schulinternen therapeutischen Begleitung oder einer tiefenpsychologisch fundierten analytischen Kindertherapie. Bens Eltern waren für beide Möglichkeiten aufgeschlossen, während Ben nur den Therapeuten außerhalb der Schule kennen lernen wollte. Problemlos kamen erste Kontakte zustande und nach den Sommerferien, konnte der nun zwölfeinhalbjährige Ben die Therapie, zwei Stunden wöchentlich, beginnen. Während der „Wartezeit" brach Ben zusammen mit anderen in den örtlichen Schülerhort ein. Als die jugendlichen Diebe bekannt wurden, moderierte Kollege Jens ein Gespräch, zu dem die beteiligten Kinder und Eltern kamen. Der Schaden sollte von den Heranwachsenden in Ordnung gebracht werden. Diesmal stritt Ben nichts ab und beteiligte sich an der Wiedergutmachung. In den Sommerferien reiste die Familie in das Herkunftsland der Eltern. Wie immer kam Ben ausgeglichen von diesem Aufenthalt zurück.

Zu den Therapiestunden erschien Ben anfangs zwar regelmäßig unpünktlich, aber er nahm die Stunden wahr. Nach kurzer Zeit besuchte der Therapeut in Absprache mit Ben unser Team. Dass es bei uns in der Wahrnehmung der Problematik erhebliche Differenzen gab, hatte ich dem Therapeuten bereits bei einem ersten Gespräch mitgeteilt. Wie tief die Kluft war, wurde mir im Gespräch klar. Die Kollegin und der Kollege fühlten sich von Ben noch immer angegriffen und abgewertet und ärgerten sich über meinen Umgang mit ihm. Sie hätten Ben gerne deutlicher gezeigt, dass sein Benehmen nicht zu dulden sei. Um die eigene Selbstachtung aufrechtzuerhalten und von ihm Achtung gegenüber seinen Mitmenschen einzufordern, wollten sie, stärker als ich es tat, sanktionierend eingreifen.

Ben brauchte immer wieder besondere Aufforderung, sich wie alle anderen auch an die Regeln zu halten. Als der Zwölfjährige sich einmal weigerte, seine Mütze während des Mittagessens abzunehmen, kam es zu einem heftigen Wortgefecht. „Du hast mir hier gar nichts zu sagen", schrie Ben meinen Kollegen an. „Mein Vater würde das erlauben". Der Kollege konterte: „Ben, du kennst die Regel, auf, nimm die Mütze ab!" „Du kannst mich mal, wenn du mich anfasst zeig ich dich an." Als Ben daraufhin von meinem wütenden Kollegen rausgeschmissen wurde, ging er aufgebracht nach Hause und weigerte sich, in die Gruppe zurückzukommen. Dabei hätte der Kollege es gern belassen. Ich war der Meinung, dass es notwendig war, dieser

Eskalation nachzugehen, denn ich hatte bereits vorher wahrgenommen, dass etwas mit Ben nicht stimmte. Mir ging es also nicht um den Machtkampf, sondern darum, zu erfahren, warum die Mütze so notwendig war. Es war wiedereinmal nur möglich, mit ihm zu reden, weil ein anderer Konflikt dazwischen getreten war, an dem sich Bens Spannung entladen konnte. Am Telefon gelang es mir, Ben wieder zurückzuholen. Ein gemeinsames Gespräch mit dem Kollegen kam nicht zustande. Obwohl Ben nun einige Zeit bei uns war, kam es immer wieder vor, dass man sich mit ihm in Auseinandersetzungen verstrickte, die jedoch nicht das eigentliche Thema waren. Wenn ich mich selbst beherrschte und beschwichtigend auf ihn einredete, wurde Ben ruhiger, dafür hatte die Gruppe das Gefühl, Ben könne sich alles erlauben. Unter diesem Druck standen wir fortwährend. Ich verstand Bens Verhalten als den Versuch, seine Angst abzuwehren und durch die Entwertung dem Gegenüber zu zeigen, wie bedroht er sich fühlte. Die Mütze erschien mir als ein notwendiger Schutz, ohne wissen zu können, wovor er sich verbergen musste. Ich wollte die schwache positive Bindung zu Ben halten und seine Angst aufnehmen, während die Kollegen den Blick vor allem auf Bens aggressive Verhaltensweisen richteten und die Auswirkungen für die Gruppe betonten. Da sich die Positionen als Entweder-Oder darlegten, war es nicht möglich, die unterschiedlichen Aspekte im Team zu reflektieren. So warnte der Therapeut, von dieser Therapie zu viel zu erwarten.

Ben erzählte kaum von seinen Erfahrungen mit der Therapie. Einmal erfuhr ich, dass es Ärger gegeben habe, weil ein Jugendlicher ihn im Wartezimmer genervt habe und er ihm „eine in die Fresse schlagen wollte“, was sicher auch passiert wäre, wenn nicht der Therapeut dazwischen getreten wäre. Er, Ben, wisse eigentlich nicht, was er dort solle – außerdem seien da „zu viele Idioten“. Meine Versuche, auf seine Wut und die Kränkung zu sprechen zu kommen, wollte er bereits nicht mehr hören. Im Spätherbst sprach ich mit dem Therapeuten über die Elterngespräche. Er hatte Schwierigkeiten, Bens Eltern zu Gesprächen zu motivieren. Zugleich hatte ich das Problem, dass Gesprächstermine nicht mehr zustande kamen, weil die Familie vorgab, wegen der Therapiegespräche keine Zeit zu haben. Wir beschlossen, die Gespräche zusammenzulegen. Zum ersten gemeinsamen Gespräch kamen Frau Jelloun und etwas verspätet auch Herr Jelloun. Der Therapeut griff diese Situation auf, weil er bei Ben Ähnliches erlebte. Daraufhin erklärte der Vater seine Verspätung. Als er hörte, dass auch Ben unpünktlich sei, schimpfte er über seinen Sohn und versicherte, die Angelegenheit mit Ben in Ordnung zu bringen. Der Therapeut sagte, das sei nicht nötig. Er habe sich lediglich gefragt, ob Unpünktlichkeit in der Familie üblich sei, denn dann wäre Bens Verhalten leicht verständlich. Vehement verwahrte sich Herr Jelloun gegen solche Unterstellungen. Im Verlauf des Gesprächs erfuhren wir, wie erniedrigend und demütigend es für den Vater war, zu einem Therapeuten zu müssen, und wie sehr er sich dafür schämte. Er tue das nur für Ben und weil er Vertrauen zu mir habe. Ich sei für seine Familie wie eine Mutter. Nach diesem ersten Treffen fühlte ich mich nicht wohl mit der Lösung der gemeinsamen Elterngespräche. Einerseits kam ich mir wie ein „Störenfried“ vor, der den Eltern die Möglichkeit der eigenen Beziehungsgestaltung zum Therapeuten nahm. Andererseits merkte ich, dass Bens Eltern die Problemdefinitionen an mich delegierten. Während der Gespräche war ich oft die Ansprechpartnerin, obwohl doch die Eltern diesen Raum für sich gestalten sollten. Der Therapeut bat mich, trotz der Bedenken weiterhin zu kommen, weil ich eine wichtige Vermittlung zwischen den Eltern und ihm herstelle und wesentliche Aspekte aus meiner Erfahrung mit Ben und der Familie gut ansprechen könne. Anfangs fanden die regelmäßigen Gespräche zu viert statt, dann kam Herr Jelloun alleine, später nur noch seine Frau. Ich zog mich aus den Gesprächen zurück, als ich merkte, wie wichtig dieser geschützte Gesprächsraum für die Mutter wurde. Ich glaubte, der Therapeut könne in einer Zweiersituation anders auf Frau Jelloun eingehen. Nun hatte ich längere Zeit keinen Gesprächstermin mit Bens Eltern. Wir trafen uns nur, wenn wichtige Schulereignisse zu besprechen waren. Ein einziges Mal rief Frau Jelloun mich von sich aus an, um zu fragen, ob wir Räume der Tagesgruppe für einen arabischen Unterricht zur Verfügung stellen würden. Wir besprachen das Anliegen im Team und ermöglichten, dass eine Koranschule sich sonntags in den Räumen der Sozialen Gruppenarbeit treffen konnte. An diesem Unterricht nahmen zeitweilig alle Kinder der Familie Jelloun teil. Ben erzählte nichts darüber.

**Ben will die Schule wechseln**

Nach etwa drei Monaten Therapie wollte Ben plötzlich die Schule wechseln, weil er sich in der Sonderschule „diskriminiert“ fühlte. Der Therapeut bestärkte mich, Bens Wunsch aufzugreifen und zusammen mit Bens Lehrer und Lehrerin nach Möglichkeiten für einen Schulwechsel zu suchen. Ben, der die 7. Klasse besuchte, beteuerte glaubhaft, von der Schule für Erziehungshilfe auf eine öffentliche Hauptschule wechseln zu wollen. Sein Argument der Stigmatisierung interpretierte ich als Wunsch, tatsächlich Fortschritte machen zu wollen. Ben erklärte immer wieder, wie schlimm es für ihn sei, von „Idioten“ umgeben zu sein, die zu lange brauchten, bis sie etwas verstünden. Ich glaubte ihm, dass er sich manchmal unterfordert fühlte und daher keine Lust hatte, sich anzustrengen. Seine Lehrer und ich meinten, dass Ben prinzipiell gut in der Lage sei, den Unterrichtsstoff aufzunehmen. Manchmal war er der Einzige, der sich an Unterrichtsdiskussionen beteiligte. Zweifellos war er in der Lage, komplexe Zusammenhänge zu erfassen.

Bens Familie hatte bei den Lehrern der örtlichen Hauptschule keinen guten Ruf. So befürchtete ich, Ben werde dort nicht aufgenommen. Aus diesem Grund hatte ich die Idee, Ben könnte mit einer Wiederholung der 7. Klasse vielleicht sogar die Realschule schaffen. Bens Klassenlehrer war über den

Realschul-Vorschlag erstaunt, lehnte einen Schulwechsel jedoch nicht ab und schätze die schulinternen Gründe ähnlich ein. So vereinbarten wir einen Wechsel auf eine andere Hauptschule vorzubereiten und sprachen mit Ben zusätzliche Lernzeiten ab, um die Lücken zu schließen. Im Team wurde diese Idee skeptisch beurteilt; vermutlich seien Bens Schulprobleme nicht auf diesem Weg zu lösen. Dennoch unterstützten die Teamkollegen die Idee, Ben mit der von ihm eingeforderten Realität zu konfrontieren.

Nachdem Ben den Absprachen zugestimmt hatte, wurden seine Leistungen immer schlechter. Es gab Tage, an denen er den Unterricht derart störte, dass er mehrere Stunden ausgeschlossen wurde. Er wusste angeblich seine Hausaufgaben nicht mehr, aber kümmerte sich auch nicht darum, sie zu erfragen. Die mit ihm zusätzlich vereinbarten Lernzeiten in der Tagesgruppe verweigerte er: Schlapp und lustlos saß er am Schreibtisch, hatte seine Utensilien nicht dabei und wollte nichts tun, weil er angeblich keine Hausaufgaben zu erledigen hatte. Ich begann wieder mit ihm zu streiten und holte mir dazu Unterstützung bei seinen Eltern. Statt ihn auf die spürbare Ambivalenz anzusprechen und weiter nichts zu tun, griff ich immer wieder seinen Wunsch des Schulwechsels auf. Wir erstellten Lernpläne, die zwei bis drei Tage unter Druck eingehalten wurden, dann war wieder alles beim Alten. Er gab leere Klassenarbeiten ab und bekam mangelhafte bis ungenügende Benotungen. In Gesprächen mit den Eltern, den Lehrern und dem Therapeuten kamen wir zu dem Ergebnis, dass Ben mit seinem eigenen Wunsch und der erhöhten Anforderung konfrontiert werden musste.

In letzter Zeit hatte ich registriert, dass Ben sein jeweiliges Gegenüber genau beobachtete und wusste, was von ihm verlangt wurde. Früher schienen ihm andere Menschen egal zu sein. Diese Beobachtung war wichtig. Vielleicht würde Ben nun auch „Vorbilder“ akzeptieren und sich zu Leistungen herausgefordert fühlen. Da er in seiner Klasse einerseits unterfordert war, andererseits aber kein realistisches Bild nötiger Anforderungen verinnerlicht hatte, fiel es mir schwer, ihm zu vermitteln, wo seine Lücken lagen. So hoffte ich, dass der Schulwechsel für ihn eine mögliche realistische Herausforderung sei. Dass er gleichzeitig auch wahrnahm, dass ich in die Rolle des Vaters geschlüpft war, wurde mir erst viel später bewusst. Ben musste glauben, für meinen „Erfolg“ zu sorgen, wogegen er sich wiederum wehrte.

Sein Klassenlehrer stellte den Kontakt mit der Hauptschule her. Die Familie, der Klassenlehrer und die Klassenlehrerin von Ben, der Rektor der Hauptschule, der mögliche künftige Klassenlehrer und ich kamen zusammen. Während des Gesprächs wiederholte Ben seinen Wunsch, die Schule zu wechseln. Der Rektor erzählte von den Gepflogenheiten an seiner Schule und sagte, er glaube nicht, dass Bens Verhalten an der neuen Schule plötzlich anders werde. Im Gegenteil, er wundere sich, wie jemand, der sich so verhalte, den Mut habe, sich bei ihm vorzustellen. Zunächst wolle er Beweise von Ben sehen, die zeigten, dass er sich auch auf der alten Schule verbessere: Die Katze im Sack kaufe er nicht. Er schlug Ben vor, zunächst seinen Lehrern zu zeigen, dass er sich vernünftig verhalten könne. Wenn Ben sich vier Wochen lang benehme, würde er mit sich reden lassen. Es wurde ein weiterer Termin nach diesem Zeitraum vereinbart.

Beim zweiten Gespräch sollte Ben erzählen, was sich verändert habe. Ben konnte nichts vorweisen, zuckte nur mit den Schultern. Daraufhin sagte der Rektor: „Das reicht mir nicht!“ Bens Engagement reiche ja kaum, um an seiner jetzigen Schule zu bleiben, geschweige denn die Schule zu wechseln. Auf die Frage, warum Ben nichts verändert habe, antwortete dieser schlicht: „Ja, weil.“ Der Rektor wurde über den schnodderigen Ton, die lapidare Antwort und Bens lässige Art auf dem Stuhl zu sitzen sehr wütend. „Das ist ja wohl keine Begründung!“ Ben antwortete: „Ich hatte keinen Bock.“ Jetzt zog der Rektor alle Register der Konfrontation: „Das ist ja die größte Unverschämtheit, die ich je gehört habe! Noch kein Schüler hat gewagt, das zu sagen, wenn er etwas von mir will!“ Er sprach Ben auf seine patzige Antwort und seinen flegelhaften Sitzstil an und sagte, dass nicht klar sei, dass er sich schulisch bewegen wolle. Im Gegenteil, Leute wie er landeten „unter der Brücke“. Das Oberschulamt würde bei Leuten, die „keinen Bock“ hätten, zur Schule zu gehen, sogar die Schulpflicht aufheben. Dann könne er betteln gehen. Außerdem ärgere er sich zunehmend, dass Ben ihm die Zeit stehle. Eigentlich habe er geglaubt, Ben wolle etwas von ihm, aber das sei eindeutig nicht der Fall. Dann wandte er sich an mich: Auch die Jugendhilfe habe versagt, weil sie Ben nicht klar gemacht habe, dass man auch billiger scheitern könne. Er verstehe jedenfalls nicht, wie man die Steuergelder so zum Fenster rausschmeißen könne. Er habe an seiner Schule eine halbe Sozialpädagogenstelle für zweihundertvierzig Schüler und Schülerinnen. Ben dagegen habe die Tagesgruppe, den Therapeuten und alle Möglichkeiten, aber er nutze sie nicht. In dieser Schule dürfe er sich erst wieder melden, wenn sein Klassenlehrer deutliche Verbesserungen bemerke. An die Eltern gewandt sagte er, sie sollten sich für ihren Sohn interessieren und dafür sorgen, dass er seine Hausaufgaben erledige. Aus dieser Besprechung gingen alle, einschließlich der Lehrer, wie „geohrfeigt“ hinaus. Im Auto breitete sich zwischen Ben, seiner Mutter und mir ohnmächtige Stille aus. Es dauerte etwas, dann gab Ben zu, dass sein Verhalten „ganz schön scheiße“ gewesen sei. Die „Null-Bock-Antwort“ sei ihm halt so rausgerutscht. Ich sagte: „Ja, jetzt ist es zu spät.“ Und verzweifelt schob ich hinterher: „Wenn du wenigstens zugegeben hättest, dass es allein am Willen nicht liegt, sondern dass du wirklich nicht weißt, ob du die Schule wechseln kannst und dich wirklich anstrengen willst.“ Seine Mutter begann zu schimpfen. Ben fragte, ob sie überhaupt verstehe, worum es gehe. Er habe doch gerade zugegeben, einen Fehler gemacht zu haben. Nach einer Pause sagte er, heute morgen in der Schule habe er sich selbst ganz nach vorne ans Lehrerpult gesetzt, um nicht zu stören und auch nicht gestört zu werden. Wir fuhren schweigend zurück in die Tagesgruppe.

Im Anschluss an den Besuch in der Hauptschule erfuhr ich, dass Ben bei allen nicht gemachten Hausaufgaben vorgegeben hatte, durch die Therapie oder die Tagesgruppe keine Zeit für Hausaufgaben gefunden zu haben. Am Tag vor dem Schulgespräch hatte er der Lehrerin sogar mitgeteilt, dass er die Schule nicht mehr wechseln wolle, denn die andere Hauptschule sei „eine blöde Schule." Sein Lehrer, seine Lehrerin und ich waren ratlos. Nach dem Gespräch in der Hauptschule wurde Ben für zwei Tage aus seiner Schule ausgeschlossen, weil er einen Jungen der 3. Klasse in der Pause verprügelt hatte. Ganz zerknirscht kam er nach dem Vorfall morgens aus der Schule und fragte, ob ich Zeit für ihn habe. Er erzählte mir die Geschichte. Dann wollte er sich überlegen, wie er sich nach den Osterferien bessern könnte. Ich bestand darauf, dass er sich Vorschläge alleine überlegen müsse und ich nur zur Besprechung zur Verfügung stünde. Er schrieb eine Liste mit Verbesserungsvorschlägen zu Verhalten, Hausaufgaben und Schulnoten. Darin stellte er so hohe Anforderungen an sich, dass ich ihm riet, sich nicht zu überfordern. Diesmal war er wirklich enttäuscht. Am nächsten Tag sprach ich mit Herrn Jelloun und erkundigte mich, ob Ben den Vorfall geschildert habe. Ja, das habe er, aber er habe bereits wieder gelogen. Mittlerweile sei der Brief aus der Schule gekommen. Ben habe seinem Vater gegenüber behauptet, nicht schuld an dem Vorfall gewesen zu sein. Sein Lehrer hätte dagegen geschrieben, dass Ben seine Schuld an der Schlägerei zugegeben habe. Jetzt sei er mit Ben am Ende. Er und seine Frau könnten und wollten sich nicht mehr um Bens Schule kümmern. Die Schule sei nun ganz allein Bens Angelegenheit. Seine Mutter erzählte mir, dass sie zurzeit nicht mit Ben rede. Bens Therapeut rief mich an und informierte mich, dass der von Ben geschlagene Junge ebenfalls zu ihm zur Therapie komme. Im Anschluss an den missglückten Schulwechsel war Ben nur noch sporadisch zur Therapie gegangen, nachdem er uns, seinen Eltern und mir, über seinen Therapeuten hatte ausrichten lassen, wir sollten ihn mit dem Thema Schule in Ruhe lassen. Als er gar nicht mehr zu den Stunden ging, vereinbarte der Therapeut telefonisch mit ihm, Ben solle sich melden, wenn er von sich aus die Bereitschaft zur therapeutischen Auseinandersetzung mitbringe. Weder Ben noch seine Eltern meldeten sich je wieder beim Therapeuten.

**Bens Pubertät**

Nach den Sommerferien war Ben in der 8. Klasse zum Schulsprecher gewählt worden. Beim Mittagessen wurde diese Nachricht humorvoll kommentiert: Da habe man wohl „den Bock zum Gärtner gemacht!". Ben kam wie immer gut erholt und entspannt aus dem Urlaub zurück. Diesmal brachte er für alle persönliche Geschenke mit. Bens erste Klassenarbeiten nach den Ferien fielen recht passabel aus. Dann aber erfuhr ich, dass er an Erpressungen von Schulkameraden beteiligt war und sich auf diese Weise Geld verschaffte. Da er mir das von sich aus sagte, hielt ich mich mit meiner Meinung dazu nicht zurück, aber es beeindruckte ihn wenig, was ich davon hielt. Es schien ihm darum zu gehen, mich zu provozieren und mir seine Macht zu demonstrierten. Da es sich um seine Mitschüler handelte, sagte ich ihm, dass ich seine Lehrer und Lehrerinnen informieren würde. In der Schule war sein Vorgehen bereits bekannt. Als nach wenigen Wochen wieder erste Anzeichen erhöhter Gereiztheit spürbar waren, lud ich Bens Eltern und ihn zu einem Familiengespräch in die Tagesgruppe ein. Ben weigerte sich, bei diesem Termin dabei zu sein. Er warf mir vor, dass es seiner Mutter nach den Gesprächen immer so schlecht gehe. „Gerade deshalb bestehe ich darauf, dass du dabei bist", sagte ich, „denn nur so erfährst du, was besprochen wird, und kannst dir selbst deine Meinung bilden." Es sei mir aufgefallen, dass seine Mutter manches falsch verstehe und in der Folge beunruhigt sei. Aber hier gehe es um ihn und um seine Zukunft. Das Gespräch fand in so guter Atmosphäre statt, dass Ben sich hinterher dafür bei mir bedankte. Inhaltlich ging es um das Thema, wie Ben selbstständiger werden und wie er verantwortlicher für seine Aufgaben in die Pflicht genommen werden könne. Ich erwähnte, dass Ben in der Schule andere für seine Interessen ausnutze und erpresse. Er setze Erpressungen ein, um an Geld zu kommen. Herr Jelloun sah darin kein Problem, sondern eine Begabung, denn solche Methoden seien „Spielereien", die in seiner Heimat normal seien. Des Weiteren interessierte mich, ob Bens Eltern einverstanden waren, dass Ben die Therapie abgebrochen hatte, ohne persönlich Abschied genommen zu haben. Die Eltern fanden Bens Entscheidung in Ordnung, stimmten mir aber darin zu, dass es gut gewesen wäre, ein Abschlussgespräch mit dem Therapeuten zu führen. Sie wollten dafür einen Termin vereinbaren, der jedoch nie stattfand.

Ben, nun fast vierzehn Jahre alt, begann immer mehr Wert auf sein Aussehen zu legen. Wichtig waren ihm vor allem die Marken seiner Kleidung. Ich fragte mich, warum Bens Eltern diese teuren Kleidungsstücke finanzierten und seinen überzogenen Ansprüchen kein Nein entgegensetzten.

Ben war stolz, gewachsen zu sein. Eine Zeit lang trat Ben immer wieder „cool" auf und sagte Sprüche wie „ey man, ich bin der Größte" oder „Mann, bin ich cool Mann" und nahm dabei eine Haltung ein, als wäre er Michael Jackson. Er hörte Rapmusik über den Walkman und weigerte sich, diesen beim Essen und zu Hausaufgabenzeiten abzuschalten, so dass wir wieder einen Konflikt zu klären hatten. Zunehmend interessierte er sich für Mädchen, aber sein Erfolg war nicht besonders groß, womit ihn die anderen manchmal ärgerten. Ben entwickelte Züge eines Machos: Er murrte, dass er Küchendienst machen musste, der eigentlich Sache der Frauen sei, und ließ sich von mir kaum noch etwas sagen. Seitdem es in der Tagesgruppe einen Computer gab, war Ben der Erste, der den Computer in Beschlag nahm, wenn er aus der Schule kam. Ben schüchterte jüngere Kinder nun auch in der Gruppe ein. Seine Methode beinhaltete verbale Androhung von Schlägen mit den entsprechenden Gesten – er zog die Schultern hoch und setzte einen bösen Gesichtsausdruck auf, um seine Drohungen entsprechen zu untermauern. Er war aber auch bereit, Gewalt anzuwenden. Ben respektierte

Gleichaltrige nur, wenn sie ihm stärker erschienen und er von ihnen bereits Schläge bekommen hatte. In der Auseinandersetzung mit ihm darüber thematisierte ich seinen Umgang mit Gewalt und drohte ihm Strafdienste an, wenn er sich nicht daran halte. Das hatte zur Folge, dass er seine Machenschaften wieder heimlicher vollzog.

Seit langem gehörte Ben einem Fußballverein an und ging regelmäßig zum Training. Auch in der Gruppe wurde intensiv Fußball gespielt. Ben war ein technisch versierter, guter Spieler. Wenn er aber vom Platz gewiesen wurde, weil er foulte und andere beschimpfte, reagierte er immer noch aggressiv beleidigt. Als die Jungen in der Sportgruppe einst wieder Kegelfußball spielten, ließ Ben anderen keine Spielmöglichkeit. Als er wegen einer Regelverletzung aus dem Spiel ausscheiden musste, beschimpfte er den Kollegen Jens, woraufhin dieser Ben von der Sporthalle zu Fuß in die Gruppe zurückgehen ließ. Der Kollege hatte selbst in der gegnerischen Gruppe mitgespielt und war gleichzeitig Schiedsrichter gewesen. In einem anschließenden Gespräch, zu dem ich hinzugezogen wurde, warf Ben dem Kollegen vor: „Du konntest doch bloß nicht ertragen, dass wir gewonnen hätten!" Kollege Jens meinte, Ben ertrage keine Niederlage, deshalb habe er mit Fouls versucht, sein Ziel zu erreichen. Mein Kollege hielt das für eine typische Reaktion Bens, die Situation zu verdrehen und anschließend unverschämt zu werden. Eine sich daran anschließende Reflexion, an der Ben beteiligt war, eröffnete weitere Hintergründe, die tatsächlich verworren waren. Nachdem jeder nochmals aus seinem Erleben heraus das Spiel geschildert hatte, wurde mir deutlich, dass Ben bei diesem Spiel seine Leistung und Kompetenz unter Beweis stellen und dafür vom Kollegen anerkannt werden wollte. Ich versuchte, mich in Ben einzufühlen, und er hörte aufmerksam zu. „Ben, ich vermute, dass du deshalb so wütend gewesen bist, weil Jens deine Leistung ignoriert hat." Ben nickte: „Diesmal war ich wirklich gut, und wir hätten das Spiel gewonnen!" „Ja, und dann warst du vielleicht traurig und wütend über dich, dass es wieder einmal nicht gelungen ist, darüber zu reden. Statt dessen begann wie üblich eine Streiterei." Ben nickte erneut. Der Kollege konnte Ben nun mitteilen, dass er sehr beeindruckt von Bens spielerischen Fähigkeiten war, aber nicht dulden konnte, dass er andere foulte. Das Gespräch führte dazu, dass Ben die Regelverletzung einsah und die Reaktion des Kollegen akzeptierte.

**Ben bereitet sich auf das Erwerbsleben vor**

Die nun folgenden Jahre waren bestimmt von der Notwendigkeit, mit Ben eine berufliche Perspektive zu entwickeln. Nach wie vor besuchte er die Schule für Erziehungshilfe und musste sich dort einerseits bemühen, überhaupt bleiben zu können. Andererseits sollte er sich dafür öffnen, wie seine weitere Zukunft aussehen werde. In der 8. Klasse hatten die Schüler und Schülerinnen die Möglichkeit, durch mehrere Praktika verschiedene Berufsfelder kennen zu lernen. Ben absolvierte innerhalb von fünf Monaten zwei

Praktika – eines in der Schlosserei des Internationalen Bundes für Sozialarbeit (IB) und ein zweites, nicht erfolgreiches, als Verkäufer bei C&A. Die Kritik seitens des IB bezog sich auf Bens lustloses und den Meister provozierendes Auftreten, denn er ließ sich nichts sagen. Außerdem kam er sehr unpünktlich in den Betrieb. Als Verkäufer nutzte Ben die Zeit, um mit Bekannten zu reden und sich hinter Kleiderständern über die Arbeit lustig zu machen. Er musste immer wieder aufgefordert werden, etwas zu tun. Da Ben kein Berufsziel vor Augen hatte und fortwährend betonte, dass er weiterhin die Schule besuchen wolle, war ich froh, dass er überhaupt regelmäßig zu den Praktika ging. Dann erlebte ich mit Ben etwas Erstaunliches. Kurz bevor das zweite Praktikum zu Ende ging, nahm sich eine Ben bekannte Jugendliche das Leben. Ben schrieb daraufhin ein Abschiedsgedicht und wollte es bei der Trauerfeier vorlesen. Dazu kam es zwar nicht, aber seine Schwester Nasri hielt vor ca. 300 Trauernden eine Abschiedsrede und las sein Gedicht vor. Beide Beiträge waren beeindruckend, denn das Thema Suizid wurde auf eine Weise aufgegriffen, die dem verstorbenen Mädchen in einer verzweifelten Situation sehr viel Verständnis entgegenbrachte und einfühlsam die Stimmung der trauernden Schüler und Schülerinnen erfasste. Mir drängte sich der Gedanke auf, dass Ben sich wohl mit der Frage eines Suizids auseinandersetzte und sich intensiv damit beschäftigte, wie sein Leben aussah.

Im Frühjahr besprach ich mit Ben und seiner Familie, dass Ben an einem Nachmittag in der Woche nach Erledigung der Hausaufgaben die Gruppe verlassen solle. Das sollte der erste Schritt sein, sich von der Betreuung in der Tagesgruppe abzunabeln. Bei Ben ging es darum, Trennungsprozesse einzuleiten, damit er zu größerer Selbstständigkeit gelangen konnte, die er nicht freiwillig zuließ. In diesem Sinne begann ich mit Ben zu sprechen. „Ihr wollt mich bloß los werden, gib es zu", war seine erste Reaktion. Über Wochen diskutierte er mit mir darüber, warum er jetzt nicht an dem Nachmittagsprogramm teilnehmen dürfe und dass er das „ganz schön gemein" finde. Ich musste sehr klar bleiben, obwohl mir sein Kummer nah ging. Ben wusste zunächst gar nicht, was er mit seiner freien Zeit anfangen sollte. Da er sich auf ein Gespräch darüber einließ, konnte ich ihm einige Möglichkeiten aufzeigen. In der Gruppe erledigte er nun seine Hausaufgaben, übte an diesem Tag mit mir, und machte den Eindruck, dass er mit der neuen Regelung immer besser zurechtkomme. Dann bat Herr Jelloun mich, nochmals wegen eines Schulwechsels tätig zu werden, was ich ablehnte. Dennoch nahm ich dieses Gespräch zum Anlass, mich bei den Klassenlehrern nach Bens aktuellem Leistungsstand zu erkundigen: Ich erfuhr, Bens Schulnoten seien mangelhaft und seine Versetzung gefährdet. Die Lehrer zeigten sich frustriert und freuten sich darauf, dass Ben die Klasse verlassen würde. Sie stünden Herrn Jelloun nicht im Wege, wenn er eine andere Schule für seinen Sohn finde. Nach diesem Telefonat fühlte ich mich wie vor den Kopf gestoßen. Verärgert stellte ich Ben zur Rede. „Ben, ich weiß wirklich nicht mehr weiter und frage mich, was dir die Tagesgruppenunterstützung und der Besuch der Schule bringen soll! Ich fühle mich von dir regelrecht verarscht!“ Ich erzählte ihm von dem Lehrergespräch und machte ihm die Einschätzung klar, dass er auf dem besten Weg sei, allen egal zu werden. Auch ich dächte nun, dass ihm die Hausaufgabenhilfe nichts nütze. Wütend fügte ich hinzu und „scheitern kannst du ohne uns, betrügen kannst du ohne uns, und – dann kostet das alles auch nicht soviel Geld!“ Im Wissen, dass ich nun genau wie der Rektor der Hauptschule reagierte, teilte ich ihm mit, dass ich nicht mehr bereit sei, so weiterzumachen, worüber ich mit ihm und seinem Vater sprechen wolle. Dieses Gespräch führte dazu, dass Herr Jelloun Ben für kurze Zeit Hausarrest erteilte, zusätzliches Lernen einforderte und regelmäßige Kontrollanrufe in der Schule durchführte. Beide beteuerten die Notwendigkeit der Tagesgruppe, und Ben schlug vor, erneut einen Vertrag abzuschließen. So wollte er etwa 1,5 Stunden täglich zusätzlich zu den Hausaufgaben in der Gruppe lernen. Ich engagierte mich nicht und sagte, dass ich jetzt zuschauen werde, was er sich vornehme. Er bekäme meine Unterstützung beim Lernen nur noch, wenn er von sich aus auf mich zukomme. Wir vereinbarten, dass ich ihn an seinen Vertrag erinnern, ihn jedoch nicht zum Lernen zwingen würde. Ich sei jetzt bereit, ihn auch aus der Gruppe abzumelden. Jetzt geschah etwas Neues: Wenn Ben unmotiviert war, zeigte ich auf den Plan, der über seinem Schreibtisch hing, und Ben begann zu lernen. Zwischen Ostern und Pfingsten hielt Ben sich acht Wochen lang eisern an seinen Vorschlag. Nur seine Noten wurden nicht besser. Ben erklärte ernsthaft: „Ich brauche einfach noch Zeit.“ Wie Recht er damit hatte, konnte ich nach all den Mühen aber nur schwer akzeptieren. Dass die Trennung sehr starke Ängste auslöste, die Ben nur verweigernd bewältigen konnte, wurde mir erst später bewusst. Ich erkannte ebenfalls erst im Nachhinein, dass ein verträglicher Umgang mit Trennungen und Abgrenzungen zwischen uns notwendig war, und mit meiner Hilfe bearbeitet werden musste.

Nach den Osterferien durfte Ben nicht wie gewöhnlich mit dem VW-Bus zur Schule fahren, sondern musste sich selbst um den Transport zur Schule kümmern. Das war eine Strafe für seine Erpressungen, Drohungen und für die Ausübung körperlicher Gewalt gegen Mitschüler. Ben löste dieses Problem, indem er sich mit Rollerskates an den Linienbus hing und sich vom Bus auf gefährliche Weise einige Meter mitziehen ließ. Ich sprach mit ihm über die Gefahren und informierte seine Eltern. Ben stellte diese Aktion ein. Nach den Pfingstferien teilte ich Ben und den anderen Kindern mit, dass ich vor Beginn der Sommerferien einen längeren Urlaub nehmen würde, was sich kurzfristig ergeben hatte. Ben verlor sogleich jeden Elan. Um ihn zu motivieren, erkundigte ich mich in der Schule nach seinen Erfolgen. Sein Klassenlehrer war verwundert, als ich erzählte, was Ben zwischen den Oster- und Pfingstferien in der Gruppe geleistet hatte. Seiner Lehrerin sei zwar aufgefallen, dass Ben ausgeglichener war, dennoch hatte er seine Aufgaben nicht vorgezeigt, in Klassenarbeiten weiterhin schlechte Noten geschrieben, wenngleich er den Unterricht nicht mehr störte. Ich konnte es nicht fassen, dass Ben sich immer wieder so verhielt. Ein sich daran anschließendes Schulgespräch machte deutlich, dass er aus der Schule entlassen würde, wenn sich nun nichts ändere. In meiner Supervision wurde mir klar: Ben hatte mir zuliebe gelernt, um zu verhindern, dass ich die Beziehung zu ihm aufkündigte. Die kurz bevorstehende Trennung machte ihn jedoch verzweifelt. Statt darüber mit ihm zu sprechen, agierte er mit Leistungsverweigerung, weil er damit erreichte, dass ich mich wieder um ihn kümmern musste, denn ich sollte ihn nicht verlassen. Nachdem mir das klar geworden war, konnte ich mit Ben reden: „Ben, ich glaube, dir sehr weh zu tun, indem ich jetzt in Urlaub gehe!“ Sofort platzte es aus ihm heraus: Ich sei so gemein, jetzt zu gehen und ihn im Stich zu lassen. Ich hörte ihm zu und sprach darüber, dass ich anfangs geglaubt hätte, er habe Spaß am Lernen gefunden und habe selbst gemerkt, dass er etwas könne. Ben antwortete: „Ja, so war es auch, zwar nicht sofort, aber ich habe gemerkt, dass mir das wirklich etwas bringt!“ Ich antwortete: „Na, und jetzt, da ich dich verlasse, willst du mich dafür bestrafen. Ich frage mich nur, ob du dir selbst nicht am meisten damit schadest?“ Das fand er sehr wichtig. Nach einer kleinen Pause erzählte er weitere Geschichten, die zeigten, dass Verlassenwerden für ihn eine existentielle Bedrohung darstellte: In Bezug auf seine kurz bevorstehende Sommerreise erzählte er mir, wie viel Angst er vor dem Flug habe. Er sagte: „Ich habe so Angst abzustürzen und nicht mehr zurückkommen zu können.“

Nach meinem Urlaub hörte ich, dass meine Vertretung mit Ben gut zurechtgekommen war. Allerdings konnte mir niemand mit Sicherheit sagen, ob er in die 9. Klasse versetzt worden war, denn er hatte das Zeugnis nicht gezeigt und war selbst viel weg gewesen. Ben freute sich, mich nach den Sommerferien wiederzusehen, wenngleich er mir auch die kalte Schulter zeigte. So wollte er mir nichts von sich erzählen, und meine Frage, ob er versetzt worden sei, beantwortete er lapidar mit: „Vielleicht?!“ In dieser Schulwoche nahm Ben an jedem Nachmittag eine Verabredung außerhalb der Gruppe wahr, was eigentlich untypisch für ihn war. Ich spürte, dass er mich provozieren wollte. Da er kein Gespräch mit mir darüber zuließ, bestimmte ich, am nächsten Tag müsse er in der Gruppe bleiben. Am folgenden Tag war Ben sehr gereizt und wollte bereits vor den Hausaufgaben die Tagesgruppe verlassen. Ich bestand auf meiner Forderung. Während der Hausaufgabenzeit rief sein Vater an und forderte Ben auf, nach den Hausaufgaben nach Hause zu kommen. Abends traf ich Herrn Jelloun zufällig in der Stadt. Nach einer freundlichen Begrüßung und der obligatorischen Frage, ob mit Ben alles in Ordnung sei, erzählte er, seine Frau sei im Krankenhaus. Sie habe „irgendeine Frauenkrankheit“. Ben solle sich um Omah kümmern, deshalb habe er ihn heute nach Hause gerufen. Am nächsten Tag sprach ich Ben auf seine Mutter an. Er erzählte, sie werde wegen einer Blutvergiftung am Bein behandelt, die sie sich am letzten Tag des Aufenthaltes im Heimatland zugezogen habe. Ich spürte seine Angst um die Mutter. Ben erzählte, dass er sich große Sorgen gemacht habe, aber morgen komme sie nach Hause. In diesem Sommer war Ben nicht entspannt aus den Ferien zurückgekehrt. Er hielt sich selten an Absprachen. Außerdem hatte er Geld von mir bekommen, um sich für seinen Arbeitsplatz in der Tagesgruppe ein neues Poster kaufen zu können. Zur Abrechnung brauchte ich den Kassenzettel. Er brachte weder die Quittung noch das Poster. Ultimativ forderte ich ihn auf, am Ende der Woche das Geld oder das Poster mit der Quittung mitzubringen, ansonsten dürfe er erst wieder in die Gruppe kommen, wenn er das erledigt habe. Nach zähem Ringen gab Ben mir ein offensichtlich gebrauchtes schwarz-weißes Poster, auf dem Bob Marley, einen Joint rauchend, abgebildet war. Wie zu Anfangszeiten beharrte er nun darauf, dieses offensichtlich gebrauchte Poster neu gekauft zu haben. Ich ließ ihn das Poster aufhängen und hatte das Gefühl, dass noch mehr dahinter steckte, aber ich musste abwarten. Mein Nachfragen quittierte er mit einem Achselzucken und Ausweichmanövern. „Ben, ich glaube, du bist noch enttäuscht und sauer, dass ich dich allein gelassen habe. Dafür versuchst du, mir aus dem Weg zu gehen und mich sogar zu ärgern." „Lass mich in Ruhe mit deinem Psycho-Gequatsche, ich will nicht mit dir darüber reden." Eigentlich hätte ich ihm gegenüber konsequent sein müssen und das Geld für das Poster zurückverlangen sollen. Dafür plagte mich jetzt mein schlechtes Gewissen, wieder einmal inkonsequent gewesen zu sein. Kurze Zeit später erfuhr ich von seinem Lehrer, dass Ben angefangen hatte Haschisch zu rauchen und nur probeweise versetzt worden war, aber teilnahmslos und müde im Unterricht sitze. Den für die 9. Klasse vorgesehenen Betriebstag hätte er organisieren müssen, was er jedoch nicht getan hatte. Während des anschließenden Gesprächs mit Ben explodierte ich, weil er sich offenbar nur für sein Nachmittagsprogramm interessierte. Wenn ich mit ihm über mögliche Motive für sein Verhalten sprechen wollte, wiegelte er ab: „Ach, ich mach das schon, lass mich in Ruhe und misch dich nicht in meine Sachen ein!" Ich konnte ihn nicht erreichen. Die Suche nach einem geeigneten Praktikum gestaltete sich so zäh, dass ich froh war, als Ben das Angebot seines Lehrers annahm, im IB ein kaufmännisches Praktikum zu machen. Um Bens Probleme im Praktikum diesmal persönlich mitzubekommen und mit ihm daran zu arbeiten, begleitete ich ihn nach Absprache mit seinem Klassenlehrer ins IB. Dort erfuhren Ben und ich, dass er zwei Wochen am Unterricht einer kaufmännischen Berufsschulklasse teilnehmen sollte. Ich stellte mir vor, welche Konflikte mit dieser Art von Praktikum verbunden waren und sprach meine Gedanken aus, so dass auch Ben darüber nachdenken konnte. Dass das Praktikum ein weiterer Schulbesuch war, ließ sich nicht ändern. Daher machte ich Ben Mut, die Zeit als Chance im Sinne einer Überprüfung von Berufsmöglichkeiten anzusehen. Er solle sich mit aller ihm zur Verfügung stehenden Offenheit dafür interessieren, um später eine wirkliche Entscheidung für oder gegen eine solche Art der Berufsausbildung treffen zu können. Ben absolvierte das Praktikum ohne Fehlzeiten, aber im Anschluss wurde von allen Beteiligten festgestellt, dass Ben noch Zeit brauche. Nun drängte ich darauf, Ben das Schuljahr wiederholen zu lassen, um Zeit für weitere Entwicklungen zu gewinnen. Seine Lehrer, die meine Ansicht teilten, besprachen den Entschluss mit Ben. Er nahm die Nachricht mit Erleichterung auf und kommentierte mir gegenüber: „Ich finde ja auch, dass ich noch mehr Zeit brauche, aber trotzdem: Scheiße." Seine Eltern nahmen diesen Beschluss zur Kenntnis. Ben konnte problemlos in die 8. Klasse zurückgestuft werden, da seine Lehrer und Lehrerinnen beide Klassen zusammen unterrichteten.

**Ben gefährdet seine Versetzung**

Bis zum Jahreswechsel hatte Ben in der Schule eine erfolgreiche Zeit. Nach einer Reise ins Herkunftsland der Eltern, die er zusammen mit seiner Mutter und den Geschwistern unternahm, tauchten jedoch erneut Klagen über seine schulischen Leistungen auf: Ben sei müde, lustlos und spiele mehr mit dem Handy, als dass er am Unterricht teilnehme. Seine Noten wurden erneut schlechter, obwohl sein Sozialverhalten vergleichsweise in Ordnung war.

Ben hatte vor Weihnachten ein Handy bekommen, das er nach der Reise für untauglich erklärte, weil er damit nicht nach Deutschland hatte telefonieren können. Daraufhin kaufte sein Vater ihm eines mit besserer Reichweite. Ich erfuhr nun, dass die Jugendlichen sich über SMS auch während des Schulunterrichtes Nachrichten schickten. Dabei handelte es sich um Teletubbie-Sprüche, die albern und obszön waren. Mich ärgerte Bens Verhalten, und so provozierte ich ihn. Ich sprach ihn auf sein schickes Aussehen an und fragte, wie er das mit dem Schreiben solcher Sprüche in Verbindung bringe. Darauf ging er nicht ein, erzählte mir aber stolz, dass er so viele Kleidungsstücke besitze, um jeden Tag ein anderer sein zu können. Er habe „Klamotten", mit denen er sich als „Skater", als „Mongo" oder „Freak" anziehen könne. Die „Freaks" seien die Außenseiter, aber ich solle nicht meinen, dass das schlechte Menschen seien. „Die tragen halt nur billigere Klamotten." Es schloss sich ein kleines Gespräch über das Empfinden von eigener Wertschätzung an. Beim Mittagessen prahlte Ben damit, Nächte nicht zu schlafen, sich mit Freunden zu treffen und „ordentlich" zu feiern. Alkohol und Rauchen, lange Disconächte am Wochenende und neuerdings eine Freundin schienen ihn so auszufüllen, dass er von nichts anderem mehr erzählte. Seine Eltern, so Ben, wüssten von alledem nichts. Ich glaubte ihm, wenngleich er mir wie ein pubertierender Aufschneider vorkam. Nachmittags wollte er sich lieber mit Freunden verabreden, als in der „blöden" Tagesgruppe zu sein. Anderen aus der Gruppe erzählte er stolz, dass er sich bald aus der Gruppe abmelden werde.

Nachdem es wieder einmal nicht möglich schien, Ben zum Lernen zu bewegen, schlug ich vor, ein Rollenspiel zu spielen. Er sollte mal versuchen, mit mir als Schülerin Hausaufgaben zu machen. Ben war von dieser Idee begeistert. Als ich mich im Spiel standhaft weigerte, seinen Anweisungen zu folgen, schlug er vor, wir könnten ja spielen, dass er nichts von mir wollen müsse. In dieser Spielvariante begann ich nun, ihn als den Betreuer zu provozieren. Im ersten Teil des Spiels verwendete Ben alle Redeweisen, die ich ihm gegenüber gebrauchte, und merkte selbst, wie wenig mich das Gerede von Erwachsenen berührte. Ich muss meine Rolle gut gespielt haben, denn Ben war anzumerken, wie überrascht er über die Energie war, mit der ich mich verweigerte. Im Rollenspiel drohte Ben, mich aus der Gruppe abzumelden, wenn ich nicht endlich die Aufgaben erledigte. Das hatte ich ihm tatsächlich auch gesagt. Im anschließenden Gespräch zeigte sich, wie verletzend diese Bemerkung für ihn gewesen sein musste. Darüber redeten wir nun. In den nächsten Tagen griff Ben diese Androhung noch mehrmals auf, indem er mir schmunzelnd zurief: „Ja, dann musst du mich wohl abmelden!“ Das Rollenspiel zeigte mir, dass es keine Lösung für unser Problem zu geben schien, denn wenn einer versuchte, aus seiner Rolle auszusteigen, war der andere bemüht, ihn doch wieder in die Interaktion einzubinden. Daher war es für Ben auch nicht möglich, zu erkennen, ob er aus eigenem Interesse heraus lernte, oder ob es darum ging, meinen Willen zu erfüllen. Seit Beginn des Jahres arbeitete ein neuer Kollege, Marc, mit mir zusammen, für den Ben sich interessierte. Das Interesse an ihm zeigte er, indem er ihn provozierte und zu einem Boxkampf herausforderte. Marc ging darauf nicht sofort ein, versprach aber, mit ihm zu kämpfen und dafür wurde ein Zeitpunkt festgelegt. Ben, der sich sicher war, Marc zu besiegen, erlebte einen fairen, aber unentschiedenen Kampf. Am Tag nach dem Boxkampf beleidigte Ben mich und meinen Kollegen während des Mittagessens so unverschämt, dass er im Hausaufgabenzimmer weiteressen sollte. Er wollte wieder einmal nicht tun, was er sollte, und beschimpfte und entwerte uns stattdessen erneut. Weil er die Küche nicht verließ, schloss ich ihn für zwei Tage aus der Gruppe aus und kündigte ihm ein Gespräch im Anschluss daran an. Ben verließ jetzt wutschnaubend die Tagesgruppe. Nach dem Essen informierte ich seine Mutter. Ihr hatte er bereits erzählt, er sei nach Hause gekommen, weil er von uns ungerecht behandelt worden sei. Nachdem ich ihr die Sachlage geschildert hatte, unterstützte sie mich. Ich sagte ihr, dass ich diesmal eine ernst zu nehmende Entschuldigung von Ben erwarte und er erst nach zwei Tagen wiederkommen dürfe. Am nächsten Tag erhielt ich eine liebevoll gestaltete schriftliche Entschuldigung mit der abschließenden Frage: „Kannst du diese Entschuldigung annehmen?“ Ich schrieb ihm einen kleinen Antwortbrief. Darin teilte ich ihm sinngemäß mit, dass ich die Entschuldigung annehme. Dennoch sei ich der Meinung, nochmals darüber sprechen zu müssen. Er wisse, dass wir uns gegenseitig schätzten, daher erwarte ich, nicht wie „der letzte Dreck“ von ihm behandelt zu werden, sobald etwas gegen seinen Willen geschehe. Ich würde auf den Tag warten, an dem es endlich möglich sei, ohne beleidigt zu werden und ohne Verdrehungen der Situation mit ihm reden zu können. Am folgenden Tag kam er persönlich vorbei, um mir sein Halbjahreszeugnis zu zeigen. Die Noten waren zwar besser ausgefallen, als ich vermutet hatte, aber dennoch waren sie nicht gut. Das war auch seine Meinung. Dann erkundigte er sich nach der Gruppe und erwartete wohl eine Einladung zum Bleiben. Obwohl ich sehr froh über seine Entschuldigung war, blieb ich bei meiner Ankündigung: Ich erinnerte ihn daran, dass er am nächsten Tag wieder dabei sein könne, wenn wir nochmals über den Vorfall geredet hätten. An dieser Grenzsetzung hielt ich fest. Bens Neigung, sofort zu vergessen und so zu tun, als ob nichts gewesen sei, konnte ich auf diese Weise etwas entgegensetzen. Ben regte sich zwar noch darüber auf, dass ich das Gespräch zusammen mit dem Kollegen führen wollte: „Der hat mir gar nichts zu sagen, es ist eine Angelegenheit unter uns!", aber als ich Ben daran erinnerte, dass er noch gar nicht hier sein dürfte und außerdem genauso ausfallend zu Marc wie zu mir gewesen sei, schluckte er und ging. Während des Gesprächs rekonstruierten wir Bens Verhalten. Am Tag vor der Auseinandersetzung hatte Ben verkündet, er sei viel stärker als der Kollege. Der Kollege hatte den Kampf gut geplant und sich darauf eingestellt, von Ben rivalisierend getestet zu werden. Beide hatten daher Gefallen an diesem Kampf. Da ich wusste, dass Ben sich bedroht fühlte, wenn er sein Gesicht verlieren könnte oder wenn ein ihn berührendes Zusammensein zustande kam, ahnte ich, dass Ben uns deshalb provozieren musste. Diese Art der Nähe ertrug er nicht. Darüber sprach ich mit Ben. Es stellte sich heraus, dass Ben den Boxkampf nutzen wollte, um den Kollegen zu überwältigen und er erlebte den Kampf als Niederlage. So stand die Provokation im Zusammenhang dieses Erlebens. Ben hörte aufmerksam zu. Zum Schluss des Gesprächs war es möglich, ihm gegenüber zu betonen, dass er in Zukunft mit Sanktionen müsse, wenn er weiterhin so beleidigend sei. In der folgenden Zeit bemühte er sich, sein Verhalten zu kontrollieren und andere nicht zu entwerten, wenn ihm etwas missfiel. An manchen Tagen konnte man direkt beobachten, wie der Prozess der Verinnerlichung von Regeln im Gange war. Wenn er sich unbeobachtet fühlte, kritisierte er andere in ihrem Verhalten. Zugleich achtete er peinlich darauf, dass wir gleiches Recht bei anderen anwendeten. Sein Lehrer erzählte mir, dass Ben immer häufiger andere belehrte. „Manchmal", so der Klassenlehrer, „traue ich meinen Ohren nicht, wenn Ben seine Mitschüler tadelt, ich höre dann regelrecht mich selber reden!"

Kurz vor den Faschingsferien wurde in die Tagesgruppe eingebrochen und Geld gestohlen. Natürlich fiel der erste Verdacht auf Ben, und wir meldeten ihn mit weiteren möglichen Verdächtigen bei der Polizei. Als Ben etwas später erfuhr, dass ein Einbruch in die Tagesgruppe stattgefunden hatte, sagte er: „Ihr verdächtigt jetzt sicher mich!" Ich sagte: „Ja, das stimmt. Wir haben auch deinen Namen der Polizei genannt." Daraufhin wollte er sofort klarstellen, dass er es nicht gewesen sein könne und hörte nicht auf, sich zu rechtfertigen. Ich sagte: „Wenn du nichts mit der Sache zu tun hast, kannst du beruhigt warten, bis du verhört wirst." Der Einbruch konnte nicht aufgeklärt werden, aber alle genannten Heranwachsenden wurden von der Polizei vernommen. Obwohl ich den Eindruck hatte, dass Ben seit längerem keine devianten Verhaltensweisen gezeigt hatte, konnte ich nicht mit Sicherheit ausschließen, dass er mit diesem Einbruch etwas zu tun hatte. Des Weiteren erlebte ich Ben seit einigen Tagen unruhig und konnte mir nicht erklären, was los war, außer, dass es wieder einmal Zuhause schwierig sein könnte. Oder hatte er etwas mit dem Einbruch zu tun?

Vor den Osterferien spitzte sich Bens Lage so zu, dass sein Klassenlehrer die Versetzung für gefährdet erachtete und bereit war, ihn ohne Schulabschluss zu entlassen. Ben zeigte starke Lustlosigkeit, wenn er lernen sollte, und nahm wichtige Gesprächstermine nicht wahr. Berufsberatungsgespräche und ein Elterngespräch, zu dem er als Schüler kommen sollte, verweigerte er: Bis kurz vor dem Termin tat er so, als ob er kommen würde. Dann stiftete er Verwirrung, indem er mir und seinem Vater sagte, kurzfristig sei beschlossen worden, der Termin in der Schule sei nur für die Eltern. Als wir zur Schule kamen, war Ben bereits auf dem Weg nach Hause. Kein Lehrer hatte ihm diese Erlaubnis erteilt. Vor einem Hilfeplangespräch, bei dem es um Bens berufliche Perspektive gehen sollte, verhielt er sich ebenso. Ben hatte seinen Eltern bereits morgens erzählt, dass wir mit ihnen alleine sprechen wollten. Kurz vor dem Termin in der Tagesgruppe gelang es ihm, sich vorzeitig aus seinem Nachmittagstreff abzumelden und zu verschwinden. Der Hilfeplantermin musste deshalb nachgeholt werden. Ich war sehr verärgert über Ben. In den nächsten Tagen konfrontierte ich ihn mit seinem Verhalten und versuchte ihm deutlich zu machen, dass Weglaufen zwar im Moment entlaste, aber nicht dazu führe, dass das Gespräch ausfalle. Daran schloss sich ein längeres Gespräch über seine Zukunft an, bei dem er mir deutlich machte, wie sehr er Angst davor hatte und nicht wusste, welchen Beruf er erlernen sollte.

Ich hatte Gerüchte und Vermutungen aufgeschnappt, dass Ben Drogen konsumierte. Als Ben sich einige Tage zu einem Berufsvorbereitungslehrgang außerhalb der Stadt aufhielt, sagte mir eine Jugendliche aus der Gruppe, dass Ben „Tüten" rauche. Ben, damit konfrontiert, stritt dies zunächst ab und gab dann doch zu, einen Joint geraucht zu haben. Seine Schwestern waren von Zuhause weggelaufen. Da seine Eltern mit der Sorge um ihre Töchter beschäftigt waren, wollten sie von Ben nichts wissen. Wieder erfuhr ich zunächst nichts Genaueres. So erlebte ich, dass einfach kein Platz für Ben war. Das Thema Drogen wurde in der Tagesgruppe aufgegriffen. Wir sprachen mit den einzelnen Jugendlichen, die Kollegen zeigten einen Film zum Thema und organisierten einen Besuch bei einer Drogenberatungsstelle, an dem Ben jedoch nicht teilnahm. Ich schaltete den ASD-Kollegen ein, der bisher im Hintergrund Bens Entwicklung verfolgt hatte. Wir führten mehrere Gespräche gemeinsam mit Ben und stellten ihm ein Ultimatum: Entweder stelle Ben sich jetzt dem Lernproblem oder die weitere Betreuung in der Tagesgruppe werde in Kürze beendet. Zuvor hatten wir ausführlich über seine möglichen Ängste vor dem Erwachsenwerden gesprochen und versuchten, mit ihm darüber zu reden, dass er vor etwas davonlaufe. Der ASD-Kollege verwendete ein Bild, um ihm seine Situation vor Augen zu halten: „Weißt du, du kommst mir vor wie ein Alkoholiker, der sich und anderen einredet, jederzeit von der Flasche wegkommen zu können, obwohl er abhängig von dem Zeug ist. Mit Hilfe dieser Selbstlüge braucht er tatsächlich nichts bei sich zu verändern! Gleichzeitig wissen alle, dass er nur vor sich selbst davonläuft." Wenn also Ben weiterhin beteuere, einen guten Schulabschluss machen zu wollen, sollte er uns endlich davon überzeugen. Ben beharrte darauf, es wirklich zu wollen. Noch einmal erarbeitete er einen Lernplan, legte fest, unter welchen Bedingungen die Leistungen zu erbringen seien und wie sie überprüft werden sollten. An diesen Gesprächen waren der ASD-Kollege und Bens Vater beteiligt. Aufgrund der familialen Situation erörterten wir, ob eine Unterbringung in einer Wohngruppe den schulischen Erfolg vielleicht doch besser ermöglichen würde. Bens Vater schien überraschenderweise dafür aufgeschlossen, weil er sich aufgrund der Situation an seiner Belastungsgrenze fühlte. Ben hingegen lehnte diesen Vorschlag kategorisch ab. Ich sagte ihm ausdrücklich, dass er meines Erachtens sehr gravierende Probleme habe und dabei sei, alle Chancen zu verbauen. Ben schaffte es, in die 9. Klasse versetzt zu werden.

**Handeln und Verstehen im Alltag der Tagesgruppe**

Zum alltäglichen Leben in der Tagesgruppe gehört, dass die Pädagogen in unterschiedlicher Weise auf die Heranwachsenden reagieren und sich damit in Fallbesprechungen auch auseinandersetzen. Normalerweise liegt darin die Chance, Heranwachsenden Halt und Orientierung zu bieten. Der Fallbericht führt vor Augen, dass Ben dafür sorgte, dass wir miteinander um den richtigen Umgang mit ihm stritten, aber nicht dazu kamen, unsere unterschiedlichen Wahrnehmungen in gemeinsam erarbeitete Handlungsvollzüge zu übersetzen. Das Team war im Fall Ben immer wieder gespalten. Bens Integration in die Gruppe war ein dauerhaftes Problem. Seine egoistischen und selbstbezogenen Verhaltensweisen provozierten unablässig Ärger. Meine Kollegen versuchten stärker als ich, Ben auf der Verhaltensebene zu begegnen. Sie wollten ihm zeigen, dass auf unverschämtes Verhalten eine entsprechend zurechtweisende Reaktion folgt, notfalls auch der Ausschluss aus der Gruppe. Er und die Gruppe sollten klare Spielregeln anerkennen, denn sonst entstehe der Eindruck, Ben dürfe sich alles erlauben. Meiner Ansicht nach provozierte Ben, aus sozialen Bezügen ausgeschlossen zu werden, und agierte damit unbewusste Themen, die nicht allein durch Grenzsetzung und durch die Forderung, sich anders zu verhalten, zu verändern waren. Im Kontakt mit ihm erlebte ich, wie schwer es ihm fiel, eine vertrauensvolle Beziehung anzuerkennen und halten zu können. Ben war nicht in der Lage zu verbalisieren, was ihn gefühlsmäßig beschäftigte und worunter er litt; er agierte. Ben drückte durch sein Verhalten aus, wie es ihm ging. Lange Zeit vermutete ich, er interpretiere eine härtere Zurechtweisung und Grenze, die ihm durch den Ausschluss gezeigt wurde, als Ablehnung. Ein „Nein“ hinterließ bei ihm leicht das Gefühl, abgewiesen zu sein, denn hinter seinen aggressiven Verhaltensweisen spürte ich massive Ängste. Diese anzusprechen war lange Zeit nicht möglich, weil er sich dadurch noch aggressiver verteidigte. Seine Wutausbrüche schienen wie ein notwendiger Schutz davor, nicht mit dieser Angst in Berührung zu kommen. Aus diesem Grund dachte ich, Ben werde bei einem Ausschluss nur die Bestätigung dafür finden, dass er ein ungeliebtes Kind sei. Ich hatte bemerkt, dass Ben sich gerade dann, wenn er sich hilflos fühlte oder in die Enge getrieben sah, um jeden Preis überlegen zeigen musste.

Die verschiedenen Zugänge, wie auf Bens Verhalten zu reagieren sei, waren eine ständige Quelle des Missmuts. Die Meinungen darüber, ob Ben überhaupt Entwicklungsfortschritte machte, waren sehr unterschiedlich. Im Umgang mit den anderen Kindern erlebte ich die verschiedenen Wahrnehmungen als Bereicherung für das Fallverstehen. Bei Ben waren die Standpunkte so polarisiert, dass es nur ein Entweder-Oder zu geben schien. Die Frage nach dem „richtigen“ Umgang mit Ben berührte immer auch die Frage nach der Verantwortung für die Gruppe und die Gruppenatmosphäre. Die Einzelfallarbeit geriet zeitweise in starken Konflikt zur Gruppenarbeit. In der Tat war dieses Problem nicht zu lösen, solange wir unsere Wahrnehmungen und Affekte, die Ben provozierte, nicht verstanden. Von Anfang an diskutierten wir, auch im Rahmen der Supervision, ob der Platz in der Tagesgruppe für Ben richtig sei. Ich konnte mich nur auf meine Intuition verlassen und hoffte, dass zwischen Ben und mir eine Bindung wachsen würde, die ihm Sicherheit gab, so dass er im Laufe der Zeit auf bestimmte Verhaltensweisen verzichten könnte. Die Kollegen gaben zu bedenken, ob Ben nicht in einer stationären Unterbringung besser geholfen wäre, weil er auf diese Weise dem Einfluss des Elternhauses entzogen würde. Insbesondere Kollege Ingo vertrat, das wurde bereits erwähnt, die Meinung, die Familie müsse einer Wohngruppenunterbringung zustimmen, wenn ich dazu bereit sei. Meines Erachtens waren Bens Probleme zwar gravierend, aber eine anderweitige Unterbringung stellte für mich lediglich eine Problemverschiebung und keine Lösung dar. So wie ich Bens Familie einschätzte, konnten sie ihr Einverständnis für eine Wohngruppe nicht geben. Ben und seine Eltern brauchten sich, um sich wechselseitig psychisch zu stabilisieren. Obwohl Bens Eltern in Bezug auf eine konsequente erzieherische Haltung versagten, waren ihre Kinder ihr „Ein und Alles“. Und: Sie erlaubten Ben, in die Tagesgruppe zu kommen und waren bereit, Gespräche mit mir zu führen. Im Blick auf die gesamte Zeit der Betreuung von Ben in der Tagesgruppe wird deutlich, dass Ben von sich aus regelmäßig in die Gruppe kam und immer mehr auf delinquente Verhaltensweisen verzichtete. Meiner Ansicht nach musste es darum gehen, die inter- und intrapsychischen Konflikte besser zu verstehen. Ich wollte an seine Erlebensweise anknüpfen, um ihn überhaupt zu erreichen. Außerdem fühlte ich, dass die wachsende Bindung nicht wieder abgebrochen werden durfte. Daher war meine Arbeit bedroht, wenn die Kollegen forderten, ihn stationär unterzubringen. Ich wusste, dass Ben nichts von Zuhause erzählte. Er reagierte entsetzt, wenn ich etwas davon wissen wollte, und ich interpretierte das als Schutz seiner Familie. In den ersten Jahren war ich der Meinung, eine räumliche Trennung von seinen Eltern würde zusätzliche psychische Probleme erzeugen und könnte zu einer psychotischen Dekompensation führen. Eher würden also die Familie und Ben auf weitere Hilfe von außen verzichten. Gründe für einen Sorgerechtsentzug lagen nicht vor. Diese Sicht wurde von den Lehrern und Lehrerinnen Bens, dem ASD-Kollegen und der Supervisorin geteilt, was mir etwas Sicherheit gab. Wir vermuteten, der Schritt einer Trennung würde einen inneren Konflikt verschärfen. Im Team führte diese von mir dort vertretene Haltung dazu, mit Ben zunehmend isoliert zu werden.

Der Beginn von Bens Therapie entlastete mich. Ich fühlte mich durch die Anwesenheit eines zusätzlichen Beobachters und Helfers befreit von der Last, mich für Bens Entwicklung alleine verantwortlich zu fühlen. Die Hinweise seitens des Therapeuten, Bens Problematik habe das Team gespalten, führten dazu, dass ich diesem Phänomen in der Fallanalyse weiter nachging. Da Ben im Laufe der Jahre lernte, seine Aggressionen besser zu kontrollieren und seine narzisstischen Größenvorstellungen einer realistischeren Selbsteinschätzung anzugleichen, galt die Sorge zunehmend Bens Möglichkeiten, seine Zukunft zu gestalten. Da er zwar immer betonte, wie gerne er bessere Schulnoten hätte, sich aber nicht entsprechend engagierte – und er immer noch nicht akzeptierte, dass er Forderungen an ihn anzuerkennen hatte, fiel es schwer, sich Ben auf einer weiterführenden Schule oder gar in einem Ausbildungsverhältnis vorzustellen. Bens Zukunft beunruhigte uns. Niemand hatte Vertrauen, dass Ben den Anforderungen einer Lehre in der nächsten Zeit gewachsen sein würde und ihn seine Eltern darin positiv unterstützen könnten. Das Problem der Trennung von wichtigen Bezugspersonen drängte sich immer weiter in den Mittelpunkt. Darüber hinaus wollte ich auf meine isolierte Situation mit Ben aufmerksam machen und nach einer Veränderung im Team suchen. Aufgrund eines Kollegenwechsels kam es zu neuen Konstellationen in der kollegialen Zusammenarbeit. Da ich nun mit einem neuen Teamkollegen zusammenarbeitete, lag mir daran, die Verantwortung für Ben mit ihm zu teilen und mich von Ben stärker abzugrenzen. Ich konnte mir jetzt auch vorstellen, Ben deutlicher mit dem Ende der Betreuung in der Tagesgruppe zu konfrontieren, um ihm zu zeigen, dass er Verantwortung für sich und sein Tun übernehmen müsse und die Gruppe nicht die „Hängematte“ für ihn sei. Die Beziehung zu Ben war so gefestigt, dass ich mit Ben darüber sprechen konnte.

**Gegenübertragungsgefühle und -reaktionen**

Nach anfänglicher Verunsicherung und Verwirrung in Bezug auf die Bindung zu Ben gab es für mich auch Momente der Hoffnung, wenn es gelang, ihn emotional zu erreichen. Das Gefühl, sich mit Ben auf sicheren Pfaden zu bewegen und zu wissen, worum es bei ihm ging, stellte sich allerdings lange Zeit nicht ein. Angesichts der Zeit, die für Bens Betreuung zur Verfügung stand, war ich beunruhigt. Der Druck, etwas zu erreichen, war groß. Immer wieder kam es vor, dass ich mit Ben in der Zweierbeziehung isoliert war. Die pädagogischen Angebote standen ihm oft nicht zur Verfügung, weil er die Gruppenregeln missachtete und die Erfahrung machen sollte, dass sein Verhalten negative Reaktionen auslöste. Des Weiteren merkte ich, dass die Auseinandersetzungen mit Ben während der zahlreichen Gespräche seine Fähigkeit zur Selbstwahrnehmung stärkten, aber das Lernen aus Erfahrung nur mühsam voran ging. Seine Entwicklung hin zu größerer Autonomie schien sogar zu stocken. Stattdessen schaffte er es, mich und andere so zu manipulieren, dass wir uns über die Lösung seiner Probleme den Kopf zerbrachen. Manchmal war ich so verzweifelt, dass ich nicht wusste, wie ich diesem Mechanismus entkommen konnte. Obwohl niemand die Probleme anderer lösen kann, schaffte Ben es, dass ich mich für ihn immer wieder engagierte. Die Gruppe der Gleichaltrigen war deshalb ein notwendiges Korrektiv, um mich von Ben auch wieder distanzieren zu können. Sie zeigte mir, wenn ich zu sehr mit Ben und seinen Schwierigkeiten identifiziert war. Im Umgang mit Ben mussten Nähe und Distanz ständig austariert und reflektiert werden. Die zunehmende Isolation in der Gruppe löste in mir starke Beunruhigung aus, und ließ mich nach einer Veränderung suchen.

Ben löste folgende ambivalente Gefühle in mir aus: Einerseits fühlte ich mich verantwortlich für seine Entwicklung und freute mich über alles, was nach Konsolidierung aussah, z.B. bei seinem Wunsch, die Schule zu wechseln. Andererseits war ich enttäuscht, dass er mich so manipulieren konnte, andere vergraulte und die Motivation, zu lernen, bei ihm nicht einsetzte. Oft fühlte ich mich durch mein Engagement ausgepowert, ratlos und lustlos, auch wenn ich wusste, dass gerade das dazu beitrug, dass er keine Verantwortung für sich übernahm. Je mehr in mir Klarheit darüber wuchs, was mich bewegte, in einer bestimmten Weise zu handeln, konnte ich Ben stärker mit dem konfrontieren, was er bei mir auslöste. Damit war ich in der Lage, emotinale Aspekte zu benennen und zu begreifen, warum seine Entwicklung beeinträchtigt war.

In Bezug auf das Team fühlte ich mich in den Zeiten, als die Bindung zu Ben stabiler wurde und damit auch die Identifikationsprozesse eine Distanzierung erschwerten, häufig allein gelassen. Ich konnte nicht begreifen, dass die Kollegen sich nachhaltig persönlich angegriffen fühlten und den Störenfried Ben los werden wollten. Manchmal fühlte auch ich mich von ihnen angegriffen. Mein Bemühen, zu verstehen, wurde vor dem Hintergrund der Teamdynamik oft so interpretiert, als ob ich Ben schone und ihm zu viel erlaube. In der Tat gab es auch Situationen, die in dieser Weise wirkten. Wie sehr wir uns im Fall Ben gegenseitig Vorwürfe machten, konnte leider nicht durch ein Gespräch geklärt werden. Immer stärker erlebte ich daher die Situation der Ausgrenzung. Ich merkte aber auch, dass mir etwas fehlte. So wünschte ich mir zeitweise eine Supervision, die die Verantwortung mit mir teilte und die den Fall und die Gruppendynamik besser in Verbindung gebracht hätte.

In Bezug auf die Lehrer und Lehrerinnen gab es noch das Gefühl gegenseitiger Unterstützung und Kooperation. Als die Therapie begann, hatte ich Hoffnung, der Therapeut könne zur Entzerrung dieser schwierigen Beziehungsarbeit mit Ben beitragen, was allerdings nicht geschah. Verunsichert war ich in Bezug auf meine Rolle während der gemeinsamen Elterngespräche. Vorrangige Fantasien richteten sich auf die Vorstellung, dass ich in Bens Raum eindringe und ihm damit die therapeutische Beziehung beschneide. Außerdem suchte ich nach einer Unterstützung. Dieses Gefühl richtete sich auch auf die Eltern. Es schien nicht möglich zu denken, dass es für Ben und die Eltern gleichzeitig einen Platz geben könne. In dieser Gegenübertragung blieb ich solange gefangen, bis ich meine Beziehungsfantasie verstand.

## 4.3 Bens Familie

Bereits nach wenigen Monaten entwickelte sich zwischen mir und Bens Eltern eine gewisse Akzeptanz. Sie sahen mich als brauchbare „Zweitmutter“ an, gaben mir jedoch kaum Einblick in die familialen Hintergründe. Ben erzählte von seiner Familie und dem, was im Elternhaus vorging, von sich aus nichts. Bens Familie hatte nie an einem Familienausflug der Tagesgruppe teilgenommen, Herr und Frau Jelloun kamen selten zu Elternabenden in die Tagesgruppe und zur Weihnachtsfeier war meist nur Frau Jelloun mit den Kindern erschienen. Als ich die Eltern kennen lernte, war Bens Mutter auf die sprachliche Vermittlung durch ihre Kinder angewiesen. Von allen Familienmitgliedern schien sie sich in Deutschland am wenigsten heimisch zu fühlen, sprach lange Zeit mit den Kindern in ihrer Muttersprache und sorgte dafür, dass ihre Kinder eine Zeit lang eine Koranschule besuchten.

Bens Eltern waren in Bezug auf die Erziehung ihrer Kinder nicht in der Lage, Konsequenzen durchzuhalten und ihren Kindern Pflichten abzuverlangen. Absprachen, die ich mit ihnen als Reaktion auf Bens Verhalten vereinbarte, wurden nicht eingehalten. Häufig trafen wir uns zu Elternkonferenzen in der Schule, weil Bens Leistungsverweigerung ein dauerhaftes Problem darstellte. Bens Eltern zeigten sich unglücklich und ratlos und waren froh, wenn ich auch von positiven Entwicklungen erzählte. Ein Beispiel mag verdeutlichen, wie wenig sie von Ben wissen wollten: Ben war häufiger in der Schule und in der Tagesgruppe so müde, dass er sich auf nichts konzentrieren konnte. Auf die Ursache der Müdigkeit angesprochen, erzählte er, er bleibe abends lange auf und sehe sich Spätfilme an oder käme spät nach Hause. Auf meine Frage, ob seine Eltern das erlaubten, sagte er: „Die merken das gar nicht.“ Als ich mit seinen Eltern über Bens Müdigkeit redete und fragte, wann Ben ins Bett gehe, hörte ich von Frau Jelloun, Ben gehe regelmäßig um 21.00 Uhr ins Bett. Sie sei sicher, dass er dann schlafe, und es gebe auch keine Probleme mit dem Fernsehen. Dass Ben müde war, war ihr angeblich nicht aufgefallen. Wenn wir jedoch über andere Dinge sprachen und nur nebenbei auf Bens nächtliche Aktivitäten zu sprechen kamen, wurde mir sehr wohl berichtet, dass Ben unpünktlich nach Hause komme. Er war erst zwölf Jahre alt, als er am Wochenende bereits in die Disco ging und sich nicht an ihre Absprachen mit den Eltern hielt.

Herr Jelloun verbrachte viel Zeit außerhalb der Familie. Die Kinder waren aber sein ganzer Stolz. Sie sollten gut aussehen, und so stattete er sie mit teuren Kleidungsstücken aus. Er nahm sich regelmäßig Zeit, seine Söhne vom Fußballtraining abzuholen oder bei Spielen ihres Vereins zuzuschauen. „Meine Kinder sollen es gut haben, und sie sollen eine gute Schule besuchen“, das betonte Herr Jelloun immer wieder. Zu Nasri hatte er eindeutig eine besondere Beziehung. Er erwähnte mir gegenüber häufig ihre Stärken, obwohl ich von Schwierigkeiten Nasris in der Schule wusste. Davon wollte Herr Jelloun nichts wissen und auch nicht mit mir darüber reden. Die Elterngespräche verliefen, wenn Herr Jelloun dabei war, nach dem Muster einer Geschäftsbeziehung. Er erteilte mir den Auftrag, mich um Bens Schule zu kümmern und erkundigte sich bei jedem Gespräch mit der gleichen Frage: „Und wie läuft es mit Ben? Gibt es Probleme mit Ben?“ Immer wieder betonte er meine Funktion als „Zweitmutter“ und dass jetzt alles besser sei. Wurde das von außen in Frage gestellt, stellte er sich verteidigend vor seine Familie, obwohl es zwischen den Eheleuten spürbare Differenzen und Spannungen gab. Auffallend war, dass mir, wenn ich zu Familiengesprächen in ihre Wohnung ging, die Tür zunächst immer nur einen Spalt geöffnet wurde. War ich dann im Zimmer, stand etwas zu trinken für mich auf dem Tisch und ich wurde herzlich begrüßt.

Die Erziehungsmethoden von Herrn und Frau Jelloun bewegten sich zwischen Verwöhnen, Gleichgültigkeit, unausgesprochenen Erwartungen und Schlägen. Manchmal erzählten Jugendliche aus der Gruppe, dass Bens Vater seine Kinder schlage. Einmal sprach ich Ben darauf an. Er reagierte entsetzt, wollte wissen, von wem ich das wisse, und selbst jetzt teilte er mir nichts Näheres mit. Im Jahr von Bens Therapie nahm Frau Jelloun gemeinsam mit ihrer ältesten Tochter Fahrstunden, wobei Osira die Prüfung bestand, Frau Jelloun nicht. Die jüngste Tochter besuchte bereits den Kindergarten. Von ihr erfuhr ich kaum etwas. Bens Mutter reagierte emotional aufgewühlt und mit somatischen Reaktionen, wenn ihr etwas missfiel oder sie etwas Schwieriges erlebte. Im Gegensatz zu ihrem Mann zog sie sich zurück, wenn es ihr zu viel wurde und verweigerte den persönlichen Kontakt. Oft wirkte sie niedergeschlagen. Nach einer Sommerreise sprach sie erstmalig mit mir darüber, wie schwer es ihr falle, aus ihrer Heimat zurück nach Deutschland zu müssen. Wir kannten uns seit einigen Jahren, und ich hatte häufiger darüber spekuliert. Jetzt bestätigte sie diese schmerzliche Erfahrung.

Bens Vater hatte immer einen Schalk in seinen Augen und nahm sich die Zeit, wenn ein Gespräch über oder mit Ben aufgrund eines aktuellen Anlasses nötig wurde. Im Grunde vermittelte er Ben immer wieder, dass Gehorsam zwar notwendig, aber nicht wirklich erstrebenswert sei.

Nach dem gescheiterten Schulwechsel zur Hauptschule und Bens Entschluss, keine weitere therapeutische Unterstützung anzunehmen, wurde seine Mutter einige Tage lang in einer medizinischen Klinik behandelt. Sie war nach heftigen Brechreizen, Schreikrämpfen und einer Ohnmacht von einem Notarzt dort eingewiesen worden. Ben erzählte mir von dem Vorfall nichts. Nur durch Zufall, als ich mit seinen Eltern einen Termin absprechen wollte, sagte mir Herr Jelloun, dass und wie seine Frau in eine Klinik eingewiesen worden war. Auch von ihm erfuhr ich keine Hintergründe, und Frau Jelloun lehnte einen Besuch von mir ab. Sie werde sich bei mir melden, wenn es ihr besser gehe. Alles habe sich nur noch um Ben gedreht. Ich war sehr beunruhigt und sorgte mich um seine Mutter. Herr Jelloun hatte seinen Führerschein abgeben müssen. Die Gründe dafür blieben rätselhaft. Es gab Andeutungen in Richtung Alkohol, aber deutliche Signale, darüber nicht zu sprechen. Dann war Bens Vater, mit oder ohne Führerschein, gegen einen Glascontainer ihres Stadtteils gefahren. Frau Jelloun, die neben ihm gesessen hatte, musste erneut im Krankenhaus behandelt werden. Ich bekam keine Chance mit ihr zu sprechen, obwohl bei mir der Verdacht aufkam, es könne eine suizidale Handlung gewesen sein. Wieder erzählte Ben von sich aus nichts von all diesen Ereignissen. Es dauerte fast ein Jahr, bis ich Frau Jelloun persönlich zu einem Gespräch treffen konnte.

**Der familiale Umgang mit Trennung und Übergang**

Ben, um den wir uns in der Tagesgruppe intensiv kümmerten, trennte die familialen Erlebnisse von denen, die er mit der Tagesgruppe verband. So erfuhr ich immer erst sehr viel später, was sich Zuhause ereignet hatte. Mit der Zeit hatte ich allerdings ein Gespür dafür, dass es in der Familie schwierig war, wenn er sich bei uns besonders unverschämt verhielt. Ein einschneidendes Erlebnis war sicherlich, dass Nasri, als sie sechzehn Jahre alt war, zum ersten Mal von Zuhause weglief. Damals meldete sie sich beim ASD, der sie an eine Notfamilie vermittelte. Der zuständige ASD-Kollege war im Urlaub und wurde von einem Kollegen vertreten, der mich über den Vorfall informierte: Nasri war vom Vater geschlagen worden und weigerte sich, nach Hause zu gehen. Herr Jelloun hatte ihr Tagebuch gelesen und auf diesem Weg erfahren, dass sie einen Freund hatte. Mehrfach forderte Herr Jelloun den ASD-Kollegen auf, seine Tochter zurückzugeben, da seine Frau sonst nicht mehr leben könne. Er rief sogar von der Fabrik aus in der Tagesgruppe an, um sich bei mir über den ASD-Kollegen zu beschweren. Er wollte wissen, ob es üblich sei, dass Kinder vom Jugendamt „verschleppt“

würden. Er verlor kein Wort darüber, was er getan hatte. Ich sollte ihm die Adresse seiner Tochter sagen, die ich ihm jedoch weder nennen konnte noch wollte. Stattdessen bot ich ein Gespräch an. Daraufhin bat er mich, seine Frau anzurufen, weil es ihr schlecht gehe. Frau Jelloun, die mich nicht persönlich sehen wollte, erzählte am Telefon, was vorgefallen sei und wie schlecht es ihr gehe. Warum tue ihre Tochter ihr so etwas an? Sie fand das Verhalten ihres Mannes nicht richtig, aber deshalb müsse Nasri doch nicht weglaufen. Sie strafte ihren Ehemann, indem sie nicht mehr mit ihm redete. Wir vereinbarten einen Gesprächstermin nach dem Wochenende. Als ich zum verabredeten Termin vor der Wohnung stand, öffnete niemand die Tür. Ich wartete. Kurz darauf kamen mir Frau Jelloun und Nasri entgegen. Sie hatte Nasri in der Stadt abgeholt, und als wir in der Wohnung waren, verabschiedete sich Nasri und ging zur Schule. Ich erkundigte mich, ob Frau Jelloun jetzt lieber allein sein wolle, was sie verneinte. Weinend erzählte sie, dass sie sich am Wochenende übergeben habe und dass sie nicht weiterleben wolle. Ihr Mann sei schuld, weil er Nasri aus dem Haus vertrieben habe. Dann schimpfte sie über Nasris Freundinnen, die ihre Tochter zu diesem Schritt veranlasst hätten. Sie sei gegen diese Kontakte, aber Nasri halte sich nicht mehr an Absprachen und Regeln. Dann weinte sie erneut und sagte, sie habe doch alles für ihre Kinder getan, sie bekämen alles – warum tue Nasri so etwas? Diese Frage wollte ich aufgreifen. Ich fragte sie, ob sie eine Idee dazu habe, was Nasri vermissen könnte. Sie sei doch auch einmal eine Jugendliche gewesen; ob sie verstehe, was in ihrer Tochter vorgehe? Sie fragte, warum ich das wissen wolle, zu ihrer Zeit sei alles anders gewesen. Dann begann sie zu erzählen. Frau Jelloun hatte mit sechzehn Jahren ihren jetzigen Mann bei einem Fest kennen gelernt. Sie war die zweite Tochter von vier Kindern, hatte eine ältere Schwester und zwei jüngere Brüder. Ihre Familie war sehr religiös und wohlhabend, der Vater arbeitete in der Landwirtschaft und als Stadtschreiber. Zu Männern habe sie bis dahin keine Beziehung gehabt – Nasri sei darin wie sie. Obwohl ich wusste, dass das nicht stimmte, hörte ich ihr weiterhin zu. Sie selbst sei allerdings brav und tüchtig gewesen, nie habe sie ihren Eltern Ärger gemacht. Beim Erzählen wurde sie ruhiger und aufgeschlossener. Bald nach ihrer Eheschließung habe sie die Kinder bekommen. Bei Bens Geburt sei ein Kaiserschnitt nötig gewesen, weil sein Kopf sich verkantet hatte. Ich traute mich zu fragen, ob alle Kinder erwünscht waren. Sie nickte und sagte: „Ich wollte nur Töchter.“ Nach der Geburt von Ben habe ihr Mann zunächst kein weiteres Kind haben wollen. Doch als Ben im Kindergartenalter war, drängte ihr Sohn sie, noch ein Kind zu bekommen. Ben wünschte sich einen Bruder. Um ihm diesen Wunsch zu erfüllen, sei sie nochmals schwanger geworden. Sie habe geglaubt, dass es wieder ein Mädchen werde, weil das Kind so strampelte wie einst Nasri. Die Ärztin wollte ihr das Geschlecht des Kindes nennen. Doch weil sie sich sicher gewesen sei, eine Tochter zu gebären, legte sie keinen Wert auf diese Information. Dann sei Omah geboren, für den sie zunächst keinen Namen hatte. Ich fragte sie nun wieder nach Ben. „Ben war ein ganz ruhiger Säugling. Er hat so viel geschlafen, dass ich Angst hatte, er könnte sterben." Sie habe ihn öfter geweckt, um ihn zu füttern, und verschiedentlich hätten die Krankenschwestern ihr geraten, das Kind auch einfach mal schlafen zu lassen. Als ich wieder auf Nasri zu sprechen kommen wollte, fing sie erneut an, die Schuld auf den Einfluss schlechter Freundinnen zu schieben und beklagte die harte Reaktion ihres Mannes. Ich versuchte, Nasris Lebenslage zu beschreiben und ihre vermutlichen Gefühle und Gedanken zu benennen. Frau Jelloun konnte sich nicht in die Situation ihrer Tochter einfühlen: „Nein, Nasri bekommt doch alles, was sie will. Warum tut sie mir das an!" Dennoch zeigte sie sich nach dem Gespräch deutlich erleichtert. Es war das erste Mal, dass sie soviel von sich erzählt hatte.

Ben war, wie gesagt, in die 8. Klasse zurückgestuft worden. Nach dieser Mitteilung hatten Herr und Frau Jelloun kurzfristig einen bereits mehrfach verschobenen Hilfeplantermin mit Ben abgesagt. Ben, sehr erleichtert, kommentierte: „Die haben keine Lust dazu." Diese Bemerkung führte dazu, dass ich nicht auf die Idee kam, mich nach den eigentlichen Gründen zu erkundigen. Eine Woche später erschienen Herr und Frau Jelloun nicht zum Elternsprechtag in Bens Schule. Seine Lehrer ärgerten sich über die Teilnahmslosigkeit, die auch bei Ben zu beobachten war, und ich war ebenfalls verärgert. So beschloss ich, mit Bens Eltern über die jetzige Zusammenarbeit zu sprechen. Dieser Gesprächstermin mit Familie Jelloun wurde ebenfalls kurzfristig abgesagt, und ich war sehr aufgebracht. Kaum hatte ich den Telefonhörer aufgelegt, rief mich der ASD-Kollege an und informierte mich, dass Nasri erneut von Zuhause weggelaufen sei. Sie hatte sich vor wenigen Minuten beim Jugendamt gemeldet und weigerte sich, nach Hause zurückzugehen. Herr Jelloun habe sie in der vergangenen Nacht erneut geschlagen und ihr die Haare abgeschnitten. Nun müsse er sie in Obhut nehmen und in einer Notfamilie unterbringen. Wir vereinbarten noch am selben Tag ein gemeinsames Gespräch mit Bens Eltern, denn der ASD-Kollege brauchte die Einwilligung der Erziehungsberechtigten zur Unterbringung Nasris in der Notfamilie. Ich wollte erfahren, wie es zu dem Eklat gekommen war. Als wir zum verabredeten Abendtermin kamen, empfing uns die achtzehnjährige Osira. Sie war sichtbar verunsichert, ob sie uns die Wohnung öffnen sollte. Außer ihr war niemand in der Wohnung. Sie hatte ihren Vater in der Fabrik angerufen und ihn gebeten, nach Hause zu kommen, weil Nasri verschwunden sei und wir abends zum Hausbesuch kämen. Herr Jelloun kam eine Stunde später als verabredet nach Hause, Frau Jelloun erschien gar nicht zum Gespräch. In der Zwischenzeit erzählte Osira, sie habe in der Nacht geschlafen, als der Vorfall passierte, und erst vor wenigen Stunden erfahren, dass Nasri weggelaufen sei. Osira hatte gerade an diesem Tag ein Praktikum in einer Augenklinik begonnen. Sie erzählte, dass ihre Eltern immer nur wollten, dass sie funktionieren. Aus diesem Grunde sei Nasri auch weggelaufen, die Eltern würden sie nicht verstehen. Über ihren Vater ärgerte sich Osira, denn er sei manchmal sehr gewalttätig. Aber auch

Nasri mache was sie wolle. „Sie hält keine Verabredung und denkt nur an sich selbst." Der ASD-Kollege erkundigte sich, ob ihre Eltern Nasri nun verstoßen würden, weil sie von Zuhause weggelaufen sei. Er habe das bei türkischen Familien erlebt. Osira sagte: „Nein, das würden die nicht tun!" Nach einer kleinen Pause sagte ich: „Ja, das glaube ich auch. Eher würden sich deine Eltern etwas antun, oder?" Osira nickte.

Als Herr Jelloun kam und anfing, seine Geschichte zu erzählen, verließ Osira demonstrativ das Zimmer und knallte die Tür hinter sich zu. Dann berichtete Herr Jelloun von den vielen Regelverletzungen seitens Nasris. Sie mache, was sie wolle, und in der Schule habe sie so große Probleme, dass er jede Woche mit ihren Lehrern reden müsse, so auch gestern. Nasri besuchte das Berufsvorbereitungsjahr, nachdem sie mit einem schlechten Zeugnis den Hauptschulabschluss gemacht hatte. Gestern, als sie wieder sehr spät nach Hause gekommen sei, habe Herr Jelloun sie zur Rede gestellt, und da sei sein Geduldsfaden gerissen. Er habe sie geschlagen, auf den Boden geworfen und ihr die Haare abgeschnitten. Er habe ihr deutlich machen wollen, dass sie andere Dinge zu tun habe, als sich „wie ihre Mutter schön zu machen." Anschließend sei ihm schwindlig geworden, er habe Herzrasen bekommen, sei im Wald umhergerast und dann musste Frau Jelloun den Notarzt rufen. Auch seine Frau sei ganz aufgeregt und habe mit Selbstmord gedroht. Immer wieder forderte er uns auf, ihn darin zu bestätigen, dass er sich die Lügen seiner Tochter nicht gefallen lassen müsse. Ich fragte ihn, ob er eine Idee habe, was Nasri zu diesem Verhalten dränge, worauf sie aufmerksam machen wolle? Das konnte er sich gar nicht vorstellen. Sie wisse, dass er sich um sie sorge: „Ich tue wirklich alles für sie, sie bekommt alles, was sie will, warum läuft sie weg?" Natürlich sei es nicht richtig, was er gemacht habe, aber Nasri halte sich an keine Absprache. Da sich das Gespräch im Kreise drehte, vereinbarten wir für die nächsten Tage weitere Termine, wobei sich das Problem der zirkulären Gesprächssituation nicht verändern ließ. Deutlich spürbar war, dass es um verschiedene Auffassungen des Eltern-Kind-Verhältnisses ging. Wir kamen zunehmend in die Position der Kinder, die keine Möglichkeit fanden, sich ihren Eltern gegenüber mit den eigenen Gedanken und Gefühlen verständlich zu machen.

Nasri weigerte sich, nach Hause zu kommen. Der ASD-Kollege schlug vor, beraterische Hilfe zu vermitteln. Herr und Frau Jelloun willigten ein, weil sie darauf hofften, ihre Tochter auf diesem Weg zurückzubekommen. Dann aber reagierte Herr Jelloun verärgert, weil er nicht verstand, warum der ASD-Kollege seine Tochter nicht einfach nach Hause schickte. Er beschuldigte ihn, das Verhalten der Tochter dadurch zu legitimieren: „Alles wird nur noch schlimmer, wenn Sie sich in unsere Angelegenheiten einmischen." Zu diesen Vorwürfen kam hinzu, dass Nasri sich auch in der Notfamilie an keine Regeln hielt. Sie log und bestahl die Familie. Der Kollege konnte eigentlich keine Verantwortung für Nasri übernehmen. Auf diese Weise war er in der Elternposition. Als er das Herrn und Frau Jelloun sagte, zeigten sie sich etwas beruhigter. Während der Herbstferien sprachen wir fast täglich mit Bens Eltern, obwohl es nicht gelang, neue Perspektiven ins Gespräch einzubringen. Am Ende der Woche hatte ich das Bedürfnis, mit Ben zu sprechen. Er hatte jeden näheren Kontakt zu mir erfolgreich vermieden, denn in den Ferien stand es den Kindern und Jugendlichen frei, ob sie in die Gruppe kommen wollen. Da Ben während der Herbstferien nur sporadisch zu sehen war, meistens in Begleitung von Freunden, war es unmöglich, in Ruhe mit ihm zu sprechen. Er sagte mir, er wolle mit Nasri nichts zu tun haben, denn Nasri interessiere ihn nicht mehr. Er sei im Moment wenig Zuhause und wisse nicht, was da los sei. In jener Nacht, als Nasri und sein Vater Streit hatten, habe er geschlafen und jetzt übernachte er gerade bei Freunden. Um dennoch mit ihm zu sprechen, kam mir zu Hilfe, dass ich am Ende der Woche mit einem Malermeister telefoniert hatte, bei dem Ben in wenigen Tagen ein Praktikum machen wollte. Ben hatte bis jetzt nichts unternommen, um das Praktikum zu organisieren, was er aber hätte tun müssen. Darüber war ich verärgert, weil Ben mir mehrfach versichert hatte, alles besprochen zu haben. Ich konfrontierte ihn mit meinen Recherchen und dem Ärger über ihn: „Ben, mir reicht es, immer wieder Lügen von dir aufzudecken. Also, was ist los, warum hast du nicht mit dem Maler gesprochen und warum hast du mich belogen?“ Er sagte nichts. Daraufhin sagte ich ihm, dass ich wisse, was bei ihm Zuhause los sei. Als er mir zuhörte, fügte ich hinzu: „Ich glaube, ich habe verstanden, wie es dir geht.“ Ben horchte auf. „Ich denke, Nasri und du, ihr kämpft um die gleiche Sache.“ Er schaute mich fragend an, als ich ihm sagte, er und seine Schwestern fühlten sich verlassen und überfordert damit, den eigenen Weg zu finden. Schlimm sei, dass sie darüber nicht mit den Eltern sprechen könnten, weil die das nicht verstünden. Vielleicht müsse er deshalb solche Schwierigkeiten mit der Schule und dem Praktikum machen, weil seine Eltern sonst gar nichts mehr von ihm mitbekämen. Ben nickte. Außerdem könne es auch sein, dass er Angst davor habe, seine Eltern zu verletzen. Ben wollte wissen, wie ich das meine. Ich fragte: „Kann es sein, dass du glaubst, wenn du die Schule und eine Ausbildung erfolgreich abschließt, dass du dann mehr kannst als deine Eltern?“ Ben antwortete: „Ja.“ Ich sagte: „Ja, und ich beginne zu verstehen, wie schlimm das für dich ist, wenn ich mit deinen Lehrern an dir herumerziehe und wir wollen, dass du die Schule schaffst. Aus deiner Sicht machst du ja wirklich alles richtig: Du hältst dich daran, dich nicht von den Eltern zu trennen.“ Ben nickte. Nach einer Pause sagte ich: „Und nun? Wie stellst du dir das mit dem Praktikum vor? Der Maler muss doch wissen, ob, und wenn ja, wann du kommst, damit er sich auf dich einstellen kann und Arbeit für dich hat.“ Ben rief den Maler an. Das zweiwöchige Praktikum absolvierte er mit Erfolg.

Nasri kam nach einer Woche in die Familie zurück. Osira und ihre Mutter hatten sie verschiedentlich in der Stadt getroffen und dazu aufgefordert. Ihr Geld reichte nicht und in der Notfamilie gab es ständig Auseinandersetzungen aufgrund ihres Verhaltens. Obwohl Nasri wieder Zuhause war, baten die Eltern den ASD-Kollegen, die vereinbarten Beratungsgespräche bei einer systemischen Familientherapeutin zu vermitteln. Einen Termin nahmen Herr und Frau Jelloun wahr, zu einem anderen Zeitpunkt kam Nasri zum Gespräch mit der Familientherapeutin. Ein gemeinsamer Beratungstermin fand nicht mehr statt. Kurz vor Weihnachten machte Herr Jelloun neben der außerplanmäßigen Reise ins Heimatland seinen Kindern erneut kostspielige Geschenke. Ein Computer wurde angeschafft und die drei Großen mit Handys und neuen Kleidungsstücken ausgestattet. Ich erfuhr das alles, weil Herr Jelloun mich bat, den Gruppenbeitrag an ihn zurückzuzahlen so lange Ben nicht in die Gruppe komme. Mit Ausnahme des Vaters verbrachte die Familie den Jahreswechsel im Herkunftsland. Ben wäre lieber bei seinem Vater geblieben, kam aber doch ganz zufrieden zurück. Seine Mutter erzählte stolz, dass alle Kinder die dortige Schule besucht hatten. Nicht ohne vorwurfsvollen Unterton führte sie aus, dass alle ihre Nichten und Neffen dort das Gymnasium besuchten. Als ich Ben darauf ansprach, erklärte er mir, seine Mutter kenne den Unterschied zwischen Gymnasium und Hauptschule gar nicht. Mir kam es so vor, als ob Frau Jelloun mit dem Gedanken spielte, in ihr Heimatland zurückzugehen, um den Schwierigkeiten hier ein Ende zu setzen. Sie gab mir aber auch zu verstehen, dass sie mit mir unzufrieden war, denn ich reagierte ganz anders, als sie es sich wünschte. Darüber konnte ich mit ihr leider nicht sprechen.

Zu Beginn des neuen Jahres meldete sich Omahs Klassenlehrerin bei mir. Sie erzählte, dass Omah sich im Unterricht verhalte, wie einst Ben. Zwar seien seine Noten ausreichend gut, um die weiterführende Schule zu besuchen, aber sein Sozial- und Lernverhalten führe dazu, dass er bereits jetzt nicht mehr im Klassenverband unterrichtet werden könne. Seine Eltern wollten, wie immer, die Problematik nicht sehen. Als Omah das Halbjahreszeugnis seinen Eltern zeigte, führte ich gerade ein Elterngespräch. So konnte ich erleben, mit welcher Begeisterung Omah und seine Eltern auf die guten Noten reagierten. Alle träumten davon, dass Omah das Gymnasium besuchen werde. Von den Schwierigkeiten in der Schule wollten sie nichts hören und nicht mit mir darüber reden. Kurz danach traf ich Herrn Jelloun auf der Straße. Er hatte das Bedürfnis, sich für alles, was ich für Ben tue, zu bedanken. Er sagte mir, wie zufrieden er mit Ben sei, er komme ihm jetzt bereits wie ein Mann vor. Ich kommentierte diese Äußerung, indem ich sagte: „Ja, in Ihrem Land wäre er jetzt bereits erwachsen." Daraufhin sagte er mir: „Sehen Sie, meine Mutter war vierzehn, als ich geboren wurde. Wir sind vier Geschwister, zwei Jungen, zwei Mädchen. Ich musste hart arbeiten." Dann wurde er traurig. Er beklagte sich, wie oft er wegen Nasri in die Schule kommen müsse und dass ihre Lehrer sie vom Schulbesuch ausschließen wollten. Er habe wirklich „kriminelle Kinder", keine Kraft mehr und wisse nicht, warum das so sei. Den einzigen Fehler, den er bei sich sehe, sei der, überhaupt nach Deutschland gekommen zu sein.

Während ich erneut mit Ben darum rang, ob er die 8. Klasse ohne den Schulabschluss verlassen müsse oder ob das zu verhindern sei, waren Osira und Nasri von Zuhause weggelaufen. Die familialen Verhältnisse spitzten sich sehr dramatisch zu. Frau Jelloun drohte damit, sich das Leben zu nehmen. Sie nahm starke Tabletten, um sich zu beruhigen. Eine Einweisung in die Klinik hatte sie verweigert, genauso wie persönlichen Kontakt zu mir. In diesen Tagen hatte Herr Jelloun seinen Geburtstag feiern wollen. Stattdessen gab er täglich Vermisstenanzeigen bei der Polizei auf, rief mehrfach auf dem Jugendamt an, ob der ASD-Kollege nicht weiterhelfen könne, und war in Sorge um seine Frau. Dann erzählte er mir, dass seine Töchter in der Zwischenzeit in die elterliche Wohnung eingedrungen waren. Während niemand da war, hatten sie ihre eigenen Sachen mitgenommen und waren erneut verschwunden. Mehr als eine Woche lang wusste niemand, wo sie sich aufhielten. Dann meldete Nasri sich persönlich bei der Mutter und wollte 500 Mark von ihren Eltern. Ihre Mutter zeigte sich erschüttert über den körperlichen Zustand der Tochter; sie glaubte, Nasri nehme Drogen. Herr Jelloun wollte das nicht glauben. Nasri verschwand erneut. In diesen Wochen waren die Eltern ausgefüllt mit den Fragen, warum ihre Töchter „grundlos abgehauen“ seien, ob der ASD-Kollege den Mädchen Glauben schenke und sie von Zuhause wegnehmen werde und warum sie nicht einfach die Schule besuchten. Frau Jelloun wollte sich das Leben nehmen, „bevor den Mädchen etwas passiert“. Sie war der festen Überzeugung, die Drogen seien schuld und der Kollege des ASD verschlimmere alles, wenn er Nasri ein Jugendhilfeangebot mache. Niemand könne ihnen helfen. In Gedanken hatte sie Nasri bereits aufgegeben, aber die Sorge um Osira ließ sie nicht los: Warum sezte sie ihre Schullaufbahn aufs Spiel? Herr Jelloun glaubte, es werde alles wieder gut, wenn die Töchter nur endlich nach Hause zurückkämen und wieder zur Schule gingen. Er verweigerte ein Nachdenken über die familiale Krise. Nach zwei Wochen kam Nasri wieder nach Hause. Frau Jelloun sagte mir, dass sie bei einer Freundin Unterschlupf gefunden hatte. Nasri kam mit einem Taxi vorgefahren, für das ihre Mutter fünfzig Mark bezahlte, brachte aber nicht einmal ihr Gepäck mit zurück. Das musste später von Herrn Jelloun abgeholt werden. Osira war irgendwann auch wieder nach Hause gekommen, worüber ich nichts erfuhr. Die jährliche Sommerreise ins Heimatland der Eltern stand bevor, wofür die Flugtickets längst gekauft waren. Tatsächlich nahmen alle Familienmitglieder an dieser Reise teil. Die weitere Entwicklung fasse ich stichwortartig zusammen.

Nach den Sommerferien sorgte Bens Bruder für neue Aufregungen, worüber hier jedoch nicht ausführlich berichtet werden soll. Ben konzentrierte sich auf seine Hauptschulabschlussprüfung, um eine weiterführende Schule zu besuchen. Er konnte den Notendurchschnitt erreichen, der Voraussetzung für die Aufnahme ist. Ben wird dann die Tagesgruppe verlassen. Er kann sich jedoch jederzeit an die Gruppe und den ASD wenden, wenn er

Hilfe braucht. Darin drückt sich das Selbstverständnis der Tagesgruppe aus, den Jugendlichen auch nach der Betreuung zur Verfügung zu stehen.

**Gegenübertragungsgefühle und -reaktionen**

Je länger ich Bens Eltern kannte, merkte ich, dass sie ihrer Verantwortung als Eltern nur in gewissem Maße gerecht werden konnten und Bens unrealistischen Größenvorstellungen kaum entgegenwirkten. Das löste bei mir nicht nur Ärger aus, sondern das Gefühl, Verantwortung übernehmen zu müssen. Eigentlich waren Herr und Frau Jelloun ebenfalls wie Kinder, die Schutz und Geborgenheit für sich suchten und die man nicht kritisieren durfte. Für die Lebenslage ihrer Kinder und ihre emotionale Versorgung konnten sie kein Verständnis aufbringen. Bei Gesprächen mit Bens Eltern musste es daher auch darum gehen, ihre emotionale Situation aufzugreifen. So kamen wir in der Tagesgruppe in die Rolle derer, die versuchten, für Strukturen zu sorgen und die Verantwortungsübernahme einforderten, meist auch selbst erzieherische Verantwortung übernahmen, um Ben Sicherheit und Halt geben zu können. Einerseits war ich erleichtert, dass ich von ihnen akzeptiert wurde, andererseits zweifelte ich, ob sie mir das erlauben würden, denn damit war für sie eine narzisstische Kränkung verbunden. Gefühle der Ohnmacht und Beschämung seitens der Eltern waren für mich immer wieder spürbar. Da aber weder Herr Jelloun noch seine Frau etwas davon wissen wollten, konnte ich darüber nicht offen sprechen. Ich hatte das Gefühl, wie gegen Windmühlen zu kämpfen.

Verärgerung kam bei mir darüber auf, dass sie sich nicht an mich wandten, wenn etwas Gravierendes geschehen war; so konnte ich nur selten direkt dazu beitragen, Zusammenhänge zu Bens Verhalten herzustellen. Auch den Eindruck, belogen zu werden, wurde ich nicht los. Die Selbstmorddrohung der Mutter empfand ich wie ein Druckmittel gegen Veränderung. Sie löste aber auch Angst aus, dass die individuellen und familial notwendigen Abwehrstrukturen zusammenbrechen und zur psychotischen Dekompensation führen könnten. Wieder einmal sah ich mich darin bestätigt, dass es nötig war, „vorsichtig“ mit den emotionalen Aspekten, die zwischen mir und Bens Eltern auftauchten, umzugehen. Auf die Übertragung der familialen Interaktion, mit der wir in der Tagesgruppe erheblich konfrontiert waren, werde ich in der Fallanalyse ausführlich eingehen.

Ob die Bemühungen ausreichten, um Ben die für ihn notwendige Orientierung und emotionalen Halt mitzugeben, wird sich erst später zeigen. Sicher ist, dass Ben ohne Unterstützung der Tagesgruppe keinen Schulabschluss geschafft hätte.

## 4.4 Arbeitshypothesen

Im Kontext dieser Fallstudie werden nun die Begründungszusammenhänge für eine bestimmte pädagogische Intervention vorgestellt. Dazu trage ich erste diagnostische Hypothesen vor, die handlungsleitend waren und solche, die zu einer Veränderung bei Ben führten. Der Fallbericht erzählt vom Bemühen der pädagogischen Mitarbeiter und Mitarbeiterinnen, Ben zu halten und zu fördern, Grenzen aufzuzeigen, sich mit ihm auseinanderzusetzen und ihn emotional so zu erreichen, dass er innerlich zur Ruhe kommen konnte. Erst allmählich ertrug Ben Konfrontationen und musste nicht mehr leugnen, an konflikthaften Auseinandersetzungen beteiligt gewesen zu sein. Dafür brauchte er Zeit, geduldige Bemühungen und einen Raum, auszuprobieren, ob er von anderen ausgehalten wird. Ben provozierte bei uns Reaktionen, die ihm bestätigen sollten, dass er einerseits ein unliebsames Kind sei, andererseits aber auf Hilfe angewiesen war, was er nicht wahrhaben wollte. Deshalb war es notwendig, ihn nicht ausschließlich als ein „Opfer" wahrzunehmen, sondern auch das Agieren aufzugreifen.

Meine These, dass Heranwachsende mit Hilfe auffälliger Verhaltensweisen auf Schwierigkeiten in der Familie sowie auf eigene Probleme aufmerksam machen, führte dazu, dass ich mich zunächst um die Zusammenarbeit mit Bens Eltern bemühte. Eine Herausnahme des Kindes aus der Familie gegen den Widerstand der Beteiligten trägt nicht zu einer positiven Entwicklung bei. Da es zu Beginn der Aufnahme keine Hinweise gab, dass Ben oder seine Eltern mit einer stationären Unterbringung einverstanden gewesen wären, bot die Tagesgruppe die Möglichkeit, die Problemstellungen erst einmal besser kennenzulernen. Darüberhinaus konnte Ben die Gruppe als Ort neuer Erfahrungen erleben. Es reichte allerdings nicht aus, Ben ein anderes Lebensfeld zur Verfügung zu stellen, ohne die psychische Dynamik ausreichend zu verstehen und damit berücksichtigen zu können.

Der Fallbericht verdeutlicht des Weiteren, dass eine Beratung der Familie in erzieherischen Funktionen zwar wünschenswert, aber nicht immer zu realisieren war. Zu groß waren die emotionalen und sprachlichen Barrieren als auch die kulturellen Differenzen. Des Weiteren war immer wieder zu spüren, dass die Verweigerungshaltung der Eltern, die Schwierigkeiten auch in Verbindung zu ihrem Umgang mit Ben zu begreifen, Entwicklungen verhinderte: Wenn Eltern und Kinder, so wie bei Familie Jelloun, gleichermaßen kindlich bedürftig erscheinen, sind sie nicht in der Lage, erzieherisch grenzsetzende Funktionen zu übernehmen. Den pädagogisch-beratenden Bemühungen werden von daher Grenzen gesetzt, und zuweilen ist es nur im Rahmen der Tagesgruppenpädagogik möglich, substituierend tätig zu werden. Die Umwelt des Kindes, seine individuelle Verarbeitung von Erlebnissen und die Interaktionsdynamik tragen aber erheblich dazu bei, entwicklungsfördernde pädagogische Interventionen immer wieder zu be- oder verhindern. Heranwachsende übertragen ihre Lebenserfahrungen auf andere Bezugspersonen. Darin liegt die Gefahr von Wiederholungen, aber auch die Chance, neue Erfahrungen zu machen.

Aufgrund der vielfältigen Einflüsse, mit denen Pädagogen und Pädagoginnen umgehen müssen, sollte bei jeder Aufnahme genügend Zeit zur Verfügung stehen, eine umfassende Anamnese zu erheben. Meine These ist, dass sich bereits während des ersten Kontaktes zu einer Familie wesentliche Problemstellungen andeuten, die die spätere Fallarbeit in der Tagesgruppe prägen werden. Hier deutete sich beispielweise an, dass die Dynamik der Spaltung den Teamkonflikt provozierte. Spaltungen führen dazu, dass die Wirklichkeit einseitig verzerrt wahrgenommen wird, was sich auch auf das pädagogische Umfeld auswirkt. Darauf komme ich ausführlich zu sprechen. Des Weiteren kann unterstellt werden, dass Kinder wie Ben, die sich in derart auffälliger Weise verhalten, bereits in frühen Jahren lang anhaltende emotionale Vernachlässigung erfahren haben. So konnte die intrapsychische Strukturbildung des Kindes nicht ausreichend entwickelt werden und blieb auf einer frühkindlichen Entwicklungsstufe fixiert. Für eine pädagogische Diagnostik und Intervention ist es wichtig in Erfahrung zu bringen, in welcher Weise die Vernachlässigung stattgefunden hat. Das geschieht mit Hilfe der Reflexion der Gegenübertragung. Meine These ist daher, dass Heranwachsende, die bestimmte seelische Reifungsprozesse verweigern, mit den abgespaltenen Gefühlen, seien sie libidinöser oder aggressiver Art, auf erträgliche Weise in Berührung gebracht werden müssen. Eine Zeit lang können Pädagogen und Pädagoginnen Hilfs-Ich-Funktionen übernehmen. Durch ihre Fähigkeit zur Identifikation sind sie in der Lage, sich in das Kind einzufühlen und dadurch zu erfassen, wodurch das Mangelerleben des Kindes bestimmt ist. Bei der Wahrnehmung dieser Aufgabe bietet die Supervision und Selbsterfahrung eine wichtige Unterstützung. Erst wenn die Pädagogen und Pädagoginnen einen Teil der psychischen Realität in sich verstanden haben, kann Schritt für Schritt ein Reflexionsprozess auch dem Heranwachsenden helfen, den Sinn seines Verhaltens emotional zu begreifen. Erst daran schließt sich die Möglichkeit einer tiefgreifenden Verhaltensänderung an, die sich von bloßer Anpassungsleistung unterscheidet. Innerhalb der Psychoanalyse gehört dieser Vorgang zum Prozess seelischer Stabilisierung. Die Reflexion des Verstehensprozesses trägt darüber hinaus dazu bei, dass die Bezugsperson sich in veränderter Haltung dem Kind zuwenden und über die innere Erlebniswelt sprechen kann. Dies eröffnet Schritt für Schritt wechselseitig neue Interaktionsformen. Ich meine, dass eine zeitweilige Rollenteilung im Umgang mit Kindern wie Ben nötig ist. Wenn aggressive Verhaltensweisen eine Abwehrfunktion erfüllen, kann es wichtig sein, dass ein Teil der Bezugspersonen von ihnen emotional negativ und ein Teil positiv besetzt werden kann. Wird dieser psychodynamische Aspekt bewusst von den Teammitgliedern reflektiert, kann der intrapsychische Integrationsprozess der ambivalenten Affekte durch interpsychische Prozesse gelingen. Darauf werde ich im Zuge der Fallanalyse näher eingehen. Ein solches Vorgehen setzt allerdings die Erarbeitung einer gemeinsam geteilten Auffassung über mögliche Hintergründe des Verhaltens und notwendige pädagogische Interventionen im Team voraus. Die pädagogische

Tätigkeit besteht immer auch darin, eine Verständigung über das Verstehen herzustellen.

Wäre man in der Lage, über die direkte Beobachtung und die Beschreibung des Verhaltens Aufschluss über mögliche Motivationen zu erhalten, und würde es ausreichen, das Wissen reflexiv anzuwenden, wären die Bemühungen einer Fallarbeit überflüssig. Gängige Erklärungen, die z.B. die Ursache für eine bestimmte Verhaltensweise allein in den Umweltbedingungen von Ben erkennen, reichen meiner Ansicht nach nicht aus, um sich ein differenziertes Bild über die Genese seines Verhaltens zu machen und eine Vorstellung davon zu erarbeiten, wie Ben hätte geholfen werden können. So ist es einerseits wichtig, sich Fachwissen anzueignen, mit dem soziale Situationen und kindliche Verhaltensweisen reflexiv erschlossen werden. Andererseits kommt es auf den direkten authentischen Kontakt zu den jungen Menschen an und darauf, dass Pädagogen und Pädagoginnen bereit sind, sich auch „verwickeln" zu lassen. In der Arbeit mit Ben konnte ich begreifen, dass ich ihm helfen konnte, als es mir gelang zu erkennen, in welche Art von Beziehungskonstellation und Fantasie er mich und die Teamkollegen hineinmanövrierte und mit welchen Anteilen er mich identifizierte und ich überidentifiziert war. Die Bereitschaft zu Reflexion und Selbstreflexion ist daher unverzichtbarer Bestandteil einer verstehenden sozialpädagogischen Intervention. Die Zweierbeziehung, aber auch die Beziehungen zu Gleichaltrigen und die erlebbaren Gruppenregeln bilden den Rahmen, um psychische Reifungsprozesse von Kindern zu fördern.

Die nun folgende Fallanalyse trägt zur reflexiven Verarbeitung des professionellen Verstehens von Bens dissozialen Verhaltensweisen und des gesamten Hilfeprozesses bei. Aufgrund der Fragestellung dieser Fallstudie soll das Fallmaterial daraufhin untersucht werden, warum Ben sich weigerte, Entwicklungsschritte zu größerer Autonomie zu machen, und welche Rolle die Interaktionen der Gruppenmitglieder spielten. Die immer wiederkehrenden Probleme werden im Rahmen der Fallanalyse vor dem Hintergrund narzisstischer, ich-struktureller und objektbeziehungstheoretischer Überlegungen verständlicher.

# 5 Die Fallanalyse

Normalerweise finden die Prozesse des Fallverstehens in der Tagesgruppe im Rahmen von Aufnahmegesprächen, Supervisionen und kollegialen Fallbesprechungen statt. Unter dem Kriterium der „Nützlichkeit“ geht es dabei darum zu klären, was gerade das Problem ist, das es zu lösen gilt (Niemeyer 1999). Im Alltag erzeugt das aktuelle Geschehen immer wieder Handlungsdruck, so dass die verstehende Aufmerksamkeit der Sozialpädagogen und -pädagoginnen situativ gebunden ist. Im Zuge der Fallanalyse wird diese Perspektive erweitert. Damit größere Zusammenhänge erkennbar werden, knüpft die folgende Rekonstruktion an das Alltagsverstehen an, das die Voraussetzung für jede erzieherische Intervention darstellt. Der Fallbericht hat einen Sinn- und Bedeutungszusammenhang hervorgebracht, mit dessen Hilfe nun wiederum komplexe Zusammenhänge der Praxis rekonstruierbar sind. Dadurch werden zwar erst im Nachhinein neue Sichtweisen auf die Fallarbeit mit Ben möglich, aber die Erkenntnisse können für ähnliche Fälle genutzt werden.

**Die Struktur und Vorgehensweise der vorliegenden Fallanalyse**

Aus jedem Teil des Fallberichts – dem Aufnahmeverfahren, der pädagogischen Arbeit mit Ben in der Tagesgruppe und mit Bens Familie – wird im Folgenden zunächst die Erfahrungsebene, der „Fall erster Ordnung“, reflektiert und interpretiert. Der Bericht hat zweifellos auch beim Leser und bei der Leserin emotionale Reaktionen provoziert, so dass nun erste Begründungszusammenhänge für das pädagogische Handeln hinzugezogen werden müssen. Der so entstehende „Fall zweiter Ordnung“ eröffnet die Möglichkeit zur Beantwortung von weiterführenden Fragestellungen, beispielweise ob bereits zu Beginn der Aufnahme eine Dynamik zum Tragen kam, die auf lebensgeschichtlich relevante nicht verarbeitete Themen der Eltern verweist, die uns nicht bekannt sein konnten. Der Fallbericht verdeutlicht darüber hinaus Situationen, die sich wie ein roter Faden durch die Betreuungszeit zogen: Hierzu zählen die latent aggressive Kontaktaufnahme Bens, das Problem der Ausgrenzung und Bens Leistungsverweigerung. Die Reflexion auf der Ebene des Falls zweiter Ordnung wird durch theoriegeleitete Wissensbestände angeleitet und beginnt mit der Suche nach einem besseren Verstehen von Bens dissozialen Verhaltensweisen. Schritt für Schritt eröffnet sich so ein Verstehensprozess, der immer größere Zusammenhänge erkennen und vom Besonderen auf das Allgemeine schließen lässt.

Die psychoanalytisch-pädagogischen Ausführungen über dissoziale Verhaltensweisen nehmen ihren Ausgang bei August Aichhorn, führen zu den

Überlegungen von Fritz Redl und David Wineman bis hin zu Donald W. Winnicotts Konzept der „antisozialen Tendenz". Volker Schmid wies daraufhin, dass die Trias von Verwahrlosung, Devianz und antisozialer Tendenz bereits eine gewisse Begriffsnot widerspiegelt. Zwar könnten gemeinsame Verhaltensauffälligkeiten unterstellt werden: „Über kurz oder lang wecken sie nämlich heftige Affekte von Ärger und Wut, rufen Gefühle von Verzweiflung und Scheitern wach" (Schmid 2001, S. 7). Die Fruchtbarkeit dieser Konzepte in Bezug auf pädagogische Kontexte wurde jedoch lange Zeit nicht weiterverfolgt (ebd., S. 9). Die genannten psychoanalytischen Autoren vertreten verschiedene theoretische Position innerhalb der Psychoanalyse, und so ist es im Rahmen dieser Fallstudie möglich, unter Berufung auf die genannten Autoren die Entwicklung von der Trieb- zur Objektbeziehungstheorie zu skizzieren. Die Objektbeziehungstheorien bestimmen weitgehend den aktuellen Stand der psychoanalytisch-pädagogischen Diskussion und bieten der Pädagogik nicht nur Anknüpfungspunkte in Bezug auf das Devianzproblem. Sie stellen zugleich Interaktionen verstärkt unter einen personengebundenen interpretativen Fokus. Diese Fallstudie zeigt, dass die Affekte und das Verhältnis der Heranwachsenden zu sich und bedeutsamen anderen Menschen, objektbeziehungstheoretisch gewendet, wichtige Hinweise für pädagogisches Handeln mit sich bringen. Des Weiteren werden Bens Verhaltensweisen im Spiegel der Geschichte seiner Eltern reflektiert.

Das Attribut „kritisch" verwende ich in dieser Fallstudie als methodologisches Prinzip. Das kritische Hinterfragen der eigenen Praxis im Rahmen der Fallanalyse leitet den Verstehensprozess, der im Sinne des hermeneutischen Zirkels das Alltagsverstehen in reflexives Verstehen und Verständigung weiterführt (vgl. Kapitel 6).

## 5.1 Die Anamnese

Zu Beginn einer Jugendhilfemaßnahme nach § 27 f KJHG steht in der Regel ein aufwändiger Abklärungsprozess des Hilfebedarfs. In der Praxis der Jugendhilfe sind daran nach § 36 KJHG der ASD, die Hilfesuchenden, Mitarbeiter und Mitarbeiterinnen der betreffenden Einrichtung sowie weitere wichtige Bezugspersonen beteiligt. Im Rahmen der anamnestischen Erhebung werden relevante Daten, die für den Hilfeprozess von Bedeutung sind, erhoben. Die Anamnese dient dem ASD und den Hilfesuchenden dazu, ein möglichst geeignetes Angebot der Hilfe für die Unterstützung der Familie oder des Heranwachsenden zu finden. Die Mitarbeitenden einer Einrichtung machen sich ein Bild von der zu erwartenden Problematik. Erst dann kann das pädagogische Angebot als eine bestimmte Form der Hilfe zur Erziehung, z.B. nach § 32 KJHG, sinnvoll bestimmt werden. Die nun folgende Untersuchung der Aufnahme Bens in die Tagesgruppe folgt der von Burkhard Müller vorgeschlagenen Phasierung der Fallarbeit in Anamnese, Diagnose und Intervention (vgl. Müller 1997). Im Rahmen der sozialpädagogischen Anamnese werden normalerweise Informationen zusammengetragen, die Aufschluss über die aktuelle Lebenssituation und Problemstellungen des Kindes und seiner Familie geben. Sie dienen später dazu, eine erzieherische und psychodynamische Diagnose (Erziehungsplanung) vornehmen zu können.

Anamnese bedeutet „Wiedererinnerung" und bezeichnet im sozialpädagogisch-kasuistischen Bereich all das, was zu Beginn einer Jugendhilfemaßnahme wichtig erscheint. Manchmal kann aber gerade das, was nicht mitgeteilt wurde, zentral und das, was übersehen wurde, relevant sein (vgl. Müller 1997). Zu Beginn eines Betreuungsprozesses innerhalb der Tagesgruppe haben die beteiligten Pädagogen und Pädagoginnen das Problem des hermeneutischen Zirkels: Fremde Lebenszusammenhänge können nur verstanden werden, wenn „das Ganze" verstanden wird. Zugleich kann aber das Ganze nie auf einmal und vollständig erfasst werden, sondern zeigt sich immer nur in konkreten und einzelnen Begebenheiten, die mehr und mehr zum Verstehen des Ganzen führen (vgl. Müller ebd., S. 22). Erst im Anschluss daran können diagnostische Hypothesen formuliert werden. Neben den allgemein formulierten Rahmenbedingungen hat jede Aufnahme ihre eigene Besonderheit. Nach psychoanalytisch-pädagogischem Verständnis sollte den spezifischen Merkmalen besondere Aufmerksamkeit zukommen.

**Die Aufnahme in die Tagesgruppe**

Die Initiative für die Aufnahme Bens in die Tagesgruppe ging von den Grundschullehrerinnen aus. Sie weigerten sich, Ben weiterhin zu unterrichten und schalteten den ASD ein. Die Mitarbeiter der Tagesgruppe waren nicht am Suchprozess nach einer geeigneten Form der Hilfe beteiligt, und die Familie sah sich unter Druck gesetzt (Fallbericht, S. 63). Im Team der Tagesgruppe führte die Interaktion zwischen Schule, ASD und Familie dazu, dass niemand tatsächlich mit der Aufnahme Bens rechnete und nicht einmal an eine Aufnahme glaubte, als es zum Informationsgespräch gekommen war. Überraschend stimmte die Familie einer Tagesgruppenbetreuung zu. Die Lehrerinnen und der ASD-Kollege waren erleichtert, als die Familie „wenigstens" die Betreuung im Rahmen der Tagesgruppenarbeit zulassen wollte. Es schien undenkbar, dass Bens Eltern einer Fremdunterbringung Bens zustimmen würden. Aufgrund der verwirrenden Interaktionen hielten wir eine unterstützende Hilfe durch die Tagesgruppe für notwendig. Wir wollten uns für diesen Jungen öffnen. Ben wurde in die Gruppe aufgenommen, ohne dass ein anamnestisches Gespräch geführt wurde. Die biografischen Hintergründe wurden nach und nach zusammengetragen. Als ich Ben an diesem Tag zum ersten Mal sah, löste er bei mir spontan Zuneigung aus und ich war neugierig auf diesen Jungen. Gleichzeitig reagierte ich auf die Grenzüberschreitung, indem ich Ben wegschickte, um zu klären, ob die Aufnahme beschlossen wurde.

**Biografische Familienanamnese**

Die Herkunft des Vaters aus ärmlicheren bäuerlichen Familienverhältnissen führte dazu, dass Herr Jelloun nach Europa immigrierte. Die frühe Heirat der Mutter, der Verlust ihrer Familie, ihre mangelnde Sprachkenntnis und das traditionelle Rollenverständnis trugen zu der Überforderung bei, die sie mit ihren vier Kindern hatte. Alle Kinder wurden innerhalb von neun Jahren in Deutschland geboren. Ben kam durch einen Kaiserschnitt zur Welt und seine Mutter erlebte Todesängste um ihn. Seit Familie Jelloun die deutsche Staatsbürgerschaft erhielt, ist sie beim ASD aktenkundig. Während meiner ersten Gespräche thematisierten Bens Eltern, dass sie sich durch den Hausbau im Herkunftsland und die finanzielle Unterstützung des Bruders von Herrn Jelloun verschuldet hatten. Die häufige Abwesenheit des Vaters durch seine Berufstätigkeit erlebten sie als Belastung. In Bezug auf die Kinder benannten Herr und Frau Jelloun anfangs keine Schwierigkeiten.

In der Grundschule beobachteten die Lehrerinnen bei allen Kindern Delinquenz, Leistungsverweigerung und -schwäche. In Bezug auf Ben galt die schnelle Erreg- und Kränkbarkeit als ein Problem. Darüber hinaus sorgte er durch sein überhebliches Auftreten und den dauerhaften Wunsch, im Mittelpunkt zu stehen, für Konflikte. Sein mangelndes Schuldbewusstsein und die Außenseiterrolle beunruhigten die Klassenlehrerin. Als Hintergrund für Bens Verhalten beschrieben die Grundschullehrerinnen die fehlende erzieherische Kompetenz und Konsequenz der Eltern, den Rückzug des Vaters aus der täglichen Erziehungsverantwortung und eine Überforderung von Frau Jelloun. Der hohe Erwartungsdruck an die Leistungsfähigkeit der Kinder, die Kinder sollten mindestens die Realschule, am besten das Gymnasium besuchen, stellte sich als Realitätsverleugnung heraus. Die Abwehrstrategien der Eltern, wie Projektionen und Schuldzuweisungen an die Schule sowie das Verleugnen der Schwierigkeiten ihrer Kinder durch Bagatellisieren, erschwerte die Kommunikation zwischen den Lehrerinnen und Bens Eltern.

In der Tagesgruppe eskalierte im Team ein Konflikt, der sich an der zukünftigen Betreuung von Ben entzündete. Die zuständige Kollegin konnte sich nicht vorstellen, Ben und seine Familie zusammen mit dem Kollegen Jens zu betreuen. Sie sah sich nicht genügend von ihm unterstützt. Da sie ihre Ablehnung an der Zusammenarbeit mit Jens festmachte und dieses Problem als ein generelles Teamproblem definierte, wurde nicht gefragt, ob ihre Verweigerung etwas mit der Dynamik der Familie Jelloun zu tun haben könnte. Wir versuchten, den Teamkonflikt intern zu lösen (Fallbericht, S. 64). Ich glaubte zunächst, die bevorstehende Aufnahme Bens sei lediglich ein Katalysator für eine ohnehin im Team vorhandene Krise, und maß einer möglichen Beteiligung Bens an der Auseinandersetzung keine weitere Bedeutung zu. Diese Sichtweise wurde mehr oder weniger vom Team geteilt und von der Supervisorin nicht widerlegt. Dennoch blieb mir unverständlich, warum die Kollegin den Konflikt an der Aufnahme von Ben festmachte. Zur Zeit der Aufnahme von Ben in die Tagesgruppe hatte ich keine Fallverantwortung für Ben, sondern übernahm diese, als Ben ungefähr vier Wochen in der Gruppe war. Seit seiner Ankunft hatte sich die Kindergruppe verändert. Einzelne Kinder und Jugendliche entwickelten ein Gewaltpotential, wie wir es bisher nicht erlebt hatten. In Bezug auf Bens Eltern machte ich die Erfahrung, dass sie zur Tagesgruppenbetreuung ambivalente Gefühle hatten, aber von den Gesprächen mit mir und dem Kollegen Ingo beeindruckt schienen. Sie konnten Ben erlauben, in die Tagesgruppe zu kommen, und nahmen sich Zeit, mit uns zu sprechen. Als mein Kollege sich aus den gemeinsamen Gesprächen wegen zeitlicher Aspekte verabschiedete, nahm auch Herr Jelloun nicht mehr regelmäßig an den Gesprächsterminen teil (Fallbericht, S. 75). Insgesamt war es jedoch möglich, das Vertrauen der Familie zu erlangen. Die kulturellen Differenzen, persönlichen Probleme und die unterschiedliche Wahrnehmung der Realität erschwerten allerdings eine Verständigung über die erzieherische Verantwortung.

## 5.2 Die sozialpädagogische Diagnose

Sozialpädagogen und -pädagoginnen bewegen sich im Hinblick auf ihre diagnostische Kompetenz auf schlecht gesichertem Terrain. Klaus Mollenhauer und Uwe Uhlendorff fanden diesen Mangel durch zahlreiche Falluntersuchungen in den neunziger Jahren bestätigt.[18] Diagnosen zu erstellen werde Ärzten und Therapeuten überlassen, obwohl der öffentliche Erziehungsauftrag nach einer Diagnostik verlange, „die die pädagogischen Handlungsspielräume und -perspektiven in den Mittelpunkt rückt“ (Mollenhauer, Uhlendorff 1999, S. 132 f). Im Unterschied zur medizinisch-psychiatrischen Diagnostik sei die sozialpädagogische Falldiagnose eine erzieherische Diagnose: „Sie stellt individuelle und allgemeine Lernaufgaben in den Mittelpunkt und versucht, pädagogische Aufgabenstellungen im Hinblick auf die pädagogischen Milieus, in denen die Jugendlichen aufwachsen, zu entwickeln“ (Uhlendorff 1997, S.168). Psychiatrische Diagnosen orientieren sich vor allem an Krankheitsbildern, die mittels therapeutischer Verfahren behandelt werden. Erzieherische Diagnosen hingegen beziehen sich auf manifestierte Verhaltensweisen, verbinden diese mit den Erfahrungen des sozialen Umfeldes und den altersbedingten Entwicklungs-

18 Mollenhauer und Uhlendorff befragten Jugendliche, die auf unterschiedliche Institutionen der Jugendhilfe angewiesen waren. Sie sollten ihre Einschätzung zum Erfolg der Maßnahme mitteilen. Viele der Befragten gaben zu verstehen, dass sie nur selten mit Pädagogen und Pädagoginnen zu tun hatten, von denen sie sich verstanden fühlten. Die Autoren folgerten, dass die sozialpädagogisch-diagnostische Fragestellung selten auf eine Verbindung von erzieherischen Aufgaben sowie Erfahrungen der Heranwachsenden und ihren subjektiven Deutungen und Erlebensweisen zielt (vgl. Mollenhauer, Uhlendorf 1999, 2000). Uhlendorff erarbeitet daher einen Interviewleitfaden, der diese Aspekte berücksichtigt (vgl. Uhlendorff 1997).

und Lernaufgaben. Das fördernde pädagogische Angebot gilt der Bildung und Ausbildung der Persönlichkeit (vgl. Mollenhauer, Uhlendorff 1999, S. 9). Auch wenn Mollenhauer und Uhlendorff keine Unterscheidung zwischen einem anamnestischen und diagnostischen Teil sozialpädagogischer Falldiagnosen machen, sind ihre Überlegungen für den Prozess der Hilfeplanung hilfreich, denn sie berücksichtigen die erzieherischen Aspekte: „Die psychosoziale Diagnose trifft Feststellungen über den erzieherischen Bedarf und Vermutungen über die zu gewährende Art der Hilfe; bei der sozialpädagogischen Diagnose wird die Interaktion zwischen Jugendlichem und Pädagogen ins Blickfeld gerückt, sie faßt sozialpädagogische Aufgaben und die Gestaltung des pädagogischen Ortes im Hinblick auf Entwicklungsmöglichkeiten ins Auge“ (Uhlendorff 1997, S. 20). Eine sozialpädagogische Diagnostik, die prozessorientiert und hermeneutisch begründet ist, sollte meiner Ansicht nach neben den erzieherischen Aspekten auch die Interaktion zur diagnostischen Erkenntnis nutzen. Die Definition von Diagnose, die von Burkard Müller vorgeschlagen wird, bezeichnet die sozialpädagogische Diagnose beispielsweise als „Durchblick“, denn bei der pädagogischen Diagnostik geht es um „ein Auseinanderlegen, Sortieren und Gewichten von Aspekten mit dem Ziel, die Frage ‚was tun?‘ zu beantworten“ (Müller 1997, S. 53). Müller hat dabei vor allem kasuistische Fragestellungen im Blick, die im Sinne des hermeneutischen Fallverständnisses der Frage folgen, was der Fall ist (vgl. Müller 1997). Dabei kann die Interaktion eine bedeutsame Quelle sein, um Erkenntnisse über die Psychodynamik eines Falls zu gewinnen. Um Interaktionszusammenhänge zum diagnostischen Erkenntnisgewinn zu nutzen, bietet die reflexive Verarbeitung der Beziehungserfahrungen die Möglichkeit, verborgene Handlungsmotive zu erfassen. Dieser Zugang zum Fallverstehen wird, so Müller, in der sozialpädagogischen Diskussion meist ausgespart. Dabei handelt es sich „um einen der Angelpunkte des sozialpädagogischen Professionalisierungsproblems“ (Müller 1991 S. 13). Die Psychoanalyse hat die subjektive Beziehung zwischen einem helfenden Experten und einem Klienten zum Gegenstand der wissenschaftlichen Auseinandersetzung und zu einem methodischen Prinzip erhoben, damit die Verhaltensebene von der Beziehungsebene unterschieden werden kann (ebd., S. 57). Das schmälert keineswegs das pädagogische Anliegen, sondern verbindet die subjektive Erlebensdimension mit pädagogischen Bildungsansprüchen. Beiden Hinweisen – Einbeziehung der subjektiven Perspektive der Betroffenen als auch die erzieherische Aufgabe als mögliche epistemologische Quelle zu nutzen – wird im Zuge der Fallanalyse nachgegangen.

### Vorläufige diagnostische Überlegungen

Da wir kein anamnestisches Interview mit Ben und seiner Familie geführt haben und ich erst später die Fallverantwortung übernahm, war ich zum Zeitpunkt der Aufnahme bereits in die Interaktion mit Ben verwickelt. Ben war mir trotz seiner anstrengenden Kontaktaufnahme sympathisch. Wie der

Fallbericht zeigt, forderte er von Anfang an meine volle Aufmerksamkeit und Kontrollfunktion, ohne selbst an eine Veränderung seines Verhaltens zu denken. So drängte sich bald die Frage auf, warum Ben zwar in der Lage schien, sich in den Mittelpunkt zu stellen, aber unfähig war, aus den Erfahrungen im Umgang mit anderen zu lernen. Er hatte Gelegenheit, die Reaktionsweisen der anderen zu spüren. Welchen tieferen Sinn machte sein Verhalten? Angesichts einer verwirrend desintegrierten Familiensituation sollte sein Verhalten später verständlicher werden. Bens Eltern signalisierten, dass sie ihre Familie als Privatangelegenheit ansahen, in die ich mich nicht einmischen sollte. Dennoch waren sie erleichtert, dass ich mich um Ben kümmerte.

*Psychodynamische Gesichtspunkte in Bezug auf Ben*
Ben zeigte massive Angst, sich auf eine Beziehung einzulassen. Gleichzeitig provozierte er, sich intensiv um ihn als Störenfried zu kümmern. Ben brauchte eine Person, die die Enttäuschungen und Abwertungen durch ihn ertrug, ohne ihn auszugrenzen und sich von ihm abzuwenden. Das richtige Maß an Nähe und Distanz musste immer wieder austariert werden.

Ben glaubte von sich, bereits alles zu können. Er brauchte einen Erfahrungsraum, um sein Selbstkonzept zu überprüfen und Fertigkeiten zu erproben.

Ben ertrug keine Frustration. Er brauchte jedoch die Erfahrung, Fehler machen zu dürfen, um Lernprozesse überhaupt erst zu ermöglichen.

Ben konnte Bedürfnisse nicht aufschieben. Er brauchte die Erfahrung und die Unterstützung darin, um soziale Kompetenzen zu erwerben.

Ben akzeptierte keine Grenzen, brauchte aber Erfahrungen mit Begrenzungen, um sich in eine Gruppe zu integrieren.

Ben griff andere an und entwertete sie. Vermutlich hatte er sehr früh enttäuschende Beziehungserlebnisse, was sich nun in der Entwertung anderer als Enttäuschungswut zeigte. Vermutlich löste „Kind-sein" das kränkende Gefühl von Minderwertigkeit und Abhängigkeit in ihm aus. Sein omnipotentes Auftreten sollte zeigen, dass er für sich alleine sorgen könne. Gefühle von Abhängigkeit versuchte Ben loszuwerden, indem er aggressiv reagierte, um damit Unabhängigkeit zu demonstrieren.

Der aggressiv-entwertende Umgang Bens mit seinen Bezugspersonen ließ mich auch auf frühkindliche Entwicklungskonflikte schließen. Vermutlich hatte er sich nicht ohne starke Verlustängste von seiner Mutter trennen können. Ben duldete über lange Zeit niemanden zwischen sich und mir. Während der Hausaufgabensituation ließ Ben nicht zu, dass ich mich auch um andere kümmerte. Ich sollte nur für ihn da sein. Wenn ich ihn allein ließ, konnte das an manchen Tagen zu einem Zusammenbruch seines psychischen Gleichgewichts führen. Dieses äußerte sich bei Ben in Form von

Wutanfällen, Leistungsverweigerung und Zerstörung von Lernmaterialien (Fallbericht, S. 68).

Ben wertete andere auch ab, um sich selbst größer fühlen zu können. Seine frühkindlichen Allmachts- und Größenfantasien schützten ihn vermutlich vor der Wahrnehmung unerträglicher Desillusionierung, nicht „der Größte und Beste zu sein“. Die narzisstische Kränkung konnte Ben kaum ertragen und Kritik und Zurückweisung ließ er anfangs nicht zu.

Ben schien unfähig Versagung auszuhalten. Alle Bedürfnisse drängten nach sofortiger Befriedigung. Wurde er in seiner Familie zu wenig beachtet oder zu sehr verwöhnt? Beides spielte in der Familie eine Rolle, wie aber war die Gewichtung?

Hinter den aggressiven Verhaltensweisen ließ sich aber auch eine ödipale Problematik vermuten, weil Ben alle angriff, die ihm als Autorität begegneten. Ben provozierte durch destruktives und aggressives Verhalten Ablehnung und Ausgrenzung, so dass er sich immer wieder bestätigt sehen konnte in seiner Wahrnehmung, ein abgelehntes und ausgeschlossenes Kind zu sein. Ben war in einer größeren Gruppe sofort überfordert, weil er sich nicht anpassen konnte.

Ben zeigte keinerlei Schuldempfinden, was seine Umgebung verärgerte und gegen ihn aufbrachte. Vermutlich musste er Gefühle von Schuld massiv abwehren, oder er hatte die innere Struktur des Überichs nur unzureichend entwickelt.

Bens auffällige Verhaltensweisen halfen ihm, auf sich aufmerksam zu machen. Er zwang seine Umwelt dazu, sich um ihn zu kümmern.

*Vorläufige diagnostische Überlegungen in Bezug auf Bens Eltern*
Vermutlich hatten Bens Eltern unterschätzt, welche Auswirkungen ein kultureller Wechsel von ihrem Heimatland nach Deutschland mit sich bringen würde. Besonders Bens Mutter war stark an traditionelle Vorstellungen aus ihrer Heimat gebunden und sprach mit den Kindern Arabisch statt Deutsch. Es kann vermutet werden, dass sie den Verlust ihrer Heimat und ihrer Familie nicht verkraftet hatte und unter dem damit verbundenen Verlust des sozialen Status und der Verunsicherung in ihrer Rolle als Mutter litt. Vielleicht weigerte sie sich unbewusst auch, in Deutschland zu leben. Sie konnten Ben nicht helfen, sich hier anzupassen.

Frau Jelloun wirkte traurig, überfordert und signalisierte, dass man sie in Ruhe lassen solle. Es ist davon auszugehen, dass die Kinder sie ähnlich wahrnahmen und sich auffällig verhielten, um auf sich aufmerksam zu machen. Zugleich schienen sie unbewusst die Mutter zu schützen, indem sie den Fokus der Aufmerksamkeit auf sich zogen.

Bens Mutter kam sehr jung in ein für sie fremdes Land und war dadurch vielleicht in eine Lebenskrise geraten. Sie hatte zwar ihre Kinder, war aber am Tag auf sich allein gestellt, weil ihr Mann arbeitete. Es gab für sie offenbar so gut wie keine weiteren Menschen, an die sie sich wenden konnte. Sie war alleine überfordert.

Bens Vater hatte alle Hände voll zu tun, die Familie finanziell zu versorgen und auch das Haus in seinem Heimatland zu ermöglichen. Von den Kindern erwartete er in erster Linie die Bestätigung, dass seine Mühen sich lohnten.

Ben und seine Geschwister wurden von den Eltern verwöhnt. Verwöhnung kann als Ersatz für fehlende, an den Kindern interessierte Auseinandersetzung dienen; in jedem Fall bindet sie Kinder an ihre Eltern. Die Kinder erlebten von klein auf mühelose Wunschbefriedigung. Sozial notwendige Triebeinschränkungen, wie das Aufschieben von Bedürfnissen, mussten nicht eingeübt werden. Den Eltern lag daran, Auseinandersetzungen und Grenzziehungen zu vermeiden. Herr und Frau Jelloun zeigten weder erzieherischen Willen noch Orientierung gebende Strukturen, um die Kinder in ihrer Eigenständigkeit zu fördern. Vielleicht sollten die Kinder gar nicht erwachsen werden?

Die häusliche Wohnsituation bot darüber hinaus keine Möglichkeit, dass die Kinder in ihren Zimmern blieben und dort auch spielten.

Bens Eltern wirkten selbst emotional bedürftig und mit ihrer Arbeit, der Haushaltsführung und dem Geldverdienen genügend belastet. Sie schienen froh, dass ich ihnen zuhörte und ihre Sorgen benannte. Konsequenzen zogen sie aus meinen Hinweisen aber nicht.

Ich sah mich vor einer schwierigen und widersprüchlichen Aufgabe: Ben und seine Eltern brauchten Unterstützung und lehnten sie zugleich ab, so dass das Angebot der Tagesgruppe nicht nur Hilfe, sondern auch eine ständige Kränkung für sie bedeutete.

*Schlussfolgerungen und Konsequenzen*
Eine Unterbringung Bens außerhalb der Familie schien anfangs unvorstellbar, da die Familienbindungen stark waren und der Wunsch nicht von der Familie geäußert wurde. Später ging es darum, die gerade wachsende Bindung zwischen mir und Ben nicht zu gefährden. Ich erlebte Ben psychisch labil und war überzeugt, dass dieser Zustand verstärkt worden wäre, wenn er zu diesem Zeitpunkt aus der Familie herausgenommen worden wäre. Die vorgetragenen Hypothesen führten zu folgenden Zielsetzungen: Ich wollte eine vertrauensvolle Atmosphäre zwischen mir und Ben aufbauen, und zu einer Entlastung Bens beitragen, indem die erzieherische Verantwortung in der Tagesgruppe übernommen wurde. Um die Vermittlung im Sinne einer besseren Einfühlung zwischen Ben und seinen Eltern sicher zu stellen, musste ich zunächst zuhören, wie sich das Leben aus Sicht der Eltern darstellte. Um zwischen ihrer erzieherischen Kompetenz und unseren Vorstellungen von erzieherischer Verantwortung zu vermitteln, musste ich sie auch beraten. Das Erzählen von den Ereignissen mit Ben, die Herstellung einer

Verbindung zwischen den Lebensfeldern Familie, Schule und Tagesgruppe war notwendig, um den Spaltungstendenzen Bens entgegenzuwirken. Des Weiteren war die Vermittlung zwischen der Grundschule und dem Elternhaus notwendig, um Ben schulisch zu fördern.

Im Umgang mit Ben ging es darum, ihn zu halten und nach Möglichkeiten zu suchen, seine Ich-Entwicklung zu unterstützen. Dies sollte erreicht werden durch den Aufbau einer tragfähigen Beziehung zu Ben, das Vermeiden von Ausgrenzung, das Aufgreifen von Konfliktsituationen und das Aufzeigen von sozial verträglichen Konfliktlösungsstrategien. Die Aufdeckungen seiner Diebstähle und Lügen, in dem Maß, wie Ben es verkraften konnte, das Einfordern von Wiedergutmachungen, wenn er einen Sachschaden verursacht hatte als auch Regel- und Grenzsetzungen vorzunehmen, soweit Ben diese verkraften konnte, waren notwendige Schritte, um Ben mit der Realität zu konfrontieren. Darüber hinaus wollten wir ihn möglichst als ein Kind und nicht als einen Jugendlichen behandeln. Er sollte in der Gruppe Angebote zur Identifizierung erhalten und Erfahrungen mit elementaren Bezügen zum Selbstwerterleben machen. Die Nachmittagsaktivitäten sollten auch die Befriedigung des narzisstischen Bedürfnisses nach eigenem Können und Selbsttätigkeit erlauben.

**Kritischer Rückblick**

Der Handlungsdruck, den Ben und seine Familie auf die soziale Umgebung ausübten führte dazu, dass immer wieder Sondersituationen geschaffen wurden. Schon bald deutete sich an, dass Ben entweder als Opfer oder als Aggressor angesehen wurde. Obwohl sich die Gleichaltrigen ihm gegenüber zur Wehr setzten und er mit Hilfe der zahlreichen Konfliktgespräche hätte erkennen können, wie sein Verhalten andere gegen ihn aufbrachte, fühlte Ben sich fortlaufend als Opfer. Soziales Lernen aus Erfahrung schien nicht möglich. Ben hatte keinen Leidensdruck, etwas bei sich zu ändern, zeigte keine Einsicht in seine Schwierigkeiten und hatte kein schlechtes Gewissen, wenn er offensichtlich log. Wenn Ben überhaupt litt, dann unter unseren ihm ungerecht und unangemessen erscheinenden Reaktionen. Das zeigte sich am deutlichsten, wenn er seine Diebstähle nicht zugab oder leugnete, Hausaufgaben bekommen zu haben. Es tauchte immer wieder die Frage auf, ob wir Ben tatsächlich helfen konnten. Indem wir ihm Grenzen aufwiesen, wiederholten sich für Ben Situationen, in denen er der Ausgeschlossene war. Die sich daran anschließende Wut schien ihm nun nur allzu berechtigt. Bei Wutausbrüchen machte Ben keine Unterschiede, ob es sich dabei um Gleichaltrige oder Erwachsene handelte, ob diese Personen ihm nahe standen oder entfernt mit ihm zu tun hatten. Differenzen schien er gar nicht wahrzunehmen. Ohne vorangegangene oder anschließende Auseinandersetzung hielt Ben sich an keine Regel. Er schien Regeln gar nicht zu kennen.

Als die Entscheidung gefällt werden musste, auf welche Schule Ben nach der Grundschulzeit gehen sollte, plädierte ich für die Aufnahme in die Sonderschule für Erziehungshilfe. Das sonderpädagogische Gutachten unterstrich, dass Ben zwar überdurchschnittliche Intelligenz zeige, aber aufgrund einer narzisstischen Problematik nicht in der Lage sei, die erforderlichen Leistungen zu erbringen. Als familiale Ursache zog der Gutachter in Betracht, dass Ben sich seines Platzes nicht sicher sei und Gefühle von Wertlosigkeit, Unsicherheit und Haltlosigkeit durch die Illusion von Größenvorstellungen abwehre. Seine Verhaltensweisen könnten als provokativer Hilferuf nach fürsorglicher Unterstützung und Halt interpretiert werden (Fallbericht, S. 87). Dieser Beurteilung stimmte ich zu. Ich hatte jedoch ein Problem zu lösen: Wie sollte ich Ben, der massive Schwierigkeiten zeigte, sich auf die Beziehung zu mir einzulassen – von Beziehungen zu anderen Erwachsenen in der Gruppe ganz zu schweigen –, Halt und Sicherheit vermitteln? Grenzziehungen deutete er als Angriff und eine positive Zuwendung wies er anfangs zurück. Die einzige Gewissheit, auf dem richtigen Weg zu sein, war, dass Ben regelmäßig zur Gruppe kam und bis zum letzten Tag keine Auseinandersetzung nutzte, um seine Eltern zu bewegen, ihn aus der Tagesgruppe abzumelden. Diese Beobachtung war damals die einzige Grundlage dafür, dass ich darauf vertraute, Ben ein verlässliches Beziehungsangebot zu machen, das vielleicht später auch Konfrontationen meinerseits zulassen würde. Eine frühzeitige Beendigung der Betreuung durch mich hätte ihn nur darin bestätigt, dass es keiner mit ihm aushält. So ging es darum, die Affekte, die Ben auslöste besser zu verstehen. Das Aushalten der zugewandten und aggressiven Empfindungen, sowie das Ertragen von Ohnmacht, ist ein wichtiger Weg, um einem Kind wie Ben die Möglichkeit zur nachreifenden Entwicklung zu geben und nicht selbst zu agieren. Meines Erachtens kommt es darauf an, wie die Pädagogen das ihnen entgegengebrachte Verhalten interpretieren. Da jeder Mensch vor dem Hintergrund des affektiven Erlebens narzisstischer-, triebdynamischer und interpsychischer Aspekte reagiert, ist es immer wieder nötig, die eigene und fremde Handlung zu reflektieren. Aufgrund der Gleichzeitigkeit unterschiedlicher Handlungsmotive kommt es zu den verschiedenen Reaktionen und der Schwierigkeit, auf das in einer Situation vorherrschende Motiv „richtig" zu reagieren. Das reflexive Verstehen der aktuellen Beziehungsdynamik kann jedoch zu einem bewussteren Umgang mit sich und anderen beitragen. Meine Erfahrungen mit Ben, wenn wir mit ihm Lügen und Diebstähle aufzuklären versuchten, und seine in diesem Zusammenhang zu beobachtenden aggressiven Leugnungsstrategien nahm ich zum Anlass, mich nochmals intensiv mit dem Problem der „Verwahrlosung" und Dissozialität zu beschäftigen.

## 5.3 Theoretische Zugänge zur Dissozialität

In der sozialwissenschaftlichen Diskussion werden Verhaltensweisen, wie Ben sie zeigte, nicht mehr unter dem Verwahrlosungsbegriff, sondern unter „abweichendem“ bzw. „deviantem“ oder „dissozialem“ Verhalten diskutiert. Als Sammelbegriff werden darunter Verhaltensweisen definiert, die mehr oder weniger deutlich von gesellschaftlich gültigen Normen abweichen. In der Folge führt das Verhalten zu sozialen Integrationsstörungen. Gleichzeitig ist das Verhalten ein Lösungsversuch, um ein individuelles Problem zu bearbeiten (vgl. Bohl 1987, s.a. Brusten 1981). Daneben wird der Begriff „Verhaltensauffälligkeit“ bzw. „Erlebnisstörung“ verwendet, um auf die psychologischen Dimensionen einer Störung der Person-Umwelt-Beziehung hinzuweisen, die sich in devianten Verhaltensweisen ausdrücken (vgl. Seitz 1998). Im Rahmen dieser Fallstudie verwende ich den Begriff des dissozialen Verhaltens und folge damit dem Vorschlag von Harm Stehr, in Anlehnung an Donald W. Winnicotts Terminus der „antisozialen Tendenz“ von Dissozialität zu sprechen, um die der antisozialen Tendenz anhaftende Bezogenheit zu unterstreichen: „Wegen dieser sozialen Bezogenheit sprechen wir heute eher von dissozialen als von ‚antisozialen‘ Tendenzen“ (Stehr 1998, S. 467). Nach Lothar Böhnisch stellt das abweichende Verhalten eine Form individuellen Bewältigungsverhaltens dar: „Für das pädagogische Verstehen von abweichendem Verhalten gilt, daß dieses solchermaßen öffentlich etikettierte und sanktionierte Verhalten in seinem Kern auch als Bewältigungsverhalten, als subjektives Streben nach situativer und biografischer Handlungsfähigkeit und psychosozialer Balance in kritischen Lebenssituationen und -konstellationen erkannt wird“ (Böhnisch 1999b, S. 11). Für den pädagogischen Umgang mit aggressiven, dissozialen Kindern kann aber auch auf die bereits in den 20er Jahren des 20. Jahrhunderts begründete psychoanalytisch-pädagogische Tradition von August Aichhorn, Fritz Redl und David Wineman zurückgegriffen werden. Die psychoanalytische Sichtweise von Aichhorn prägte ein für die damaligen Verhältnisse neues Verständnis und basierte auf der von Freud entwickelten Triebkonflikttheorie[19]. Die Triebausstattung des Menschen und die durch sie ausgelösten Konflikte stellen nach Freud eine bedeutende Motivation psychischer Vorgänge dar, die sich im Verhalten eines Menschen niederschlagen (vgl. Freud 1997 (1923), S. 84 f, s.a. Laplanche, Pontalis 1992, S. 45).

19 Von Konflikt spricht die Psychoanalyse, wenn sich im Subjekt gegensätzliche innere Forderungen gegenüberstehen, die sich auf verschiedene unzulässige Wünsche beziehen (vgl. Laplanche, Pontalis 1992, S. 257).

### *5.3.1 August Aichhorns Theorie der „Verwahrlosung"*

Nach den Beobachtungen von August Aichhorn (1878-1949) stammten „verwahrloste Kinder" meist aus zerrütteten Elternhäusern und waren dort übergroßer Strenge oder sogar Ablehnung ausgesetzt. Das Phänomen Verwahrlosung tritt jedoch auch dann auf, wenn Kinder von ihren Eltern überfürsorglich behandelt und verwöhnt werden, wenn ihnen alle Mühen aus dem Weg geräumt werden. Früher oder später machen sie die Erfahrung, dass das Leben nicht nur nach dem Lustprinzip funktioniert. Ein stark verwöhnender Erziehungsstil kann dazu führen, dass Kinder auffällig oder deviant reagieren, weil sie die Zurücksetzung und die Kränkung ihrer Triebwünsche nicht ertragen. „Das Studium der Übertragung beim Verwahrlosten zeigt uns regelmäßig in dessen erster Kindheit ein gestörtes Liebesleben dadurch, dass sein Liebesbedürfnis zu wenig befriedigt oder übersättigt worden ist" (Aichhorn 1951 (1925), S. 103). Aichhorns Theorie über Verwahrlosungsphänomene basiert auf der diagnostischen Annahme, das auffällige Verhalten der Kinder als eine subjektiv sinnvolle psychische Reaktion der Wirkung innerseelischer Kräfte zu verstehen: „Verbleiben wir in der psychoanalytischen Denkrichtung, dann führt uns diese Auffassung vom Wesen der Verwahrlosungsäußerung dazu, in ihr das wohldeterminierte Ergebnis psychischer Abläufe zu erkennen, an denen jedesmal auch irgendwie Erregungsgrößen, Affektbeträge, beteiligt sind" (ebd., S. 58). Er teilt die dynamische Betrachtungsweise der Psychoanalyse Freuds, körperliche und seelische Vorgänge als Wechselspiel bewusster und unbewusster Konflikte aufzufassen, ausgelöst durch gegensätzliche Triebkräfte, die auf Wunsch- und Lustbefriedigung ausgerichtet sind. Damit führte Aichhorn eine neue Sichtweise in die zeitgenössische Fürsorgediskussion ein, die sich als Streit um Anlage oder umweltbedingte Ursachen einseitig festgelegt hatte. Lügen, Stehlen, Selbst- und Sachbeschädigungen, Weglaufen etc. gilt nach Aichhorn als manifester Hinweis auf einen dahinter liegenden, latent vorhandenen, unbewussten Konflikt, der das Kind zwingt, sich so auffällig zu verhalten. Solange die seelisch unbewusste Quelle des Konflikts nicht erkannt ist, kann dem Kind nicht wirklich geholfen werden (ebd., S. 34). Nach Aichhorn ist verwahrlostes Verhalten eine Form der Wunscherfüllung. Es kann aber auch eine Reaktion auf frustrierende, libidinös enttäuschende Erfahrungen mit wichtigen Bezugspersonen darstellen. Das verwahrloste Verhalten kann schließlich durch eine Identifizierung des Kindes mit einer wichtigen Bezugsperson motiviert sein, der es durch sein Tun nahe sein möchte. Verhaltensauffälligkeiten können durch ein traumatisches Ereignis ausgelöst werden, worunter die Psychoanalyse ein intensives Ereignis versteht, das durch starke Affekte, Angst oder erschreckende Situationen gekennzeichnet ist und das subjektiv nicht verarbeitet werden kann (vgl. Laplanche, Pontalis 1992, S. 520). In diesem Zusammenhang stellt das Verhalten eine Verschiebung dar, die vor dem schmerzlichen Wiedererinnern eines Ereignisses schützt. Auch ambivalente Gefühlsregungen gelten Aichhorn als Auslöser verwahrlosten Verhaltens. So können z.B. Rachegefühle und die dem Impuls widersprechenden ambivalenten liebevollen Gefühle ein delinquentes Verhalten auslösen. Damit wird das Stehlen quasi zum Symptom, das den inneren Kompromiss darstellt, mit widerstreitenden Impulsen zurechtzukommen (vgl. Aichhorn 1951, S. 32). Nicht zuletzt weist Aichhorn auf die Möglichkeit hin, dass ein zugrunde liegender ungelöster ödipaler Konflikt das ausbleibende Schuldgefühl verursacht. Wenn das Überich bzw. das Ich-Ideal nicht ausreichend entwickelt ist, sind Normen und positive Identifizierungen mit Vater oder Mutter nicht verinnerlicht worden (ebd., S. 74 f).

Zur pädagogischen Behandlung schlägt Aichhorn die Herstellung einer positiven Übertragungsbeziehung vor, die die Kinder libidinös bindet und ihre emotionalen Bedürfnisse im Blick behält. Für eine Konfrontation und Grenzziehung muss der richtige Zeitpunkt abgewartet werden: „Typisch für jeden Verwahrlosten ist die geringe Fähigkeit, Triebregungen unterdrücken und von primitiven Zielen ablenken zu können, sowie die ziemliche Wirkungslosigkeit der für die Gesellschaft geltenden sittlichen Normen; dazu kommt für den weitaus größten Prozentsatz der Fürsorgeerziehungszöglinge ein offener Konflikt mit der Gesellschaft als Folge eines in der Kindheit unbefriedigt gebliebenen Zärtlichkeitsbedürfnisses. In Erscheinung tritt gesteigerter Lusthunger, primitive Form der Triebbefriedigung, Hemmungslosigkeit und verdecktes, aber desto größeres Verlangen nach Zuneigung. Soll die Verwahrlosung behoben, sollen nicht nur deren Äußerungen unterdrückt werden, so bleibt nichts, als zuerst auf die Bedürfnisse der Dissozialen einzugehen, auch wenn es am Anfang ein wenig wüst zugeht, und ‚verständige Menschen' darüber den Kopf schütteln“ (ebd., S. 129 f). Aichhorn propagiert eine an Selbsterleben und Vorbild orientierte pädagogische Haltung, damit die Heranwachsenden Identifikationsangebote nutzen können. Seine Vorschläge zum Umgang mit Kindern werden aus heutiger Sicht jedoch kritisch diskutiert, weil er die aggressiven Impulse und negativen Übertragungen nicht analysierte, sondern agieren ließ (vgl. Trescher 1992, S. 59 f). Aichhorns Leistung liegt darin, dass er als Erster zeigte, wie aus einer psychoanalytischen Perspektive pädagogische Arbeit mit Verwahrlosten betrieben werden kann (vgl. Wegner 1995, S. 17). Zu Beginn der 30er und 40er Jahre des vergangenen Jahrhunderts wurde die psychoanalytische Theoriebildung und damit auch die Trieb-Konflikttheorie zunehmend ausdifferenziert. Das ermöglichte Fritz Redl und seinen Mitarbeitern und Mitarbeiterinnen das Problem der Verwahrlosung und Dissozialität aus ichpsychologischer Perspektive zu analysieren und neue pädagogische Umgangsweisen zu entwickeln (vgl. Redl, Wineman 1979 (1951)).

### 5.3.2 *„Kinder, die hassen" – aggressiv-auffällige Kinder aus ich-psychologischer Perspektive*

Die Ich-Psychologie entwickelte sich in den 30er Jahren des 20. Jahrhunderts federführend durch Anna Freud (1895-1982) und Heinz Hartmann (1894-1970). Das Ich wurde nun nicht mehr nur in der Funktion der Vermittlung zwischen Triebwünschen und Überich-Normen konzipiert (Konflikttheorie), sondern galt zudem als zentrale psychische Regulierungsinstanz für den Umgang eines Menschen mit der Realität und der Anpassung an diese. Zugleich wurde ihm die Aufgabe des psychischen Abwehrsystems zur Aufrechterhaltung des innerpsychischen Gleichgewichts zugeschrieben.

**Die Ich-Funktionen**

Freud hat die Genese des Ich in enger Verbindung zum Es konzipiert. Das Ich als eine der drei psychischen Instanzen entwickelt sich in der Auseinandersetzung des Kindes mit der äußeren Umwelt und durch biologische Reifungsprozesse, wie etwa der Entwicklung der Wahrnehmungsfähigkeiten oder des Denkens und der Abwehrstruktur (vgl. Laplanche, Pontalis 1992, S. 184 f). Die wichtigsten Ich-Funktionen sind die Beherrschung der Motilität und die Sprachentwicklung, die Gedächtnisfunktion, die Fähigkeit zur Realitätsprüfung als synthetische Funktion, die Denkfähigkeit in Bezug auf die Traum- und Symbolbildung und die Fähigkeit zum rationalen Denken (vgl. A. Freud 1993 (1968), S. 30). Von der Differenzierung der Ich-Leistungen hängen wesentliche Anpassungsfähigkeiten an die Umwelt ab. Um die Aufgabe der synthetischen Realitätsprüfung zu übernehmen, muss sich das Ich der Vorherrschaft des Lustprinzips widersetzen lernen und dem Realitätsprinzip folgen. Das Realitätsprinzip wird von Hartmann als ein funktionales Anpassungsprinzip beschrieben, das durch die Reifung des Ich die Vorherrschaft des Es (Lustprinzip) zurückdrängt (vgl. Hartmann, 1960, S. 113 f). Über den Prozess der Introjektion (Verinnerlichung) und den der Identifikation (Übernahme von Eigenschaften eines bedeutsamen Anderen) versucht ein Kind, sich den gegebenen Umständen und Anforderungen der Umwelt anzupassen. Diesen wichtigen Vorgang bezeichnet Hartmann als synthetische oder integrative organisierende Funktion des Ich. Hartmann trug wesentlich dazu bei, dass die Ich-Psychologie nicht nur Konfliktpsychologie[20] blieb, sondern dass Anpassungsleistungen des Ich stärkere Be-

---

20 Nach Freud entsteht eine Neurose vor dem Hintergrund eines psychischen Konfliktes, wenngleich nicht alle Konflikte neurotische Entwicklungen zur Folge haben. Hierzu zählen vor allem die Entwicklungskonflikte. Anna Freud unterscheidet Konflikte in „äußere", „innere" und „verinnerlichte" Konflikte. Ein innerer Konflikt basiert auf der Polarisierung verschiedener Triebimpulse im Es. Der Ambivalenzkonflikt, der für das Ich charakteristisch ist, zählt ebenfalls zu den inneren Konflikten. Verinnerlichte Konflikte sind dagegen Konflikte, die durch Auseinandersetzung mit der Umwelt entstehen und sich dann zwischen den psychischen Strukturen des Es-Ich und dem Überich abspielen (vgl. Holder 1999, S. 386).

rücksichtigung erfuhren. „Das, was lustvoll ist, ändert sich mit der Ich-Entwicklung, und die Lustmöglichkeiten, welche das Ich, seine Funktionen und seine Apparate auf den verschiedenen Stufen gewähren, sind gewiß von nicht zu unterschätzender Bedeutung für seine Organisationsfestigkeit, seine Durchschlagskraft, überhaupt für die Art und das Ausmaß seines Funktionierens (Synthese, Abwehr, Verarbeitung, Lernfähigkeit usw.)" (ebd., S. 117). Zwischen den psychischen Instanzen des Es und Ich können nach Freud Konflikte entstehen, die in enger Verbindung mit Angst neurotische Verhaltensweisen auslösen. Um das seelische Gleichgewicht nicht zu verlieren wird dann die psychische Abwehr eingesetzt. Wie das Ich im Laufe der Entwicklung „durch Erfahrung lernt, in zunehmendem Maße Angst und Spannungen zu ertragen, ist ein vielbehandeltes Thema der Ich-Psychologie" (ebd., S. 119). Das Ich gilt also als Ort der Widerstände und Abwehrmechanismen. Die Ich-Entwicklung wurde als ein einerseits biologischer Reifungs- und andererseits erfahrungsbedingter Entwicklungsprozess verstanden. An dieser Stelle setzt die psychoanalytisch-pädagogische Überlegung von Fritz Redl und David Wineman ein, denn im pädagogischen Alltag können Kindern Möglichkeiten zur Ich-Stärkung und Ich-Entwicklung geboten werden.

Fritz Redl (1902-1988) lernte, bevor er 1936 in die USA emigrierte, Anna Freud in Wien kennen. Bei August Aichhorn hatte er Supervision und mit ihm zusammen engagierte er sich für den Aufbau der Erziehungsberatungsstellen in Wien (vgl. Fatke 1995b, S. 83 f). In den Vereinigten Staaten folgte Redl zusammen mit David Wineman in seiner praktischen Arbeit mit „Kindern, die hassen", den ich-psychologisch relevanten pädagogisch-therapeutischen Überlegungen Anna Freuds. Redl und seine Mitarbeiter hielten mit Aichhorn daran fest, dass Erziehung einer festen libidinösen Bindung zwischen einem Kind und seiner Bezugsperson bedarf, wobei aus ihrer Sicht das pädagogische Verhältnis zur Stärkung der Triebkontrolle durch das Ich der Probanden genutzt werden sollte. Im Gegensatz zu Aichhorn betont Redl die Notwendigkeit des Grenzen-Setzens, um den Zusammenbruch von Ich-Funktionen zu verhindern. Um diese Aufgabe zu leisten, erarbeitet Redl Techniken, um mit Kindern erträgliche Triebeinschränkungen einzuüben. Redl und Wineman sind der Meinung, dass „Kinder, die hassen" sich entsprechend ihrem Erleben verhalten und dann Ablehnung erfahren. Der Umgang mit dissozialen Heranwachsenden und deren Hass erfordert einen schützenden und Orientierung bietenden Rahmen einer pädagogischen Institution, weil ihre Zerstörungswut und die aufgestauten Aggressionen das Selbstkontrollsystem des Ich intrapsychisch bedrohen. Daher wird eine therapeutische Behandlung subjektiv meist als zu gefährlich erlebt. Ein Teil des Hasses, so Redl, wird zur Abwehr des Verlustes der Selbstkontrolle genutzt. Dieser intrapsychische Abwehrvorgang lässt die Kinder, die hassen, schnell zu solchen werden, die keiner will (vgl. Redl, Wineman 1979 (1951), S. 25). Bernd Ahrbeck unterstreicht, dass stark aggressive Kinder besondere pädagogische Hilfe nötig haben, denn ein analytisch aufdeckendes, konfrontierendes Vorgehen kann bei ihnen psychotische Ängste mobilisieren: „Neben der angestrebten Ich-Stärkung geht es auch darum, das archaische Über-Ich mit seinen oft grausamen Inhalten intrapsychisch zu integrieren. Es gilt zunächst, die kindliche Persönlichkeit in diesem Sinne umfassend zu stabilisieren, bevor psychoanalytisch aufdeckend, das heißt Verdrängtes bewußt machend, gearbeitet werden kann“ (Ahrbeck 1992, S. 224). Sehr aggressive Kinder, das beschreibt bereits Redl, haben ein starkes Bedürfnis nach Liebe und Zuneigung, können es aber nicht ertragen, wenn ihnen jemand beides tatsächlich entgegenbringt. Die Erfüllung dieses Wunsches bedroht nämlich wiederum ihre Abwehr: Obwohl die Kinder sich nach liebevoller Zuwendung sehnen, fürchten sie sich gleichzeitig davor. Von ihren zuneigenden Gefühlen zu wichtigen Bezugspersonen können sie regelrecht „überschwemmt“ werden. Außerdem kennen viele dieser Kinder bereits missbräuchliche Erfahrungen und rechnen mit einer erneuten sie enttäuschenden Beziehung. Aus diesen Gründen können sie nicht ohne weiteres in Kontakt zu einem Gegenüber treten. „Im Hintergrund kann zum Beispiel die unbewußte Befürchtung stehen, den eigenen Triebimpulsen nicht gewachsen zu sein und die Kontrolle über sich zu verlieren oder sich den Wertmaßstäben der Erwachsenen bedingungslos unterwerfen zu müssen“ (ebd., S. 225). Die Wirkung solcher Fantasien vermutete ich auch in Bezug auf Ben und seine Beziehung zu mir.

Im Falle devianter Verhaltensweisen glauben Redl und Wineman, dass das Kind durch das Abwehren von Schuldgefühlen[21] versucht, einen inneren Konflikt zwischen dem Gewissen (Überichinstanz) und den Versuchungen der äußeren Realität von sich fern zu halten. Aichhorn führt das Ausbleiben des Schuldgefühls auf eine mangelhaft entwickelte psychische Struktur zurück. Diese Autoren untersuchen das Phänomen eines Ich, das seine Funktion der Abwehr erfüllt; die Ich-Funktion im Dienste der Triebverteidigung: „Kurz gesagt, anstatt seine Aufgabe zu erfüllen und nach einer Synthese zwischen Wünschen, Forderungen der Realität und dem Einfluß sozialer Wertvorstellungen zu suchen, ist das Ich in diesen Augenblicken vollständig auf der *Seite der Triebhaftigkeit*. Es wirft sich mit seinem ganzen Gewicht darauf, die Triebbefriedigung möglich zu machen, sowohl gegen die Außenwelt als auch gegen alles, was von seiner eigenen Stimme des Gewissens übriggeblieben sein mag“ (Redl, Wineman 1979 (1951), S. 147). Zahlreiche Verleugnungsstrategien dienen dazu, das schlechte Gewissen abzuwehren, so dass in der aktuellen Beziehung tatsächlich kein Schuldgefühl spürbar wird. Die von den Kindern verwendeten Strategien werden von den Autoren eindrucksvoll beschrieben, und jeder Pädagoge und jede Päda-

21 Das Schuldgefühl wird innerhalb der psychoanalytischen Theorie als affektiver Zustand begriffen, der auf eine eigentlich zu tadelnde subjektive Handlung folgt oder in Folge eines diffusen Gefühls von Selbstwertverlust aufkommt (vgl. Laplanche, Pontalis 1992, S. 458).

gogin kann zahlreiche eigene berufliche Erfahrungen aus der Arbeit mit Heranwachsenden darin wiedererkennen (vgl. Redl, Wineman 1979 (1951), S. 149 f).

**Die Abwehr als psychischer Bewältigungsmechanismus**

Die Abwehr zählt zum zentralen Baustein der dynamischen Auffassung der Psychoanalyse und wird von Anna Freud als Bezeichnung „für das Sträuben des Ichs gegen peinliche oder unerträgliche Vorstellungen und Affekte verwendet“ (A. Freud 1989 (1936), S. 35). Im Umgang mit dissozialen Menschen spielt sie eine bedeutende Rolle. Die Abwehrtechniken des Ichs werden heute in „primitive“ und „reife“ Formen der Abwehr differenziert. So zählen Spaltung, Projektion, projektive Identifizierung, Verleugnung, Idealisierung, Omnipotenzfantasien und Reaktionsbildung zu den Mechanismen, die dem Ich bereits früh zur Verfügung stehen. Die Verdrängung, Sublimierung, Intellektualisierung, Rationalisierung etc. kommen später hinzu, wenn das Ich weiterentwickelt ist.

Melanie Klein (1882-1960) entdeckte, dass durch die Abwehrform der Spaltung, eine primitive, d.h. archaisch unreife Form der Abwehr, wichtige Teile der äußeren Realität und des eigenen Gefühlslebens voneinander abgespalten werden (vgl. Klein 1960, s.a. A. Freud 1989, S. 36 f; Rauchfleisch 1999, S. 55, Kernberg 1998, S. 44 f). Deshalb sind Menschen, deren Abwehr hauptsächlich auf dem frühen Niveau der Spaltung organisiert ist, sehr schwer therapeutisch zu behandeln. Die Verdrängung, die als reifere Form der Abwehr gilt und mit deren Hilfe starke Triebregungen kontrolliert werden, folgt einem anderen Prinzip: Verhindert die Spaltung, dass ein äußerer Konflikt verinnerlicht wird, basiert die Verdrängung auf dem verinnerlichten Konflikt[22]. Bei der Spaltung wird der Konflikt als ein externalisierter erlebt, ohne einen Zusammenhang zum eigenen Selbsterleben herstellen zu können. Anstatt denkend eine Situation oder die eigenen Reaktionsmöglichkeiten innerlich durchzuspielen, erfolgt eine Handlung: Statt die Inhalte des Konflikts zu erleben, um sich dann damit auseinandersetzen zu können, ersetzt das impulsive Handeln diese Aufgabe – es kommt zum Agieren wie bei Ben (vgl. Rauchfleisch 1999, S. 59). Udo Rauchfleisch weist darauf hin, dass das Handeln aber nicht nur als Folge von Triebimpulsen oder Abwehrvorgängen aufgefasst werden darf, sondern auch vielfältige Schutz-, Ausdrucks- und Kompensationsfunktionen narzisstischer Art erfüllt. Ein stark affektgesteuertes Handeln ist, so Rauchfleisch, Kommunikation, die eine noch nicht mögliche Verbalisierung ersetzt: „Das handlungsmäßige Inszenieren innerseelischer Konflikte in der Außenwelt stellt oft auch den Versuch dar, auf diese Weise *Vorgänge symbolisch* auszudrü-

---

22 Internalisierte Konflikte entstehen aus „gegensätzlichen Zielen, die die verschiedenen Strukturen von Es, Ich und Über-Ich verfolgen. Auf dem Weg der Identifizierung mit seinen emotional wichtigsten Objekten internalisiert das Kind die Erwartungen, Gebote und Verbote seiner Umwelt“ (Holder 1999, S. 388).

cken, die von so zentraler Bedeutung für die Patientinnen und Patienten sind und immer wieder von so überwältigenden Gefühlen begleitet werden, daß sie sie nicht zu verbalisieren vermögen. In ihrem Handeln artikulieren sie *präverbale Erfahrungen*" (ebd., S. 64 f). Handeln, das vor dem Hintergrund einer Spaltung oder einer projektiven Identifikation geschieht, eröffnet in der sozialen Umwelt immer wieder Situationen, die der Handelnde bereits früher als frustrierend, vielleicht auch traumatisierend erlebt hat.

Die Kritik an Redls ich-psychologisch fundierten pädagogischen Überlegungen bezieht sich vor allem darauf, dass die von den psychoanalytischen Pädagogen geforderte Ich-Unterstützung ein hohes Maß an Beziehungsfähigkeit voraussetzt, über das gerade diese Kinder nicht verfügen. Redl und Wineman beleuchten den Beziehungsaspekt zu wenig, der bei vielen dissozialen Heranwachsenden eine wichtige Rolle spielt. Diese Lücke wird durch die Objektbeziehungstheorie geschlossen (vgl. Heinemann 1992, S. 13 f). Freuds Topik wurde ebenfalls erweitert. Das Ich, das sich aus dem Es heraus entwickelt, bildet sich etappenweise in Form von Abhängigkeiten zu Imagines, die durch frühe Beziehungen des Säuglings zu seinen wichtigen Bezugspersonen geprägt werden und in der Sprache der Theorie als Objektrepräsentanzen beschrieben werden. Vor dem Hintergrund der Spaltung, die die Entwicklung sozialer Kompetenzen erheblich einschränkt, stellt das auffällige Verhalten Bens unbewusst eine Grundstörung der Selbst- und Objektrepräsentanzen dar.

### *5.3.3 „Die antisoziale Tendenz" bei Donald W. Winnicott*

Im Rahmen der Objektbeziehungstheorie wird die Entwicklung der frühen Interaktionsprozesse zwischen einem Säugling und seinen Bezugspersonen als Voraussetzung zur Beziehungsfähigkeit eines Menschen konzeptualisiert. Dabei spielt die frühe Erfahrung des Kindes mit seiner Mutter eine wichtige Rolle, denn auf dieser Grundlage bilden sich die intrapsychischen Strukturen, die das Leben jedes Menschen bestimmen. Für Edith Jacobson trägt die Interaktion zwischen einer Mutter und ihrem Säugling sowie die biologischen Reifungsprozesse und Triebanforderungen, denen das Ich ausgesetzt ist, dazu bei, das Ich[23] auszubilden (vgl. Jacobson 1998).

---

23 Nach Jacobson setzt das System Ich erst mit der Welt der Entdeckung der Objekte und deren Unterscheidung in Selbst- und Objektrepräsentanzen ein. Als Repräsentanzen gelten in der psychoanalytischen Literatur die inneren subjektiven Bilder des Erlebens von sich selbst und den Objekten (vgl. Jacobson 1998, S. 30-31). „Die intrapsychischen Repräsentanzen, die Welt der inneren Objekte, sind kein direktes Abbild von objektiv beschreibbaren Phänomenen, sondern die Folge eines höchst individuellen Verarbeitungsprozesses. So führen vergleichbare äußere Ereignisse zu einem interindividuell ganz unterschiedlichen Erleben und entsprechend zur Bildung einzigartiger intrapsychischer Repräsentanzen" (Ahrbeck 1992, S. 227).

René Spitz, Melanie Klein und vor allem Donald W. Winnicott hatten begonnen, Beobachtungen von Babys zu systematisieren und zu einer Theorie der Bildung einer inneren Struktur von Objektbeziehungen zu formulieren, an der die Bezugsperson des Kindes beteiligt ist.

Aichhorn, Redl und Wineman berücksichtigten in erster Linie Triebaspekte und die soziale Umwelt in ihrer Bedeutung als äußere Reizquelle für die Entwicklung dissozialer Verhaltensweisen. Theoretisch erfassten sie die Wirkung der emotionalen Beziehung noch nicht, die als strukturbildendes Moment für die Ausbildung des Selbstgefühls und Selbstwertempfindens eines Menschen mit verantwortlich ist. Aus objektbeziehungstheoretischer Sicht stellt dissoziales Verhalten eine Antwort auf Erfahrungen mit wichtigen Bezugspersonen dar, richtet sich auf diese und ist Ausdruck einer als mangelhaft erlebten sozialen Umwelterfahrung des Kindes.

**Die „antisoziale Tendenz“ als ein Zeichen für Hoffnung**

Der englische Kinderpsychiater Donald W. Winnicott (1896-1971) eröffnete mit seiner Theorie der „antisozialen Tendenz“ eine weitere Ergänzung zum triebdynamisch- und ich-orientierten Blick, den die Pioniere der psychoanalytischen Pädagogik bereits entwickelt hatten. Winnicott, der intensiv das Mutter-Kind-Verhältnis erforschte, lässt die Bedeutung der Beziehung des kleinen Kindes zu seinem Vater außen vor. Die Bedeutung des Vaters für die psychosoziale Entwicklung des Kleinkindes wurde erst in jüngster Zeit bearbeitet.

Nach Winnicott ist dissoziales Verhalten keine Diagnose, sondern ein Symptom für ein gestörtes Mutter-Kind-Verhältnis. Psychodiagnostisch ist Deprivation die Grundstörung, auf die das Kind reagiert. Durch Stehlen, Lügen, Bettnässen, Gier oder „sonstige Unordentlichkeiten“ will das Kind die soziale Umwelt auffordern, seinen Verlust und das Mangelerleben zu beheben. Im Vordergrund der Aufmerksamkeit sollte somit nicht das Verhalten stehen, sondern das Ausmaß des Ärgernis-Potentials, das ein Kind mit seinem Verhalten auslöst: „Das Kind nützt dieses ‚Ärgernis-Potential‘ aus; das ist keine Sache des Zufalls. Ein Großteil der Motivation ist unbewußt, aber nicht notwendigerweise die ganze“ (Winnicott 1997a (1958), S. 238). Winnicott erkennt in der antisozialen Tendenz des Kindes ein Zeichen für Hoffnung. „In der Phase der Hoffnung zeigt das Kind eine antisoziale Tendenz“ (ebd., S. 234). „Vielleicht“, so Winnicott, „ist nichts weiter geschehen, als daß die Mutter in einem kritischen Augenblick zurückgezogen oder deprimiert war, oder die Familie brach auseinander. Selbst eine geringe Deprivation kann, wenn sie das Kind in einem schwierigen Augenblick seines Lebens trifft, dauernde Folgen haben, weil sie seine Abwehrmöglichkeiten überfordert. Hinter der antisozialen Tendenz steht immer eine Geschichte, in der die ursprünglich gesunde Entwicklung plötzlich unterbrochen wurde, wonach dann niemals alles wieder so war wie früher. Das antisoziale Kind versucht auf die eine oder andere Weise, gewalttätig oder sanft, die Welt dazu zu bringen, daß sie ihre Schuld anerkennt und den Rahmen wieder repariert, der zerbrochen war“ (Winnicott 1996 S. 199). Winnicott siedelt die Entstehung einer Deprivation im Säuglings- und Kleinkindalter an, in der das Kind von mütterlicher Versorgung abhängig ist.

Nach Winnicott verbindet die antisoziale Tendenz zwei Aspekte miteinander: Umwelt- und Objektmutter. Das Kind sucht nach der verloren gegangenen „primären Mütterlichkeit“. Diese wird von Winnicott als Fähigkeit der Mutter beschrieben, sich auf die Bedürfnisse des Kindes einzustellen (Winnicott 1974, S. 62 f). Die Mutter schafft eine „Umwelt“, in der der Säugling keinen unnötigen psychischen und physischen Schmerzen ausgesetzt ist. Neben dieser Funktion als „Umweltmutter“ hat die Mutter aber auch die Aufgabe, dem älter werdenden Kind gegenüber „Objektmutter“ zu sein. Darunter versteht Winnicott eine Mutter, die in der Lage ist, sich in ihr Kind einzufühlen und es darin zu fördern, auch Trennungen von ihr zu ertragen. Damit werden im Kind widersprüchliche Gefühle ihr gegenüber aktiviert. Da das kleine Kind sich libidinös zur Mutter hingezogen fühlt, empfindet es einerseits Angst und andererseits Wut, wenn es sich von der Mutter getrennt weiß. Um den intrapsychischen Prozess der Selbst-Bildung zu fördern, muss die Mutter dem Kind, so Winnicott, vorübergehende Trennungen von ihr zumuten. Im Umgang mit ihr erlebt der Säugling seine Ich-Grenze und lernt, seine Bedürfnisse von denen der Mutter zu unterscheiden und seine libidinösen Affekte in sich zu integrieren. Eine Deprivation wird verursacht, wenn die Mutter den psychischen und physischen Bedürfnissen des kleinen Kindes nicht in ausreichendem Maße nachkommt, weil z.B. ungünstige Lebensumstände oder eigene Entwicklungsdefizite sie an der Ausübung der primären Mütterlichkeit hindern. Später, wenn das Kind älter ist, weist es mit seinem Verhalten auf die Deprivation hin (vgl. Winnicott 1997a (1958), S. 240). Ob das Kind eine antisoziale Tendenz oder eine psychotische Erkrankung entwickelt, hängt vom Zustand seiner Ich-Reifung ab. Daran gebunden ist die Fähigkeit, die Ursache des Unglücks im Versagen der Umwelt zu suchen (ebd., S. 241). Die antisoziale Tendenz betrifft immer auch den Wunsch des Kindes nach emotionaler Reparatur und Heilung. Das aggressive Verhalten dient dann dazu, die Festigkeit eines haltenden Rahmens zu testen. Im Umgang mit Kindern, die eine antisoziale Tendenz entwickelt haben, erleben Pädagogen und Pädagoginnen immer wieder paradoxe Situationen. Trotz des Wunsches nach einer heilenden Beziehung ist ein solches Kind nicht in der Lage, das ihm entgegengebrachte Angebot eines festen, strapazierfähigen Rahmens ohne weiteres als hilfreich zu akzeptieren. Unter günstigen Bedingungen, wenn nicht zu viel unbewusster Triebanteil oder frühe spaltende Formen der Abwehr vorherrschen, kann das Kind seine Umwelt testen. Erst daran schließt sich der nächste Schritt an. Das Kind braucht eine Bezugsperson, die auch die tief sitzende Verzweiflung des Kindes über seinen erlittenen Verlust begreift. Die soziale Umwelt hat, so Winnicott, die Aufgabe, einem solchen Kind

Gelegenheiten für nachentwickelnde Ich-Bezogenheiten zu schaffen, um die Selbst-Bildungskräfte zu unterstützen (ebd., S. 238 f). In einem darauf eingerichteten pädagogischen Kontext führt das Aushalten der Wut, die im Wesentlichen dem Verlusterleben des Kindes in Bezug auf die „primäre Mütterlichkeit“ gilt, zu seelischen Reifungsprozessen. Wenn das Kind die Erfahrung machen kann, dass seine Aggression nicht zur Zerstörung der aktuellen Beziehung führt, kann es nach und nach die Erfahrung in sich integrieren, die ihm als Säugling vorenthalten blieb: Die „Mutter“, die Bedürfnisse befriedigt, ist zugleich die, die nicht ständig zur Verfügung steht. Es ist ein und dieselbe Person, die das Kind fürsorglich haltend behandelt und ihm Trennungen von ihr zumutet.

Winnicott ist der Meinung, dass im Falle der Entwicklung einer antisozialen Tendenz die therapeutische Behandlung an Grenzen stößt, weil eine über längere Zeit bereits verfestigte antisoziale Tendenz für das Kind eine Ersatzbefriedigung darstellt. Es verspürt keinen Leidensdruck als Motivation zur Veränderung. Weil das Agieren ein wichtiger Bestandteil der antisozialen Tendenz ist, sind Therapien schwer durchzuführen (vgl. Winnicott 1996, S. 314). Diese Kinder stellen die Integrität der Personen, mit denen sie es zu tun haben, auf eine harte Probe, denn sie wollen Vertrauen und Hoffnung in eine Beziehung setzen, die sie gleichzeitig in Frage stellen. Winnicott meint, dass das Grundmotiv solcher Kinder das Verlassenheits- und Einsamkeitsgefühl ist, welches sich hinter der antisozialen Tendenz verbirgt. „Ein Mensch, der unter dem Verlust (deprivation) einer ursprünglich ausreichend guten Versorgung leidet, trägt einen Groll in sich, der ihn hindert, sich den eigenen inneren Problemen zuzuwenden, einen berechtigten Anspruch auf Wiedergutmachung einer beinahe noch erinnerten Kränkung. (...) Dieses Im-Stich-Gelassen-Werden ist die Grundlage der antisozialen Tendenz“ (ebd., S. 299). Weil eine therapeutische Arbeit zeitlich begrenzt ist und das Einhalten verbindlicher Termine voraussetzt, hält Winnicott den pädagogischen Alltag für geeigneter, um solchen Kindern Reifungsprozesse zu ermöglichen. Im pädagogischen Feld können, so Winnicott, ein festerer Rahmen und verständnisvolle Personen dafür sorgen, dass das Kind eine Alternative zu den Beziehungsmöglichkeiten in der Familie erfährt (ebd., S. 317). Wenn sich das Kind im Laufe der Zeit von seinem Verlustschmerz erholt – der ohne Betreuung nicht nur Narben, sondern sogar Verkümmerung zur Folge haben kann –, braucht es, so Winnicott, neben der Bereitstellung der neuen Umwelt Menschen, die bereit sind, den Zorn dieses Kindes auf sich zu nehmen (ebd., S. 232). Zwingt man ein Kind sich anzupassen, nimmt man ihm etwas Wichtiges weg, „was es ganz besonders dringend braucht, um wieder gesund zu werden. Manchmal wird ein Kind sehr clever darin sein, eine ganz bestimmte schlechte Behandlung zu provozieren – in dem Versuch, etwas Schlechtes in der ganz konkreten Gegenwart zu finden, gegen das es seinen Haß richten kann“ (ebd., S. 233). Diese Inszenierung ist wichtig für das Kind, damit es seinen eingesperrten

Hass nicht gegen sich selbst richten muss. Gelingt es den Bezugspersonen, die in Wellen auftretenden negativen Gefühle auf sich zu nehmen, gewinnt das Kind jedes Mal mehr an innerer Sicherheit hinzu. Kinder, die eine antisoziale Tendenz entwickelt haben, erleben das einfühlende Verstehen und Versagen der Bezugsperson als real erlittenen Verlust und reagieren in der Interaktion entsprechend. Vom Standpunkt des Kindes aus ist das „gegenwärtige Versagen“ das ursprüngliche Versagen der Umwelt (ebd., S. 315).

**Kritischer Rückblick**
Die Ausführungen Winnicotts legen es nahe, hinter Bens Verhalten den Versuch zu sehen, mit Hilfe der antisozialen Tendenz frühe Enttäuschungen zu bewältigen. Heranwachsende wie Ben bringen mit ihrem Hass und ihrer latent aggressiven Stimmung andere an persönliche und fachliche Grenzen. Ben war in der Lage, Gefühle der beruflichen Überforderung auszulösen, die sogar so bedrohlich erlebt wurden, dass der Umgang mit ihm als selbstschädigend empfunden wurde. Daraus folgt, das haben Winnicott und Redl eindrücklich beschrieben, dass ein solches Kind massive Grenzziehung provoziert. Wenn sich ein Heranwachsender daraufhin nicht ändert, sondern aus dem Gefühl heraus, nun selbst bedroht zu werden, weiterhin gesteigert destruktiv reagiert, möchte man das Kind am liebsten loswerden. Dieser Impuls wird dann meist rationalisiert: Er erscheint z.B. als Frage nach dem richtigen Ort oder dem Verhältnis von erzieherischer und therapeutischer Intention, was oft als Gegensatz erlebt wird. In ihrer frühen emotionalen Entwicklung gestörte Heranwachsende suchen aber Menschen, die sie „halten“, die mit ihrer Form der Bewältigung innerer Konflikte umgehen können und ihnen einen sicheren Platz und Rahmen einräumen. Zu Beginn der Arbeit mit dissozialen Heranwachsenden geht es manchmal lange Zeit nur darum, dass diese Kinder erfahren, dass Erwachsene sie emotional aushalten. „Wenn sie überleben, hat das Kind eine Chance, zu wachsen und jemand zu werden, der der Person ähnelt, die es geworden wäre, wenn nicht der unerwartete Zusammenbruch der Umwelt die Katastrophe herbeigeführt hätte“ (Winnicott 1996, S. 290). Kinder oder Jugendliche, die eine antisoziale Tendenz entwickelt haben, provozieren im Team Spaltungen, sie benötigen aufmerksame Geduld, Einfühlung und Grenzziehung, um sich in Gruppen so zu verhalten, dass sie ertragen können, als einer unter vielen zu gelten. So paradox es klingen mag: Trotz mangelnder Gruppenfähigkeit sind sie auf den Rahmen einer Gruppe angewiesen. Da Ben sich zu Beginn der Betreuung noch nicht auf die Beziehung zu mir verlassen konnte, leistete die Gruppe und die Alltagsstruktur der Tagesgruppe einen wichtigen Beitrag dazu, Halt und Orientierung zu bieten.

Emotional früh gestörte Kinder können die pädagogische Handlungskompetenz in einem Maße einfordern, das die Geduld des Pädagogen oder der Pädagogin erheblich auf die Probe gestellt wird und Gefühlsreaktionen provoziert werden, die verstanden werden müssen, um die Angriffe zu überleben. Dieses Praxisproblem soll nun mit Hilfe der Objektbeziehungstheorie weiterentwickelt werden.[24] Im Rahmen dieser Theorien werden unter anderem Beziehungsstörungen analysiert, deren Grundlage eine mangelhaft entwickelte „Objektkonstanz“ ist. Darunter wird die Fähigkeit eines Menschen verstanden, Kontakt aufzunehmen und eine Beziehung einzugehen, die vom Gefühl des Vertrauens und der emotionalen Sicherheit ausgeht und den anderen in seiner Eigenständigkeit und Getrenntheit anerkennt, ohne sich selbst zu bedroht zu fühlen (vgl. Laplanche, Pontalis 1992, S. 340 f). Im Gegensatz zu den ich-psychologischen oder triebtheoretischen Theorien ermöglichen die Objektbeziehungstheorien die Ebene der Interaktion stärker zu gewichten, wie sie z.B. in Übertragungs- und Gegenübertragungsprozessen zum Ausdruck kommt. Ein dissoziales Kind bezieht sein soziales Umfeld meist in seine Problematik ein und lässt die Bezugspersonen Gefühle von Hoffnungslosigkeit, Verzweiflung und Wut empfinden. Dabei bleibt meist offen, ob es sich um Affekte des Kindes handelt, mit denen es selbst nicht zurechtkommt, oder um die des Pädagogen oder der Pädagogin. Hinter den pädagogischen Reaktionen verbergen sich sehr oft Gefühlsreaktionen, die vor dem Hintergrund eigener Abwehrmechanismen erzeugt werden. Diese Problematik wird im Konzept der projektiven Identifikation thematisiert. Um diesen Mechanismus nachvollziehbar zu beschreiben, wird zunächst nochmals die Funktion der Übertragung und Gegenübertragung skizziert. Im Anschluss daran werden die Grundannahmen der Objektbeziehungstheorien referiert, die zum besseren Verstehen der Verhaltensweisen Bens beitragen.

## 5.4 Übertragung und Gegenübertragung und das Konzept der projektiven Identifizierung

Bei der Übertragung handelt es sich um einen intra- und interpsychischen Vorgang, der eine Wahrnehmungseinschränkung zur Folge hat, die bei der Bezugsperson Gegenübertragungsgefühle auslöst. Die Schwierigkeit, die die Übertragung im pädagogischen Feld macht, liegt darin begründet, dass es sich meist um eine Reinszenierung von biografisch konflikthaften Erfahrungen der Kinder handelt, in die die Pädagogen hineingezogen werden. Im Sinne des Wiederholungszwangs wird die pädagogische Beziehung dadurch erheblich belastet: Die Bezugspersonen werden zu Rollenübernahmen gedrängt, die zwar den unbewussten Bedürfnissen des Kindes entsprechen, aber auch das Erleben des Pädagogen und der Pädagogin beeinflussen. Bei-

---

24 In der Sprache der Theorie bezeichnet der Begriff „Objekt“ eine Person, die eine wichtige bestimmende Rolle übernimmt und verantwortlich sein wird, wie die Beziehung und die Beziehungsfähigkeit des Kindes sich entwickelt. Zur Gruppe der Objektbeziehungstheoretiker zählen Melanie Klein, Donald W. Winnicott, Wilfred R. Bion, Michael Balint, R. Fairbairn, Masud M. Khan, John Bowlby, Otto F. Kernberg und Heinz Kohut (vgl. Holder 1999, S. 361-376).

de Interaktionspartner reagieren nun auf das entgegengebrachte Verhalten entsprechend ihren Möglichkeiten (vgl. Trescher 1993, S. 174). Dabei kommt es vor, dass die ausgelösten Affekte destruktive Beziehungsfantasien nach sich ziehen. Die bei der Übertragung ausgelösten Affekte und Handlungsimpulse gehören zum Inhalt der Gegenübertragung. Diese umfasst alle Vorstellungen, Gefühle und Fantasien, die ein Kind, seine Familie oder eine bestimmte Situation auslöst. Um die Gegenübertragung für die pädagogische Erkenntnisgewinnung konstruktiv zu nutzen, müssen beim introspektiven Analysieren der Gegenübertragungsgefühle zunächst folgende Fragen beantwortet werden (vgl. Mertens 2000, S. 148): Inwieweit handelt es sich bei den Gefühlen und Fantasien um:

- konkordante oder komplementäre Identifikationen mit dem Gegenüber oder der Situation,
- die Bereitschaft, eine bestimmte Rollenvorgabe zu übernehmen,
- eine projektive Identifizierung,
- eigene Übertragungen?

Die Analyse der Gegenübertragung gehört zum unverzichtbaren Bestandteil einer psychoanalytisch-pädagogischen Betrachtung. Sie trägt dazu bei, unbewusste Fantasien zu erfassen und ihre Auswirkungen am eigenen Leibe mitzuerleben. Daran kann sich ein Verständigungsprozess anschließen. Dieser setzt wiederum Selbsterfahrung und fortwährende Reflexion eigener Verstrickung in das pädagogische Geschehen voraus, denn die auftauchenden Fantasien müssen differenziert und zugeordnet werden, sonst besteht die Gefahr, dass sie agiert werden. Weil es sich bei der Übertragung um ein interaktives Geschehen handelt, muss ein weiteres Problem beim Umgang mit der Übertragung berücksichtigt werden.

### Das Konzept der projektiven Identifizierung

Das Phänomen der projektiven Identifizierung gilt heute ebenfalls als ubiquitär für alle sozialen Interaktionen.[25] Wilfred R. Bion griff die Beobachtungen Melanie Kleins auf und beschrieb erstmals die Funktion der projektiven Identifizierung im Sinne eines kommunikativen Aktes. Vor dem Hintergrund der frühen Entwicklungsprozesse, wie sie von Klein und Winnicott

25 Die projektive Identifikation wurde als mögliche Form eines frühkindlichen Abwehrprozesses erstmals 1946 von Klein im Rahmen ihrer Theorie der paranoid-schizoiden Position verwendet. Mit Hilfe der Projektion, so die klassische Theorie, werden eigene Wünsche und Impulse, die nicht toleriert werden können, einem anderen zugeschrieben. Mit Hilfe der Identifizierung übernimmt man in der Fantasie selbst Qualitäten des Gegenübers und macht sie sich zu Eigen. Im Dienste der Abwehr führt die projektive Identifikation zur Aufrechterhaltung einer omnipotenten Fantasie. Ängste und Aggressionen werden als so bedrohlich erlebt, dass sie nur abgespalten werden können (vgl. Gabbard 1999, S. 972).

ausführlich beschrieben wurden, beinhaltet das Konzept der projektiven Identifikation den Vorgang, eigene unerträgliche Gefühle zu externalisieren, um sie in ein Gegenüber hineinzuprojizieren, damit das Unaushaltbare beherrsch- und kontrollierbar wird (vgl. Holder 1999, S. 363). Die Wirkung der projektiven Identifizierung ist, dass das handelnde Subjekt angstvolle und schmerzverursachende Gefühle nicht mehr als seine eigenen erleben muss. Die projektive Identifizierung kann aber auch dazu dienen, das Gegenüber in der Fantasie zu beschädigen oder zu zerstören. Mit Hilfe der projektiven Identifizierung kann „der Säugling oder der Erwachsene das Bewußtsein für Trennung, Abhängigkeit, Zorn und Neidgefühle vermeiden“ (Staehle 1996, S. 74). Dieser Mechanismus wird erst unterbrochen, wenn das Gegenüber sichtbare Reaktionen zeigt (vgl. Staehle 1996, S. 76).

Bion erweiterte das Konzept Melanie Kleins und weist auf die notwendige Fähigkeit der Bezugsperson hin, die erzeugten Gefühle in sich aufzunehmen und zu verstehen, ohne das eigene psychische Gleichgewicht zu verlieren. Diese Kompetenz bezeichnet er als „containing“. Nur wenn die Bezugsperson die zerstörerischen Affekte in sich halten kann, diese aushält und dadurch „entgiftet“, weil sie sie emotional begreift, kann das Kind im Laufe der Zeit die Erfahrung machen, dass seine Impulse das Gegenüber nicht vernichten und es keine Rache für sein Handeln zu befürchten hat. Gelingt es nicht, den bedeutsamen Anderen durch die unbewusst ablaufende Manipulation zu einer Reaktion zu bewegen, kommt es erneut zur Erfahrung von Ohnmacht. Bei der projektiven Identifikation ist das Gegenüber nicht davor gefeit, zeitweise auch das eigene psychische Gleichgewicht zu verlieren (vgl. Feldmann 1999, S. 999 f). Hans-Georg Trescher weist darauf hin, dass die projektive Identifizierung im Gegensatz zur Übertragungsidentifizierung – bei der sich die Gegenübertragungsgefühle erkennbar auf das Gegenüber beziehen – nicht die Objekt-, sondern die Selbstaspekte der Bezugspersonen berührt. Die unbewusste Dynamik einer projektiven Identifizierung kann z.B. daran bemerkt werden, dass die Pädagogen an der eigenen fachlichen Kompetenz zu zweifeln beginnen und sich selbst entwerten. Der Zustand von Hilflosigkeit, Ohnmacht, Selbstzweifeln, Angst und Wut entspricht dabei der traumatischen Situation des Kindes, das diese Gefühle nicht erträgt. Da dieser Vorgang meist unbewusst verläuft, reagiert die wichtige Bezugsperson, so Trescher, entweder mit verstärkter Zuwendung oder mit depressivem Rückzug, Enttäuschung und Rachegedanken (vgl. Trescher 1993, S. 174 f). Der Umgang mit der projektiven Identifikation erfordert somit, dass der Pädagoge bzw. die Pädagogin sich dieses Vorgangs zunächst bewusst wird. Im Rahmen der Gegenübertragungsanalyse werden dann die mobilisierten Gefühle und Fantasien auf die eigenen- und fremdunbewussten Anteile hin untersucht und reflektiert. Das kann mit Hilfe der psychoanalytischen Supervision geschehen und sollte im Rahmen einer eigenen Analyse analysiert werden. Oft stellt sich heraus, dass die Enttäuschung und Wut auf das Kind mit eigenen Fantasien zusammenhängen, und dass die pädagogischen Bemühungen nur zum Teil dem Kind gelten. Das Ertragen der Wut, Hoffnungslosigkeit und Trauer ist eine der Antworten, die das Kind braucht. Daraus kann es eine realistischere Wahrnehmung seines Selbst erfahren, wenn es erlebt, dass es nicht so zerstörerisch ist, wie es sich selbst fantasiert. Darin findet das Kind ein Modell, mit dem es sich identifizieren und Grenzen strukturbildend verinnerlichen kann (vgl. Trescher 1993, S. 176 f).

**Kritischer Rückblick**

Die projektive Identifizierung wirkte sich im Umgang mit Ben gravierend aus. Bereits zu Beginn der Aufnahme in die Tagesgruppe projizierte Ben seine aggressiven Gefühle, die von anderen Gruppenmitgliedern aufgenommen wurden. Ich nehme an, dass Ben dabei auch unbewusst massive Ängste vor der eigenen Aggressivität abwehrte, was sich in seinen Reaktionen auf einzelne Gruppenmitglieder widerspiegelte: Ben wusste nicht, warum andere so wütend auf ihn waren. Wie die Fallgeschichte zeigt, dauerte es eine Weile, bis wir merkten, dass von Ben eine erhebliche Aggressivität, die er selbst leugnete, ausging. Zunächst sahen wir nur, dass die Jugendlichen Ben angriffen, woraufhin er sich wehrte, weil er sich als Opfer fremder Destruktivität erlebte. Ben provozierte die Gruppe, weil er sich als omnipotent darstellte und so tat, als ob er an keinem Konflikt beteiligt sei. Ben schützte sich selbst damit vermutlich vor unerträglichen, auf sich selbst gerichteten Schuldgefühlen. Dadurch, dass ich mich mit ihm als „Opfer" identifizierte, erlebte ich die Ungerechtigkeit und verstand nicht, warum alle so aufgebracht waren. Kollege Ingo war mit der aggressiven Seite Bens identifiziert. Erst im Austausch über unsere unterschiedliche Wahrnehmung verstanden wir, wie Ben andere gegen sich aufbrachte (Fallbericht, S. 65). Im Teamkonflikt, den die Kollegin zu Beginn von Bens Aufnahme thematisierte, war vermutlich Ähnliches passiert. Da die Kollegin vor allem mit Bens Eltern Kontakt hatte, war es möglich, dass diese in ihr unerträgliche Gefühle von Ohnmacht und Hilflosigkeit deponierten. Da die projektive Identifikation unbewusst ist, wurde sie im Team agiert (Fallbericht, S. 64). Der Umgang mit Ben erzeugte Gefühle der Bedrohung und extremer Verunsicherung. Die abrupt auftretendenden aggressiven Ausbrüche lösten Ängste aus, die sehr schwer zu kontrollieren waren. Ich musste mich beherrschen, den eigenen aggressiven Impulsen nicht nachzugeben, sondern sie in mir zu verstehen. Aber auch gute, einfühlsame Erlebnisse hinterließen, wie in der Geschichte erwähnt, in Ben scheinbar keine Spuren. Auch im Anschluss an eine als befriedigend erlebte Situation war ich häufig heftigen Angriffen ausgesetzt. Ich fühlte mich im Umgang mit Ben sehr angespannt, was ich als Ausdruck einer inneren Erfahrung Bens interpretierte, weder aggressive noch gute, befriedigende Momente einer Beziehung in sich halten zu können (Fallbericht, S. 70). Daher konnte ich mir anfangs auch nicht vorstellen, dass es hilfreich gewesen wäre, Ben mit seinem Verhalten zu konfrontieren. Aus meiner Sicht ging es ebenfalls um die Bereitschaft, etwas von seinem inneren Erleben aufzunehmen und zu „containen“ (vgl. Bion 1997). Im Sinne Winnicotts bedeutet das, Ben zu halten und ihm eine „genügend gute Mutter“ zu sein. So lange Ben sich existentiell bedroht fühlte, erlebte er vermutlich Zuwendung als beängstigend und das Einfordern bestimmter Grenzen als Bestätigung des Gefühls, abgelehnt zu werden (vgl. Winnicott 1974 (1965), S. 47 f). Die Arbeit mit Kindern, deren psychische Abwehr auf dem Niveau der Spaltung funktioniert, provoziert in uns Pädagogen und Pädagoginnen Gefühle und Reaktionen, die den von Bion angeregten zweiten Aspekt der projektiven Identifizierung leicht aus dem Blick geraten lassen. Es handelt sich nicht nur darum, unerträgliche Gefühle loswerden zu wollen, sondern auch darum, mit Hilfe des anderen die abgespaltenen Affekte intrapsychisch besser zu integrieren. Dafür werden die widersprüchlichen libidinösen und aggressiven Impulse zunächst im anderen deponiert (projiziert), da die Gefühle – von außen her kommend – das Selbsterleben nicht so gefährden. Ben trug mit seinem Verhalten zur Spaltung des Teams bei. Wir reagierten auf Ben sanktionierend und appellierten an seine bewusstseinsnahe Einsicht, indem wir von ihm die Übernahme von Verantwortung einforderten. Dann wiederum kamen Aspekte des Haltens im Sinne des Containing zum Tragen. Ben provozierte in jedem von uns Ohnmachtsängste und Machtfantasien. Er nutzte die Mechanismen der Spaltung und der projektiven Identifizierung. Immer wieder, wenn es im Team gelungen war, uns nicht in einerseits hilflose und andererseits übermächtige Bezugspersonen spalten zu lassen, und wir in der Lage waren, die jeweiligen Kompetenzen der Teammitglieder konstruktiv anzuerkennen, lösten sich die Polarisierungen auf. Dieses Problem begleitete uns während der gesamten Betreuungszeit. Da wir über die Auswirkung der Spaltung und der projektiven Identifizierung zu wenig wussten, gelang es nicht, alle Teammitglieder gleichermaßen in den Verstehens- bzw. Verständigungsprozess einzubeziehen. Ich meine, dass ein Wissen darüber dazu beigetragen hätte, von der Bewertung der pädagogischen Reaktionen abzurücken und stattdessen ihre Bedeutung für Bens Entwicklung zu interpretieren. So wäre es möglich gewesen, den Spaltungstendenzen im Team stärker entgegenzuwirken und die Reaktionen nicht als ein persönliches Versagen zu begreifen.

Im nun Folgenden soll die Darstellung und Reflexion pädagogischer Selbstbildungsprozesse erfolgen, zu deren Verständnis wichtige Grundannahmen der Objektbeziehungstheorie vorgestellt werden. Das soll dazu beitragen, dass die pädagogische Beziehung, die narzisstische Problematik Bens, seine Leistungsverweigerung und die Übertragungsprozesse frühkindlicher Erfahrungen im Sinne des Wiederholungszwang verständlicher werden.

## 5.5 Die Grundannahmen der Objektbeziehungstheorie

Das psychoanalytische Konzept der Objektbeziehung ist über die innere Erlebniswelt eines Menschen definiert und auf die Interaktion bezogen. Die wichtige Bezugsperson, der bedeutsame Andere, hat für das Subjekt verschiedene Funktionen, die beim Aufbau der psychischen Struktur eine entscheidende Rolle spielen. Melanie Klein war die erste Analytikerin, die Ende der 20er Jahre des vergangenen Jahrhunderts die zentrale Bedeutung des Beginns seelischer Entwicklung nicht mehr in den ödipalen Es-, Ich- und Überich-Konflikten und dem ödipalen Kompromiss suchte, sondern diese bereits in der präödipalen Zeit vermutete. Während der primären Sozialisation finden zwischen dem Kind und seinen Eltern Verinnerlichungen vielfältiger Beziehungsaspekte statt, die ausschlaggebend für spätere Beziehungsmuster (Rollen) und die Wahrnehmungsfähigkeit des Individuums sind. Den Objektbeziehungstheoretikern und -theoretikerinnen geht es um die Frage, ob der Mensch primär auf der Suche nach Lustbefriedigung oder auf der Suche nach dem bedeutsamen Anderen ist und ob das Verhalten neben einer triebdynamischen Motivation auch vom Erleben, also den Affekten bestimmt wird. Die Beziehungserfahrung und -fantasie zwischen dem Kind und seiner Umwelt ist die zentrale objektbeziehungstheoretische Kategorie, die für den Aufbau der psychischen Wirklichkeit eines Menschen verantwortlich ist. In erster Linie tragen die Objektbeziehungen zur Entwicklung von Repräsentanzen bei und damit zur Struktur der inneren Erlebniswelt eines Subjekts. Die Repräsentanzen bilden sich aus allen Erlebnisbereichen und Befindlichkeiten des Säuglings. Die emotionale und körperliche Zuwendung seitens der Eltern, ihre Gesten, die Rhythmen zwischen dem Schlaf und Wachzustand und eigene sensomotorische Aktivitäten des Kleinkindes tragen zu der von Winnicott beschriebenen Objektbeziehung bei. Objektbeziehungen sind nach Barbara Pfleiderer Interaktionsprozesse, die vom Säugling überwiegend als ein subjektives Geschehen erlebt werden (vgl. Pfleiderer 1993, S. 229). Insofern kann man sagen, dass der Mensch sich seine „Wirklichkeit" über die Verinnerlichung von Objektbeziehungen schafft. Die Qualität einer Beziehung lässt sich nicht ohne dazugehörige libidinöse und aggressive Affekte beschreiben, die zwischen den Interaktionspartnern eine Rolle spielen. Affekte bestimmen Beziehungen und sind nur über das Verhalten im Kontext einer Interaktion zu analysieren und in ihrer subjektiven Bedeutung zu erfassen. Die subjektive Fantasie, die für die intrapsychische Bedeutungszuschreibung eines Ereignisses relevant ist, entzieht sich ebenfalls einer direkten Verhaltensbeobachtung. Die Analyse der Gegenübertragung und das szenische bzw. dialogische Verstehen erschließen diesen Kontext (vgl. Körner 1997, s.a. Trescher 1993, 1992).

**Die Bedeutung der Mutter im dyadischen Beziehungsmodus**

Melanie Klein und Donald W. Winnicott[26] schildern eindrücklich, wie zu Beginn der menschlichen Entwicklung Selbst- und Objektimagines als Repräsentanzen einer inneren Struktur des Selbst gebildet werden und welche Rolle der Mutter und den Affekten zugeschrieben werden können.[27] Frühe Umwelterfahrungen prägen die menschliche Wahrnehmungs- und Urteilsfähigkeit und bestimmen das Gegenwartserleben eines Menschen. Winnicotts Interesse gilt der Reflexion der Umgebung, die der psychischen Entwicklung förderlich ist. Kleins Interesse richtet sich auf die Rekonstruktion der Fantasien eines Kleinkindes, die die subjektive Wahrnehmungsweise prägen.

In der frühen Beziehung zwischen Mutter und Kind befriedigt die Mutter nach der Geburt fast automatisch die Bedürfnisse des Säuglings (vgl. Winnicott 1974 (1965), S. 47 f). In den ersten Lebenswochen hält sie das Kind in enger Verbindung zu sich, befriedigt seine oralen Triebbedürfnisse und ist dem Säugling Ich-Stütze, indem sie seine Befindlichkeiten interpretiert. Das Selbst des Kindes ist anfangs nicht von dem der bedürfnisbefriedigenden Mutter zu unterscheiden. Erst im Laufe der Entwicklung entstehen Selbst- und Objektimagines, die als Repräsentanzen in die psychische Strukturbildung eingehen. Repräsentanzen sind innere subjektive Bilder des Erlebens von sich selbst und dem bedeutsamen Anderen (vgl. Jacobson 1998 (1964), S. 30 f). Je älter das Baby wird, desto mehr kann die Mutter ihm auch beängstigende Erfahrungen zumuten, wie z.B. ihre kurzzeitige Abwesenheit. Abwesenheit der wichtigen Bezugsperson kann im Kind Angst bis hin zur Vernichtungsangst erzeugen. Die Intensität der mit dieser Trennungsangst verbundenen Affekte hängt vom Alter des Kindes, der Dauer und der psychischen Konstitution des Kindes ab.

**Die Fähigkeit zur Entwicklung von Besorgnis**

Winnicott, der sich mit der abhängigen Situation des Säuglings und Kleinkindes von seiner Mutter eingehend beschäftigt hat, vertritt die Auffassung, dass bereits kleine Kinder ein Gefühl von Schuld kennen: „Das Wort ‚Besorgnis' (concern) wird verwendet, um ein Phänomen positiv zu benennen,

---

26 Im Rahmen der frühen Objektbeziehungstheorie bezeichnet der Begriff der Dyade, den Winnicott verwendet, die erste Beziehungserfahrung eines Menschen als Erfahrungsmatrix der Zweiheit, die zunächst als Mutter-Kind-Einheit beschrieben und diskutiert wurde (vgl. Müller-Pozzi 1997). Heute umschließt der Begriff die kindlichen Entwicklungsphasen der oralen, analen und phallischen Stufe und wird als Struktur einer Beziehungserfahrung angesehen, die das ganze Leben hindurch wirksam sein wird (vgl. Tyson, Tyson 1997, S. 48-49).

27 Der Begriff des „Selbst" wird von den genannten Autoren in Abgrenzung zum Ich-Begriff verwendet. Schafer kritisiert den Begriff im Rahmen metapsychologischer Überlegungen als unklar (Schafer 1982, S. 45). Winnicott bezeichnet mit „Selbst" die gesamte Person und beschreibt die Funktion des Selbst im Sinne einer psychischen Strukturbildung (vgl. Khan 1982, S. 243).

das negativ mit dem Wort ‚Schuld' (guilt) bezeichnet wird. Ein Gefühl von Schuld entsteht aus der Angst, die mit der Entwicklung der Ambivalenz auftritt, und setzt ein gewisses Maß an Integration im Ich voraus, die es ermöglicht, daß eine innere gute Objektrepräsentanz erhalten bleibt, auch wenn sie in der Fantasie zerstört wird. Das Auftreten von Besorgnis ist Ausdruck einer Zunahme der Integration und des Wachstums und steht in positiver Beziehung zum Verantwortungsgefühl, das sich vor allem in Beziehungen entwickelt, in die triebhafte Anteile eingehen" (Winnicott 1996, S. 132). Wenn das Baby einige Monate alt ist, zeigt es, so Winnicott, auch Wut über das Verlassenwerden. Dieser aggressive Affekt kann so stark erlebt werden, dass er intrapsychisch das Schuldgefühl hervorruft. Verhält sich die Mutter, wir würden heute den Vater hinzufügen so, dass sie um die Ängste ihres Kindes weiß, und übersteht sie die Angriffe des Kindes, z.B. heftiges Schreien und Strampeln, wird das Schuldgefühl des Säuglings durch Erfahrung mit der Zeit an Intensität nachlassen. Während der dyadischen Beziehungskonstellation, die vor allem das Säuglings- und Kleinkindalter betrifft, geht es darum, das als „gut" empfundene Objekt auch dann in Erinnerung zu halten, wenn die reale Mutter kurzzeitig abwesend ist. Die positive Bindung und das verinnerlichte gute Objekt tragen langsam aber sicher dazu bei, dass die Erfahrung mit der fürsorglichen Mutter zu einem Teil des Selbsterlebens wird. In der Sprache der Psychoanalyse bedeutet dieser Vorgang die Ausbildung der Selbstrepräsentanz, die die reale Mutter allmählich entbehrlicher macht. War ein solches „gutes Objekt" nicht verfügbar, konnte das Kind also im Sinne Eriksons kein Urvertrauen ausbilden, dann kommt es nach Winnicott zum Verlust der Fähigkeit, Schuldgefühle und Besorgnis zu empfinden. „Wenn alles gut verläuft" – so drückt Winnicott sich aus – entsteht im Kind ein Bewusstsein dafür, dass die Mutter von ihm unabhängig ist und dass es Wünsche hat, zu deren Befriedigung es sie oder andere Menschen braucht, weil Bedürfnisse nicht automatisch erfüllt werden. Des Weiteren wächst das innere Vertrauen des kleinen Kindes, dass Abhängigkeit und Frustration es nicht in seiner Integrität zerstören werden. Ein höchst komplexer Prozess beginnt, wenn das Kind der Abhängigkeit von der Mutter als Quelle oraler Befriedigung gewahr wird und es die Angst erlebt, die Mutter, die es braucht, zu verlieren. Diese Angst kann für ein Kind so bedrohlich werden, dass sie nur mit Hilfe der Spaltung bewältigt werden kann (vgl. Winnicott 1974, S. 47 f). Dieser intrapsychische Prozess der Objektentwicklung wird von wachsenden Körperfunktionen des Kindes begleitet. Der Säugling erfährt Spannung und Entspannung und erlebt den Rhythmus von Befriedigung und Warten auf Befriedigung. Im Normalfall reguliert sich die Interaktion zwischen Mutter und Kleinkind von selbst. Erst wenn das Kind in der Lage ist, die Ambivalenz zu ertragen – die Mutter befriedigt und frustriert es – kann ein weiterer Schritt eingeleitet werden: Die „Objektbezogenheit", worunter Winnicott die triebdynamisch motivierte Kontaktaufnahme des Kindes zu seiner Bezugsperson versteht, führt dann zur Fähigkeit des „Objektgebrauchs". Darunter versteht Winnicott die Kompetenz des Kindes, seine Getrenntheit von der Mutter zu erkennen. Darin enthalten ist die Anerkennung dessen, dass das Kleinkind sein Objekt zwar erschafft, „aber das Objekt war bereits vorher da, um geschaffen und besetzt zu werden“ (Winnicott 1997b (1971), S. 104). Der Objektgebrauch ist nach Winnicott eine psychische Voraussetzung für Liebe und die soziale Fähigkeit, Besorgnis zu empfinden, um auch Verantwortung für das Gegenüber zu übernehmen: „Besorgnis meint die Tatsache, daß jemand *sich kümmert, acht gibt* und Verantwortung sowohl empfindet als auch akzeptiert“ (Winnicott 1996, S. 132). Es ist Winnicotts Verdienst, erkannt zu haben, dass seelische Wachstumseinschränkungen nicht nur durch Konflikt und Widerstand, sondern auch durch Mangel an Einfühlung in die Bedürfnisse des Kindes und fehlende Zumutung von Getrenntheitserfahrungen entstehen (vgl. Khan 1982, S. 233). Übergangsobjekte können den Trennungsprozess von der Mutter erleichtern. Das Übergangsobjekt ist das erste Objekt, das nicht zum Selbst des Kindes gehört, aber den bedeutsamen Anderen, mit dem das Kind sich verbunden fühlt, symbolisch repräsentiert. Während der Trennung und in der Zeit der Abwesenheit der Mutter beruhigt es das Kind emotional. Übergangsobjekt kann alles werden, was diese Aufgabe erfüllt (vgl. Winnicott 1997b (1971)).

### Kleins Konzept der paranoid-schizoiden und depressiven Position

Melanie Kleins Entdeckung der paranoid-schizoiden und depressiven Position[28] gehört zu den zentralen Aspekten der Objektbeziehungstheorie. Klein betrachtet den von Winnicott beschriebenen Prozess der Selbst-Bildung aus der Perspektive des inneren Erlebens und der Fantasietätigkeit des Kindes während der präödipalen Entwicklung. Sie beschäftigt sich mit der Bedeutung der frühkindlichen Aggression, den Fantasien und den projektiv-identifikatorischen Prozessen des Säuglings und Kleinkindes. Im Rahmen der Konzepte der paranoid-schizoiden und depressiven Position beschreibt Klein, dass die Beziehung zwischen Mutter und Kind dadurch kompliziert wird, dass bereits der Säugling von aggressiven und destruktiven Fantasien überwältigt werden kann, die er mit Hilfe der Spaltung und den bereits erwähnten Abwehrmechanismen (Projektion, Introjektion, Identifizierung und Verleugnung) zu beherrschen versucht (vgl. Klein 1962, S. 101 f). Sie entdeckt psychisches Konfliktpotential in unbewussten Fantasien, die der psychische Ausdruck von Triebbedürfnissen sind (vgl. Schoenhals 1996, S. 42). Die paranoid-schizoide Position stellt eine psychische Organisationsstufe dar, die primitiver ist als die der depressiven Position. Klein lokalisiert die Anfänge der paranoid-schizoiden Position in den ersten vier Lebensmo-

---

28 Eine Position ist „eine unbewußte Konstellation von Ängsten, Abwehrformen, Objektbeziehungen und mentalen Strukturen, die in gewisser Weise während der späteren Kindheit und auch des Erwachsenenlebens fortbestehen“ (Staehle 1996, S. 66). Die Positionen bezeichnen somit psychische Funktionsbereiche und werden heute nicht mehr als Entwicklungsphasen verstanden (vgl. Holder 1999, S. 406).

naten eines Kindes und hält das Durchlaufen der Positionen für einen normalen Wachstumsprozess.[29] Sie vertritt die Meinung, dass der Säugling die Abwesenheit der Mutterbrust im Sinne eines „anwesenden (positiven) Übels“ empfindet. In der Fantasie des Säuglings wird diese Abwesenheit als frustrierend und feindlich erlebt, denn das Baby hat noch keine Möglichkeit, eine Erinnerung an die Mutter zu bewahren, wenn sie nicht unmittelbar zur Verfügung steht (vgl. Schoenhals 1996, S. 47). Das Erreichen der Objektkonstanz gilt als zentraler Entwicklungsschritt im Leben des Säuglings. Das Baby muss die Erfahrung der bedürfnisbefriedigenden Mutter und die der versagenden, grenzsetzenden Mutter als zusammengehörende Erfahrung erleben und die Mutter als ganze Person in sich integrieren (vgl. Staehle 1996, S. 69). Die Angst des Säuglings, so Klein, ist die Fantasie, durch den Verlust der Mutter selbst vernichtet zu werden oder in der Fantasie die Mutter zu vernichten. Um dieser Angst zu begegnen, setzt das Baby den paranoiden Abwehrmechanismus der projektiven Identifikation ein (vgl. Gabbard 1999, S. 973). Wird die Spaltung nicht überwunden, verhindert das, dass beide Seiten der Mutter – die bedürfnisbefriedigende und abweisende – als in einer Person integrierte Aspekte für das Kind erlebbar werden. Der Eintritt in die depressive Position beginnt nach Klein, wenn das Kind ca. acht Monate alt ist. Nach ihrer Auffassung beginnt bereits in diesem Alter der Ödipuskomplex. Das Kind hat nun, idealtypisch dargestellt, erkannt, dass die Mutter von ihm unabhängig ist und eine Beziehung zum Vater führt, aus der das Kind ausgeschlossen ist. Das erregt beim Kind heftige Neid- und Eifersuchtsgefühle und die Angst, beide Objekte, Vater und Mutter, zu verlieren. Nun beginnt es, diese Ängste abzuwehren. Klein nennt das die manische Abwehr durch Verleugnung, bei der die Verlustangst geleugnet oder gar mit Hilfe der Spaltung aus dem Erleben des Kindes ferngehalten wird. Das schützt zwar das Kind vor der Wahrnehmung der Zerstörung des Selbst, verhindert aber den Schritt zu weiterer Autonomie. Der emotional wichtige Schritt, die Verlassenheits-Angst zu erleben und damit konstruktiv umzugehen, kommt nicht zustande. Dabei können die Eltern durch ihren Umgang mit dem Kind dazu beitragen, dass diese Gefühle nicht „ausgelöscht“ werden.

---

29 Aus heutiger Sicht der Säuglingsforschung ist die von Klein beschriebene Erlebnisqualität des Säuglings, besonders was ihre Ausführungen über die unbewussten Fantasien betrifft, in Bezug auf die Altersangabe zu relativieren (vgl. Dornes 1992). Ogden weist darauf hin, dass die schematische Darstellung der Durchschreitung beider Positionen ebenfalls einer neuen Betrachtung unterzogen werden muss. Heute stellen sich Psychoanalytiker die von Klein beschriebenen Entwicklungsphasen des Kleinkindes als dialektisches Zusammenspiel synchron verlaufender Erlebnisqualität vor (vgl. Ogden 1995, S. 20). Ogden ergänzt diese Positionen um eine vorsprachlich, sensorisch dominierte Erfahrungsposition, die der autistisch berührenden Position (vgl. Ogden 1995, S. 30f). Kernberg kritisiert Klein in Bezug auf die fehlende Berücksichtigung struktureller Gesichtspunkte der Ich- und Selbstentwicklung (vgl. Kernberg 1998, S. 63).

Des Weiteren kann das Kind in diesem Alter durch die Introjektion (Verinnerlichung) des idealisierten guten Objekts die Illusion entwickeln, von der realen Mutter unabhängig zu sein. Omnipotenzfantasien verhelfen ihm dabei, den Zustand umzukehren, um aus der abhängigen in die machtvolle Position zu kommen. Das wiederum kann jedoch Schuldgefühle nach sich ziehen, die wiederum abgewehrt werden. Wenn die Abhängigkeit geleugnet werden muss, sind manche Menschen gezwungen, erfolglos zu bleiben, weil ein Triumph über die Eltern in der Fantasie sehr großen Schaden an den verinnerlichten Objekten anrichten könnte (vgl. Volk 1996, S. 57 f). Das tragische einer pathologischen Entwicklung ist, dass die Spaltung in gute und böse Objekte als eine Wahrnehmungsweise auf die Realität übertragen wird. Solche Menschen erleben ihre Umwelt genauso gespalten wie ihre Objektrepräsentanzen (vgl. Ogden 1995). Die Spaltung schützt zwar vor der schmerzlichen Auseinandersetzung mit Ambivalenz, vor der Trauer über den erlittenen Verlust und vor Schuldgefühlen, aber nur um den Preis der Einschränkung realitätsangemessener Wahrnehmungsmöglichkeiten und seelischen Wachsens. Wenn der Säugling durch weitere Reifungsprozesse und entsprechende Erfahrungen mit der Mutter seine Abhängigkeit von ihr ertragen lernt und Enttäuschungen übersteht, ohne sie abwehren zu müssen, war die Entwicklung im Rahmen der depressiven Position erfolgreich. Am Ende dieses komplizierten Prozesses kann das Kind Ambivalenz aushalten (vgl. Volk 1996, S. 54). Diese wesentlichen Entwicklungsschritte finden mit ca. zwei Jahren statt, wenn das Kind beginnt, Objektrepräsentanzen zu festigen (vgl. Rotmann 1978, S. 1106).

Der von Klein beschriebene Vorgang der Gewinnung von Objektkonstanz nimmt, wenn er pathologisch verläuft, negativen Einfluss auf die Ich-Entwicklung. Kernberg zeigt, dass das frühkindliche Ich in rascher Folge und unter dem Einfluss libidinöser und aggressiver Triebregungen zwischen guten und bösen Selbst- und Objektimagines unterscheiden muss. Mit Hilfe von Introjektion und Identifizierung werden „Teilbilder des Selbst und der Objekte zu ‚ganzen' Selbst- und Objektrepräsentanzen integriert; die Selbst- und Objektrepräsentanzen werden zugleich weiter voneinander differenziert und gewinnen realistische Züge" (Kernberg 1998 (1975), S. 47). Störungen im Bereich der Differenzierung der Objekte können durch übermäßige Ängste, mangelhafte Impulskontrolle, eine kaum ausgebildete Fähigkeit zur Sublimierung oder durch Umwelteinflüsse auftreten. Im schlimmsten Fall führen sie zur Ausbildung von Psychosen, Borderline-Störungen und pathologischem Narzissmus. Die Spaltung, auf die das Ich zurückgreift, wenn es mit seiner Aufgabe, das seelische Gleichgewicht zu erhalten, überfordert ist, trägt wiederum zur Ich-Schwächung bei, denn die Synthese von Introjektion und Identifizierung stellt eine wesentliche Quelle zur Neutralisierung der Aggression dar. Dies ist nach Kernberg der entscheidende Entwicklungsdefekt, der der pathologischen Entwicklung von Borderline-Störungen zugrunde liegt. Libidinös und aggressiv gefärbte

Selbst- und Objektimagines konnten nicht ausreichend gut miteinander vermittelt und integriert werden. Steht die Spaltung außerdem im Dienste narzisstischer Abwehr, behindert sie die Ausbildung des Überichs (vgl. Kernberg 1998, S. 55). Die projektive Identifizierung, Verleugnung und Entwertung steht im Dienste der Abwehr. Erkennbar ist dieser Vorgang z.B. dann, wenn ein Kind permanent andere Menschen entwertet und mindestens eine Person braucht, die es idealisieren kann. „Spaltungsprozesse sind also eine Hauptursache der Ichschwäche, und da die Spaltung auch weniger Gegenbesetzungsenergie erfordert als die Verdrängung, greift ein schwaches Ich besonders leicht auf Spaltungsmechanismen zurück, so daß wiederum ein Circulus vitiosus entsteht, über den sich Ichschwäche und Spaltung wechselseitig verstärken“ (ebd., S. 49).

**Die Bedeutung des Narzissmus für die Bildung der Objektkonstanz**
Ein Kind, das in der dyadischen Beziehungskonstellation Objektrepräsentanzen entwickelt hat, hat neben Triebbedürfnissen auch das Bedürfnis nach Erfüllung seiner narzisstischen Wünsche. Es will bewundert sein und bestätigt werden in seinen Fantasien von Unabhängigkeit, Kompetenz, Erhabenheit und Größe. Ohne Spiegelung dieser Wünsche durch die soziale Umwelt kann es kein verlässliches Selbst aufbauen. Eine Zeit lang idealisiert das Kind sich selbst und die, die es liebt, und ist auf andere angewiesen, um eine realistische Vorstellung von sich selbst zu entwickeln (vgl. Kohut 1997 (1971)). Aus Sicht der Objektbeziehungstheorie hat der Narzissmus mit libidinösen Gefühlen eines Menschen zu tun und beruht auf der Dialektik von Objektrepräsentanz und Selbstrepräsentanz. Dem Narzissmus wird bei der Erschaffung der Objekte und beim Aufbau des Selbst große Bedeutung beigemessen (vgl. Kernberg 1998 (1975), s.a. Kohut 1997(1971)).

Der Begriff Narzissmus bezeichnet zwei unterschiedliche Phänomene der Selbsttätigkeit, was den Gebrauch des Begriffs erschwert. Einerseits beschreibt Narzissmus verschiedene Zustände des Selbstwerterlebens: Das System des Selbst umfasst nach Heinz Kohut alle Bedürfnisse, Affekte, Mechanismen und Befriedigungen, die an der Regulation des Selbstwertgefühls beteiligt sind, und umschließt die Objektbeziehung, die zur Erhöhung des Selbstwertgefühls oder der Selbstidentität beiträgt. Aus diesem Verständnis heraus stellen narzisstische Kränkungen eine Störung der Interaktion und des Selbstwertgefühls dar. Der dazugehörige Affekt, die Wut, wird dann ebenfalls narzisstisch genannt (Kohut 1997(1971), s.a. Mentzos 1988, S. 52 f). Kohut zeigt auch, dass eine narzisstische Objektbesetzung dazu dienen kann, den bedeutsamen Anderen zur Stabilisierung des eigenen Gleichgewichts zu missbrauchen. Nach Kohut ist der Narzissmus die tragende seelische Energie, die zur Entstehung des gesunden Selbstgefühls beiträgt. Ein kohäsives Selbst, so Kohut, entwickelt sich durch empathische Selbstobjekte, die für das Selbst eine bestimmte Funktion ausüben, und daher ist es für das Kind wichtig, sich in den Augen der anderen bestätigt, gelobt und getadelt zu erleben. Andererseits wird der Begriff Narzissmus bei Freud vor allem dazu verwandt, eine libidinöse Entwicklungsstufe zu charakterisieren, die in der Psychoanalyse als „primärer Narzissmus“ bezeichnet wird. Darunter versteht Freud die Form der Liebe, bei der man im anderen sich selbst liebt, weil er so ist, wie man selbst gerne sein würde. In diesem Zusammenhang werden alle Tendenzen, Fantasien, Befriedigungen narzisstisch genannt, die durch die Bewegung vom Objekt weg zum Selbst stattfinden, z.B.: Omnipotenz- und Allmachtsfantasien, Verschmelzungs- und auch Selbstmordfantasien. Narzisstische Objektbeziehungen besitzen, so der Psychoanalytiker Heinz Henseler, die Qualität des Großartigen und Rauschhaften (vgl. Henseler 1982, S. 453).

*Die narzisstische Abwehr*
Jedes Kind macht in seinem Leben mehr oder weniger intensiv die Erfahrung, sich hilflos, abhängig, unterlegen und wertlos zu fühlen. Um dieses narzisstisch kränkende Selbsterleben zu ertragen, greift es auf die Möglichkeit der Idealisierung zurück, oder es verleugnet die Kränkung (vgl. Mentzos 1988, S. 56). Darüber hinaus ist es auch möglich, auf eine frühere Entwicklungsstufe zu regredieren. Heinz Henseler nennt vier Kompensationsmechanismen, auf die Menschen zeitlebens zurückgreifen, um einer drohenden Erschütterung des Selbstgefühls zu begegnen (vgl. Henseler 1982, S. 458):

- Regression in den Primärzustand,
- Verleugnung und Idealisierung,
- Angleichung an die Realität,
- Verinnerlichung.

Für ein Kind bedeutet die Regression in den Primärzustand das Aufgeben der Identitätsentwicklung zugunsten von Verschmelzungsfantasien mit der Mutter. Die Verleugnung und Idealisierung wurde bereits von Anna Freud als bedeutsamer Abwehrmechanismus beschrieben. Sie verstand darunter eine Überschätzung der positiven Aspekte einer Beziehung, weil die verletzenden Aspekte verleugnet werden. Diese werden in der Fantasie ins Gegenteil verkehrt und damit ersetzt (vgl. A. Freud 1989 (1936), S. 55 f). Eine Frustration narzisstischer Bedürfnisse kann auch durch Größenfantasien kompensiert werden, die an die Stelle der enttäuschenden Realität treten. Auch mit Hilfe der Identifizierung ist es möglich, das narzisstische Gleichgewicht wiederherzustellen. So erlaubt eine narzisstische Identifizierung beispielsweise, den Ödipuskomplex zu lösen: Wenn der Junge sich bemüht, so zu sein oder zu werden wie der Vater, braucht er den Vater, mit dem er rivalisiert, nicht mehr zu fürchten (vgl. Henseler 1982, S. 460 f).

Wenn die oben beschriebenen Kompensationsversuche nicht ausreichen, eine narzisstische Kränkung intrapsychisch zu bewältigen, werden weitere

Abwehrmaßnahmen ergriffen, die bereits seit früher Kindheit zur Verfügung stehen. Die von Winnicott beschriebene antisoziale Tendenz stellt nach Kernberg in diesem Zusammenhang einen Teilaspekt der narzisstischen Abwehrproblematik dar (vgl. Kernberg 1998 (1975), S. 34 f). Bei Ben zählte die narzisstische Kränkung und ihre Abwehr ebenfalls zu den wichtigen psychodynamischen Hintergründen, die sein Verhalten verständlicher machen. Meiner Ansicht nach verbarg sich beispielsweise hinter Bens Leistungsverweigerung und Schulversagen auch narzisstische Abwehr und eine Fixierung auf die orale präödipale Entwicklungsstufe. In einem solchen Zusammenhang schützt das ständige Gefühl, „Opfer zu sein", davor, frühkindliche Größen- und Allmachtsfantasien aufzugeben. Damit wird aber eine realistische Selbsteinschätzung und Selbstentwicklung eingeschränkt und realitätsangemessene Anpassungsleistungen verhindert. Jutta Gutwinski-Jeggle zeigt in Anlehnung an Bion, dass auch kognitive Lernprozesse durch eine narzisstische Kränkung nachhaltig beeinträchtigt werden können. Nach Bion gilt das Denken als Substrat von Wünschen, Triebbedürfnissen und tolerierten Versagungen, als ein innerer Ort, an dem die notgedrungenen Aufschübe durch die Differenzierung in Realität und Fantasie Raum erhalten (vgl. Gutwinski-Jeggle 1995, S. 190). Die Fähigkeit zum Denken hängt, so die Psychoanalytikerin, von zwei Entwicklungsprozessen ab, die erfolgreich verlaufen müssen: „Der erste betrifft die Fähigkeit zur Entwicklung von Gedanken, der zweite die Fähigkeit zur Entwicklung eines Denkapparates, der diese Gedanken aufnimmt, ordnet, ‚verdaut' und weiterverarbeiten hilft. Gedanken (...) sind zunächst die Konzeptionen der schmerzlichen Abwesenheit des Primärobjektes, aus denen schließlich das Konzept *für* und ein Begriff von Getrenntheit entsteht, worauf die Entwicklung von Autonomie basiert" (Gutwinski-Jeggle 1995, S. 189). Eine nicht erfolgte Anerkennung der Trennung und Differenzerfahrung im Sinne des Objektgebrauchs während der präödipalen Zeit kann die Quelle sein, aus der heraus Lernen vom Standpunkt des Narzissmus verhindert wird.

Gedanken und der sich damit entwickelnde Denkapparat stellen nämlich fortwährend Denkverbindungen zu den im Gedächtnis gespeicherten Erfahrungen her. Solche Bedeutungszuschreibungen führen dazu, dass Gedankeninhalte wiedererkannt und eingeordnet werden: Eine als schmerzlich erlebte Abwesenheit der Mutter kann gedanklich mit der Erinnerung verbunden werden, dass sie auch wiederzurückgekommen ist. Dadurch entsteht allmählich die Vorstellung, dass die Befriedigung nur aufgeschoben werden muss. Wenn aber die schmerzliche Erfahrung von der Abwesenheit des Primärobjektes (Vater oder Mutter) nicht zu einer inneren Fantasie und damit zu Affekten und Vorstellungen als Gedanken über Abwesenheit führen, kann das Denken nicht konstruktiv im Sinne einer Hilfe zur Verarbeitung eines inneren Konflikts oder einer narzisstischen Kränkung genutzt werden. Dies könnte erklären, warum Ben lange Zeit weder im Unterricht noch bei der Erledigung der Hausaufgaben in der Lage war, seine kognitiven Fähigkeiten unabhängig von der Ausrichtung auf die Beziehung zu gebrauchen. Erst eine innere Repräsentanz des Erlebens von Trennungen ermöglicht es, so Gutwinski-Jeggle, den Warte-Raum zwischen einem Bedürfnis und der Befriedigung des Bedürfnisses als Erfahrung von Trennung auszuhalten. Dieser Prozess wird normalerweise durch die Fähigkeit zur Symbolbildung und durch die Entwicklung des Denkapparates unterstützt (ebd., S. 190). Kommt es aber statt zur Entwicklung von Gedanken über Abwesenheit zur projektiven Identifikation, kann es zu Denkstörungen mit weitreichenden Folgen kommen. Mit der fortschreitenden Reifung der Persönlichkeit wird nämlich ein schmerzlicher Gedanke als ein solcher erkannt, „und die Psyche steht vor der Entscheidung, ob sie der Enttäuschung ausweichen oder eine Veränderung herbeiführen will. Diese Entscheidung heißt, entweder Gedanken weiterhin als sadistische Angreifer aufzufassen, die das innere Glück, bestehend aus Illusionen und Halluzinationen, untergraben wollen, oder sich zu entschließen, sich schrittweise dem Schmerz zu öffnen, der mit der Wahrnehmung der Realität verbunden ist“ (ebd., S. 193). Eine solche Situation durchlebte Ben meines Erachtens während er versuchte, die Schule zu wechseln. Ganz zum Schluss dieses Prozesses spürte Ben den Schmerz, der mit der Wahrnehmung der Realität und der Kränkung eigener Größenfantasien verbunden war und den Ben immer wieder abwehren musste (Fallbericht, S. 93).

Lernen setzt jedoch auch die emotionale Fähigkeit voraus, auszuhalten, noch nicht alles zu wissen und deshalb die Anstrengung des Lernens auf sich nehmen zu müssen. Eine Abwehr dieses eigentlich präödipalen Entwicklungsthemas – klein zu sein und erst wachsen zu müssen – kann ebenfalls die Bereitschaft einschränken, die emotionale Mühe des Lernens auf sich zu nehmen. Im Umgang mit Ben machte ich immer wieder die Erfahrung, dass er an der Fantasie eigener Größe und Ungetrenntheit bis weit in die Adoleszenz hinein festhielt. So weigerte er sich über Wochen anzuerkennen, dass sein freier Nachmittag von ihm selbst gestaltet werden musste und die Gruppe ohne ihn zum Sport ging. Der 15-jährige Ben konnte sich nicht vorstellen, einen Nachmittag ohne die Gruppe zu verbringen, und fühlte sich ungerecht behandelt und ausgeschlossen. Die Kränkung hing mit der Angst zusammen, verlassen zu werden (Fallbericht, S. 97). In Bezug auf die Verbindung zu mir hatte Ben offensichtlich keine Vorstellung, dass ich unabhängig von ihm meine Zeit verbringe. Auf die Ankündigung eines längeren Urlaubs reagierte er mit sofortiger Leistungsverweigerung, die er als Strafe für mich fantasierte. Der Müdigkeit und Unlust, die ihn regelrecht überfielen, schien er nichts entgegensetzen zu können. Als ich ihn darauf ansprach, sagte er mir, dass ich ihm das nicht zumuten dürfe. Er fühlte sich von mir im Stich gelassen (Fallbericht, S. 99). Solche Erfahrungen und das Sprechen darüber waren wichtig, um mit den narzisstischen Kränkungen so umgehen zu können, dass sie nicht verleugnet oder projiziert, sondern erträglich und damit psychisch aushaltbar wurden.

## Die Bedeutung des Vaters im dyadischen Beziehungsmodus

Ein wichtiger Aspekt in Bezug auf psychische Reifungsprozesse stellt auch die frühe Erfahrung der Triangulierung dar. Die Beziehung zwischen dem Kleinkind und seinem Vater wurde innerhalb der psychoanalytischen Forschung lange Zeit zu wenig beachtet. In der jüngeren psychoanalytisch-theoretischen Debatte tritt der Vater der frühen Kindheit als strukturbildendes drittes Objekt bereits in der präödipalen Phase hinzu (vgl. Rotmann 1981). Die folgenden Überlegungen beziehen sich auf die Entwicklung des Kindes im Alter von ein und zwei Jahren (vgl. Rotmann 1978, S. 1106). In dieser Zeit trägt der Vater wesentlich zum psychischen Wachstumsprozess seines Kindes bei, weil er die Möglichkeit zur triangulären Beziehungserfahrung eröffnet.[30] Zunächst ist der Vater hilfreich, wenn er die Mutter in ihrer „Holding-Funktion" unterstützt und die kindlichen Bedürfnisse nach Schutz, Geborgenheit und Abgrenzung von der Mutter befriedigt. Er trägt dazu bei, dass das Kind sich aus der dyadischen Beziehung zur Mutter lösen kann, denn „die Mutter wird als erstes und wichtigstes Liebesobjekt eines jeden Menschen am meisten geliebt, gleichzeitig aber während und wegen der unvermeidbaren Enttäuschungen und Trennungen auch am meisten gehaßt. Die Mutter-Imago wird also zunehmend ambivalent besetzt, von Ambivalenz durchtränkt" (ebd., S. 1117). Der Vater repräsentiert die Möglichkeit, auch außerhalb der Dyade zur Mutter libidinöse, aggressive und narzisstische Befriedigungsmöglichkeiten zu erfahren. Der Vater lebt dem Kleinkind ein gefahrloses Getrenntsein vom primären Objekt vor (vgl. Blos 1990 (1985), S. 45). Er bietet dem Kind Schutz vor Regressionswünschen, in die frühe Mutter-Kind-Einheit der primärnarzisstischen Position zurückzuwollen (vgl. Loch, Jappe 1974, S. 21, s.a. Blos 1990, S. 45). Durch die Identifikation mit dem Vater als dem gleichgeschlechtlichen dritten Objekt stellt die frühe Triangulierung für den Jungen aber nicht nur die intrapsychische Voraussetzung für die Bildung der Selbstrepräsentanz dar, sondern auch die für die Bildung der frühen Geschlechtsidentität (vgl. Blos 1990, S. 88). Verläuft der Entwicklungsprozess ohne größere Komplikation, ermöglichen verinnerlichte Beziehungserfahrungen des Kindes zwischen ihm, dem Vater und der Mutter am Ende die ödipale, triadische Beziehungserfahrung. Die frühe Triangulierung grenzt sich vom ödipalen Komplex ab, weil es noch nicht um die Auseinandersetzung des Kindes mit zwei unterschiedlichen bedeutsamen Anderen geht und auch noch nicht um die

---

30 Ernst Abelin, ein Mitarbeiter Margret Mahlers, prägte den Begriff der frühen Triangulierung. Damit bezeichnet er die intrapsychische Strukturbildung der Triade vor dem Hintergrund der Repräsentanzenlehre von Selbst und Objekten. Als intrapsychischer Vorgang setzt die frühe Triangulierung etwa im Alter von anderthalb Jahren ein und bedeutet, dass das Kind nun in der Lage ist, die Mutter als von sich getrennt zu erleben (vgl. Rotmann 1981, S. 160-167). Auch wenn Abelin der Person des Vaters bei der Strukturbildung zu wenig Bedeutung beimaß, wird heute davon ausgegangen, dass der Vater als das dritte Objekt entscheidend zur Loslösung aus der dyadischen Beziehungsmatrix (Kind-Mutter) beiträgt (vgl. Tyson, Tyson 1997).

reife Trennungs- und Differenzierungsproblematik, wie sie während der ödipalen Periode gefordert wird (vgl. Ahrbeck 2000, S. 107 f). Die Position eines Dritten, die triangulierend wirkt und dem Kind hilft, die ersten Trennungserfahrungen von der Mutter emotional zu bestehen, hält bereits Winnicott für zentral, wenn er von Übergangsobjekten und Übergangsräumen spricht (vgl. Winnicott 1997b (1971)). Heute stellt sich die Frage, ob der Mensch nicht von Geburt an mit triangulierenden Strukturen in Verbindung ist und diese auch braucht, um das eigene Selbst zu entwickeln (vgl. Haesler 2000, S. 27). Vom Zeitpunkt der Zeugung an existiert die Vorstellung von drei beteiligten Personen, die für das Kind Bedeutung haben (vgl. Rotmann 1981, S. 161). Die neuere Säuglingsforschung bestätigt, dass bereits der Säugling wahrnimmt, nicht allein mit seiner Mutter in der Welt zu sein. So geht es um die Wechselwirkung dualer Beziehungserfahrungen, die mit der Triangularität verbunden wird, und um die Verinnerlichung der Erfahrung, dass es einen Standort außerhalb der Dyade gibt, die der Illusion und dem Wunsch entgegentritt, „dass sich die Begegnung nicht in der Zweiheit, im illusionären *‚wir zwei beide, wir sind uns eins und bleiben uns drei vier und vier'* verliert" (Haesler 2000, S. 41).

**Der triadische Beziehungsmodus und der Ödipuskomplex**

In die Zeit der ödipalen Phase, das Kind ist nun etwa vier bis sechs Jahre alt, fällt die Wahrnehmung, aus der Beziehung zwischen Mutter und Vater ausgeschlossen zu sein. Gerade erst konnte das Kind eine Beziehung zum Vater und zur Mutter aufnehmen, aus der es sich trennen und wieder zurückkommen konnte, schon macht es erneut eine schmerzliche Entdeckung. Freud beschreibt dieses kindliche Drama aus der Perspektive der sexuellen Entwicklung im Rahmen des Ödipuskomplexes. Das Kind richtet in diesem Alter inzestuöse libidinöse Beziehungswünsche auf den gegengeschlechtlichen Elternteil und muss diese im Laufe der Zeit wieder zurücknehmen.[31] Dafür muss die in der kindlichen Fantasie vorweggenommene genitale Existenzweise notwendig frustriert werden, damit der psychische Wachs-

---

31 Im Rahmen der Konzeption des Ödipuskomplexes beschreibt Freud die Fantasie des Jungen im Hinblick auf den Wunsch nach potentieller sexueller Befriedigung mit der Mutter. Freuds Entwurf des ödipalen Dramas betrachtet den Jungen als den, der die Mutter als sein erstes Liebesobjekt besitzen will und in Rivalität und Feindseligkeit zum Vater gerät und inneren Hassgefühlen gegen ihn ausgesetzt ist. Diesen Vorgang bezeichnet Freud als positiven Ödipuskomplex. „Die Vateridentifizierung nimmt nun eine feindselige Tönung an, sie wendet sich zum Wunsch, den Vater zu beseitigen, um ihn bei der Mutter zu ersetzen. Von da an ist das Verhältnis zum Vater ambivalent; es scheint, als ob die in der Identifizierung von Anfang an enthaltene Ambivalenz manifest geworden wäre" (Freud, 1997 (1923), S. 271). Die Ergänzung zum positiven Ödipus stellt der negative Ödipuskomplex dar. Darunter versteht Freud die libidinöse Zuwendung des Jungen zum Vater, den er auch als Rivalen in Bezug auf seine Liebe zur Mutter erlebt. Nach Freud bilden beide Konstellationen eine Ergänzungsreihe und machen den vollständigen Ödipuskomplex aus.

tumsprozess voranschreitet. Während Kinder in der präödipalen Zeit den genitalen Geschlechtsunterschied noch nicht in Beziehung zu sexuellen Fantasien setzen, will der Junge in der ödipalen Phase die in seiner Fantasie möglichen aber real verbotene sexuelle Befriedigung durch die Mutter nicht einfach akzeptieren. Die Kastrationsangst tritt an die Stelle des Inzesttabus. Die Kastrationsangst des Jungen bezieht sich auf den möglichen Verlust der männlichen Potenz, aber auch auf die Fantasie infantiler Unvollkommenheit. Der Vater kann in der Fantasie des Jungen bedrohlich erlebt werden, weil er das Ausleben der ödipalen Wünsche verhindert und durch die Identifikation mit ihm auch die Mahnung verstanden wird: So wie der Vater sollst du zwar sein, aber noch darfst du nicht alles, was der Vater kann (vgl. Freud 1997 (1923), S. 273).

*Der Ödipuskomplex*

Freud beschreibt den Vater als den, der als einschränkende und strafende Instanz das Kind dazu bringt, seine Rivalitätsbestrebungen und vatermörderischen inzestuösen Absichten aufzugeben und in eine neue innere Struktur zu überführen, das Überich[32]. Diese Lösung des ödipalen Konflikts wirkt strukturierend auf die Persönlichkeitsentwicklung, weil das Kind anerkennen muss, „dass es von den als zusammengehörig erlebten Eltern durch eine Generationengrenze endgültig geschieden ist. An die Stelle einer unmittelbaren Bedürfnisbefriedigung, die von den primären Bezugspersonen ersehnt wird, tritt eine Verschiebung auf andere, spätere Liebesobjekte. Erst in der Zukunft wird es dem Kind möglich sein, eine den Eltern vergleichbare Position einzunehmen – so zu werden wie sie“ (Ahrbeck 2000, S. 106). Der Ödipuskomplex gehört unbestritten zum Zentrum psychoanalytischer Überlegungen. Er ist bedeutsam im Hinblick auf das Generationenthema, die Geschlechts- und Identitätsentwicklung und die Ausbildung sozialer Fertigkeiten. Objektbeziehungstheoretisch gefasst ist die Verarbeitung der Erfahrung des Ausgeschlossenseins die wesentliche Entwicklungsaufgabe der ödipalen Periode. Wenn Ausschluss und Einbeziehung in die triadische Beziehung in ausgewogenem Verhältnis stehen, kann das Kind seine Fähigkeit

32 Das Überich, nach Freud Erbe des Ödipuskomplexes, hat seine Kristallisationspunkte im Inzesttabu, der Kastrationsdrohung und dem Verbot des Vatermordes. Seine Aufgabe ist es, so Freud, dem Ich zu helfen, das intrapsychische und interpersonelle Gleichgewicht aufrechtzuerhalten. Seine konstitutiven Bestandteile sind die Introjekte, die aus den verinnerlichten Repräsentanzen der elterlichen Imperative entstehen, und die Ideale, die den angestrebten psychischen Repräsentanzen der elterlichen Normen und Seinsweisen nahe kommen (vgl. Tyson, Tyson 1997, S. 207-208). Die elterlichen Verbote beziehen sich auf die von der Gesellschaft geforderten, allgemein geteilten Verbote und Gebote, die zur Regulation der Triebwünsche des Kindes und des Triebverhaltens beitragen. Die Bedeutung der Überich-Bildung und die Genese, so wie Freud sie sich vorstellt, wurden von den Objektbeziehungstheoretikern und -theoretikerinnen revidiert. Das Ich und Überich entwickeln sich als psychische Struktur bereits während der präödipalen Zeit (vgl. Jacobson 1998 (1964)).

zum Alleinsein als positive Gabe und als Erfahrung von Unabhängigkeit begreifen. Zuvor musste es allerdings die Erfahrung machen, im Beisein der Mutter von ihr getrennt zu sein (vgl. Winnicott 1997a). Konnte das Kind seine Vater- und Mutter-Imagines verbinden und die Fantasie, wovon es ausgeschlossen wird, als Fantasie ertragen, dann kann das Kind sich auch angesichts des Ausschlusses weiterhin mit beiden Eltern identifizieren. Es ist zunehmend besser in der Lage, andere in ihrer Unabhängigkeit zu akzeptieren und zu berücksichtigen, kann sich selbst in seinen eigenen Stärken und in größerer Unabhängigkeit von den primären Bezugspersonen erleben und braucht seine Abhängigkeit nicht zu leugnen. In diesem Sinne spricht Mahler im Anschluss an das Durchlaufen der verschiedenen Entwicklungsphasen von der „psychischen Geburt des Menschen“ (Mahler 1987).

Die Triade stellt die erste soziale Gruppenerfahrung im Leben des Kindes dar und ist somit Vorläufer aller Erfahrung mit Gruppen (Müller-Pozzi 1995, S. 129). Das Gemeinschaftsgefühl wurzelt in der triadischen Beziehungserfahrung. Die Tagesgruppe, das zeigt der Fallbericht, bietet von ihrem Rahmen her Gruppenerfahrungen, die an die triadische Beziehungsstruktur anknüpfen und sie ermöglichen. Da der Struktur nach Einzelangebote möglich sind, können dyadische und triangulierende Beziehungserfahrungen vermittelt werden.

## 5.6 Die Arbeit mit Ben in der Tagesgruppe

Im Rahmen dieser Fallstudie können nicht alle Aspekte reflektiert werden, die in der lebensweltorientierten Tagesgruppe eine Rolle spielen. Um eine Übersicht über die Leistungen, die Zielgruppe, die gesetzlichen Grundlagen und den Träger zu bekommen, verweise ich auf die Leistungsbeschreibung der Gruppe im Anhang der Fallstudie.

Im Zentrum steht jetzt die Reflexion der rahmengewährenden strukturellen Voraussetzungen (vgl. Kapitel 3) und die erzieherische Arbeit mit Ben. Hilfe zur Erziehung bedeutet in der lebensweltorientierten Tagesgruppe, dass die Gestaltung und Strukturierung des pädagogischen Alltags außerhalb der Familie Raum für entwicklungsfördernde Beziehungsangebote vorsieht. Als „zweites Zuhause um die Ecke“ bietet die Tagesgruppe einen zeitlich begrenzten und darin konstanten Ort, an dem soziale Umgangsweisen, Werte und Normen an Kinder und Jugendliche vermittelt werden. Der regelmäßige Besuch der Tagesgruppe und die dort stattfindenden Begegnungen tragen dazu bei, dass die Gruppe im Laufe der Zeit als ein Zuhause angenommen werden kann. Im Kontext von Pluralisierung und Individualisierung der Lebensführung stellt die Reinszenierung eines Halt gebenden Alltags für viele Heranwachsende eine neue lebensweltlich relevante Erfahrung dar. In der Tagesgruppe werden Bedürfnisse der Heranwachsenden durch das Team wahrgenommen und durch ein differenziertes pädagogisches Angebot nach Alter, Geschlecht und jeweiliger Fähigkeit beantwortet. Aufgrund der Gruppengröße ist es möglich, flexibel auf aktuelle Probleme der jungen Menschen zu reagieren und sowohl Einzel- als auch Gruppenangebote zu machen. Die Tagesgruppe ist ein Ort, an dem soziale Erfahrungen vermittelt und individuelle Entwicklungen gefördert werden können, weil sie die alltäglichen menschlichen Konflikte widerspiegelt.

In ihren Familien erleben viele Kinder und Jugendliche, dass sie zwar materiell versorgt, sich emotional jedoch selbst überlassen sind. Immigranten sind häufig nur begrenzt in der Lage, ihre Kinder mit der Kultur der Einwanderungsgesellschaft vertraut zu machen. Viele Eltern leben in Scheidung und müssen dann als Alleinerziehende auch für den Unterhalt sorgen. Bei Alleinerziehenden kann die Auseinandersetzung mit ihren Kindern zu einer Frage der persönlichen Belastung werden. Die Geschwisterbeziehung ist oftmals durch Konkurrenz und Neid belastet. Dennoch vermitteln die Heranwachsenden, dass sie ihre Familien lieben und sie nicht verlassen wollen, auch wenn die familialen Bindungen sie stark belasten. Viele Kinder und Jugendliche, so auch Ben, schützen ihre Eltern, indem sie die unterschiedlichen Lebensfelder voneinander trennen und weder zuhause noch in der Tagesgruppe über den je anderen Ort sprechen.

Der schulische Alltag dieser Heranwachsenden ist häufig von Frustrationserlebnissen geprägt, weil sie den an sie gestellten Leistungsanforderungen nicht gerecht werden. Daher machen viele dieser jungen Menschen negative Lernerfahrungen. Eine schulische Unterstützung gehört zu den zentralen Anliegen der Tagesgruppe, wobei es darum geht, die Bedingungen des Lernens im Blick zu halten. Die Tagesgruppe bildet wie die Familie und die Schule einen höchst komplexen Mikrokosmos, in dem widersprüchliche und miteinander rivalisierende Erfahrungen erlebbar werden. Im Unterschied zu den anderen Lebensfeldern bietet die Tagesgruppe jedoch einen bewusst gestalteten Rahmen für krisenhafte Auseinandersetzungen und eröffnet dadurch Lern- und Reflexionsmöglichkeiten. Die in der Gruppe erzeugten sozialen Prozesse werden aufgegriffen und stellen an manche Heranwachsende hohe Anforderungen. Daher kann der Besuch der Tagesgruppe zeitweise auch als anstrengend erlebt werden.

In Bezug auf die bildungstheoretische Diskussion ergänzt sich das pädagogische mit dem psychoanalytisch-pädagogischen Anliegen. Die Arbeit mit einem Kind wie Ben erfordert klare Rahmenbedingungen, wozu auch eine zeitlich offene Perspektive für die Dauer der Betreuung zählt, und sie ist manchmal kaum von therapeutischem Handeln zu unterscheiden. Die Faktoren Kontinuität und Zeit sowie die Rahmenbedingungen der Institution tragen erheblich dazu bei, dass Heranwachsende Raum für Nach-Entwicklung haben und Erfahrungen mit der dyadisch strukturierten Zweierbeziehung und triadisch strukturierten Gruppenbeziehungen machen können. Im nun folgenden Teil werden die rahmengewährenden Aspekte der Hilfe zur Erziehung in der Tagesgruppe vor dem Hintergrund der pädagogischen Grundbegriffe und der beschriebenen objektbeziehungstheoretischen Anliegen diskutiert. Auch hier erfolgt zunächst die Reflexion auf der Ebene des „Falls erster Ordnung“, um dann mit Hilfe der pädagogischen Kategorien „generationale Differenzerfahrung“ und „Aneignungs- bzw. Ortshandeln“ zum tieferen Verstehen der Interaktionen zu gelangen.

### *5.6.1 Erfahrung mit Generationendifferenz*

Die Tagesgruppe ist ein sozialer Mikrokosmos, der die Möglichkeit bietet, Generationenbeziehungen in unterschiedlicher Weise für den erzieherischen Prozess zu nutzen. Aufgrund der familienähnlichen Struktur begegnen sich in der Gruppe Menschen, die unterschiedlichen Generationen angehören und die von daher verschiedene Interessen und Aufgaben haben. Alle sozialen Konflikte, vom Generationenkonflikt bis zu den Rivalitäten unter Gleichaltrigen, spiegeln sich im Alltag der Gruppe wider.

**Das Team**
In dieser Tagesgruppe definierte das Team die erzieherischen Rahmenbedingungen der Arbeit. Hier fand der Austausch über die Entwicklung der Heranwachsenden, die Planung von Angeboten, die Festlegung von Gruppenregeln und die Aufnahme neuer Mitglieder in die Gruppe statt. Dadurch konnten die jungen Menschen Erfahrungen mit der Generationendifferenz machen, die deutlich auf einem Unterschied der Verantwortung basierte. Des Weiteren sorgte das Team immer wieder dafür, dass die Konflikte der Kinder aufgegriffen und sozial angemessene Verhaltensweisen vorgelebt und eingefordert wurden. Ein solches Vorgehen bietet den Kindern und den Adoleszenten Schutz und Sicherheit und eröffnet die Möglichkeit zur Verinnerlichung ordnender Strukturen. Durch die familienähnliche Organisationsstruktur der Tagesgruppe war das Team die generative Instanz: Wir präsentierten uns gleichsam als verlässliche Elternfiguren, die ihre Zuständigkeit für die Belange der Kinder und Jugendlichen ernst nahmen. Dadurch, dass grundsätzlich je ein Mann und eine Frau in einer Untergruppe eng miteinander als Bezugspersonen zusammenarbeiteten, eröffneten wir den Kindern und Jugendlichen die Möglichkeit, ihre familialen Beziehungserfahrungen auf uns zu übertragen. Daher liegt es nahe, die Übertragung innerhalb der pädagogischen Arbeit stärker zu gewichten. Aufgrund der geschlechtlichen Unterschiedlichkeit der Pädagogen und der subjektiven Wahrnehmungsweisen unter uns Kollegen mussten wir immer wieder aushandeln, was im jeweiligen Einzelfall zu tun war. Auch wenn es mit Ben nicht immer gelang, einen Konsens über die erzieherische Einflussnahme zu erzielen, trug das Team dazu bei, das nötige Gleichgewicht zwischen Nähe und Distanz für die Arbeit mit Ben herzustellen. Im Team spiegeln sich Gruppenprozesse und Übertragungsdynamiken genauso wider wie in der Gruppe selbst.

**Die pädagogische Beziehung**

Um Erfahrungen des Gehaltenwerdens und Vertrauens zu vermitteln ist die Beziehung ein zentrales Medium innerhalb der pädagogischen Arbeit. Viele Kinder und Jugendliche, die in der Tagesgruppe betreut werden, haben enttäuschende und verletzende Beziehungserfahrungen erlebt und wollen sich nicht erneut auf das Angebot einer Beziehung einlassen. Sie beginnen zu testen und zu prüfen, wie ernst das Angebot gemeint ist. Ben stellte darin keine Ausnahme dar, sondern machte nur in extremerem Maße davon Gebrauch. Nach meiner Auffassung brauchen Kinder, die sich noch nicht in die Gruppe integrieren können und die mit der Konkurrenz der Gleichaltrigen überfordert sind, einen pädagogischen Rahmen, der hierauf eingerichtet ist. Dazu zähle ich neben der Fähigkeit, strukturelle Rahmenbedingungen herzustellen und aufrechtzuerhalten, auch die Kompetenz, emotionale Beziehungen mit den Heranwachsenden einzugehen. Da wir personell gut ausgestattet waren, konnte ich mich an manchen Tagen intensiv mit Ben beschäftigen und Konflikte mit ihm austragen. Darauf war das Team eingestellt. Durch die Fähigkeit zu „einfühlendem Verstehen" gelang es mir auch, Bens Bedürfnisse zu erkennen und diese zu benennen, wenn er sich z.B. ungerecht behandelt fühlte. Ben wusste oft nicht, was ihn so unruhig stimmte und aufgeregt hatte. Wenn es mir gelang, seine Stimmung zu verbalisieren und sie auf diese Weise in den Zusammenhang mit seiner diffusen Befindlichkeit zu stellen, wurde Ben ruhiger und gelassener. Winnicott hat diese Methode, die zur Ich-Stärkung beiträgt, als „primäre Identifizierung" beschrieben (vgl. Winnicott 1974). Indem ich Bens Gefühle benannte, blieb er seinen Impulsen nicht hilflos ausgeliefert und konnte mit der Zeit immer besser zu einem äußeren Ereignis einen inneren Zusammenhang herstellen. Im anfänglichen Prozess, der Ben zu besserer Selbstwahrnehmung verhelfen sollte, war ich damit konfrontiert, dass Ben auch Angst vor seinen eigenen aggressiven Impulsen hatte, die er abwehrte. Im Nachhinein stellt sich die Frage, ob ich diesen Aspekt im Umgang mit Ben ausreichend berücksichtigt habe. Wahrscheinlich nahmen die Kollegen besser wahr, dass ich zeitweilig auch in die Gefahr einer Überidentifizierung mit Ben geriet, so dass er sich nicht ausreichend geschützt fühlte und mich dafür auch angriff. Um das zu merken, waren Supervisionen und Reaktionen der Kollegen und der Gruppenmitglieder hilfreich.

Um Ben eine angemessene Form der Realitätswahrnehmung zu eröffnen, war es sehr wichtig, ihn allmählich konsequenter mit seinen Lügen zu konfrontieren. Auch wenn ich mich in der Rolle der Detektivin anfangs unwohl fühlte, war es immer wieder wichtig, Ben auf die Unterscheidung von Recht und Unrecht aufmerksam zu machen. Er musste mit der Zeit akzeptieren, dass es eine soziale Realität gibt, in der andere Gesetze gelten als die, denen er innerlich verpflichtet schien. Dafür brauchte er die Konfrontationen und die Forderung, für sein Verhalten in Form einer Wiedergutmachung Verantwortung zu übernehmen. Allerdings sollten die Anforderungen sich an dem messen, was für Ben erträglich schien. Die Unterstützung im Rahmen der Hausaufgabenbetreuung zeigte, dass die anfängliche Unordnung im Ranzen auch Ausdruck seines inneren Zustandes war. In diesem Zusammenhang hatte das Einfordern von Ordnung und Struktur nicht nur den Sinn, einen Rahmen zu setzen, an dem er sich orientieren konnte. Zumindest in den ersten Wochen hatte der Streit um die Erledigung seiner Schulaufgaben immer auch eine kathartische Wirkung. Ben baute im Streit mit mir Aggressionen ab und erlebte, dass ich ihm gewachsen war. Ich erinnere daran, dass diese Arbeit ca. ein Dreivierteljahr dauerte, bis Ben in der Lage schien, selbst einigermaßen für Ordnung in seinem Ranzen zu sorgen. Noch länger dauerte es, bis er seine Hausaufgaben regelmäßig wusste und erledigte. Dennoch kamen immer wieder Unregelmäßigkeiten vor. Das Aufgreifen von Konfliktsituationen war im Umgang mit Ben notwendig. Durch Konfrontation oder durch eine Gegenüberstellung der Kontrahenten erlebte Ben, dass es die Realität anderer gab. So wurde er ab und zu genötigt, sich in andere hineinzudenken und sich zu fragen, ob er eine bestimmte Situation auch anders hätte lösen können. Während der Hausaufgabenzeit fand sich meist eine Gelegenheit, schwierige Situationen der Woche nochmals mit ihm aufzugreifen. Meist konnte er zunächst nur seine Sicht wiedergeben, aber immer häufiger schien es möglich, aus dem Abstand heraus zu erkennen, was er anderen zugemutet hatte.

Um Ben zu zeigen, dass er aushaltbar war, wollte ich mich nicht von seinen verbalen Angriffen einschüchtern und so verärgern lassen, dass ich den Kontakt zu ihm abbrach. Ich spürte, dass Ben eine Verbindung zu mir halten konnte, solange ich neben ihm blieb, also körperlich anwesend war. Dann fühlte er sich ruhiger, sicherer und traute sich selbst etwas zu, was sich bei der Hausaufgabensituation zeigte. Aus diesem Grund war das Thema der Grenzen besonders schwierig. Da Ben kein „Nein“ hören wollte, reagierte er bei jeder Grenzziehung, die für ihn emotional die Bedeutung einer „Auslöschung“ haben musste, wie auf einen Angriff auf seine persönliche Integrität. Daher stellte sich für mich die Frage, wie wir ihm auf für ihn selbst verträgliche Weise Erfahrungen mit Grenzen, Strukturen und Ordnungen vermitteln konnten. Seine Erfahrung mit Grenzziehungen im Elternhaus war verwirrend inkonsequent. Seine Eltern ließen Ben sehr lange gewähren und schienen sich wenig dafür zu interessieren, was er tat. Wenn er sich aber dem Willen des Vaters widersetzte, wurde er unvermittelt geschlagen oder bekam Hausarrest. Meist wurde die ursprünglich angedrohte Höhe des Strafmaßes dann aber doch nicht konsequent verfolgt. In dieser Lage des ständigen Abwägens, wie viel Grenzziehung Ben noch vertrage, hinterließ mein Verhalten in der Außenwahrnehmung durch die Gruppenmitglieder manchmal den Eindruck, Ben dürfe sich zu viel erlauben. Da er so heftige Gefühle der Bedrohung hervorrief und für die Gruppe ein schlechtes Vorbild war, kam der Wunsch auf, Ben müsse gerade auch von mir konsequent und für alle sichtbar streng behandelt werden. Ich hatte allerdings die Erfahrung gemacht, dass Ben im Rahmen von Einzelgesprächen wesentlich besser zu erreichen war. In solchen Situationen wirkte die Gruppe nicht dynamisierend, und Ben hatte keinen Gesichtsverlust vor der Gruppe zu befürchten. Manchmal nahmen es die anderen als Zuschauer jedoch tatsächlich besser wahr, wann es mir nicht gelungen war, Ben notwendige Frustrationen zuzumuten und mich abzugrenzen. Die Geschichte mit der Torte verdeutlicht beispielsweise, dass es gut gewesen wäre, mich Ben gegenüber durchzusetzen, auch wenn der Kuchen dabei zerstört worden wäre (Fallbericht, S. 81). Das Beispiel der Lebkuchenhäuschen zeigte, wie gierig Ben nach Anerkennung und Lob und auf die Süßigkeiten war. Er wollte nicht teilen, nichts abgeben, alles für sich alleine besitzen und schaffte es nicht, mit dem Wegnehmen der süßen Zutaten aufzuhören, bis wir eine Grenze zogen (Fallbericht, S. 81).

Meine Beziehung zu Ben, die sich deutlich stabilisierte, bedeutete jedoch auch, dass andere sich zurückgesetzt fühlten und Neidgefühle hatten. Das löste bei manchen Heranwachsenden Aggressionen aus, die sie entweder an Ben direkt entluden oder in Form von Sticheleien zeigten. Ein mir ebenfalls verbundener Junge, den ich lange Jahre zeitgleich mit Ben betreute, stichelte des Öfteren und machte Bemerkungen, wie etwa, Ben wolle mich bestimmt heiraten. Alle lachten, und doch war es eine von Eifersucht getragene Bemerkung und enthielt für mich den Hinweis, dass Ben eine zu starke „Sonderrolle" bei mir genoss. Kinder wie Ben provozieren ein ständiges Abwägen zwischen individuellen und Gruppenbedürfnissen. Das macht die Arbeit mit ihnen in einer Gruppe sehr anstrengend. Später, als unsere Beziehung tragfähiger war, begann ich mich von Ben abzugrenzen. So verlangte ich eine Entschuldigung, wenn er wieder einmal ausfallend geworden war, und weigerte mich, ihm beim Lernen zu helfen, wenn er keine Bereitschaft für eigene Anstrengungen zeigte. Das Rollenspiel, bei dem wir unsere Rollen vertauschten, half diese anstrengenden Prozesse bewusstseinsnäher erlebbar werden zu lassen (Fallbericht, S. 102). Die Trennungen von mir hatten zur Folge, dass Ben bemerken konnte, wie sehr er mich brauchte. Die Anerkennung dieser Erfahrung ermöglichte das Gefühl von Sehnsucht, das zum Motiv für Entwicklung werden kann. Die persönliche Bindung und Beziehungen zu anderen sind ein wichtiges Medium, um Sozialisationsprozesse zu initiieren.

### Die Gruppe der Gleichaltrigen

Im Umgang mit Ben hatte die Gruppe als soziale Gemeinschaft eine wichtige Funktion. Die zeitlich begrenzte Struktur der Tagesgruppe, die Gleichaltrigenbeziehungen und das Team stellten eine wesentliche Basis für die Arbeit mit Ben dar. Hierdurch wurde Ben eine Realität vorgegeben, mit der er sich auseinandersetzen musste. Im Spiegel der Peers und der Auseinandersetzung mit den Teamkollegen und -kolleginnen gab es immer wieder korrigierende Hinweise für Ben und mich. In der Auseinandersetzung mit den Jugendlichen fand Ben genauso Orientierung wie in den Konfrontationen mit uns Erwachsenen. Die Kinder zeigten Ben sehr direkt, was sie von ihm hielten. Auch wenn Ben erst viel später in der Lage war, ihre Reaktion für sich zu nutzen, diente die Gruppe als notwendiger Realitätsbezug. Bei Gruppenaktivitäten hielt er sich nicht an Regeln und provozierte Streit. Obwohl es immer schwerer wurde, Ben in ein Nachmittagsangebot zu integrieren, musste Ben diese schmerzhafte Erfahrung aushalten und konnte sich nicht entziehen. Erst auf diese Weise konnte er merken, dass er andere nötig hatte. Als Ben älter wurde, schüchterte er jüngere Kinder ein und machte ihnen Angst, woraufhin er Strafdienste machen musste. Ben musste die Grenze spüren und zugleich erfahren, dass Erwachsene Schutz bieten.

Während der Adoleszenz begann Ben eine Freundschaft mit einem Jugendlichen aus der Gruppe. Beide Jungen verbrachten viel Zeit, auch außerhalb der Gruppe, in einer Clique, was für Ben sehr wichtig war. Ich vermutete, dass Ben zum ersten Mal erlebte, von einer Gruppe akzeptiert zu werden, auch wenn er von ihnen ebenfalls kritisiert wurde. Zuvor war die Gruppe der Gleichaltrigen in der Tagesgruppe notwendig, um Erfahrungen mit individuellen Bedürfnissen und denen anderer Gruppenmitglieder zu machen. In der Tagesgruppe lernte Ben, Frustrationen zu ertragen, Konfliktsituationen nicht allein gewalttätig zu lösen, zu diskutieren und zu argumentieren und Regeln nicht nur als Einschränkung, sondern als notwendige Mittel zum sozialen Zusammenleben zu begreifen. Er machte die Erfahrung von Bezogenheit, wurde veranlasst, verschiedene Perspektiven einzunehmen, und konnte sie zunehmend besser akzeptieren; beim Spiel erprobte er unterschiedliche Rollen. Ben honorierte dieses Angebot, indem er regelmäßig in die Gruppe kam und fast immer an den Aktivitäten beteiligt sein wollte. Die Beobachtung, Ben weigere sich, aus Erfahrungen zu lernen, galt vor allem für die Anfangszeit. Je länger Ben in die Gruppe kam, desto offener wurde er für das, was er hier erfahren konnte. Die Tagesgruppe trug dazu bei, dass Ben selbstsicherer wurde und den Sinn von Regeln langsam aber sicher internalisierte (Fallbericht, S. 103). Allerdings belastete Ben die Gruppe auch, so dass immer wieder die Frage gestellt wurde, ob sein Verhalten anderen zumutbar sei. Ben stellte eine Herausforderung für die Gruppenmitglieder dar. Im Unterschied zu uns Erwachsenen war von den anderen Kindern und Jugendlichen nicht zu erwarten, dass sie Bens Verhalten analysierten und einen tieferen Sinn darin suchten. Diese Aufgabe konnte nur durch das Team geleistet werden.

### *5.6.2 Aneignungs- und Ortshandeln in der Tagesgruppe*

Die Tagesgruppe macht den Kindern und Jugendlichen zahlreiche Angebote, sich subjektive Kompetenzen anzueignen, diese auszuprobieren und innerhalb des „sozialen Schutzraums Tagesgruppe“ neue Erfahrungen zu machen. Die Heranwachsenden kommen nach der Schule in die Gruppe und erhalten dort ein Mittagessen, Hausaufgabenbetreuung und spezifische Nachmittagsangebote. Der Tag wird mit einer gemeinsamen Vesper beendet.

**Die Nachmittagsangebote**

In der Tagesgruppe werden individuell abgestimmte Nachmittagsaktivitäten angeboten, die die Stärken der Kinder fördern und ihnen helfen, sich neue Fertigkeiten anzueignen. Im Falle Bens handelte es sich anfangs um Angebote, die seine Grundbedürfnisse nach Versorgung berücksichtigten. Im Koch- und Backtreff wurden Nahrungsmittel verarbeitet oder hergestellt. Diese Tätigkeit diente gleichzeitig oraler Befriedigung und der Erfahrung eigenen Könnens. Beim Spielen und Toben befriedigte Ben Bedürfnisse nach körperlicher Nähe. Seine Energie und Aggression durfte er in legitimer Weise abreagieren. Beim Spielen erprobte er Rollen und fand Auseinandersetzungen um notwendige Regeln, Distanz und Nähe. Spielen bedeutete aber auch, Erfahrungen mit dem Gewinnen und Verlieren zu machen. Gerade das Versteck-Spiel bereitete Ben große Freude. Es beinhaltete für ihn wohl die Möglichkeit, dass er spielerisch in einen frühen kindlichen Zustand regredierte, in dem es psychisch um die Erfahrung der Trennung von der Mutter geht. Das Verstecken und Gefunden-Werden nimmt diese wechselseitigen Ablösungsversuche auf. Immer wieder sollte ich auch die Suchende sein und ihn finden.

Aufwändigere Aktivitäten, z.B. eine Varieté-Vorführung, ermöglichten den Kindern positiv aufzufallen und eigene Fertigkeiten zu erproben. Gerade für Heranwachsende, die wenig Erfolgserlebnisse haben, besteht darin eine gute Gelegenheit, Wertschätzung zu erfahren. Solche Aktivitäten zeigen, dass ohne ein gewisses Training keine Fertigkeit zu erlernen ist. Ben hatte damit seine Mühe und erschwerte dem Kollegen die Arbeit an diesem Projekt erheblich. Als Ben jedoch deutlich erfuhr, dass er nicht an der Vorführung beteiligt werde, wenn er sich weiterhin weigere zu üben, ließ er sich darauf ein. Auf diese Weise erfuhr Ben, dass für ihn die gleichen Regeln wie für alle galten und er keine Sonderrolle einnahm (Fallbericht, S. 82).

Als ich mit Ben einen Billardtisch baute, fand ein Rollenwechsel stat. Ben konnte mir etwas zeigen, von dem ich keine Ahnung hatte, und an mir beobachten, dass es keine Niederlage bedeutet, unwissend oder unerfahren zu sein. Ich denke, dieses Arrangement stellte ein Modell für Ben dar, an dem er über die Identifikation mit mir erfahren konnte, dass „Schwächen" aushaltbar sind (Fallbericht, S. 84). Aber nicht alle Aktivitäten waren gleichermaßen geeignet, Ben positiv zu fördern. Die Erfahrungen in der Filmgruppe führten uns vor Augen, dass mit Hilfe dieses Angebotes latente Größenvorstellungen bei Ben und anderen Kindern heraufbeschworen wurden, deren Ausmaß ein Arbeiten in der Gruppe nicht mehr möglich machte und Ben nicht weiterhalf.

**Die Freizeiten**

Eine wichtige Möglichkeit, die Heranwachsenden auf neue Weise kennen zu lernen und mit ihnen andere Orte aufzusuchen, stellen die Freizeiten dar. Jenseits der eigenen Familie und des ansonsten von Pflichten ausgefüllten Alltags in der Tagesgruppe bieten Ferienfahrten die Chance, andere Seiten von sich zu zeigen und neue Gegenden zu erkunden. Die Gruppe bietet im Laufe des Jahres zwei längere Reisen und zwei Wochenendausflüge an. Da die in der Fallgeschichte erwähnte Sommerfreizeit meiner Meinung nach ein Schlüsselerlebnis in Bezug auf Bens Psychodynamik und die Einschätzung unter uns Teamkollegen darstellt, möchte ich sie an dieser Stelle ausführlich reflektieren. Die Erlebnisse mit Ben während der Sommerfreizeit hinterließen bei allen Beteiligten tiefe Spuren. Da ich an dieser Freizeit nicht teilgenommen hatte, erfuhr ich im Anschluss durch einen Brief, was vorgefallen war. Kollege Ingo schilderte mir die sehr belastende Situation und kam zu dem Ergebnis, dass Ben für diese Gruppe untragbar sei (Fallbericht, S. 85). In seinem Brief beschrieb er, wie Ben den größten Teil der Aufmerksamkeit und der emotionalen Energie des Kollegen und der Kollegin gebunden hatte. Ben war eine große Belastung für die Gruppe. Die Kollegin und der Kollege hatten dafür keine Verantwortung übernehmen wollen und können. Die anschließende Supervision half die emotionale Betroffenheit ernst zu nehmen und dennoch den Blick auf Ben zu richten. Aufgrund der starken Belastung und der spürbaren Verweigerung, sich in die Situation des Jungen hineinzuversetzen, war eine reflexive Kommunikation über ihre Maßnahmen während der Freizeit allerdings nicht möglich. Für mich stand im Vordergrund, dass Ben zum ersten Mal von Zuhause und von mir getrennt gewesen war und diese Situation offensichtlich als sehr bedrohlich erlebt hatte. Da diese Freizeit zudem die erste Trennungserfahrung überhaupt von für ihn wichtigen Bezugspersonen war, konnte ich mir vorstellen, wie Ben agiert hatte. Verstärkt wurde diese Trennungsangst durch eine äußere Bedrohung – die rechtsradikalen Übergriffe –, die auch andere Kinder in der Gruppe sehr verängstigte. Sein erneutes Stehlen verwies meiner Meinung nach darauf, dass er mit der Situation der Trennung emotional überfordert war. Die Freizeit zeigte in dramatischer Weise, dass Bens Selbstentwicklung unzureichend geglückt und damit instabil war. Eine Trennungssituation ist grundsätzlich schwer zu ertragen, weil sie jedes Mal an Verlust erinnert. Wenn aber wichtige frühe Erfahrungen mit Trennung und Wiederannäherung zwischen Mutter und Kind nicht gemacht werden konnten, fehlt dem Kind das Grundvertrauen, dass es den Verlust der lebenswichtigen Bezugsperson seelisch überleben und die Mutter wiederfinden wird (vgl. Winnicott 1974).

Ben setzte aus meiner Sicht sein inneres Drama der Verlusterfahrung in Szene. Seine Reaktionsweisen zeigten, wie stark er sich in seinem Selbst bedroht erlebte. Er wurde deviant und griff auf frühe Abwehrformen zurück, wie projektive Identifizierung, Projektion und Verleugnung. Noch vor der Abreise hatte er mit einem Messer zwei Mädchen angegriffen, und es drängte sich der Eindruck auf, dass dieser Angriff in der Fantasie eigentlich mir und seiner Mutter galt. Die devianten Verhaltensweisen wie Lügen und Stehlen wurden zu einer Bedrohung für die Gruppe. Ein Teil seiner Aggression richtete sich gegen ihn selbst, als er z.B. aus dem Fenster klettern wollte. Ben brauchte Hilfe, denn er wurde überschwemmt von destruktiven Fantasien, die sicher auch Schuldgefühle erzeugten, was sich hinter der hartnäckigen Verleugnung der Diebstähle vermuten lässt. Daher war es wichtig, Möglichkeiten zur Wiedergutmachung des Schadens, den er in der sozialen Realität verursacht hatte, einzufordern, was die Kollegen taten (vgl. Winnicott 1996, S. 118). Die von Angst getriebene Aggression ist, so Winnicott, die Inszenierung einer als grauenvoll erlebten inneren Welt. „Das Ziel dieser Aggression besteht darin, Kontrolle auf den Plan zu rufen und ihre Ausübung zu erzwingen. Es ist die Aufgabe der Erwachsenen, durch vertrauensvolle Autorität diese Aggression einerseits davor zu bewahren, daß sie unkontrollierbar wird, andererseits aber auch so weit zuzulassen, daß sie in gewissem Ausmaß lustvoll ausagiert werden kann, ohne gefährlich zu werden“ (Winnicott 1996, S. 120). Die Kollegen reagierten in diesem Sinne, wenngleich ein Scheitern der unbewussten Kommunikation zwischen Ben und ihnen stattgefunden haben musste, denn sie fühlten sich selbst verständlicherweise bedroht. Sie konnten sich nicht mehr vorstellen, dass sich hinter Bens Verhalten die Reaktivierung früher Verlusterfahrung verbarg. Ich konnte gut nachvollziehen, dass man mit Ben in ständige Konfliktsituationen geriet: Ob es am Abend vor der Abreise gut war, die Grenze zu lockern und ihn anschließend alleine in seinem Zimmer zu lassen, ist sicher zu hinterfragen. Als Kollege Jens und ich Ben auf die Freizeit und den Verlust seiner Bezugspersonen ansprachen, reagierte er wütend und hoffnungslos verzweifelt. Er warf uns vor, wir seien Schuld und hätten ihn in diese Misere hineingetrieben und wollten ihn nur „fertig machen“. Nachdem wir ihm zugehört hatten, beruhigte er sich und es war spürbar, dass er sich emotional verstanden fühlte durch das, was wir ihm sagen konnten. Das einfühlende Verstehen ermöglichte Ben, ein auch für ihn schwieriges Erlebnis zu reflektieren, um damit besser zurechtzukommen (Fallbericht, S. 86). Das an die Freizeit anschließende Gespräch mit Ben zeigte mir, wie sehr er sich auf mich angewiesen gefühlt und bereits eingelassen hatte. Ich spürte, dass es sich hier um ein wichtiges Schlüsselerlebnis handelte und es darauf ankam, jetzt für Ben da zu sein. Ich war überzeugt, Ben müsse nun gehalten werden, denn er hatte bereits begonnen, sich auf mich und die Gruppe einzulassen.

Mit Hilfe des von Winnicott vorgelegten Konzeptes der antisozialen Tendenz lässt sich zeigen, dass Bens Verhaltensweisen auch als ein „Zeichen der Hoffnung“ interpretiert werden können, wenngleich die kleinen Fortschritte Bens in der Zeit vor der Freizeit nun als massiver Rückschritt gewertet wurden. Die Hoffnung liegt darin begründet, dass Ben sich mit mir verbunden fühlte und damit emotional erreichbarer geworden war. Er wurde ruhiger und konnte zunehmend auf eigene Größenvorstellungen verzichten. Für ein Kind, dass auf frühe Verlust- und Trennungserfahrungen mit spaltenden und weiteren narzisstischen Formen der Abwehr reagiert, liegt der erste mögliche Schritt zu einer Veränderung darin, die vorhandene Beziehung nicht zu gefährden, indem sie in Frage gestellt wird. Insofern fühlte ich eine starke Verantwortung, zumindest nicht zu dieser Zeit zu einer weiteren psychischen Enttäuschung beizutragen. Die Freizeit macht darüber hinaus deutlich, dass die pädagogische Arbeit mit Ben immer wieder mit Ambivalenzen verbunden war. Einerseits rang ich mit Bens Eltern um die Wahrnehmung der problematischen Verhaltensweisen und auf der Handlungsebene war das Team bereit, Ben Grenzen und Frustrationen zuzumuten; andererseits stritten wir Kollegen miteinander, ob Ben in der Gruppe tragbar sei und der Arbeit mit Ben Erfolgsaussichten eingeräumt werden könnten.

**Die Supervision**

Im Rahmen der Arbeit in der Tagesgruppe hat die Supervision eine zentrale Stellung. Hier findet das Team die nötige Orientierung und die Möglichkeit zur subjektiven Aneignung von Wissen, um die pädagogische Arbeit mit dem Einzelnen oder mit der Gruppe zu gestalten. Oft genug erlebten wir, dass sich Probleme von Kindern lösten, wenn wir sie verstanden und im Team bearbeiten konnten. Während der Betreuungszeit von Ben war die Supervision systemisch und später auch psychodramatisch orientiert.[33] Der psychoanalytische Zugang in Form der Supervision spielte für das Team keine zentrale Rolle. Innerhalb der Tagesgruppe diente die Reflexion im Rahmen der Supervision immer wieder dazu, eine Arbeitskonzeption zu finden, die im Sinne eines Rahmens den verbindlichen Hintergrund liefert, um die pädagogische Arbeit zu leisten. Diese wichtige Aufgabe wurde da-

---

33 Die Supervision ist „ein regelgeleiteter Beratungsprozeß über Probleme und Konflikte der beruflichen Interaktion“ (Gaertner 1988, S. 563). Eine systemische Betrachtungsweise innerhalb der Supervision versucht die Aufmerksamkeit von der Bedeutung innerer Struktur- und Erlebensbildung einzelner Familienmitglieder auf die des gesamten Systems Familie zu lenken. Jede Familie ist als soziales System auf Funktionalität verwiesen und nach bestimmten Gesetzmäßigkeiten strukturiert, die wir in der Supervision rekonstruierten. Besondere Aufmerksamkeit kommt dabei den familialen Kommunikationsstrukturen, den Grenzen und den Beziehungskonstellationen innerhalb einer Familie zu. Das Psychodrama basiert auf der Rollentheorie, die von Jacob L. Moreno entwickelt wurde. Es soll dazu beitragen, die seelische Wahrheit durch Handeln zu ergründen (vgl. Moreno 1988, S. 77). Mit Hilfe der psychodramatisch ausgerichteten Supervison deuteten wir das Verhalten eines Kindes vor dem Hintergrund psychodynamischer Aspekte, die wir durch Rollenübernahmen einfühlten. Darüber hinaus gründete ich mit Kolleginnen der Gesamteinrichtung eine Weiterbildungsgruppe Psychoanalytische-Pädagogik. Hier wurden die Fälle unter psychoanalytischen Gesichtspunkten der Übertragung betrachtet.

durch ergänzt, dass die Reflexion und Selbstreflexion im Rahmen supervisorischer Beratung darauf zielte, die Beziehungsaspekte der aktuellen Interaktion zu erhellen. Dabei ging es um Probleme eines Kindes, seiner Eltern, eine schwierige Gruppensituation oder das eigene pädagogische Verhalten. Mit Hilfe der Supervision reflektierten wir die Interaktionen in Bens Familie und die vermuteten emotionalen Auswirkungen bei Ben. Zur Frage, ob Ben außerhalb der Familie besser geholfen werden könnte, äußerte die Supervisorin im Anschluss an die Erlebnisse während der Freizeit Zweifel. Vermutlich stelle ein solcher Schritt eine erneute Traumatisierung für Ben dar. Diese uns immer wieder beschäftigende Frage, ob es nicht besser sei, Ben an einem Ort außerhalb der Familie unterzubringen, war ständiger Anlass zur Auseinandersetzung im Team. Sie konnte meiner Ansicht nach jedoch nicht ausreichend gut bearbeitet werden.

**Die Kooperation mit dem ASD und der Schule für Erziehungshilfe**

Die Zusammenarbeit mit dem Kollegen des ASD stellte im Fall Ben eine wichtige Basis der pädagogischen Arbeit dar. Durch viele gemeinsame Gespräche war der Kollege über die jeweiligen Entwicklungen bei Ben und seiner Familie informiert. In der Tagesgruppe war es üblich, dass der Kollege des ASD regelmäßig zu Gast war und manchmal mit uns zu Mittag aß. Auf diese Weise bekam er auch Kontakt zu den Heranwachsenden. Er wurde von Ben und seiner Familie als wichtige Bezugsperson akzeptiert und unterstützte unsere Arbeit in jeder Beziehung. Ohne seine fachliche Kompetenz und Zustimmung für diese Arbeit hätte Ben sicher nicht so lange in der Tagesgruppe betreut werden können.

Bens Lehrer und Lehrerinnen lernte ich als Pädagogen und Pädagoginnen kennen, die engagiert und kompetent versuchten, mit den Kindern einen Unterricht zu gestalten, der Bildungsinhalte vermittelt und persönlichkeitsfördernde Aspekte berücksichtigt. Die Zusammenarbeit mit mir wurde als selbstverständlich vorausgesetzt. Zwischen uns gab es einen offenen und am Weiterkommen Bens interessierten Kontakt und kooperative Unterstützung, wie sich auch beim geplanten Schulwechsel Bens zeigte. Ab der 8. Klasse ermöglichte die Schule den Schülern und Schülerinnen mehrere Praktika in Betrieben, damit diese die Berufs- und Arbeitswelt kennen lernten und eventuell auf diesem Weg einen Ausbildungsplatz fanden. Bei Gesprächen mit den Lehrern und Lehrerinnen stellte ich immer wieder fest, dass Ben sich auch in der Schule wie bei den Hausaufgaben mit allen ihm zur Verfügung stehenden Mitteln weigerte, das zu tun, was seine Pflicht war. Gleichzeitig sorgte er dafür, dass dieser Kampf ein nie endender bleiben sollte. Sobald er merkte, dass er für sich Verantwortung übernehmen und sich mit seinen Leistungen auseinandersetzen musste, stiftete er Unruhe und Verwirrung und sorgte dafür, dass die „Pflichterfüllung" zur Aufgabe der Erwachsenen wurde. Er griff seine Lehrerinnen und Lehrer oder uns in der Tagesgruppe verbal an und widersetzte sich allen Anweisungen. Er weigerte sich, von Lehrern eine Aufgabe erklärt zu bekommen und ertrug weder Kritik noch Situationen, in denen er etwas lernen musste (Fallbericht, S. 88). Besonders am Anfang, als Ben versuchte, seine Lebensfelder strikt voneinander zu trennen, diente die Kooperation auch dazu, den Spaltungstendenzen entgegenzuwirken. Der Irrglaube, Ben könne Leistungen erbringen, wenn er pädagogisch gefördert würde, zieht sich wie ein roter Faden durch seine Fallgeschichte. Die Überschätzung von Bens Möglichkeiten, aus eigenen Kräften über das narzisstische Problem der Leistungsverweigerung hinwegzukommen, spielte eine immer wiederkehrende Rolle. So konnte er mir glaubhaft vermitteln, dass er sich in der Schule diskriminiert fühle und in seinen Leistungsmöglichkeiten unterfordert sei.

Anders als manche seiner Mitschüler war Ben in der Lage, abstrakte Zusammenhänge zu erkennen und sich verständlich auszudrücken. Als Ben nach einigen Monaten Therapie die Schule wechseln wollte, nahm ich seinen Vorschlag auf, weil ich glaubte, dass Ben endlich einen wichtigen Entwicklungsschritt gemacht hatte: Bisher wurde er in die Schule für Erziehungshilfe gedrängt, nun wollte er die Schule wechseln und zeigte von sich aus Interesse, an seiner Situation etwas zu verändern. Seine Lehrer schätzten die Situation ähnlich ein, waren aber skeptisch, ob der Schulwechsel allein ausreichen werde, damit Ben sein Verhalten änderte. Dennoch wollten wir die Chance nutzen, da Ben zu einem Wechsel motiviert schien. Ich war so sehr mit dem Wunsch identifiziert, ihn in der Schule „groß“ und erfolgreich zu sehen, dass ich versuchte, statt ihn auf die spürbare Ambivalenz anzusprechen, ihn um jeden Preis zum Wechsel zu motivieren und mit ihm dafür zu lernen. Dabei ließ Bens Leistungsbereitschaft täglich nach, und bald tat er fast nichts mehr, um seine Schulangelegenheiten zufriedenstellend zu erledigen (Fallbericht, S. 92). Ich wollte nicht wahrhaben, dass es Ben beim angestrebten Schulwechsel wohl in erster Linie darum ging, endlich das unerträgliche Gefühl der Entwertung und Minderwertigkeit loszuwerden, das der Besuch einer Schule für Erziehungshilfe für ihn bedeutete. Dem Minderwertigkeitsgefühl begegnete Ben auch während der Lernzeiten mit mir. An manchen Tagen bemerkte ich, dass seine Müdigkeit und Lustlosigkeit vor diesem Hintergrund zu interpretieren war: Je kleiner er sich fühlte, umso größer musste ich ihm vorkommen, und Ben reagierte darauf mit depressiver Leistungsverweigerung. Meine Forderung musste ihm dann erneut als Entwertung vorgekommen sein. Diese Beobachtung, die ich im Zuge des angestrebten Schulwechsels aufmerksam studieren konnte, führte mich dazu, ihn immer häufiger allein verantwortlich seine Hausaufgaben erledigen zu lassen und mich nicht weiter dafür einzusetzen, dass er seine Aufgaben erledigte. Überraschenderweise reagierte er jetzt wütend und warf mir vor, ich traue ihm nichts zu und wolle ihm den Schulwechsel madig machen. Beide machten wir die wichtige Erfahrung, dass Ben erfolgreicher wurde, als er die Verweigerung an mir bekämpfen konnte. Das war möglich, weil ich ihm gegenüber meine Skepsis, ob er je wirklich Verantwortung für sich tragen werde, formulierte. Letztlich trug dieses Verhalten mit dazu bei, dass Ben zwei Jahre später – nun allein verantwortlich für seinen Schulabschluss – ein Abschlusszeugnis mit dem Notendurchschnitt von 2,3 erreichte.

Doch zunächst hatte uns der Rektor der Hauptschule auf den Boden der Realität zurückholen müssen. In mir brodelte Wut über den Rektor, der auszusprechen gewagt hatte, was ich nicht wahrhaben wollte. Ich dachte, dass er es sich leicht mache. Meine Gedanken kreisten darum, wie es so weit kommen konnte, eine solche „Ohrfeige" einstecken zu müssen. Ich machte mir selbst Vorwürfe, die Ambivalenzen Bens nicht ausreichend angesprochen zu haben: Warum hatte Ben nicht einmal mehr seine Hausaufgaben vorgezeigt? Warum vermied er, Verantwortung für sich und sein Tun zu übernehmen? Die anschließende Situation im Auto war sehr eindrücklich. Nie zuvor hatte ich gespürt, dass Ben, wenn auch nur für Momente, eine so kränkende Erfahrung erlebbar zulassen konnte. Er gestand ehrlich ein, einen Fehler gemacht zu haben (Fallbericht, S. 93). Vielleicht half ihm dabei, dass wir zusammen diese Erfahrung teilten und ich mit ihm über diese Enttäuschung sprechen konnte. Ich bin mir sicher, dass es eine enorm wichtige Erfahrung für Ben war, weil er die Kränkung durch den Rektor nicht direkt abwehrte. In den nächsten Wochen sprachen wir miteinander über dieses Ereignis. Unmittelbar nach dem Erlebnis agierte Ben in der Schule, als er seine Frustration über das Gespräch mit dem Rektor direkt in einer körperlichen Auseinandersetzung mit einem Mitschüler ausließ. Ben verprügelte einen jüngeren Schüler, der ebenfalls in Behandlung bei seinem Therapeuten war. Nun musste Ben befürchten, aus der Sonderschule ausgeschlossen zu werden. Die Lehrer entschieden, Ben aufgrund dieses aggressiven Verhaltens für einige Tage vom Unterricht zu suspendieren (Fallbericht, S. 94). Auch ich brauchte Zeit, um anzuerkennen, dass die Konfrontation durch den Rektor der Hauptschule genau richtig war und auf den Teil hinwies, den ich zusammen mit Ben verleugnet hatte. Dadurch, wie die Rollen verteilt waren, konnte ich ihn darin unterstützen, die ambivalenten Gefühle der Enttäuschung, Wut und Verzweiflung zu ertragen. Narzisstische Kränkungen führen dazu, sich entweder ganz klein und ohnmächtig oder ganz groß und allmächtig zu fühlen.

**Die Therapie**

Mit Hilfe der Therapie, so war die Hoffnung, könnte Ben einen Schritt weitergehen, um die unbewussten Hintergründe für sein Verhalten zu bearbeiten. In der Tagesgruppe wurden einige Kinder zusätzlich therapeutisch behandelt. Normalerweise hatten wir mit den Therapien der Kinder kaum etwas zu tun. Im Falle Bens verhielt es sich anders. Der Therapeut, der dem Team bereits aus beruflichen Kontexten bekannt war, besuchte uns in der Tagesgruppe, um sich ein Bild von Bens Lebenssituation zu machen und etwas von unserem Konflikt zu verstehen. Den Besuch im Team hatte er mit Ben vorher abgesprochen. Wie aus dem Bericht ersichtlich, nahm ich an fünf gemeinsamen Elterngesprächen teil, und wir berieten zusammen mit den Lehrern und Lehrerinnen den Schulwechsel. Für das Team und für mich bedeutete die therapeutische Begleitung Bens eine starke Entlastung.

Ben hatte zweimal wöchentlich Termine, die er einige Monate lang regelmäßig wahrnahm. Ben und seine Eltern hatten sich sehr schnell auf die Möglichkeit einer zusätzlichen therapeutischen Begleitung eingelassen, und Ben hatte sich diesen Therapeuten selbst gewählt. Mich erstaunte, dass er für seine Verhältnisse sehr regelmäßig die Kontakte wahrnahm, bis es zum Versuch kam, die Schule zu wechseln. Was sich während der therapeutischen Sitzungen ereignete, entzieht sich meiner Kenntnis, denn darüber sprachen weder Ben noch sein Therapeut. Es ist zu vermuten, dass die Motivation zur Therapie vor dem Hintergrund des narzisstischen Wunsches zu sehen ist, sich in der Schule zu verbessern, um zur Hauptschule wechseln zu können. Als Ben aber merkte, dass eine Therapie emotionale Arbeit bedeutete, und es ihm nicht gelang, mit Hilfe des Therapeuten seine Probleme durch die Delegation an andere schnell zu lösen, brach er den Kontakt zum Therapeuten ab. Ein weiterer gewichtiger Grund liegt sicher auch in der Familiendynamik begründet, auf die ich noch ausführlich zu sprechen komme. Ich vermutete, dass Bens Eltern keine emotionale Erlaubnis für die therapeutische Arbeit gaben. Aus Sicht des Therapeuten konnte Ben sich nicht auf die Therapie einlassen.

Obwohl ich mir durchaus vorstellen konnte, dass eine Therapie mit Ben sehr schwer sein würde, war ich enttäuscht, weil sie mich sehr entlastet hatte. Nach dem Abbruch der Therapie stellte ich mir vor, dass vielleicht Bens Mutter ihren Halt verlieren könnte, denn sie profitierte deutlich von den Gesprächen mit dem Therapeuten. Kurz nachdem Ben die Therapie abgebrochen hatte, hatte ich eine Auseinandersetzung mit ihm um die Teilnahme an einem obligatorischen Hilfeplangespräch: Ben wollte nicht dabei sein, weil es seiner Mutter nach Gesprächen mit mir „immer so schlecht gehe“ (Fallbericht, S. 95). Da kam mir der Gedanke, dass Ben vielleicht deshalb die Therapie abgebrochen hatte, weil die Gespräche zwischen dem Therapeuten und der Mutter so intensiv waren, dass sie die Familie bedrohten. Vielleicht war die Mutter erstmals mit der Möglichkeit in Berührung gekommen, über eine Trennung von ihrem Mann nachzudenken. Sein Vater nahm bereits seit längerem nicht mehr an den Elternterminen mit dem Therapeuten teil.

### Die Zusammenarbeit mit der Herkunftsfamilie

Da ich noch ausführlich auf Bens Familie eingehen werde, und mir wichtig war zu zeigen, dass es manchmal erst viel später möglich ist, Verbindungen zwischen bestimmten Verhaltensweisen herzustellen, soll hier nur allgemein auf die Bedeutung der Elternarbeit hingewiesen werden. Die Zusammenarbeit mit den Eltern und deren Unterstützung ist die Voraussetzung, damit die Kinder in die Gruppe kommen können. Somit muss zwischen der Tagesgruppe und der Familie ein Vertrauen hergestellt und über die mögliche Bereitschaft und Fähigkeit zur Veränderung immer wieder neu gesprochen werden. Bens Eltern waren mir und der Tagesgruppe gegenüber aufgeschlossen und auch zufrieden mit dem, was ich für Ben tat, wenngleich ich spürte, dass ihre Zustimmung eine Kehrseite hatte: Sie fühlten sich auch von mir bedroht, weil sie sich in ihrer Funktion entwertet erlebten, wenn ich beispielsweise von ihnen forderte, Ben Grenzen zu setzen. „Mir zuliebe" hörten sie sich zwar die Geschichten mit Ben an, und sie fühlten sich durchaus entlastet, dass ich mich „wie eine Mutter" um Ben bemühte, aber wirklich ändern durfte sich nichts. Die familialen Prozesse schirmten sie vor mir ab. Weder Herr noch Frau Jelloun konnten und wollten verstehen, dass die Leistungsverweigerung auch in Zusammenhang mit ihren erzieherischen Umgangsweisen stand. Einer möglichen Zusammenarbeit mit Eltern ist, so zeigt dieses Beispiel, immer auch eine Grenze gesetzt, die es seitens der Pädagogen zu respektieren gilt.

Das sozialpädagogische Handeln in der lebensweltorientierten Tagesgruppe bleibt somit nicht allein auf die Gruppe bezogen, sondern bezieht die verschiedenen Lebensorte mit ein. Damit ist eine ganzheitlichere Wahrnehmung der Heranwachsenden verbunden, und meist fühlen sich die Heranwachsenden durch die Kontakte zur Schule und den Eltern von uns ernst genommen.

**Kritischer Rückblick**

Wenn wir im Team der Tagesgruppe die stattfindenden Übertragungs- und Gegenübertragungsprozesse in Bezug auf Ben stärker reflektiert hätten, wäre uns deutlicher geworden, wie Ben Teammitglieder und die Gruppe im Sinne seiner frühkindlichen Bedürfnisse manipulierte. Im Rahmen der Tagesgruppe bestand zwar kein Auftrag, frühkindliche Traumatisierungen oder Fixierungen auf frühe psychosoziale Entwicklungsstufen therapeutisch zu bearbeiten – die Auswirkung hatten wir jedoch täglich vor Augen. Wir bekamen zu spüren, dass der Widerstand und frühe intrapsychische Konflikte bestimmte Verhaltensweisen provozieren. Da wir als Pädagogen und Pädagoginnen im Rahmen des Erziehungsauftrags sehr wohl daran interessiert sind, Kinder in ihrer Entwicklung zu fördern und ihnen neue Erfahrungen zu ermöglichen, die sie im Leben weiterbringen, ist es sinnvoll zu verstehen, wodurch bestimmte Entwicklungen unbewusst verhindert werden. Wir nehmen Einfluss auf die Lebenssituation der Heranwachsenden und tragen mehr oder weniger bewusst zur psychischen Strukturbildung bei. Indem wir auf ihr Verhalten reagieren, kann es uns entweder selbst unbewusst bleiben, um welches Problem es sich handelt, oder wir können bewusst neue Akzente setzen und damit andere Entwicklungsmöglichkeiten eröffnen.

Bevor ich die bereits vorgetragenen objektbeziehungstheoretischen Überlegungen in Bezug auf die Übertragung und Gegenübertragung im Fall Ben reflektiere, möchte ich eine Theorie der Adoleszenz vorstellen, die sich besonders auf die strukturbildenden Aspekte der Selbstbildung während dieses Alters bezieht. Da die pädagogische Arbeit in der Tagesgruppe auf Kinder und Jugendliche bezogen ist und Ben während der Latenz und Adoleszenz von mir betreut wurde, werden wesentliche Entwicklungsschritte dieses Lebensalters nochmals entwicklungspsychologisch betrachtet. Im Sinne des hermeneutischen Vorgehens werden daran weitere Aspekte für die Fallarbeit verdeutlicht.

## 5.7 Die Auswirkung der Adoleszenz bei Ben

Peter Blos, der am Wiener Psychoanalytischen Institut mit Anna Freud zusammenarbeitete bevor er in die USA immigrierte, stellte die Adoleszenz als „die zweite Individualisierung" vor. Sie trägt zur Identität, zur Festigung der Geschlechtsidentität und zu größerer Autonomie von den frühen Objektbeziehungen bei (vgl. Blos 1995 (1985), S. 24). Unter dem Gesichtspunkt psychosexueller Entwicklung gilt die Pubertät als das wesentliche Merkmal der Adoleszenz (ebd., S. 14). Erik Erikson hebt die Bedeutung der Adoleszenz im Sinne eines psychosozialen Moratoriums, als eine Verlängerung der Kindheit hervor: „Unter einem psychosozialen Moratorium verstehen wir also einen Aufschub erwachsener Verpflichtungen oder Bindungen, und doch handelt es sich nicht nur um einen Aufschub. Es ist eine Periode, die durch selektives gewähren lassen seitens der Gesellschaft und durch provokative Verspieltheit seitens der Jugend gekennzeichnet ist, und doch führt sie oft auch zu tiefen, wenn auch häufig vorübergehenden Bindungen auf Seiten der Jugend und endet in einer mehr oder weniger feierlichen Bekräftigung der Bindung seitens der Gesellschaft. Derartige Moratorien weisen höchst individuelle Variationen auf" (Erikson 1988, S. 152). Ein solches Moratorium wird, so Erikson, in der Regel nicht bewusst erlebt. Adoleszente nutzen diesen Lebensabschnitt zum Experimentieren mit Identitätsvorbildern und zum Erproben von Erwachsenen-Rollen (ebd., S. 153). Die Adoleszenz gilt als der Entwicklungsabschnitt, bei dem jetzt auch sexuell orientierte außerfamiliale Beziehungen stattfinden, denn die Jugendlichen beginnen sich von ihren libidinös besetzten Elternimagines zu lösen. Blos betrachtet dieses Lebensalter vor allem unter dem Gesichtspunkt der Ich- und Überich-Entwicklung. Die Adoleszenz, so Blos, ist der Lebensabschnitt, bei dem sich die psychische Struktur, die Selbst- und Objektrepräsentanzen festigen und die Verarbeitung des Ödipuskomplexes stattfindet. Er setzt sich damit von der Interpretation Freuds ab und zeigt darüber hinaus, dass die Auflösung des ödipalen Konfliktes bei Jungen einen anderen Verlauf nimmt als bei Mädchen.

### Adoleszenz und innere Strukturbildung

Nach Blos erfolgt der erste Teil des Untergangs des Ödipuskomplexes beim Jungen bereits in der präödipalen Zeit, wenn er versucht, den gegengeschlechtlichen ödipalen Komplex zu lösen. Dabei hilft ihm der Vater, wiederum idealtypisch gedacht, indem er ihm die Welt zeigt und als Partner der Mutter vermittelt, dass dieser Platz durch ihn besetzt ist. Der Vater muss sich von der Mutter unterscheiden, sonst, so Blos, „kann man darauf gefaßt sein, daß eine pathogene Beziehung entsteht; will sagen, daß sie das normale Fortschreiten zur Differenzierung von Selbst- und Objektrepräsentanzen verhindert, primitiv gestaltet, verzögert oder zum Stillstand bringt“ (Blos 1990, S. 45). Die väterliche Grenzsetzung schützt den Jungen vor dem Ausleben der auf die Mutter gerichteten sexuellen Fantasien während des ödipalen Alters. Die homosexuell gefärbten Vatergefühle des Jungen, die Freud in seiner Ausführung zum negativen Ödipuskomplex beschreibt, werden nach Blos erst in der Pubertät in den genitalen Bereich der Sexualität einbezogen und zeigen sich dann in der Angst des Jungen vor der Homosexualität. Die Überreste des gegengeschlechtlichen, positiven Ödipuskomplexes und ihre Fixierung treten beim Jungen während der Adoleszenz erneut deutlich in Erscheinung. Man kann den Vorgang während der Pubertät an den widerstreitenden Stimmungsschwankungen, an abwertenden Bemerkungen gegenüber Mädchen und Frauen, aber auch an einem aufkommenden Interesse am anderen Geschlecht, bemerken (ebd., S. 34 f). Die Auflösung des gleichgeschlechtlichen Ödipuskomplexes geschieht, so Blos, erst am Ende der Adoleszenz. Wenn der Junge es schafft, der inneren Inklusivität und Exklusivität der Vater-Beziehung eine dauerhafte Struktur zu verleihen, befreit er sich auch vom infantilen Bindungsbedürfnis an den Vater. Wenn er in den Wirren der Adoleszenz den Verlust der Kindheit betrauern darf und das Schutzbedürfnis des Kindes und die Idealisierung des Vaters zu einem neuen Beziehungsverhältnis führt, kann der Junge seine Selbstständigkeit erreichen. Beim Jungen findet die Auflösung des vollständigen Ödipuskomplexes nicht allein über eine Verschiebung libidinöser Wünsche auf das gegengeschlechtliche Elternteil und die Identifizierung mit dem gleichgeschlechtlichen Elternteil statt, sondern auch über die reifere Struktur des Ich-Ideals[34] (ebd., S. 75).

### Adoleszenz und Identitätsbildung

Während der Adoleszenz zeigen die männlichen Heranwachsenden eine besondere Sensibilität für soziale Situationen oder Interaktionen, die die Ge-

34 „Das Ich-Ideal ist diejenige seelische Instanz, die nach dem Vorbild der Eltern aufgerichtet wird, einen Maßstab der künftigen Selbstwertung darstellt und bald eine ‚Bedingung der Verdrängung' wird. Das Ich-Ideal hat damit allernächste Beziehung zum Gewissen und bekommt so auch einen verurteilenden und strafenden Charakter, der insbesondere dann heraustritt, wenn das Ich-gesteuerte Verhalten, Fühlen und Wollen etwa nicht den vom Ideal gesetzten Maßstäben entspricht“ (Loch, Hinz 1999, S. 56).

fahr einer Unterwerfung oder Abhängigkeit bergen. Heranwachsende wollen unabhängig sein und ihren eigenen Weg der Persönlichkeitsfindung[35] gehen. Die sich vom Mädchen abgrenzende Einstellung, die die Latenz des Jungen kennzeichnet, verliert sich, und das andere Geschlecht gewinnt an Attraktivität. Die Pubertät ist der eigentliche Motor, der die verdrängten Triebe und Gefühle der Latenzzeit erneut aufleben lässt. Blos betont, dass in dieser Zeit nicht nur der Ödipuskomplex als biografisch relevante Bewältigung zu überwinden ist, sondern auch die dyadisch und triadisch geprägten Objektbeziehungen der frühen Kindheit re-inszeniert werden. Daher ist die Adoleszenz eine von emotionaler Instabilität, Unbeständigkeit und Schwankungen in Bezug auf die Objektbeziehungen geprägte Lebensphase. In Bezug auf die psychische Struktur der Ich-Entwicklung bietet das Jugendalter, so Blos, eine zweite Chance. Die Wiederbelebung infantiler Objektbeziehungen kann nun in Übereinstimmung mit der körperlichen Reifung und mit Hilfe des Ich-Ideals von den infantil geprägten Abhängigkeiten langsam aber sicher gelöst werden. Dieser Entwicklungsfortschritt wird jedoch bedroht, wenn es in der Latenz nicht gelungen ist, eine angemessene Ich-Differenzierung zu erlangen (ebd., S. 204). Der Prozess der Identitätsbildung, der sich nach Erikson am Ende der Adoleszenz festigt, beginnt während der Kindheit als ein diffuses Gefühl, so, als beginne das Kind „allmählich zu wissen, wer es ist – nur um zu entdecken, daß diese Selbstgewißheit immer wieder den Diskontinuitäten der Entwicklung zum Opfer fällt“ (Erikson 1988, S. 155). Das Kind muss beispielsweise Forderungen in sich integrieren, die, so Erikson, von ihm auch widersprüchlich erlebt werden. Adoleszente werden in ihrer eigenen Selbsteinschätzung von anderen hinterfragt, wodurch sich ihr Selbstbild verändern kann. „Das bewußte Gefühl, eine persönliche Identität zu haben, beruht auf zwei gleichzeitigen Beobachtungen: auf der Wahrnehmung der Selbstgleichheit und Kontinuität der eigenen Existenz in Zeit und Raum; und auf der Wahrnehmung der Tatsache, daß andere unsere Gleichheit und Kontinuität anerkennen“ (ebd., S. 45). Unter Ich-Identität versteht Erikson die Qualität des Bewusstwerdens über diesen Prozess. Identität ist also ein wechselseitiger Prozess der Person-Umwelt-Interaktion, der zur Ausbildung eines Selbstbildes und Selbstwertempfindens beiträgt. Innerhalb der psychoanalytischen Entwicklungstheorie gilt die Adoleszenz als Entwicklungsabschnitt, bei dem die vorangegangenen Entwicklungen erneut virulent sind und psychisch integriert werden (vgl. Tyson, Tyson 1997).

35 „Persönlichkeit läßt sich auffassen als der Inbegriff der einzigartigen Verhaltensweisen eines Menschen, die sich in unterschiedlichem Grade als ‚individuell' beschreiben lassen; eingeschlossen ist die Vorstellung, daß alle leib-seelischen Vorgänge, alle bewußten oder unbewußten Tätigkeiten, alle Prozesse oder Zustände dieses Menschen sich zu einer Einheit integrieren, daß sie sich auf ein Ich beziehen und – dies sei hinzugefügt – daß sie eine relativ konstante, aber eine dynamische Ganzheit bilden“ (Fisseni 1998, S. 5).

Auch für die Tagesgruppe gilt, dass die Adoleszenz eine turbulente und zuweilen anstrengende Entwicklungsphase ist, denn die altersbedingten Forderungen der Adoleszenten nach stärkerer Autonomie lassen sich manchmal kaum von narzisstischen infantilen Größenvorstellungen unterscheiden, die der Abwehr kränkender frühkindlicher Erfahrungen dienen. Des Weiteren tritt erschwerend hinzu, dass gerade Hauptschülern das von Erikson beschriebene und entwicklungspsychologisch notwendige Moratorium nicht in dem Ausmaß zur Verfügung steht, wie es im ein oder anderen Fall wünschenswert wäre. Ben spürte, dass er noch Zeit brauchte, und drückte diesen Wunsch darin aus, dass er sich einen längeren Schulbesuch fantasierte. Darin wurde er von mir unterstützt, um notwendigen psychischen Reifungsprozessen Raum und Zeit zu geben. Gerade die Praktika zeigten, dass Ben auch mit vierzehn Jahren keineswegs den notwendigen Anforderungen an eine Berufsausbildung gewachsen war. Auf die Problematik der Identitätsbildung werde ich später ausführlich zurückkommen.

**Die Auswirkung der Übertragung für Bens Persönlichkeitsbildung**
Zweifellos war es mir gelungen, Ben in eine dyadische Beziehungskonstellation einzubinden und darin zu halten. Dies führte dazu, dass Bens aggressive und Gewaltbereitschaft provozierende Verhaltensweisen der Anfangszeit nachließen. Obwohl Ben viele Schwierigkeiten machte, mochte ich ihn und wollte seinen Problemen nachgehen. Je länger ich Ben kannte, desto besser war es möglich, zu verstehen, worauf seine Wut gerichtet war. Wenn es mir gelang, mit ihm darüber zu sprechen, wurde Ben ruhiger. Meine Holding-Funktion führte jedoch noch nicht dazu, dass er Verantwortung für sich selbst übernahm. Er blieb gebunden an einerseits ihn verwöhnende und sich für ihn einsetzende Bezugspersonen (Eltern und Pädagogin). Andererseits schloss er andere aus der Beziehung aus und wurde von ihnen ausgeschlossen. Er glaubte, dass man ihn nicht ertragen wolle (die Kollegen, der Schulleiter, die Gleichaltrigen). Nachdem Ben sich auf mein Beziehungsangebot eingelassen hatte, verweigerte er eine Zeit lang jedem, der hinzukommen wollte, den Platz, um „sein Paradies" nicht zu gefährden. Immer wieder erlebte ich, dass es im Falle Bens nicht ausreichte, sich einzufühlen, ihn zu ermutigen, zu loben, ihm Angebote zur Stärkung des Selbstwertgefühls und schulische Förderung zu geben sowie ihm Grenzen zu zeigen, wenn er für die Gruppe nicht tragbar war. Vor dem Hintergrund der vorgetragenen Theorien wird nun deutlich, wie es Ben gelang, mich und die Gruppe im Sinne seiner frühen Beziehungserfahrung zu gebrauchen. So frage ich rückwärts gewandt nach Bens verinnerlichten Objektbeziehungserfahrungen, die er auf uns in der Tagesgruppe übertrug. Winnicott hält die Beantwortung dieser Frage übrigens für den Schlüssel zum Verständnis des Schadens, den eine Deprivation hinterlässt. Die Beurteilung des Problems und die Aussicht auf Heilung lassen sich, so Winnicott, nicht aufgrund von Symptomen und Schwierigkeiten, die ein Kind macht, begründen. Um Objektbeziehungserfahrungen zu rekonstruieren, muss eine umfassende

Anamnese erstellt und die Geschichte des Falls bekannt sein (vgl. Winnicott 1996, S. 222). Hinzu kommt die Analyse der Übertragung und Gegenübertragung.

**Die dyadische Beziehungskonstellation bei Ben**

Da ich das Gefühl hatte, mich ständig um Ben kümmern zu müssen, mich um ihn sorgen zu sollen und ihn nicht alleine lassen zu dürfen, war ich mit Ben in eine sehr enge dyadische Beziehung eingebunden, in der es keine Begrenzung seiner Ansprüche gab und geben durfte. Ich glaubte, dass seine Eltern sich emotional nicht genügend um ihn gekümmert hatten und Ben die Erfahrung eines verlässlichen „guten Objekts", das auch seine aggressiven Angriffe aushielt, erst noch machen musste. Dass er mit mir darin neue und für ihn wichtige Erfahrungen machen konnte, bestätigte er mir, indem er mir später sagen konnte, wie sehr er sich in der Gruppe von mir beschützt und gehalten erlebt hatte. Die paranoid-schizoide Position, die durch Spaltungsprozesse gekennzeichnet ist, hatte Ben erreicht. Aber wie sollte es von da weitergehen? Um auch die depressive Position zuzulassen, die den weiteren Entwicklungsschritt zu größerer Autonomie von der Bezugsperson nach sich zieht, musste er seine Trauer und den Schmerz über eine trennende Erfahrung mit einer geliebten Bezugsperson an sich heran lassen und verarbeiten. Dass wir den intrapsychischen und interpersonellen Vorgang der Spaltung lange nicht gut genug verstanden, trug erheblich dazu bei, dass die Auswirkungen dieses Abwehrprozesses im Team virulent blieben. Ich war mit Ben in der dyadischen Beziehungskonstellation verhaftet und weder Ben noch ich konnten durchgängig auf eine triadische Öffnung durch das Umfeld zurückgreifen. Erst als ich die enttäuschende Erfahrung, mit Ben isoliert zu sein, verarbeiten konnte und begann, mich stärker von ihm abzugrenzen, gelang es mir, die Dyade zu öffnen. Der spätere Kollegenwechsel eröffnete mir und Ben die Möglichkeit einer neuen Erfahrung; wir teilten die Verantwortung für Ben. So folgten weitere Trennungsprozesse, die erheblich dazu beitrugen, die in der Fantasie Bens auf Dauer angelegte Beziehung zu mir zu durchbrechen. Dass Ben während dieser Zeit in der Tagesgruppe weiterhin betreut werden konnte, wirkte triangulierend. Fast war die Zeit zu kurz, um von einer zunächst herzustellenden Bindung, die Erfahrung des Haltens machen zu können und sich dann auch wieder davon abzulösen.

Meiner Einschätzung nach war Bens Mutter nicht in der Lage ihren Sohn, als er noch ein kleines Kind war, seelisch „ausreichend gut" zu versorgen. Unter „ausreichend gut" versteht Winnicott immer beide Aspekte – Bedürfnisbefriedigung und Frustration. Damit fasst er ins Auge, dass die Mutter am Loslösungsprozess ihres Kindes beteiligt und fähig ist, die beim Kind erzeugte narzisstische Wut zu ertragen (vgl. Winnicott 1974, S. 47 f; s.a. 1996, S. 245). Bens Mutter hatte in der ersten Woche nach seiner Geburt Todesängste um ihn, die sie dazu bewegten, ihn in seinem Rhythmus zu unterbrechen und aus dem Schlaf zu wecken, um ihn zu stillen und sich zu vergewissern, dass er noch lebte (Fallbericht, S. 113). Ich erwähne diese Episode, weil anzunehmen ist, dass Ben sehr früh entweder mit Hassgefühlen oder Schuldgefühlen einer verzweifelt depressiven Mutter konfrontiert war, die sich verlassen fühlte und überfordert war. Ihre eigene Sorge drückte sich darin aus, dass gesunde Kind tot zu glauben. Da Frau Jelloun lieber eine Tochter zur Welt gebracht hätte, könnte die nach Bens Geburt aufgetretene Todesangst auch ein Hinweis darauf sein, dass die Geburt des Sohnes einen schwerwiegenden Ambivalenzkonflikt in ihr aktiviert hatte. Hinter ihrer übergroßen Fürsorglichkeit mochten auch Hassgefühle auf den Sohn verborgen sein, die aus unbewusster Angst, sie könnte dem Kind etwas antun, ins Gegenteil der Überfürsorglichkeit verkehrt wurden. Auf der affektiven Ebene kann das unbewusste Folgen für das Kind haben, denn die abgewehrten aggressiven Hass-Impulse können zwar in Fürsorge verwandelt werden. Wenn die Mutter den Hass aber nicht wahrnimmt, löst dieser Vorgang bereits beim kleinen Kind intrapsychisch Verwirrung aus. Für diese Interpretation spräche die Angst, die ich bei Ben anfangs spürte, dass er mir egal sein könnte, und meine Verwirrung und Wut, die das Zusammensein mit Ben auslöste. Dazu gehört auch meine Angst, ihn durch zu radikale Forderungen zu verletzen. Es gab Situationen, in denen ich deshalb nicht ausreichend gut handlungsfähig war.

Nach allem, was ich von Ben erfuhr, waren seine Eltern nicht in der Lage, sich mit ihren aggressiven Affekten emotional auseinander zu setzen. Ben konnte auch keine Erfahrung mit den Auswirkungen seiner zerstörerischen Impulse machen, da diese von seinen Eltern verleugnet oder auf andere projiziert wurden. Neben dem bereits erwähnten Mangel an Einfühlung in die Bedürfnisse des Kindes war Bens Mutter vermutlich nicht in der Lage, ihrem Sohn die notwendige Absage an seine präödipalen Allmachtsfantasien des Besitzanspruches auf sie zu erteilen. Später war davon auch die ödipale Fantasie der Begehrlichkeit betroffen, ihr „Mann" zu sein. Wenn sie dennoch ab und zu ein Verbot aussprach oder versuchte, sich von Ben abzugrenzen, kam ihr ihr Ehemann dazwischen. Bens Eltern waren, das sagten sie immer wieder, nicht einig in Fragen des erzieherischen Umgangs. Genau diese Situation erlebten wir in der Tagesgruppe: Auch wir waren im Falle Bens uneins, und es gelang mir nicht immer, Bens Besitzansprüche auf mich genügend zurückzuweisen.

Bens Beziehung zu seinem Vater war geprägt davon, dass Herr Jelloun in Ben den Stammhalter der Familie sah. Ben war der Junge, der als sein geliebter und ersehnter erstgeborener Sohn von Anfang an etwas Besonderes war: Er sicherte als männliches Kind den Status der Familie. Damit nährte der Vater Bens narzisstisches Größenselbst, verhalf ihm aber nicht zu notwendiger realistischer Selbsteinschätzung. Herr Jelloun war wie seine Frau psychisch labil und selbst bedürftig nach einer fürsorglichen und grenzziehenden Person. Während der Therapiegespräche hatte er ausgesprochen, was er in mir gefunden zu haben glaubte: eine „Mutter“ für seine Familie, wobei diese Mutter keine Wirksamkeit auf die Realität seiner Familie ausüben durfte.

Weder Bens Vater noch seine Mutter waren in der Lage, Ben in seinen begehrlichen Ansprüchen Grenzen zu setzen, weil das ihre Beziehung zu ihrem Sohn gefährdet hätte. Jedes Mal, wenn ich mit Bens Eltern über Konsequenzen sprach, ließen sie mich etwas von dieser Angst spüren. Es ist zu vermuten, dass Bens Eltern ihre Kinder als primär-narzisstische Erweiterung ihres Selbst betrachteten, denn sie opferten sich regelrecht für ihre Kinder auf, um es ihnen materiell gesehen an nichts fehlen zu lassen. Tatsächlich arbeitete Herr Jelloun bis an die Grenze der Belastbarkeit, und Frau Jelloun forderte von den Kindern keinerlei Unterstützung. Dass alle Kinder Schulprobleme zeigten, gegen Regeln verstießen und andere Menschen verbal und körperlich angriffen, wollten sie nicht wahrhaben. Zwar griffen Herr und Frau Jelloun in Bezug auf Ben ein, wenn er sich ihrem Willen widersetzte – der Vater verordnete Hausarrest oder erteilte Schläge, Bens Mutter reagierte bei starker Verärgerung mit einer Gesprächsverweigerung –, aber mit den Bedürfnissen nach einfühlendem Verstehen, Konfrontation und mit seinen Schulproblemen blieb Ben sich selbst überlassen.

Ben hatte widersprüchliche Erfahrungen verinnerlicht. Einerseits schien er ein kleiner verwöhnter Prinz zu sein, andererseits fiel er ständig in Ungnade, weil er sich den an ihn gerichteten Ansprüchen und Anforderungen widersetzte. Diese paradoxe Situation hatte er eingangs via projektiver Identifizierung bei uns gezeigt. Seine Spaltung bewirkte bei uns, dass Ben uns entweder als ein Opfer der Gewaltbereitschaft anderer vorkam oder omnipotent und daher nur als Unruhestifter erlebt wurde. Entweder war er der kleine hilflose Junge oder er verachtete und entwertete in schlimmer Weise andere, so dass man wütend auf ihn wurde. Im Traumschiffspiel hatte er seine Realität in Szene gesetzt. Erst erschoss er die Mitspielenden auf dem Schiff und wies alle an, tot zu sein und zu bleiben. Als die Kinder sich weigerten, dies zu spielen, und ihm klar machen wollten, dass damit das Spiel zu Ende sei, wollte Ben nicht weiterspielen. In der nächsten Spielstunde trat er als Schiffsarzt auf und versuchte den Schaden wieder gutzumachen. Während andere Mitspielende viele verschiedene Rollen ausprobierten, konnte Ben immer nur eine Rolle einnehmen. Diese Szene kann vielleicht auch als „Zeichen der Hoffnung“ im Sinne Winnicotts verstanden werden, denn Ben wollte eine Form der Wiedergutmachung finden (Fallbericht, S. 71).

Immer wieder beobachtete ich bei mir, dass mir der Blick für Bens reale Leistungsmöglichkeiten verloren ging. Ich ließ mich vom Wunsch blenden, Ben könne viel mehr, als er zeige. Obwohl ich täglich vor Augen hatte, worin das Lernproblem bestand, fiel es mir schwer, Kontakt zu der Seite von Ben zu halten, die sich mit Anforderungen überfordert fühlte und nicht durch Motivationsanreize zu überlisten war. War ich in der Position des Vaters, der von Ben Leistungen erwartete und glaubte, er könne, wenn er sich nur anstrenge und übe, eine „normale Schulkarriere“ hinter sich bringen und funktionieren? Sein Vater wünschte sich Ben im Gymnasium und konnte nicht anerkennen, dass sein Sohn diesen Anforderungen nicht gewachsen war. Auch ich wollte mir immer wieder vorstellen, dass Ben eigentlich in der Lage wäre, wenigstens den Hauptschulabschluss zu erreichen. Nach dem geplatzten Schulwechsel zeigte ich Ben meine Enttäuschung und vermittelte ihm deutlich, dass ich nicht mehr wisse, wie ich ihm weiterhelfen könnte. Daraufhin schlug er von sich aus vor, einen Lernplan zu entwickeln. In diesen Wochen erlebte ich einen Jungen, der kaum Schwierigkeiten bei der Erfassung des Lernstoffes hatte und emsig bereit war zu lernen. Als ich ihm jedoch die bevorstehende Trennung von mir, bedingt durch einen längeren Urlaub, ankündigte, verweigerte er das Lernen. Ich kam nicht umhin, seine Leistungsverweigerung im Rahmen der Beziehung zu mir zu interpretieren und wahrzunehmen, dass die Trennung für ihn unerträglich schien, wofür er mich bestrafen wollte. Ein schulischer Erfolg hätte aus seiner Sicht nur mir bestätigt, dass ich richtig handelte (Fallbericht, S. 99). Später lernte Ben intensiv mit mir. Zuvor jedoch hatte ich ihm unmissverständlich erklärt, nicht mehr bereit zu sein, auf diese Weise mit ihm weiterzuarbeiten; ich dächte sogar über eine Beendigung der Betreuung nach. Ben zeigte sich wieder bereit, sich an die Regeln zu halten und lernte richtig gut mit mir. So fiel ich aus allen Wolken, als ich in der Schule erfuhr, dass er dort leere Hefte und Klassenarbeiten abgegeben hatte und nun die Versetzung ernsthaft gefährdet war. Ein anschließendes Krisengespräch mit Ben, seinem Vater, dem ASD-Kollegen und mir, bei dem auch eine mögliche Fremdunterbringung thematisiert wurde, trug nun dazu bei, dass Ben die letzten Schulwochen dazu nutzte, sein Zeugnis zu verbessern. Ich hielt mich an meine Ankündigung, ihm die Sache selbst zu überlassen, und Ben schaffte die Versetzung. Zuvor war Ben damit konfrontiert worden, dass keiner mehr bereit sei, an seine „leeren Versprechungen“ zu glauben.

**Der triadische Beziehungsmodus bei Ben**

Ben präsentierte wie kein anderes Kind in der Tagesgruppe das Thema Ausschluss und Ausgeschlossen-Werden. Die ödipale Situation, die im Kern die Auseinandersetzung mit der kindlichen Position und dem Ausgeschlossen-Sein aus der elterlichen Paarbeziehung bedeutet, konnte Ben nicht ertragen. Während der Geburtstagsfeier setzte der zehnjährige Ben eindrucksvoll in Szene, wie sehr er mit Beziehungsangeboten, die mehrere Personen einschlossen, überfordert war. Auch die Konkurrenzsituation des Spiels führte sicher dazu, dass sich die Angriffe zunächst gegen ihn selbst richteten, denn er konnte nicht an der geplanten gemeinsamen Aktivität der Radralley teilnehmen. Er fuhr nun hinter der Gruppe her. Obwohl es sich um seine Gäste handelte, beschimpfte er sie beim anschließenden Grillen und bewarf sie mit Dreck. Seine Mutter ignorierte Bens Verhalten. Sie tat so, als gehe sie das gar nichts an. Viele Gespräche mit Bens Mutter belegen, wie sehr sie mit Ben identifiziert war, Partei für ihn ergriff und sich angegriffen fühlte, wenn eine Auseinandersetzung mit Ben nötig gewesen wäre, z.B. als Ben die Videospiele gestohlen hatte (Fallbericht, S. 73). Ben konnte kaum erfahren haben, dass man sich von der Mutter lösen und zum Vater eine eigene Beziehung aufnehmen kann, ohne die Mutter damit zu kränken.

**Narzisstische Aspekte**

Während der Adoleszenz spielt die Selbstwertthematik und damit das narzisstische Gleichgewicht eine wichtige Rolle. Das starke Bedürfnis der Jugendlichen, sich in der Peergroup zu treffen, Idolen nachzueifern, sich von der Erwachsenengeneration abzusetzen und in Opposition zu gehen, ist Ausdruck des Wunsches nach autonomer Entwicklung und hilft den Heranwachsenden, sich von den Eltern abzulösen. Neben diesen entwicklungsfördernden Erscheinungen vermischen sich bei Heranwachsenden Verhaltensweisen, die auf Konflikten basieren, die in früheren Jahren noch nicht ausreichend bewältigt wurden. Intrapsychisch bedeutet der Entwicklungsabschnitt in der Adoleszenz, dass die Libido vom Selbst und von den primären Bezugspersonen auf bedeutsame Andere verschoben werden muss. Das stellt ein Risiko dar, denn die Ablösung von den primären Liebesobjekten ist emotional schmerzhaft und erfordert von den Heranwachsenden eine eigene Leistung: Um von anderen die notwendige narzisstische Befriedigung zu erhalten, müssen die Jugendlichen ihnen etwas bieten, für das sie gemocht werden können (vgl. Blos 1995, S. 109). Ben setzte dabei auf sein Aussehen. Er liebte es, gut gekleidet in die Gruppe zu kommen und dort „cool" aufzutreten. Andere wurden von ihm in erheblichem Maße entwertet. Seine sportlichen Ambitionen trugen ihm zwar Erfolgserlebnisse ein, führten aber nicht zu Bewunderung, denn er hielt sich nicht an Regeln. Wie der Fallbericht zeigt, blieb Ben an unrealistische Größenvorstellungen gebunden. Seine „Chef-Allüren" erregten Protest und Auseinandersetzungen, besonders bei und mit den männlichen Kollegen und unter den gleichaltrigen Jungen.

In Bezug auf sein schulisches Fortkommen weigerte Ben sich weiterhin, Mühen auf sich zu nehmen. Immer häufiger machte ich die Beobachtung, dass diese Verweigerung mit einer Fantasie verbunden war, die sich auf die Eltern bezog. Angesichts der Erfahrungen mit seinen Schwestern und der Reaktion seiner Eltern auf deren Versuch, sich von den Eltern zu lösen, musste Ben Angst um die Beziehung zu seinen Eltern haben. Vor dem Hintergrund einer inneren Fantasie – schwache Eltern nicht mit einer Trennung belasten zu können – kann die Erfolgsverweigerung dazu dienen, für immer bei den Eltern zu bleiben. Erfolgsverweigerung kann aber auch zur Abwehr der Kastrationsangst eingesetzt werden. In diesem Sinne schützt Leistungsverweigerung davor, den „Vatermord" zu begehen, weil die Position des

Vaters nicht angegriffen wird. Sie könnte sich außerdem darauf beziehen, nicht mit dem kränkenden Gefühl des „Noch-nicht-Wissens“ (Klein-Sein) in Berührung zu kommen.

Mit Beginn der Adoleszenz wird auch die Ambivalenz von Liebe und Hass gegenüber wichtigen Bezugspersonen wiedergeweckt und in die Triebmodalität der Genitalität hineingezogen. Daher spielt während der Adoleszenz die Abwehr gegen infantile Bindungen eine genauso starke Rolle wie die, die sich gegen die Ablösung richtet. So kommt es häufig vor, dass die Libido auf Ersatzobjekte verschoben wird. Schöne Kleidung und materielle Güter können das Gefühl erzeugen, reich und unabhängig zu sein, ohne dass der Konflikt um Autonomie mit den primären Bezugspersonen ausgetragen wird. Ben hatte die Vorstellung, er könne durch sein Aussehen zu dem werden, der er gerne sein würde. Die in seiner Fantasie vorhandenen vielen möglichen Identitäten zeigten mir jedoch auch, dass er noch gar nicht wußte, wer er sein wollte (Fallbericht S. 101).

Bens Wut auf alles, was ihm nicht stark und haltgebend erschien, konnte in Hass gegen alles verkehrt werden, was klein und schwach war. Wie die Fallgeschichte zeigt, bedrohte und erpresste Ben andere Heranwachsende in der Schule und in der Tagesgruppe. Dadurch fühlte er sich selbst stark und autonom. Wenn er andere von sich abhängig wusste, schien es ihm eine Zeit lang gut zu gehen. Mit Ben darüber zu sprechen war nicht möglich; man musste ihm die Grenzen aufzeigen und ihn damit konfrontieren, wie er andere behandelte und mit ihnen das tat, was er selbst an sich hasste.

Dass Ben die Jahre der Adoleszenz als Moratorium begriff, zeigte sich besonders deutlich in seiner Erleichterung, die 8. Klasse wiederholen zu dürfen. Der in der Fallgeschichte erwähnte Drogenkonsum bezog sich eine Zeit lang auf das Rauchen von Haschisch. Über die in diesem Alter beginnende Ablösung von den Eltern hat Ben von sich aus nicht mit mir gesprochen. Trennungen waren für Ben sehr bedrohlich. In Bezug auf seine Identitätsbildung war Ben verunsichert. Deutlich sprach er von sich als einem Ausländer und grenzte sich in Gesprächen, die zwischen den Jugendlichen stattfanden, von „den Deutschen“ ab. Als ich ihn jedoch fragte, ob er lieber im Herkunftsland seiner Eltern leben würde, schien er sich sicher: Das Herkunftsland der Eltern bot ihm keine nennenswerte Option. Ben fühlte sich weder hier noch zum Herkunftsland seiner Eltern zugehörig.

Nach Beendigung der Hauptschule für Erziehungshilfe wird Ben die Tagesgruppe verlassen. Aus gegebenem Anlass thematisierte ich immer wieder die zukünftige auch schmerzliche Veränderung. Ben hatte schon vor längerer Zeit die Möglichkeit erhalten, seine Nachmittage frei zu gestalten. Anfangs fühlte er sich von mir ausgeschlossen. Als er jedoch selbstständig für seinen Schulabschluss verantwortlich war, lernte er und er genoss den Nachmittag und fühlte sich privelegiert. Er nutzte diese Gelegenheit auch, um sich mit Freunden zu treffen.

## 5.8 Familienanalyse

Normalerweise ist die Familie „das mikrosoziale System, in dem die generative Re-Produktion der Gesellschaft ihren Ausgangspunkt nimmt, Familie verkörpert die zeitliche, räumliche und soziale Nahtstelle, mittels derer Neugeborene an die jeweilige Weltgesellschaft angeschlossen werden. Und die Familie stellt das Interaktionssystem und jene Vergemeinschaftungsform dar, die eine elementare soziale Integration der nachwachsenden Generation in die jeweils bestehende Gesellschaft sicherzustellen hat" (Rauschenbach 1998, S. 14). Trotz zahlreicher Wandlungen, der die Familie im Laufe der gesellschaftlich historischen Entwicklung ausgesetzt war, gilt sie bis heute als die basale Sozialisationsinstanz. Familie ist in aller Regel der Ort, an dem Kindheit zuerst erfahren und erlebt wird (vgl. Tenorth 2000, S. 319). Sozialpädagogische Hilfen in der Form öffentlicher erzieherischer Hilfen stellen daher bereits eine Reaktion auf das Versagen dieser Erziehungsinstanz dar und sind „der nachgeholte Versuch, Kompetenzen zur je individuellen Teilhabe am gesellschaftlichen Leben zu vermitteln" (Tenorth 2000, S. 170).

In der Tagesgruppe werden Heranwachsende betreut, bei denen die Familie die erzieherische Funktion nicht ausreichend erfüllt. Wenn die Hilfe durch die Tagesgruppe geeignet erscheint, müssen die familialen Verhältnisse allerdings doch so stabil sein, dass die Heranwachsenden Zuhause wohnen können. Nach § 32 KJHG soll die Tagesgruppe dazu beitragen, den Verbleib des Kindes in seiner Herkunftsfamilie zu sichern. Um den Kontakt zu den Eltern zu halten, führen die Mitarbeitenden in der Tagesgruppe regelmäßige Elterngespräche. Hinzu kommt das Angebot monatlich stattfindender Elternabende und jährlicher Tages- und Wochenendausflüge, an denen sich Familie Jelloun nicht beteiligte. In Bezug auf die Tagesgruppe sollten die allgemeinen Überlegungen zur funktionalen Erziehung auch unter dem Gesichtspunkt der Interkulturalität diskutiert werden. Seit dem Bestehen der Tagesgruppe stammen 62 Prozent der Heranwachsenden aus Familien, bei denen wenigstens ein Elternteil deutscher Herkunft ist. Migrantenfamilien stellen etwa 48 Prozent der Betreuungsverhältnisse dar. Die meisten dieser Familien sind vor Bürgerkriegen aus ihrer Heimat geflohen, um in Deutschland Schutz und Zuflucht zu finden. Bei Familie Jelloun handelt es sich bei der Auswanderung um die von Friedrich Heckmann beschriebene Arbeitsmigration, verbunden mit der Hoffnung, im Einwanderungsland andere Lebensbedingungen vorzufinden (vgl. Heckmann 1992, S. 67 f).

Im Rahmen der Familienanalyse werden Bens Verhaltensweisen nun im Lichte der familialen Erfahrungen analysiert. Mit Hilfe einer systemisch-therapeutischen Betrachtungsweise können Gesichtspunkte dargestellt werden, die im Unterschied zur psychodynamischen Betrachtung Verhalten nicht als individuellen Ausdruck mangelhaft entwickelter Ich- und Überich-

Strukturen oder einer ungenügend entwickelten Subjekt-Objekt-Trennung rekonstruieren, sondern als systemimmanente Kommunikationsstruktur. Die besondere Funktion von Bens Verhalten wird nun im Kontext seiner Familie näher betrachtet. Aus dieser Perspektive heraus begegnet man im kindlichen Verhalten einem Symptom, das einerseits auf Probleme innerhalb der Familie aufmerksam macht und andererseits eine Rollenerwartung erfüllt, die im Kontext der Familie zum Erhalt der familialen Interaktion beiträgt (vgl. Minuchin 1997, S. 9).

### *5.8.1 Die systemische Perspektive*

Die systemische Perspektive wurde von verschiedenen psychotherapeutischen Schulen aufgenommen und für die jeweilige Praxis fruchtbar weiterentwickelt. Als „systemische Therapie" folgt sie allerdings keinem einheitlichen Theorie-Praxis-Modell (vgl. Schweitzer 2000, S. 232).[36] Jochen Schweitzer, der die unterschiedlichen Aspekte des systemischen Denkens innerhalb verschiedener systemtherapeutischer Ansätze auf Gemeinsamkeiten hin untersuchte, weist auf Folgendes hin: Wenn „Psychotherapeuten von ‚systemisch' sprechen, bezeichnen sie damit die Kommunikation zwischen den Mitgliedselementen sozialer Systeme – Partnerschaft, Familie, Nachbarschaft, Therapeut-Patient-Beziehung, Team, Institution, Versorgungssystem – und die Anstöße, die von diesen Kommunikationen auf die Gedanken, Gefühle, Hormonausstöße oder Erkrankungen der Mitglieder ausgehen – also auf deren psychische und biologische Systeme. ‚Systemisch' ist mithin nicht ein bestimmter Realitätsbereich, sondern eine Betrachtungsweise, die das Verhalten von Elementen nicht aus ihrem ‚So-Sein', sondern aus ihren

36 Die psychotherapeutische Rezeption der systemischen Epistemologie geht auf naturwissenschaftliche Entdeckungen der Regelungs- und Nachrichtentechnik zurück. Als Kybernetik der ersten Ordnung verfolgten Wissenschaftler in den 50er und 60er Jahren des 20. Jahrhunderts die Frage, wie sich soziale Systeme in einem Gleichgewicht halten und welche Faktoren Dysfunktionalität des Systems nach sich ziehen (vgl. Schweitzer 2000, S. 230). Seit den 80er Jahren wurde die biologische Systemtheorie (Maturana und Bertalanffy) stärker rezipiert, die sich mit dem Problem beschäftigt, wie Systeme funktionieren, die nicht extern beobachtbar sind. Diese Theorieentwicklung gilt als Kybernetik der zweiten Ordnung. „Die Kernfrage war hier: Wie sichern autonome, d.h. von außen unbeeinflußbare oder gar autopoietische, d.h. sich selbst erzeugende Prozesse das evolutionäre Überleben eines Systems und begrenzen die Möglichkeit von außen kommender Einflußnahme?" (Schweitzer 2000, S. 231). Erkenntnistheoretisch steht die Kybernetik der zweiten Ordnung dem philosophisch-sozialpsychologischen Denkansatz des radikalen und sozialen Konstruktivismus nahe, der in der systemtheoretischen Diskussion starke Berücksichtigung fand (vgl. Schweitzer 2000, S. 231). Die Erkenntnisse dieser Forschung trugen auch zum epistemologischen Paradigmenwechsel innerhalb der Sozialwissenschaften bei, denn die Erkenntnis, dass Beobachter eines Systems bereits Teil des Systems sind und daher Einfluss auf das System nehmen, führte zu der Annahme, dass eine Beobachtung nur als Perspektive beschrieben werden kann (vgl. Buchholz 1995, S. 37).

Beziehungen zu anderen Elementen zu erklären versucht“ (ebd., S. 230). Die systemische Betrachtungsweise bietet eine Möglichkeit, Mechanismen zu reflektieren, die ein familiales System stabilisieren und die Wirkung der Interaktion der Familienmitglieder bestimmen. So wird z.B. angenommen, dass das Verhalten jedes Mitglieds eines sozialen Systems zugleich vom Verhalten der anderen Mitglieder verursacht wurde und wiederum Auswirkungen auf das Verhalten der anderen hat.

**Die Kommunikationsstruktur von Systemen**
Mitglieder eines sozialen Systems bilden spezifische Kommunikations- und Beziehungsmuster aus, die sich im Laufe der Zeit als Rollen und Rollenerwartungen ausdifferenziert haben. Außerdem trägt die Kommunikation der Systemelemente dazu bei, dass die Umwelt eines sozialen Systems sich von anderen Subsystemen absetzt und als Grenze in Erscheinung tritt. Grenzen unterscheiden ein System vom anderen (ebd., S. 230).

*Die funktionale Differenzierung durch Grenzen*
Neben der Bedeutung der Kommunikation kommt nach Salvador Minuchin[37] den „Grenzen“ eine besondere Aufmerksamkeit zu. Minuchin sieht in ihnen die notwendige Regulationsinstanz, die zur funktionalen Differenzierung innerhalb eines familialen Systems beiträgt. Die Verwendung des Begriffs bezieht sich im Sinne Luhmanns auf die Entstehung von Systemen durch Differenzierungen: „Die Differenzierung ist funktional in dem Maße, als das Subsystem seine Identität durch die Erfüllung einer Funktion für das Gesamtsystem gewinnt“ (Luhmann 1988, S. 267). Nach Minuchin tragen Grenzen zur funktional-generationalen Differenzierung des Familiensystems bei und regulieren das Beziehungsverhältnis der Familienmitglieder. Auf der Grundlage von Generations- und Geschlechtsbeziehungen, von Interessen und Rollen und vor dem Hintergrund von Machthierarchien bilden sich Grenzen, die das familiale System funktionstüchtig erhalten. Die Grenzen werden, so Minuchin, als dyadische und triadische Beziehungskonstellationen zwischen den Familienmitgliedern gelebt. Die von Minuchin besonders hervorgehobene natürliche Grenze der unterschiedlichen Generationen schafft die Voraussetzung dafür, dass Erwachsene und Kinder sich voneinander unterscheiden und daher unterschiedliche Funktionen ausüben (vgl. Minuchin 1997, S. 69). Gestörte Systemhierachien tragen zu Funktionsstörungen von Familien bei: Manchmal kommt es vor, dass Eltern ihre elterliche Verantwortung an Kinder abtreten, dann bildet sich ein „Elternkind“ (ebd., S. 119). Familien, in denen ein Kind auf der erwachsenen Ebene agiert, unterliegen der Gefahr, dass vom Kind Machtkonflikte provoziert

37 Minuchin, prominenter Vertreter des strukturellen familientherapeutischen Ansatzes, bezieht sich auf den Strukturalismus nach Claude Lévi Strauss, die Systemtheorie Ludwig Bertalanffys und soziologisch geprägte rollentheoretische Überlegungen (vgl. Minuchin 1997, S. 7 f).

werden und Entwicklungskonflikte zu emotionaler Überforderung führen. Seine Überforderung zeigt das Kind durch auffällige Verhaltensweisen. Der Psychoanalytiker und Familientherapeut Michael Buchholz schlägt vor, ein familiales System auch im Hinblick auf die institutionelle, ideologische und unbewusste Perspektive zu untersuchen (Buchholz 1995). Diese Kriterien erlauben eine Systemanalyse, die unter Bezug auf psychoanalytische Erkenntnisse sozialwissenschaftlich relevante Funktionsbestimmungen eines familialen Systems miteinander verbindet.

**Die Beobachtungsperspektive**

Die systemische Perspektive orientiert sich am Denkmodell des Konstruktivismus und greift auf ein hermeneutisches Grundverständnis zurück. Sie unterstellt, dass Wirklichkeit erst durch Interpretation zu dem führt, was gemeinhin als „Wirklichkeit" im Alltag anerkannt wird (ebd., S. 37, 56). In der Regel verlaufen die Prozesse der interpretativen Kommunikation im Rahmen der alltäglichen Interaktion des sozialen Systems Familie, ohne reflektiert zu werden. Die Schwierigkeiten im Umgang mit einem familialen System beginnen, so Buchholz, erst dann, wenn ein Außenstehender versucht, seine Beobachtungen über das System den Mitgliedern der Familie mitzuteilen. Dann nämlich muss damit gerechnet werden, dass Widerstand provoziert wird (ebd., S. 56, 68).

Im Rahmen des Tagesgruppenauftrages nehmen Pädagogen und Pädagoginnen in Bezug auf die Familien immer auch eine Beobachtungsperspektive ein, die es z.B. ermöglicht, die Eltern in erzieherischen Fragen zu beraten. Aufgrund der gleichzeitigen erzieherischen Rolle in der Tagesgruppe und der damit verbundenen parteilichen Interessenvertretung sind sie natürlich keine neutralen Beobachter und Beobachterinnen. Von Anfang an geht es darum, eine Familie kennen zu lernen und die familiale Dynamik zu erfassen. Erst dann wird deutlich, welche Form der Unterstützung eine bestimmte Familie annehmen kann, um mit ihrem Kind besser zurechtzukommen. Meist ist es für den Jungen oder das Mädchen, so auch für Ben, enorm entlastend, wenn die Mitarbeiter und Mitarbeiterinnen der Tagesgruppe sich um die Eltern kümmern. Wenn die Heranwachsenden außerhalb der Familie einen zusätzlichen Lebensort haben, können sie sich von den familialen Problemen zeitweise distanzieren. Wie der Fallbericht zeigt, begann die Jugendhilfemaßnahme für Ben nicht als freiwillige Hilfe zur Erziehung. Bereits vor Bens Aufnahme in die Tagesgruppe war der Eindruck entstanden, dass seine Eltern von sich aus keine Notwendigkeit für die Maßnahme sahen. Sie stimmten der Aufnahme in die Tagesgruppe nur zu, weil die Lehrerinnen drohten, Ben nicht zu unterrichten. Bens Eltern wollten verhindern, dass ihr Sohn zur Schule für Erziehungshilfe gehen sollte. Auf diese Weise kamen wir in der Tagesgruppe in die Situation, für Vertrauen und Akzeptanz einer an sich freiwilligen, hier aber nicht freiwillig eingeleiteten Jugendhilfemaßnahme eintreten zu müssen, um Ben, der offensichtlich Hilfe brauchte, diese zu ermöglichen. Als ich die Fallverantwortung für Ben übernahm, hatte sich die Dynamik so entwickelt, dass sie eine pragmatische Lösung erforderte. Entweder musste Ben die Gruppe verlassen, oder es würde gelingen, seine aggressive und destruktive Dynamik mit Hilfe einer veränderten Gruppenkonstellation zu entschärfen. Wie bereits erwähnt, war es damals nicht möglich, zu erkennen, in welche Rolle das Team durch die Psychodynamik von Ben und seiner Familie geraten war. Die Spaltungsmechanismen hatten nach wenigen Wochen ihre Wirkung so entfaltet, dass nur noch ein Entweder-Oder möglich schien. Aus meiner heutigen Erfahrung geht es im Rahmen dieser Arbeit nicht darum, zu beurteilen, ob die Lösung des Problems auf der Handlungsebene richtig oder falsch war. Das könnte nur durch Ben selbst geschehen. Im Zuge der Fallstudie geht es darum von Bewertungen abzusehen, um die Reflexion zu ermöglichen. Vielmehr soll der Zusammenhang mit Bens familialer Lebensgeschichte erforscht und noch besser verstanden werden.

### *5.8.2 Die lebensweltliche Perspektive*

Unter strukturellen Gesichtspunkten stellt Familie Jelloun eine Kernfamilie dar. Ich rufe in Erinnerung, dass Ben nach zwei älteren Schwestern das dritte Kind und der erste Sohn dieser Familie war. Nach ihm wurden noch ein Sohn und eine Tochter geboren. Die Herkunft von Herrn und Frau Jelloun spielte für die Entwicklung von Ben und seinen Geschwistern eine Rolle, die jedoch von Bens Eltern nie angesprochen wurde. Seit einigen Jahren besitzt Familie Jelloun die deutsche Staatsangehörigkeit. In der Stadt, in der Familie Jelloun heute wohnt, leben kaum Migranten desselben Herkunftslandes. Der Anamnese kann entnommen werden, dass der Vater aus ärmlichen bäuerlichen Verhältnissen, die Mutter aus einer reicheren, also statushöheren Familie stammte. Als ältester Sohn in seiner Familie wurde Herr Jelloun von einer Mutter geboren, die bei seiner Geburt sehr jung war. Frau Jelloun hat keine Berufsausbildung und führt den Haushalt der Familie. Als ich sie kennen lernte, sprach sie kaum Deutsch und konnte in dieser Sprache weder lesen noch schreiben. Die beengte Wohnsituation trug ebenfalls dazu bei, dass die Kinder viel Zeit auf der Straße zubrachten. Die Daten lassen vermuten, dass Herr Jelloun sehr früh Selbstständigkeit entwickeln musste. Er heiratete später in seinem Herkunftsland eine jüngere Frau und brachte sie mit nach Deutschland. Bens Mutter lebte isoliert und auf ihre Kernfamilie bezogen. Dass sie nach all den Jahren noch immer so schlecht Deutsch spricht, kann als ein Hinweis verstanden werden, dass sie sich in diesem Land nicht heimisch fühlt bzw. sich nicht darauf eingelassen hat, längerfristig hier zu leben.

**Familiale Ereignisse**

Bens Eltern sprachen mit mir selten über familiale Ereignisse oder ihre schwierige Lebenssituationen. Nur ihre finanzielle Lage erwähnten die Eheleute als eine sehr belastende. Herr Jelloun hatte sich, nach eigenen Angaben, einen Sohn gewünscht, während Frau Jelloun bei jeder Geburt hoffte, es werde eine Tochter. Die Geburten von Bens Geschwistern verliefen ohne größere Komplikationen. Ben wurde allerdings durch einen Kaiserschnitt zur Welt gebracht. Seine Mutter hatte, wie bereits erwähnt, Angst, Ben könnte sterben. Deshalb stillte sie den Säugling oft und weckte ihn dazu aus seinem Schlaf (Fallbericht, S. 112). Vermutlich zeigte sich bereits hier, dass die Mutter sich schlecht an den Rhythmus ihres Kindes anpassen konnte. Alle Kinder besuchten in Deutschland einen Kindergarten. Osira wiederholte das erste Schuljahr, weil sie sehr schwache Leistungen zeigte, und kam so zu ihrer jüngeren Schwester in die Klasse. Beide Mädchen waren in der Schule bereits auffällig geworden. Als Ben in der Grundschule war, kam es zu den geschilderten Schwierigkeiten und der Beobachtung, dass Herr und Frau Jelloun Probleme ihrer Kinder nicht wahrhaben wollten, sie bagatellisierten und ohne fremde Hilfe auskommen wollten. Der Versuch, „normal" zu wirken, ist also das Auffällige in dieser Familie. Dass Herr Jelloun auch für seinen Bruder finanziell aufkam, erzeugte bei mir zunächst den Eindruck, dass er sich für seine Familie sehr verantwortlich zeigte. Erst allmählich realisierte ich, dass seine finanzielle Unterstützung die Beteiligung am Aufbau einer Baufirma war, von der Herr Jelloun später finanziell profitierte. Das eigene Haus, von dem ich ebenfalls erst viel später erfuhr, verstärkte in mir das Gefühl, dass Herr und Frau Jelloun eine Art „Doppelleben" führten, das auf Kosten ihrer Kinder gelebt wurde. Herr und Frau Jelloun wollten sich eine Rückkehroption offen halten, womit Frau Jelloun tatsächlich rechnete. Herr Jelloun betonte, dass er nicht daran denke, vor der Verrentung zurückzugehen. Obwohl alle Familienmitglieder die deutsche Staatsangehörigkeit hatten, vermittelten Herr und Frau Jelloun, sich in Deutschland nicht zugehörig zu erleben.

**Die familialen Kommunikations- und Beziehungsmuster**

Die ersten Elterngespräche, die Kollege Ingo und ich zusammen führten, fanden im regelmäßigen Abstand von zwei Wochen statt, meist in der Wohnung von Herrn und Frau Jelloun. Immer wieder gab Herr Jelloun zu verstehen, dass er und seine Frau keine Probleme sähen und dass sie mit Ben gut zurechtkämen. Ich spürte, wie es mich verwirrte, das ganz anders wahrzunehmen. Herr und Frau Jelloun gaben mir aber keine Chance, mit ihnen darüber zu sprechen. Dennoch wollte ich die Probleme mit Ben benennen: In der Tagesgruppe sollte Ben Orientierung und auch Grenzziehung erfahren, was von seinen Eltern zumindest akzeptiert werden musste. So schilderte ich ausführlich unsere Erfahrungen mit Ben und fragte konkret nach, ob Herr und Frau Jelloun Ähnliches mit Ben erlebten. Als Bens Eltern merkten, dass ich ihnen keinen Vorwurf machte, bestätigten sie viele unserer Erlebnisse mit Ben. Aber selbst dann, wenn sie unsere Erfahrungen teilten, leugneten Herr und Frau Jelloun, dass die Diebstähle, Beleidigungen und Wutausbrüche in der Schule und bei den Hausaufgaben ein Problem darstellten, das ernst genommen werden sollte. Zunehmend beobachtete ich, dass Herr und Frau Jelloun beschämt reagierten, wenn ich ihnen von Ben erzählte und mit ihnen nach dem Hintergrund seines Verhaltens suchen wollte. Wenn ich darauf verzichtete, von ihnen Konsequenzen zu erwarten, versprach Herr Jelloun regelmäßig, dass er mit Ben nochmals darüber reden werde, und entschuldigte sich für seinen Sohn, dessen Verhalten er nicht dulde und für das er sich schäme. Die Reaktionen in der Tagesgruppe auf Bens Verhalten hielt Herr Jelloun für richtig. Wollte ich aber mit ihm und seiner Frau über Konsequenzen nachdenken, fühlten sie sich angegriffen und machten sofort andere verantwortlich. So erklärten sie beispielsweise im Falle der Diebstähle, Ben sei von Klassenkameraden geärgert worden und wehre sich nun. Im Falle der schulischen Leistungsverweigerung waren es die Lehrerinnen, die nicht in der Lage seien, mit Ben richtig umzugehen. Immer wieder versuchten mein Kollege und ich, Bens Eltern darauf hinzuweisen, dass wir ihre Sicht nicht teilten; schließlich verhalte Ben sich bei ihnen nicht anders. Als ich Herrn Jelloun darauf ansprach, dass er seine Kinder schlug, gab er zu, ab und zu nicht zu wissen, wie er es anders machen könne. In diesem Zusammenhang teilte er mir auch mit, dass der Psychologe gesagt habe, Bens Probleme hingen mit der elterlichen Uneinigkeit zusammen. Das habe er nun aber verändert. Dass Herr Jelloun nie persönlich mit dem Psychologen gesprochen hatte, wurde mir erst viel später deutlich (Fallbericht, S. 74). So konnte ich im Kontakt mit Bens Eltern einfühlend nachvollziehen, dass ihre familiale Situation so „verrückt" war, dass Täuschung und Selbsttäuschung, Wahrheit und Lüge kaum noch voneinander zu unterscheiden waren.

Als sich die Situation mit Ben in der Tagesgruppe später deutlich entspannt hatte, waren wir der Meinung, dass ich die Elterngespräche aus zeitökonomischen Gründen ohne den Kollegen weiterführen könne. Das war der Zeitpunkt, ab dem auch Herr Jelloun nicht mehr regelmäßig an den Gesprächen teilnahm. Mit der Mutter von Ben war es nun jedoch möglich, über ihren Alltag zu sprechen. Frau Jelloun sprach mit den Kindern in ihrer Muttersprache. Sie musste sich von ihnen deutschsprachige Briefe übersetzen lassen. Stolz zeigte sie mir ein Foto des großen Hauses im Heimatland und gab mir zu verstehen, wie viel lieber sie dort leben würde. Sie sei nur wegen der Kinder hier, damit diese eine gute Schulbildung erhielten (Fallbericht, S. 75). In der Wohnung war es immer sauber und so aufgeräumt, dass man sich kaum vorstellen konnte, dass in diesen Räumen fünf Kinder aufwuchsen. Sie spielten die meiste Zeit auf der Straße. Von den Jungen wurde nicht verlangt, dass sie im Haushalt halfen, das war Sache der Frauen. Die Kinder sollten in der Schule gute Leistungen erbringen. Bens Eltern wollten alles tun, damit es den Kindern gut geht. Dafür erfüllten sie ihnen materielle Wünsche. Als Ben in die Tagesgruppe kam, meldete ihn sein Vater beim Fußballtraining an. Wie ich später erfuhr, war Herr Jelloun früher selbst leidenschaftlicher Fußballspieler. Er fuhr Ben regelmäßig zum Training und begleitete ihn auch am Wochenende zu Spielen.

Nach einigen Monaten sprachen wir darüber, dass Herr und Frau Jelloun nicht verstanden, warum es wegen ihrer Kinder, und besonders wegen Ben, wöchentliche Elterngespräche gab. Sie fanden Bens Entwicklung in Ordnung, und so empfanden sie die Gespräche als Belastung. Manchmal sagten sie Termine mit mir ab. Nach den Sommerferien führte ich daraufhin dreiwöchentlich Elterngespräche, denn Ben hatte sich mittlerweile in der Gruppe eingelebt. Bei aktuellen Anlässen konnte ich jederzeit mit Herrn und Frau Jelloun sprechen. Außerdem telefonierten wir wöchentlich miteinander. Ben erzählte von sich aus nie, dass er Schläge von seinem Vater erhielt oder was sonst in der Familie geschah. Er reagierte empört, wenn ich mit ihm darüber sprechen wollte. Umgekehrt teilte er seinen Eltern nichts von seinen Erlebnissen in der Tagesgruppe mit. Herr und Frau Jelloun fragten meines Wissens auch nicht danach. Die familiale Kommunikation bezog sich im Wesentlichen auf Absprachen, nicht aber auf das Mitteilen von Erlebnissen oder einen Austausch über gemeinsam Erlebtes. Ben verhielt sich seinen Eltern gegenüber strikt loyal. Niemand durfte ein kritisches Wort über seine Familie sagen, ohne dafür beschimpft zu werden. Er selbst behandelte seine Eltern jedoch herablassend und wertete sie mit Schimpfwörtern ab, wenn sie ihm seine Wünsche nicht sofort erfüllten. Bens Eltern setzten sich nicht mit seinen Forderungen und Verhaltensweisen auseinander, sondern gaben Ben das, was er wollte. Ab und zu wurde er geschlagen, wenn er nicht tat, was er tun sollte. Der Familienalltag von Familie Jelloun war bestimmt durch die kulturell geprägte und geschlechtsspezifische Rollenverteilung: Herr Jelloun verdiente das Geld und Frau Jelloun führte den Haushalt und war für die Kinder zuständig. Die Töchter halfen der Mutter offizielle Briefe zu übersetzen. Die Vertretung der Familie in Öffentlichkeit übernahm allerdings Herr Jelloun. Ben war eindeutig der für die Familie wichtige Sohn. Die Kontakte zur Herkunftsfamilie wurden durch die regelmäßigen Sommerreisen gepflegt.

Über das Verhältnis der Geschwister kann ich kaum etwas sagen, denn weder Ben noch seine Eltern erzählten davon. Ich beobachtete aber, dass Ben sich als großer Bruder und Beschützer von Omah fühlte, wenn dieser Streit mit anderen Kindern hatte. Seine älteste Schwester, Osira, schätzte er, und mit Nasri teilte er die impulsive, rebellische Art, sich gegen Autoritäten aufzulehnen.

Die familiale Interaktion und Kommunikation waren bestimmt durch Schuldzuschreibungen und mangelndes Problembewusstsein für die eigene Beteiligung an Konflikten. Die erzieherische Inkonsequenz und Unfähigkeit der Eltern, sich einerseits in ihre Kinder einfühlen und andererseits von ihnen genügend abgrenzen zu können, trugen mit dazu bei, dass die Interaktionen etwas von Willkür in sich trugen. Die trügerische Anpassungsfähigkeit des Vaters in Gesprächen, erkannte ich auch bei Ben, wenn er mit mir lernte, damit ich die Betreuung nicht abbrach. Schul- und Beziehungskonflikte wurden gelöst durch Bagatellisieren, Projizieren, Verleugnen und Veschieben. Die Verkehrung ins Gegenteil zeigte sich besonders deutlich, wenn aggressive Impulse in Bezug auf mich in Freundlichkeit und Kooperationsbereitschaft verkehrt wurden. Auch Herr Jelloun bediente sich der Manipulation und Täuschung. Manchmal setzte er auch körperliche Gewalt gegenüber seinen Kindern ein, um sie einzuschüchtern. Ben machte in seiner Familie die Erfahrung, wie ein kleiner verwöhnter kleiner Prinz fast alles tun zu dürfen; nur außerhalb der Familie galt er als Störenfried. Zuhause brauchte Ben keine Anstrengung auf sich nehmen und so wusste er auch nicht, was seine tatsächlichen Fähigkeiten waren. Er hatte kein Nein anerkennen müssen, keine Auseinandersetzung darüber erfahren, wenn er anderen keine Achtung entgegenbrachte und er erlebte, dass Aggressionen geleugnet oder agiert wurden. In seinen intellektuellen Möglichkeiten wurde er überschätzt.

Bens Eltern brauchten Ben und seine Geschwister vermutlich im Sinne eines primär narzisstischen Selbstobjekts. Die Kinder gaben dem Leben in Deutschland einen Sinn. Sie sollten eine gute Schulbildung erhalten und den eigenen Selbstwert stabilisieren, indem das Leben in der Fremde gerechtfertigt werden konnte. Sie sollten auch die Mühen des Vaters legitimieren. Die Neigung, die eigenen Kinder zu verwöhnen, basierte wohl auf der Angst, ihre Liebe zu verlieren. Bei konflikthaften Auseinandersetzungen und Grenzziehungen wären Herr und Frau Jelloun mit der Wut der Kinder über die Versagung ihres Wunsches konfrontiert worden. Ich machte die Erfahrung, dass die Schuldzuweisungen und die Suche nach einem Schuldigen den Eltern halfen, sich selbst zu entlasten. Die regelmäßigen Gespräche wurden anfangs angenommen und Ben kam all die Jahre regelmäßig in die Tagesgruppe. Dennoch war die Ambivalenz in Bezug auf die Annahme von Hilfe spürbar. Meine Rolle während der Elterngespräche wurde immer mehr auf das „mütterliche“ Einfühlen und das „väterliche“ Einfordern von Regeln und Leistungen festgelegt.

Zusammenfassend zeigte sich, dass Bens Eltern mit der Organisation ihres Familienalltags zurechtkamen, aber nicht verstanden, warum es immer wieder Probleme mit den Kindern gab. Dieses Nicht-Verstehen bezog sich einerseits auf die sprachliche Ebene und andererseits auf die Integrationsschwierigkeiten und dahinterliegenden emotionalen Befindlichkeiten der Kinder. Anfangs glaubte ich, dass Bens Mutter besser zurechtkomme, wenn sie die deutsche Sprache erlernen würde. Als ich ihr den Vorschlag machen wollte, erfuhr ich, dass sie sich bereits darum bemüht hatte. Vermutlich war mein regelmäßiger Kontakt zu ihr sogar eine Motivation, Deutsch zu lernen. Immer wieder thematisierte ich die Notwendigkeit, für die Kinder Regeln und Grenzen aufzustellen, diese einzuhalten und durchzusetzen. Dem stimmten Herr und Frau Jeloun prinzipell zu. Je öfter ich feststellte, dass

Herr und Frau Jelloun jedoch selbst damit Probleme hatten, wollte ich mit ihnen darüber sprechen, um besser zu verstehen, wie sie empfanden. Dieser Zugang entlastete sie einerseits, weil sie sich nicht beschuldigt fühlten, anderseits machte er ihnen Angst, denn sie wussten darauf keine Antwort.

In Bezug auf den Wechsel von der Grundschule zur Schule für Erziehungshilfe vermittelte ich zwischen den Lehrerinnen und Bens Eltern. Ich machte ihnen deutlich, dass Ben nur so eine Chance habe, nötige Reifungsprozesse und Entwicklungen zu machen, um später möglicherweise eine öffentliche Haupt- oder Realschule besuchen zu können. Die Gespräche mit Herrn und Frau Jelloun hinterließen allerdings regelmäßig das Gefühl der Konfusion: Was verstanden sie, was nicht, warum gelang es nicht, Regeln, Grenzen und Absprachen einzuhalten, und warum reagierten alle Kinder der Familie mit Leistungsverweigerung?

Mit Hilfe einer psychoanalytisch-systemischen Sichtweise lassen sich Funktionen einer Familie so beschreiben, dass auch unbewusste Gründe von Eltern, die die Entwicklung eines Kindes pathogen beeinflussen, erkennbar werden können. Im Folgenden stelle ich deshalb die von Buchholz vorgeschlagenen Kategorien der institutionellen, ideologischen und unbewussten Perspektive vor, nach der ein familiales System analysiert werden kann (vgl. Buchholz 1995).

### *5.8.3 Die institutionelle Perspektive*

Der Begriff „institutionelle Familie" nimmt auf die sozialwissenschaftliche Definition von Familie Bezug. Eine Familie wird unter soziologischen Gesichtspunkten als Institution betrachtet, mit der Funktion, die gesellschaftlichen Werte und Normen an die jüngere Generation zu vermitteln, Bedürfnisse der Familienmitglieder zu befriedigen und die Reproduktion der Gesellschaft sicherzustellen. Als eine geschützte gesellschaftliche Institution kommt ihr, nach Buchholz, im Rahmen eines organisierten Handlungszusammenhangs die Aufgabe zu, die Beziehungen so zu gestalten, dass der Familienalltag gesichert ist. Dazu gehört beispielsweise, die Bedürfnisse der Generationen, die in einer Familie zusammenleben, miteinander zu vereinbaren. Die Erziehung der Kinder muss mit der Berufstätigkeit der Eltern in Einklang gebracht werden und die Paarbeziehung ihren notwendigen Raum erhalten. Der Erziehungsstil verändert sich mit den wachsenden Anforderungen aufgrund biologischer und psychologischer Reifungsprozesse der Kinder und ist auch von kulturell-gesellschaftlichen Perspektiven geprägt. Das erfordert eine fortwährende Anpassung der Familienbeziehungen und erzieherischen Gewichtungen. Ein Familiensystem unterliegt beständigen Veränderungsprozessen und bildet wie jede Institution Mechanismen aus, die den Familienmitgliedern darin Orientierung und Stabilität verleihen (vgl. Buchholz 1995, S. 115 f). Neben der Aufgabe der Alltagsbewältigung leistet eine Familie die Stabilisierung des familialen Zusammenhalts. Dafür ist sie auf die „Loyalität" der Familienmitglieder angewiesen. Buchholz versteht darunter das formale und emotionale Potential, mit dem die Bindungen an das Familiensystem hergestellt und aufrechterhalten werden. Loyalität ist formal durch Zugehörigkeit zu einem familialen System gekennzeichnet. Damit können Ambivalenzen, die in anderen Beziehungsformen zum Abbruch einer Beziehung führen würden, innerhalb einer Familie kontrollierbar bleiben. Selbst wenn es zu einem emotionalen Bruch mit Familienmitgliedern kommt, bleibt man zeitlebens Mitglied einer bestimmten Familie (ebd., S. 121). Buchholz greift damit auf, dass die emotionale Qualität der Beziehung dazu beiträgt, dass eine Familie nicht nur über ihre gesellschaftliche Funktion definiert ist, sondern auch über Bindungen zwischen den Familienmitgliedern.

Alltagsorganisation und Loyalitätsabsicherung müssen jedoch in den Lebenszyklus der Familie integriert werden. Eine veränderte erzieherische Haltung wird beispielsweise durch den Zeitgeist, aber auch durch das sich ändernde Lebensalter der Kinder notwendig. Sie kann durch Krisenereignisse beeinflusst werden, die wiederum ein Selbstregulierungspotential innerhalb des Systems erforderlich machen. In welchem Maße sich die Familienthemen jedoch als konfliktträchtig erweisen, hängt von der Persönlichkeitsstruktur der Ehepartner, ihrer Intimität, der Generationenbeziehungen und von der Mehrgenerationendimension einer Familie ab. Im günstigen Fall kann eine Familie Systemregulierung über das Aushandeln verschiedener Bedürfnis- und Interessenlagen erreichen. In Familien, in denen das Aushandeln scheitert, werden Konflikte häufig durch Gewaltanwendung gelöst.

**Phasen des Institutionalisierungsprozesses**

Um sich als Institution zu konsolidieren, sichert das familiale System die Bedürfnisse der Familienmitglieder. Diese Absicherung verläuft in verschiedenen Stufen oder Phasen. Buchholz bezeichnet die erste Phase dieses Prozesses als eine „Phase des Aushandelns". Durch Aushandeln steckt eine Familie den Rahmen ab und legt fest, welche Ziele sie mit welchen Mitteln erreichen will, um in einer zweiten Phase harmonisch und entlastet von Diskussionsprozessen den Alltag zu gestalten. Das Erreichen dieses Stadiums nennt Buchholz die „Phase des Zusammenspiels". Hat die Familie ihren Weg gefunden, setzt sie alles daran, Desintegration zu vermeiden, um die erreichte Harmonie nicht zu zerstören. Diese Phase ist nach Buchholz eine schöpferische, vitale Zeit. Die Mitglieder der Familie erleben ihre Bedürfnisbefriedigung im Rahmen der Institution Familie als geregelt. Da das Leben jedoch nicht dauerhaft harmonisch verläuft und Bedürfnislagen sich ändern, wird das Familiensystem in einer dritten Phase, der „Phase der Formalisierung", vor die Aufgabe gestellt, einst gefundene Regeln und Sitten neu zu interpretieren oder neue Regeln aufzustellen: „Wenn die Bedürfnislagen sich ändern, werden Personen gewissermaßen in den ‚Schatten' ihrer Institutionalisierung gedrängt; es wird eine *dritte, ‚formalistische Phase'* erreicht. Sie wirkt sich als Mechanisierung und Entfremdung aus und hat einen repressiven Effekt auf Äußerungen persönlicher Individualität" (ebd., S. 128). Formalisierung kennzeichnet also den Zustand einer Institution, in dem Bedürfnisse nicht mehr übereinstimmend befriedigt werden und noch keine neue Lösung erreicht wurde. Um den drohenden Zusammenbruch des Systems zu vermeiden und die bereits einsetzende Leere und Apathie zu verdecken, wird noch an alten Regelungen festgehalten. Jetzt setzt eine vierte Phase, die „Phase der Desorganisation", ein, und nun muss der Prozess des Aushandelns von neuem beginnen (ebd., S. 129). Diese idealtypische Darstellung der verschiedenen Phasen eines Institutionalisierungsprozesses verdeutlicht, dass auf jeder Entwicklungsstufe Konfliktpotential angesiedelt ist, welches die Familie in ihrer Funktionalität einschränkt, aber auch für einzelne Familienmitglieder bedrohliche Folgen haben kann. Familien, die sich z.B. nicht vom Mythos der Harmonie trennen, neigen dazu, Entwicklungen zur Individuation zu be- oder verhindern und sind in Zeiten von Ablösungs- und Trennungsprozessen extremer emotionaler Verunsicherung ausgesetzt. An die Stelle eines gescheiterten Zusammenspiels können dann innerfamilial geprägte Beziehungsmuster treten, die aufgrund von Mythenbildung und deren Ideologisierung zustande kommen. Mythen und Ideologiebildungen haben eine doppelte und widersprüchliche Funktion: „Sie verweisen auf ein Scheitern der Prozesse der Einigung, und sie verdecken dieses Scheitern im Dienste der Aufrechterhaltung der familiären Kohärenz. Insofern tragen Mythen und Ideologien ganz entscheidend zur interaktiven Wirklichkeitskonstruktion der Familie bei. Sie verdichten sich zu einem Muster von Motivzusammenhängen, affektiven Dispositionen, Wünschen und konventionalisierten Meinungen" (ebd., S. 169). Mythen sind Beziehungsmuster, die im Sinne einer Leitidee an die Stelle eines gescheiterten Zusammenspiels treten und dann Festlegungen auf eine der beschriebenen Phasen der Institutionalisierung nach sich ziehen. Die Mythenbildung trägt dazu bei, dass der emotionale Zusammenhalt, die Loyalität einer Familie gesichert wird. Familiale Mythen beeinflussen das System so, dass bestimmte Rollenerwartungen ausgeprägt werden, die die Stabilität des Systems garantieren. Helm Stierlin weist in diesem Zusammenhang auf die Ausbildung der Rolle des Sündenbocks oder des Retters hin (vgl. Stierlin 1980, S. 11). Diese Rollen, die über Beziehungsmodalitäten wie emotionale Bindungen, Delegationen oder Ausstoßungen gebildet werden, stellen die Loyalität zu einem bestimmten familialen System sicher. Manche Familien, die stark an Traditionen orientiert sind und aus ländlich-dörflichen Verhältnissen kommen, neigen, so Buchholz, zu charismatischen Orientierungen und der Ausbildung eines Führermythos. Meist ist es der Vater, dem die Macht zugebilligt wird, „Führer" der Familie zu sein. Wer sich ihm nicht unterordnet, wird gegebenenfalls abgespalten (vgl. Buchholz 1995, S. 121). So kann bereits das Anzweifeln des Führermythos ein unbewusstes familiales Tabu sein. Im Hinblick auf den Verlust der leitenden Idee können

Zerfallserscheinungen mit Symptomen der Anomie, Depression oder Suizidalität einzelner Familienmitglieder zusammenhängen (ebd., S. 121 f).

**Kritischer Rückblick**

Ben wuchs in einer Familie auf, deren generative Grenze nach innen diffus und nach außen starr wirkte. Ein solches System erklärt, warum Herr und Frau Jelloun im Konflikt um Nasri mit unserer Hilfe nicht zurechtkommen konnten (Fallbericht, S. 113). Nasri, die nach dem Hauptschulabschluss von Zuhause weglief, weil sie sich in ihrem Anliegen der Ablösung vom Elternhaus von ihren Eltern nicht verstanden fühlte, konnten wir mit unseren Interventionsratschlägen nicht weiterhelfen: Statt die Eltern in ihrer traditionell erworbenen Funktion anzuerkennen, setzten wir auf die Möglichkeit, durch Reflexion der Beziehung einen Konflikt zu lösen. Die Eltern konnten das jedoch nicht zulassen, denn das hätte ihren Mythos der „harmonischen Familie" bedroht. Zudem konnten sie uns aufgrund ihrer familialen Organisationsstruktur keinen Einblick in ihre Lebenssituation gewähren. Die Verärgerung und Enttäuschung über Nasri konnte Herr Jelloun nur mit Gewaltanwendung beantworten, weil ein Aushandeln von Bedürfnissen und deren Befriedigung nicht vorgesehen war. Frau Jelloun zog sich depressiv und unter Androhung eines Suizids zurück. Herr Jelloun griff möglicherweise zum Alkohol und konnte tagelang nicht schlafen, wie er mir berichtete. Es war schwer auszuhalten, dass Herr und Frau Jelloun mit unserer Hilfe wenig anfangen konnten (Fallbericht, S. 114).

In Bens Familie sicherte der ersehnte erste Sohn des Vaters den sozialen Status der Familie, was Bens narzisstische Größenvorstellungen bestätigte. Von dieser Vorstellung, dass Kinder Rollen ausfüllen, leitete sich auch ein besonderes Verständnis von Liebe und Zusammengehörigkeit ab. Alle Familienmitglieder waren nach außen hin loyal zueinander, wenngleich sie kaum etwas voneinander zu wissen schienen. Als wir die Familie in der Konfliktsituation mit Nasri begleiten wollten, erfuhren wir von Ben und Osira, dass es die Erwartung der Eltern gab, der Mutter treu und für immer verbunden zu sein, weil sie die Kinder zur Welt gebracht hatte. Die Kinder konnten sich ihrerseits auch der Liebe ihrer Eltern sicher sein, weil sie es waren, die die Familie zur Familie machten. Herr Jelloun verlangte Anerkennung seiner Autorität, die er notfalls mit Gewalt zu erzwingen versuchte. Bens Eltern konnten der Unterbringung ihres Sohnes außerhalb der Familie deshalb auch nicht freiwillig zustimmen, weil sie die Funktion des Kindes in der Familie berührt hätte.

Ein weiterer Mythos, der die Familie beherrschte, kann hinter der „Suche nach dem Schuldigen" als „Rettungsmythos" vermutet werden. Meist wurde ein Schuldiger als feindlicher Angreifer von außen identifiziert, der dann von allen Familienmitgliedern gemeinsam bekämpft werden konnte. Gleichzeitig suchte die Familie jemanden, der etwas für sie in Ordnung bringen konnte. Ich realisierte damals nicht, dass Familienmitglieder, die sich stark an Mythen orientieren, innerhalb der Familie nebeneinanderher leben, ohne sich vital miteinander zu beschäftigen. Das erzeugt im außenstehenden Beobachter die Fantasie, dass jemand zu kurz kommt und „gerettet“ werden muss (vgl. Buchholz 1995, S. 139). Diesen Eindruck hatten auch Bens Lehrerinnen. Der Fallbericht zeigt, wie es Ben und seinen Eltern immer wieder gelang, jemanden zu finden, der sich für ihre Interessen einsetzte und das Gefühl verspürte, für sie etwas tun zu müssen. Sie trafen aber auch auf Menschen, die sich diesem Sog nicht aussetzten.

Die vorgetragenen Überlegungen lassen vermuten, dass auch die Migration konflikthaft verarbeitet wurde und neue Konflikte verursachte. Meines Erachtens war sie aber nur ein weiterer, wenngleich wichtiger Faktor, die ohnehin konfliktbeladene Struktur der Familienmitglieder zusätzlich zu belasten. Herr und Frau Jelloun konnten die Phase des Aushandelns nicht gestalten, während die Kinder im Zuge der sekundären Sozialisation dazu aufgefordert waren. Aufgrund ihrer sozialen Herkunft und kulturellen Prägung war der Vater das nominelle Familienoberhaupt. Wer seine Macht in Frage stellte, griff gleichzeitig die Stabilität und Loyalität zum familialen System an. Ben und auch seine Schwester Nasri projizierten Autoritätskonflikte und agierten diese in der sozialen Welt. Weitere kulturspezifische Themen sind die der geschlechtsspezifischen Rollenverteilung und die Freundschaften der Mädchen, die den Hintergrund für das Weglaufen von Osira und Nasri darstellten. Da die kulturellen Differenzen nicht innerfamilial bearbeitet wurden, mussten sie im Außen agiert werden, damit das familiale System nicht in einen anomischen Zustand geriet.

### *5.8.4 Die dynamische, interaktionelle Perspektive*

Die dynamische Perspektive ist nach Buchholz auf die Kernfamilie als einem sexuellen und libidinösen Lebenszusammenhang gerichtet. Hierbei geht es um die unbewussten Beziehungsfantasien der Familienmitglieder, denn jedes Familienmitglied bringt präödipale und ödipale Themen mit, die mehr oder weniger intensiv ihre Wirkung in der Familie entfalten (vgl. Buchholz 1995, S. 190f). Das heißt: Jedes Kind reaktiviert beim Vater und bei der Mutter Gefühle, die mit der eigenen ödipalen Geschichte verbunden sind. Wenn schon die Eltern keine Möglichkeit hatten, ihre frühkindlichen Bindungswünsche von den primären Objekten zu lösen und in neue Formen libidinöser Bindung zu überführen, liegt die Gefahr des narzisstischen Objektgebrauchs mit dem eigenen Kinde nahe. Der Soziologe Tilman Allert weist darauf hin, dass unbewusste Konflikte oftmals den Anfang von Partnerschaften bestimmen. Vor dem Hintergrund unbewusster kindlicher Fantasien sucht man im Partner Eltern oder die Erfüllung narzisstischer Wünsche. Die Fähigkeit eines Paares, in die Zweierbeziehung auch das Kind zu integrieren, so dass der Kinderwunsch die Liebe des Paares nicht negiert, steht dabei meist auf dem Spiel. Eine triadische Erweiterung einer solchen

Paarbeziehung durch ein Kind bedeutet auf der psychisch-strukturellen Ebene, dass die affektive Ambivalenz der ehelichen Dyade durch die Triangulierung (die Geburt des Kindes) in Erscheinung tritt (vgl. Buchholz 1995, S. 190 f, s.a. Allert 1998, S. 255 f). Die Qualität einer Paarbeziehung hängt nach Allert von den möglichen Reifungsprozessen der Partner ab, von ihren historisch-tradierten Deutungsmustern der Selbst- und Weltauffassung und der Fähigkeit, triadische Beziehungskonstellationen einzugehen (vgl. Allert 1998, S. 260 f, s.a. Buchholz 1995, S. 74 f).

Unter familiendynamischen Aspekten muss auch auf die „double-bind-Struktur" hingewiesen werden. Wolfgang Loch nennt sie eine Zwickmühle, und Helm Stierlin bezeichnet sie als Beziehungsfalle, aus der das Kind, was immer es tut, nicht herauskommt, weil die Botschaften, die es erhält, sich logisch widersprechen (vgl. Kutter, Müller 1999, S. 217). Paul Watzlawick beschreibt diesen Mechanismus als Paradoxon, denn Doppelbindungen erzeugen Konfusionen und folgen einer bestimmten a-logischen Kommunikationsstruktur, „in denen die Konfusion nicht als Folge einer Störung des Übertragungsvorgangs auftritt, sondern in der Struktur der Mitteilung selbst enthalten ist" (Watzlawick 1999, S. 25). Meist dienen double-bind-Botschaften dazu, die Loyalität zu erhalten.

**Kritischer Rückblick**

Unbewusste Konflikte der Eltern Bens und die familiale Interaktion spielen eine Rolle in Bezug auf Bens Verhaltensweisen. Ich vermute, dass Herr Jelloun starke Sehnsucht nach mütterlicher Versorgung hatte. Vermutlich heiratete er eine Frau aus seinem Herkunftsland, um die tiefe Verbindung zu seinem Heimatland nicht abreißen zu lassen. Mir gegenüber betonte Herr Jelloun, wie sehr er mich als eine „Mutter" für seine Familie empfand, die sich vor allem um Ben kümmern sollte. Die obligatorische Frage – „Ist mit Ben alles in Ordnung?" – empfand ich als rhetorischen Ausdruck seines Wunsches, in Ruhe gelassen zu werden. Was in Ben vorging, interessierte ihn tatsächlich nur unter diesem Gesichtspunkt. Frau Jelloun löste in mir das Gefühl aus, mich um sie kümmern zu müssen. Sie schien wie ein Kind, hilflos und mit vielem überfordert, was das Leben in Deutschland betraf. Nur wenn es um ihre Traditionen ging, erlebte ich sie vital und selbstsicher. Die Kommunikationsstruktur dieser Familie war durch widersprüchliche Botschaften geprägt. Das „Doppelleben" von Bens Eltern war als double-bind zu spüren: Geld für die Baufirma und das Haus im Herkunftsland zu verdienen, während sie hier in einer kleinen Wohnung lebten und keinen hohen sozialen Status genossen, erzeugte bei mir, aber auch bei Ben erhebliche Konfusionen. Im Herkunftsland waren sie aufgrund des Besitzes einer Baufirma und der deutschen Staatsangehörigkeit anerkannt, aber nirgendwo eine Heimat zu haben, beeinträchtigte erheblich die Identitätsbildung. Die starke emotionale Verbundenheit Bens Eltern mit ihrer Heimat und das spürbare Leiden, das mit der Migration verbunden war, verunsicherte die

Kinder darin, wo sie sich zugehörig empfinden sollten. Der verwöhnende Erziehungsstil und die Forderung, in der Schule Leistungen zu erbringen, waren für Ben nicht zu vereinbaren. Es muss vermutet werden, dass die Verwöhnung im Sinne einer regressiven Bindungsmodalität dazu diente, innere Trennung und Ablösung zu verhindern. Stierlin beschreibt die Bindungsmodalität, die sich in regressiver Verwöhnung zeigt, als den Versuch, die abweisenden und aggressiven Impulse in Bezug auf ein Kind zu verleugnen. Je mehr eine Mutter oder auch ein Vater das Kind verwöhnt, je unersättlicher und verwirrter wird es, denn es gewinnt keine Gewissheit über die tatsächliche Beziehungsqualität (Stierlin 1980, S. 52). Kutter und Müller weisen diesen Konflikt im Zusammenhang der familialen Beziehung als klassische double-bind-Situation aus. Wenn Eltern ihre Angst und Gefühle der Feindseligkeit gegenüber ihren Kindern in Form von Verwöhnung kompensieren und damit verlangen, sie nur als liebende Eltern anzusehen, muss das Kind seine innere Wahrnehmung als falsch empfinden. Um den Liebes- oder Objektverlust zu vermeiden, wird das Kind anfangen zu spalten (vgl. Kutter, Müller 1999, S. 217). Auch die stete Aufforderung an die Kinder, in der Schule gut zu sein, beinhaltet auf der emotionalen Ebene Verwirrung: Verselbstständigungsprozesse müssen durch innere Trennungs- und Abgrenzungsprozesse vorbereitet sein (vgl. Gutwinski-Jeggle 1995). Autonomie basiert auf Ablösungs- und Trennungsprozessen, die für Bens Eltern offenkundig eine starke Bedrohung darstellten. Sie erlebten Ben so sehr als ein Teil von ihnen, dass sie beschämt reagierten, wenn ich mit ihnen über sein Verhalten sprach. Die obligatorische Bekundung, dass es mit Ben schon besser gehe, verstand ich als Ausdruck dieser Scham, sich zu blamieren. Weil sie innerlich wie ungetrennt voneinander waren, konnten sie sich auch nicht mit ihren Kindern wie mit eigenständigen Gegenübern auseinander setzen. Für Ben stellte das eine bedrückende Situation dar, die seine psychische Integrität immer wieder belastete. Jeder Entwicklungsschritt hin zu größerer Autonomie musste auf der emotionalen Ebene die Fantasie einer Drohung auslösen, der Sohn könne seine Eltern verlassen. Das ist aus meiner Sicht auch ein Grund, warum Ben die Therapie abbrach. Frau Jelloun hatte sich auf die therapeutischen Gespräche eingelassen und war darüber vermutlich mit erheblichen psychischen Konflikten in Bezug auf die Familie in Berührung gekommen. Es kann sein, dass Ben seine Mutter schützen wollte. In diesen Wochen des Abbruchs der Therapie gab es Anzeichen für eine Ehekrise und einen psychischen Zusammenbruch der Mutter. Vermutlich musste aber auch sie ihn unbwusst immer mehr drängen aufzuhören, damit er sich nicht von der engen Bindung an sie lossagte. Vielleicht wollte er sich auch vor der unerträglichen Wut darüber schützen, dass er den Therapeuten nicht für sich alleine beanspruchen konnte, weil seine Mutter dazwischen kam. Aus meiner Sicht trug die Migration erheblich dazu bei, dass sich eine so schwierige Bindung zwischen dem Ehepaar Jelloun und ihren Kindern entwickeln konnte. Dieses Problem haben wir im Team zu lange unterschätzt.

### *5.8.5 Migration als psychosozialer Belastungsfaktor*

Herr Jelloun zählt zu den Arbeitsmigranten, die in den 60er Jahren nach Europa einwanderten. Als eine Bevölkerungsbewegung basiert Arbeitsmigration auf fundamentalen Ungleichgewichten zwischen Gesellschaften und ihren unterschiedlichen Entwicklungsniveaus (vgl. Heckmann 1992, S. 64). Die Arbeitsmigranten finden häufig als ungelernte und angelernte Arbeiter in Betrieben eine Arbeit, richten ihren Lebensmittelpunkt in dem neuen Land ein und nehmen am wirtschaftlichen und kulturellen Leben teil. Ihr Zugehörigkeitsstatus ist aber zugleich durch verschiedene Merkmale einer doppelten Bindung gekennzeichnet: Neben der Anpassung an das Leben innerhalb der Einwanderungsgesellschaft versuchen die meisten Arbeitsmigranten, Verbindungen zum Herkunftsland auch weiterhin aufrechtzuerhalten. Charakteristisch ist dabei, dass Migranten lange Zeit den Wunsch und die Vorstellung an eine Rückkehr in ihr Herkunftsland haben, was sich meist jedoch als Rückkehrillusion erweist. Viele Einwanderer begegnen Migrationskonflikten, indem sie in einer Art „ethnischen Kolonie" Kontakte zu Menschen und Gruppen aus dem Herkunftsland suchen und sich bemühen, beide Lebenskontexte miteinander zu verbinden (ebd., S. 67 f).

**Der Anpassungsprozess**

Migranten müssen vielfältige Lernprozesse vollziehen, wenn sie in eine fremde Gesellschaft einwandern. Das Erlernen der Sprache, neue Verhaltensweisen und ungewohnte Arbeitsanforderungen sind nur einige der Aufgaben, vor denen Migranten stehen, um sich in die neue Gesellschaft zu integrieren. Der Soziologe Friedrich Heckmann bezeichnet solche Lern- und Anpassungsprozesse als Akkommodation, die notwendig wird, wenn Personen, „die sich infolge eines Lebensortwechsels grundlegende Mittel und Regeln der Kommunikation und Tätigkeit der fremden Gesellschaft, Kenntnisse ihrer Institutionen und Glaubenssysteme aneignen müssen, um in dieser Gesellschaft interaktions- und arbeitsfähig zu werden" (ebd., S. 168). Im Gegensatz zu den funktionalen Lernprozessen stehen die durch kulturelle und menschliche Begegnungen vermittelten Prozesse der Anpassung, die Heckmann als Akkulturation beschreibt: „Akkulturation meint durch Kulturkontakte hervorgerufene Veränderungen von Werten, Normen und Einstellungen bei Personen, den Erwerb von Kenntnissen, Fähigkeiten und Qualifikationen (...) sowie Veränderungen von Verhaltensweisen und ‚Lebensstilen' (...), auch Veränderungen der Selbstidentität sind damit notwendigerweise verbunden" (ebd., S. 168). Der Annäherungs- oder Angleichungsprozess, die Akkulturation, unterscheidet sich wiederum von der Assimilation. Während es bei manchen Migranten und Gruppen von Einwanderern vorkommt, dass sie sich über einen langen Zeitraum hinweg an die Einwanderungsgesellschaft angleichen und die fremde Kultur übernehmen, um sich zu assimilieren, bleiben bei der Akkulturation ethnische, kulturelle oder religiöse Grenzen gewahrt (ebd., S. 169).

Auswanderungsmotive erwachsen meist aus Frustrationen von im Heimatland nicht erfüllbaren Erwartungen, die später auch den Integrationsprozess beeinflussen. Heckmann weist darauf hin, dass sich die Motivation für eine Emigration auf die Erwartungen und Einstellungen gegenüber dem Einwanderungsland, aber auch die Möglichkeit zur Rollenübernahme im neuen Land auswirkt. Der Integrationsprozess wird von der Migrationsforschung als ein mehrphasiger Anpassungsprozess beschrieben, der im Alltag immer parallel verläuft: Anfangs werden Migranten mit einer Verunsicherung bei der Rollenübernahme, dem Verlust an sozialen Beziehungen und gesellschaftlicher Partizipation konfrontiert. Mit der Auswanderung sind Werteverluste verbunden, ohne dass bereits ein kohärentes Normen- und Wertesystem neu ausgebildet werden konnte. Meist ist diese Verunsicherung Voraussetzung für die Akkulturation. In einer zweiten Phase der Eingliederung müssen wichtige Techniken erlernt werden, die das Leben in der neuen Gesellschaft prägen, bevor es in einer dritten Phase zur Verbindung dieser Anpassungsleistungen kommt. Dieser sensible und den einzelnen Migranten belastende Prozess kann misslingen, wenn der Zusammenbruch der Primärgruppenerfahrung zur Persönlichkeitsdestabilisierung führt. Daraus erwachsen Aggressionen und Ängste, die verhindern, dass es zu Identifikationen mit der neuen Gesellschaft kommen kann (ebd., S. 174 f). In der Migrationsforschung geht man davon aus, dass der Prozess der Anpassungsleistung auch an die folgenden Generationen gebunden ist. Die erste Generation der Einwanderer weist einen eher geringen Akkulturationsgrad auf, während die Angehörigen der zweiten Generation damit beschäftigt sind, die Konflikte zwischen den Kulturen mit sich auszutragen. Die zweite Generation muss mit den Werten und Normen der Herkunftsfamilie und den durch die Institutionen vermittelten und teilweise als widersprüchlich erlebten Erwartungen, z.B. der Schule oder der Lehrstelle, zurechtkommen. Daher vollzieht meist erst die zweite Generation den Akkulturationsprozess, was unter Umständen dazu führt, dass sich einzelne Migranten von ihrer Herkunftsfamilie innerlich distanzieren. In der dritten Generation ist nicht selten eine Rückkehr zu den kulturellen Traditionen der ersten Generation wiederzuerkennen (ebd., S. 172). Akkulturationsprozesse nehmen Einfluss auf die Identität[38] betroffener Personen. Heckmann rechnet die ethnische Zugehörigkeit zu der von Goffman beschriebenen sozialen Identität (ebd., S. 199). Da „soziale Identität" an die Konstruktion eines Bildes einer Person gebunden ist, die durch andere aufgrund von Merkmalen, Symbolen

38 Identität bildet sich im Zuge des Sozialisationsprozesses. „Von Identität soll gesprochen werden, wenn ein Mensch über verschiedene Handlungssituationen und über unterschiedliche lebensgeschichtliche Phasen hinweg eine Kontinuität des Selbsterlebens auf der Grundlage eines bewußt verfügbaren Selbstbildes wahrt. Verkürzt formuliert: Identität ist der Zustand der Kontinuität des situations- und lebensgeschichtlichen Selbsterlebens. Die Prozesse der Selbstwahrnehmung, Selbstbewertung und Selbstreflexion sind Voraussetzung und Grundlage der Identität" (Hurrelmann, 1986, S. 169).

und Mitgliedschaften gebildet wird, ist Identitätsbildung auch von der jeweiligen Offenheit der Gesellschaft abhängig, in die die Migranten einwandern.

Eine weitere wichtige Erkenntnis der Migrationsforschung bezieht sich auf das Erleben von Marginalität, das mit der Migration eng verbunden ist. Ein Leben zwischen den Kulturen führt manchmal zu ethnischer Dissimilierung. Marginalität ist durch eine enge Beziehung von Personen zu unterschiedlichen ethnischen Gruppen bei ungeklärter Zugehörigkeit gekennzeichnet. Die marginale Lebenssituation kann in der Folge zu Verhaltensunsicherheiten und Stimmungslabilität bei den betroffenen Personen führen und Symptome von Entschlusslosigkeit oder Orientierungslosigkeit hervorbringen. Gefühle von Isolierung und Machtlosigkeit lösen Minderwertigkeitsgefühle aus, die sogar in Selbsthass umschlagen und diffuse Zukunftsangst auslösen können (ebd., S. 179).

**Migrationsfolgen in Bens Familie**

Es ist vorstellbar, dass Frau Jelloun solche Reaktionsweisen entwickelte, als sie in jungen Jahren nach Deutschland kam und dort mit ihrer Kleinfamilie isoliert lebte. Ben, der mit seiner Mutter stark identifiziert war, kann diese Ängste im Kleinkindalter gespürt und als diffuse Bedrohung erfahren haben. Über Schwierigkeiten, die aufgrund ihrer biografischen Situation als Migrantenfamilie entstanden sein könnten, gab Familie Jelloun keine Auskunft. Die mit der Migration zusammenhängenden Probleme, wie Isolation, Verunsicherung des sozialen Status etc., wurden als Probleme mir gegenüber nicht thematisiert. Der geringe Bildungsgrad der Eltern und die Verständigungsprobleme von Frau Jelloun bezüglich der deutschen Sprache sowie die Überforderung, mit fünf kleinen Kindern in einem fremden Land zurechtzukommen, begünstigten wahrscheinlich die Verleugnungsstrategien, so dass die Familie kein Problem für sich und die Kinder erkennen konnte. Herr und Frau Jelloun wollten so „normal“ wie möglich erscheinen. Da die Familie wiederum sehr darum bemüht war, Schuldige zu suchen und so zu tun, als ob andere Probleme hätten, muss davon ausgegangen werden, dass die Migration für Familie Jelloun eine dauernde Belastung darstellte. Die auffälligen Verhaltensweisen der Kinder, gesteigerte Unruhe, Devianz, Provokation von Autoritätskonflikten und Ausgrenzungen, können bedeuten, dass die Kinder sich zunächst nur über dissoziale Verhaltensweisen akkulturieren konnten. Als eine Form des Bewältigungsverhaltens geht es dann darum, den Wunsch nach Zugehörigkeit zu verstehen, um ein weiteres Abgleiten in die Dissozialität zu verhindern.

Herr und Frau Jelloun wollten ihrerseits den Kindern und sich die Möglichkeit eröffnen, mit ihrer Herkunft in Verbindung zu bleiben. So reisten sie jeden Sommer in die Heimat. Leider lösten diese Reisen den inneren Konflikt nicht. Herr Jelloun lebte bereits viele Jahre in Europa, als er seine Frau mit nach Deutschland brachte. Vermutlich fiel es deshalb Herrn Jelloun leichter als seiner Frau, mit europäischen Gewohnheiten zurechtzukommen, denn er hatte als Arbeitnehmer seit langem vielfältige Kontakte zu Einheimischen. Er machte die Erfahrung, dass sozialer Status nicht nur über die Herkunft, sondern auch über Leistung zu erreichen war. Frau Jelloun war auf ihre Rolle als Mutter festgelegt, die jedoch in ihrem Heimatland andere Absicherungen hatte. Die Familienbeziehungen waren dort in die Großfamilie eingebettet und bei der Erziehung waren andere Familienmitglieder behilflich. Diese Rollenerwartung wurde zwar von Herrn Jelloun geteilt, nur fehlten in Deutschland die verwandtschaftlichen Beziehungen, auf die sie in ihrem Heimatland hätte zurückgreifen können. Frau Jelloun leidet bis heute darunter, nicht im Herkunftsland und Umfeld ihrer Familie zu leben.

Die „Herkunft" ist für die Vermittlung der Tradition und für das Gefühl der Zugehörigkeit zu einer Gesellschaft ein bedeutsamer Aspekt. Heckmann weist darauf hin, dass sich häufig auch im Einwanderungsland ethnische Gruppierungen bilden, die dazu beitragen, den Akkulturationsprozess zu unterstützen (ebd., S. 35 f). Herkunft stellt das emotionale Band dar, das einer Familie das Gefühl von Zusammengehörigkeit vermittelt und den psychodynamischen Aspekt der Identitätsbildung reguliert (vgl. Minuchin 1997, S. 62). Bens Mutter war nicht darauf eingestellt, den Verlust der Großfamilienbeziehungen, die fehlende soziale Integration und mangelnde Möglichkeit zur Identifikation kompensieren zu müssen. Bens Mutter lebte sozial isoliert, während ihr Mann zahlreiche Kontakte durch seine Arbeit pflegen konnte, in die sie nicht einbezogen wurde. Frau Jelloun konnte nicht nachvollziehen, dass die Lehrerinnen unzufrieden waren, wenn die Kinder über viele Stunden, bis in die späten Abendstunden hinein, auf der Straße spielten und sich allein überlassen waren. Sie konnte sich nicht vorstellen, was sie mit den Kindern zusammen unternehmen und wie sie sie schulisch unterstützen könnte. Schon früh übernahmen ihre Kinder Aufgaben, die ansonsten von den Eltern erledigt werden. Als selbstbewusste muslimische Frau, die sie zweifellos auch war, wollte sie ihren Kindern ihre heimischen Traditionen vermitteln. Wie sehr Frau Jelloun überfordert schien, ihren Kindern Grenzen zu setzen und sie zu fördern, zeigte sich beim gemeinsam vorbereiteten Kindergeburtstag für Ben. Als Ben seine Gäste beschimpfte und mit Dreck bewarf, verhielt sich Frau Jelloun so, als gehe sie das Verhalten ihres Sohnes nichts an und als ob sie sich für ihn schämte (Fallbericht, S. 72).

### Psychosoziale Folgen der Migration

Wie sollten Ben und seine Geschwister sich in der hiesigen Gesellschaft zurechtfinden, wenn die Eltern das Migrationsproblem verleugneten? Die Kinder mussten ähnlich wie ich spüren, dass die Migration ein wirkliches Problem darstellte. Migration geht mit dem emotional erlebbaren Verlust einher, Angehörige, Freunde und Traditionen nicht mehr jederzeit um sich herum zu haben, und versetzt den Migranten, so schreibt Mohammad Ardjomandi, in die Situation eines Ausgeschlossenen. Er fühlt sich „schuldig, weil er etwas verlassen hat, was er bis dahin als seine Heimat liebte und wertschätzte, weil er seiner eigenen Kultur den Rücken zugekehrt hat und weil er die Menschen, die ihm am nächsten standen, verlassen" hat (Ardjomandi 1998, S. 313 f). Manchen Migranten fällt das Erlernen der fremden Sprache auch deshalb so schwer, weil es die Bedeutung haben kann, „die Hoffnung aufzugeben, je wieder in das Land der Väter zurückzukehren, wo man in der geliebten und vertrauten Muttersprache redet. Das Erlernen der Sprache wird als Verrat gegenüber den zurückgelassenen Angehörigen erlebt" (ebd., S. 319). In diesem Zusammenhang kommt es nicht selten vor, dass Migranten versuchen, die schmerzliche Tatsache des Verlustes von Heimat, Sprache und Beziehung möglichst zu verleugnen (ebd., S. 320). Das trifft meines Erachtens auf Frau Jelloun zu. Mit dem Haus und der Beteiligung an der Baufirma konnte sie sich vielleicht noch darüber hinwegtrösten, in Deutschland eine Fremde zu sein, die Hilfe braucht. Herr Jelloun fuhr stolz einen großen Mercedes und konnte sich und den Kindern vortäuschen, auf der Seite derer zu sein, die es zu etwas im Leben gebracht haben. Bei Familie Jelloun besaßen materielle Güter einen hohen Stellenwert und sicherten ganz eindeutig sozialen Status. Nach außen sollte alles so normal aussehen wie möglich. Den Kindern wurden teure materielle Wünsche erfüllt, aber dass sie Probleme hatten, wurde verleugnet. Frau Jelloun, die mir immer wieder zu verstehen gab, wie gerne sie in ihr Heimatland zurückgehen würde, wenn die Kinder nicht da wären, brachte ihre Kinder in einen sozialen und psychischen Konflikt. Sie mussten mit der paradoxen Situation zurechtkommen, eine „doppelte kulturelle Prägung" in sich zu integrieren, obwohl sie spürten, dass zumindest die Mutter damit unglücklich war. Hatten die Eltern eine mehr oder weniger bewusste Entscheidung gefällt, ihr Herkunftsland zu verlassen, werden die Kinder unausweichlich damit konfrontiert, hier geboren und aufgewachsen zu sein. Wo aber sollen sie sich als zugehörig erleben können? Was den Eltern bereits als Problem erschienen war, – im Herkunftsland anerkannt zu sein, weil sie in Europa lebten, aber hier keine kulturelle Heimat zu haben –, verschob sich nun auf die nächste Generation, die allerdings einen größeren Widerspruch verarbeiten muss. Aufgewachsen und sozialisiert in Deutschland können sie sich keiner Herkunft und Heimat wirklich sicher sein. Mit welchen Werten und Normen sollen sie sich identifizieren? Ben repräsentierte wie kein anderes Kind in der Tagesgruppe das Problem der Integration und des Ausgeschlossenseins, denn immer wieder schuf er Situationen, bei denen er in die Lage des Ausgeschlossenen kam. Die Leistungsverweigerung kann somit auch als Versuch verstanden werden, die Eltern unbewusst dafür zu strafen, dass sie ihre Beteiligung am Konflikt nicht eingestanden und dadurch zu einer besseren Lösung beigetragen haben. Sie unterstreicht aber auch die Unlösbarkeit des Konflikts; würde Ben den hiesigen Anforderungen genügen, hätte er damit seinen Eltern vor Augen geführt, dass Akkulturation möglich ist, aber nur durch (schmerzliche) Trennungsprozesse erreicht wird.

**Die psychischen Folgen der Migration**

Ardjomandi beschreibt, dass die psychische Situation von Migranten oft von Angst begleitet wird, was sich in einem Gefühl der Bedrohung und Verfolgung durch die fremde Kultur und Gesellschaft niederschlägt, die „nicht selten zu einer paranoiden Einstellung gegenüber der neuen Umwelt" führt (ebd., S. 314 f). Da das kohärente Erleben der Ich-Identität bei einem Teil der Migranten so belastet ist, kommt es zu psychischen Erkrankungen wie etwa psychotischen Dekompensationen, schweren Depressionen, suizidalen Handlungen und schweren Ambivalenzkonflikten. Diese sind „zum Teil Ausdruck der Reaktivierung der neurotischen Kindheitskonflikte, häufiger aber Ausdruck eines Aktualkonflikts, beide bedingt durch den Akt der Migration, den der Migrant als Illoyalität gegenüber den Eltern und den Geschwistern erlebt, als einen Akt der Aggression und des Verrats, einen Verstoß gegen die verinnerlichten Anforderungen des Gewissens, die verinnerlichten Selbstideale und das gesellschaftlich und kulturell Unbewußte" (ebd., S. 315). Kinder von Migranten kommen daher nicht selten mit eigenen Überich- und Ich-Ideal-Anforderungen innerhalb der neuen Kultur in Konflikt. Würde Ben sich den hier gültigen Normen fügen, unterläge er der Gefahr, das Dilemma der Eltern zuzuspitzen. Wie aber sollte Ben sich innerlich von seiner Mutter und dem Vater lösen, mit dem präödipalen und ödipalen Konflikt während der Adoleszenz umgehen, wenn seine Entwicklung zur Selbstständigkeit bei seinen Eltern Verlassenheitsängste in einem solchen Maße reaktivierte?

Diese Fragestellungen halte ich deshalb für wichtig, weil sie die psychosoziale Dimension der Lebenssituation von Migranten erfassen. In der Praxis wäre es zuweilen wichtig gewesen, Bens emotionale Realität auch vor dem Hintergrund dieser Perspektive zu betrachten, die sich in den Beziehungskonflikten widerspiegelte. Im pädagogischen Kontext geht es in Gesprächen oft darum, stellvertretend Worte zu finden, um die affektive psychische Realität auszudrücken, damit sie nicht ausschließlich agiert werden muss. Im Folgenden wird die Bedeutung der sozialpädagogischen Institutionen, gerade für die interkulturelle Problematik hervorgehoben.

### *5.8.6 Interkulturalität als pädagogische Herausforderung*

Migration wird zumeist unter wirtschaftlichen, politischen oder sozialen Aspekten diskutiert. Dabei wird oft übersehen, dass die Migration für die einzelnen Emigranten komplexe und kaum überschaubare psychosoziale Probleme aufwerfen kann (vgl. Gemende u.a. 1999, S. 9). Innerhalb des sozialpädagogischen Diskurses um die Prozesse der Akkulturation werden die kulturellen und ethnischen Aspekte, die sich „in der Spannung von kulturell-ethnischer und sozialer Annäherung, Differenzierung und Ungleichheit bewegen und die in sich vielfältig, komplex und widersprüchlich sind", mit dem Begriff „Interkulturalität" beschrieben (ebd., S. 11). Dabei spielen Jugendhilfeeinrichtungen eine wesentliche Rolle, da sie den jungen Migranten der zweiten Generation soziale Anpassungsprozesse ermöglichen können. Innerhalb der seit Jahren andauernden Debatte über Interkulturalität und pädagogischen Bezug geht es um die Spannung zwischen einer notwendigen, auf Anpassung zielenden Sozialisation und der Vermittlung von Achtung vor der Kultur der anderen. Die Identitäts- und Persönlichkeitsbildung wird im Prozess der Sozialisation vorangebracht, der eng an die kulturellen Gegebenheiten einer Gesellschaft gebunden ist. Das daraus resultierende Spannungsverhältnis zwischen Akkulturation und Enkulturation kann meiner Ansicht nach innerhalb pädagogischer Institutionen nur in der ständigen Reflexion bearbeitet werden. Es basiert auf einer Haltung, die die Kulturgebundenheit des Menschen ernst nimmt. Migrantenschicksale fordern dazu heraus, über die eigene kulturelle Praxis und Einstellung nachzudenken. „Interkulturalität bezieht sich demnach nicht auf eine Situation jenseits der Kulturen, sondern nur auf eine Situation *zwischen* den Kulturen. Diese Situation ergibt sich aus der Tatsache, daß Kulturen nicht für sich existieren, sondern sich in einem wechselseitigen Austauschprozeß und in ständiger dynamischer Veränderung befinden" (Gemende u.a. 1999, S. 12).

Die Migrationsforschung zeigt, dass die Selbstorientierungsversuche von Migranten der zweiten Generation sich deutlich an der Einwanderungsgesellschaft orientieren. Sie beziehen sich kaum auf ihre nationale Herkunftskultur, entwickeln aber ein Bewusstsein über eine eigenständige Einwandererkultur. Im Laufe der Zeit transformieren sie ihre kulturellen Orientierungen, „ohne sich einfach an die Kultur des Landes, in dem sie leben, anzupassen" (ebd., S. 13). Kultur muss also als Ergebnis eines Aushandlungsprozesses begriffen werden. Dabei kommt es zu notwendigen Grenzziehungen, die dazu beitragen, das Eigene vom Fremden zu unterscheiden. Das Scheitern der soziologisch-psychologischen Aufgabe kann zu Xenophobie führen. Da das Eigene in der Abgrenzung zum Fremden definiert wird, kann es leicht passieren, dass eigenes Konfliktpotential auf den Fremden projiziert wird (vgl. Bauman 1999, S. 35 f). Eine Erziehung, die sich als Enkulturation begreift und Differenzen zwischen den Angehörigen verschiedener Herkunftsgruppen nicht als Differenz zwischen den Kulturen versteht, ist nicht in der Lage, die soziale Dimension dieser Problematik zu erfassen, sondern verschärft den Druck auf die Migranten. Interkulturelle Lebenswirklichkeiten fordern die Pädagogik in besonders aufregender Weise heraus, weil sich die Frage nach relevanten Interpretationsmustern und Wegen der Verständigung ständig neu stellt. Interkulturelles Lernen ist daher, wie Franz Hamburger aufwirft, „ein notwendiges Lernen in kritischen Situationen", das jedoch nicht dauerhaft institutionalisiert werden kann (Hamburger 1999, S. 39). Die Vermittlung zwischen den Kulturen geschieht auf sehr unterschiedliche Weise und ist vom Einzelfall und der jeweiligen Lebenssituation abhängig. Migration führt oft dazu, dass die soziologisch gesehen jüngere Generation pädagogisch zur älteren, vermittelnden Generation wird: „Die Kinder beherrschen mehr oder weniger, aber in jedem Fall besser als die Eltern, die neue, also deutsche Kultur, die ihr Erziehungsfeld wesentlich mitbestimmt; sie bilden für die Eltern wesentliche ‚Vermittler' bei deren Aneignungsprozeß" (Liebau 1995, S. 134). Daher taucht im Umgang mit Migrantenkindern häufig das zusätzliche Problem eines von daher aufgeladenen Autoritätskonflikts auf.

Die paradoxe Struktur der Symmetrie und Asymmetrie, die im Generationenbegriff gefasst ist, tritt am Migrationsproblem besonders deutlich hervor (ebd., S. 137). Die systemische Betrachtungsweise interpretiert und reflektiert die soziale Umwelterfahrung eines Heranwachsenden und seine Verhaltensauffälligkeiten als Ausdruck von Störungen des familialen Systems. Bei Ben muss davon ausgegangen werden, dass unbewusste Konflikte, die durch die Migration erheblich verschärft wurden, die Beziehung und progressive Persönlichkeitsentwicklung beeinträchtigten. Ben musste als Angehöriger der zweiten Generation mit den Differenzen zwischen seiner Herkunftsfamilie und den lebensweltlich relevanten Anforderungen unseres Gesellschaftssystems umgehen. Auch in diesem Sinne ist Ben ein Grenzgänger.

**Lernen aus Geschichten**

Die rekonstruktive Fallgeschichte und -analyse eröffnet die Möglichkeit, Erlebnisse und unverstandene Ereignisse mit Ben aus dem Abstand heraus neu zu betrachten. Das Lernen aus dieser Geschichte stellt somit bereits eine mögliche Verarbeitung des Erlebten dar und verbindet Unverstandenes mit Sinn und schafft Bedeutungen. Mit Hilfe der hermeneutischen Vorgehensweise konnten differenzierte und auch gegensätzliche Perspektiven dargestellt werden, die weitere Sichtweisen auf den Fall ermöglichen. Neben der systemischen Interpretation, Bens dissoziale Verhaltensweisen im Kontext der familialen Beziehungserfahrungen zu begreifen, eröffnete die psychodynamische Perspektive das Verstehen intrapsychischer, subjektorientierter Entwicklungen und Entwicklungseinschränkungen, die im Zusammenhang mit dissozialen Verhaltensweisen stehen. Ben wurde von der Tagesgruppe unterstützt, soziale Anpassungsprozesse besser zu vollziehen und seine individuelle Persönlichkeit auszubilden. Wie wichtig das Verstehen, gerade auch der emotionalen Befindlichkeit und unbewussten Beziehungsfantasien dieses Jungen war, belegt der Fallbericht. Er zeigt jedoch auch, mit welchen Schwierigkeiten das Verstehen-Wollen verbunden ist. Das Team und die Gruppe wurden durch die Wirkung der projektiven Identifikation in eine Dynamik verstrickt, die lange Zeit nicht verstanden wurde, und so schränkte die Spaltung zeitweise auch unsere Handlungskompetenz ein. Eine psychoanalytische Interpretation trägt jedoch dazu bei, subjektive Vorgänge und interaktive Prozesse durch eine konsequente Übertragungs- und Gegenübertragungsanalyse besser zu begreifen. Eine lebensgeschichtlich früh eingetretene Störung der Ich- und Objektbildung wirkt sich, davon erzählt der Fallbericht, in diffusen aggressiv-ängstlichen Affekten gegenüber der sozialen Umwelt aus. Diese Störung kann als das Resultat konstitutioneller Anlagen, früher emotionaler Verlusterfahrungen und einer als mangelhaft erlebten Umwelterfahrung des Kindes beschrieben werden. Winnicott weist darauf hin, dass emotional früh gestörte Kinder entweder zu viel oder zu wenig Frustrationstoleranz und Erfahrung mit Trennungen vom primären Objekt erlebten (vgl. Winnicott 1996). Melanie Kleins Konzeption dieser frühkindlichen Entwicklungsphase beschreibt den psychischen Funktionsbereich der Aggression, in dessen Folge Menschen sich Zeit ihres Lebens mit Liebes- und Hassgefühlen gegenüber ein und demselben Objekt auseinander setzen müssen, darin aber notwendige Reifungsprozesse vollziehen (vgl. Holder 1999, S. 406). Die Objektbeziehungs- und Narzissmustheorien fassen das seelische Geschehen unter dem Aspekt internalisierter Beziehungserfahrungen und erklären, unter welchen Bedingungen sich eine Persönlichkeit konstituiert (vgl. Figdor 1989, S. 149). Sie verdeutlichen die Notwendigkeit einer inneren Strukturbildung, die normalerweise im Zuge lebensweltlich relevanter Auseinandersetzungen mit wichtigen Bezugspersonen gebildet wird. Kam es bereits zu Störungen der Interaktion in der Herkunftsfamilie des Heranwachsenden, ist es die besondere erzieherische Aufgabe, diese lebensweltlichen Erfahrungen der Bezogenheit und emotionalen Sicherheit zu stiften und darin Möglichkeiten zum Aneignungshandeln zu eröffnen (vgl. Winkler 1988). Vom Standpunkt des Narzissmus aus betrachtet, handelt es sich bei auffälligen Verhaltensweisen um eine narzisstische Grundstörung der Ich-Entwicklung, die sich in mangelnder Frustrationstoleranz und Gekränktheit äußert und meist aggressiv abgewehrt wird, was wiederum soziale Konflikte provoziert. In Bezug auf Ben verschärfte der familiale Lebenskontext eine psychosoziale Dynamik, die durch die erwähnte erzieherische Inkonsequenz der Eltern und die Migrationsproblematik noch befördert wurde. Ben provozierte Ausgrenzungen, die mit einer ödipalen Problematik erklärt werden können, aber auch im Zusammenhang mit dem Migrationskonflikt gedeutet werden müssen.

Der Fallbericht stellt den erzieherischen Prozess mit Ben in der Tagesgruppe heraus. Nachdem die Beziehung zu Ben gefestigt schien, konnten notwendige Trennungs- und Abgrenzungsprozesse eingeleitet werden. Wie langwierig und aufwändig ein solcher Entwicklungsprozess ist, wird durch den Bericht vermittelt. Das Lernen aus dieser Geschichte betrifft daher das nachträgliche Verstehen der Symptomatik durch die psychodynamisch diagnostische Rekonstruktion. Darüber hinaus verdeutlicht der Fallbericht, dass es gut gewesen wäre, den Beginn der Hilfe und den Verstehensprozess supervisorisch abzusichern. Meiner Meinung nach trägt dieser Umstand dazu bei, dass es so häufig zu „Jugendhilfekarrieren“ kommt, weil die Institution bei der Symptomatik an ihre Grenzen stößt. Auch Ben wäre vermutlich aus einer Wohngruppe entlassen worden, weil seine Schwierigkeiten die institutionellen Rahmenbedingungen gesprängt hätten. Allein die personelle Versorgung war in der Tagesgruppe besser möglich, denn das Team stand in der Regel vollständig zur Verfügung. Wenn Pädagogen und Pädagoginnen über die möglichen auftretenden Schwierigkeiten mit emotional früh gestörten Heranwachsenden besser informiert sind, können sie die beobachtbaren Phänomene anders einordnen: Frühkindliche emotionale Entwicklungsstörungen wirken sich auf die Umwelt in der Regel bedrohlich aus, denn sie gehen mit gravierenden Wahrnehmungsverzerrungen einher, die anfangs, wie der Fallbericht zeigt, auch psychotische Qualität erreichen können. Um hier ausreichend differenzieren und die aufkommenden Ängste zuordnen zu können, ist eine qualifizierte Beratung notwendig. Die Reflexion der Gegenübertragungsgefühle ermöglicht es zudem, nicht nur eine psychische Diagnostik in Form von Arbeitshypothesen zu erarbeiten, sondern auch im authentischen Kontakt mit diesen Heranwachsenden bleiben zu können. Die haltende pädagogische Unterstützung, die solche Heranwachsende dringend benötigen, können Pädagogen und Pädagoginnen besser vermitteln, wenn sie die Verhaltensweisen nicht gegen sich gerichtet interpretieren und sich von Kollegen unterstützt wissen. Diese Kinder provozieren und testen, oft über Jahre hinweg, ob ihre Umwelt in der Lage ist, ihnen Schutz und Orientierung zu bieten, und dabei verstricken sie auch die Pädagogen in ihre psychodynamischen Prozesse; darin ist die Arbeit mit Ben kein Einzelfall (vgl. Winnicott 1996).

Obwohl die Tagesgruppe strukturell betrachtet gute Voraussetzungen hat, solchen Kindern einen stabilen, verlässlichen und dauerhaften Rahmen anzubieten, zeigt der Fallbericht, dass die Arbeit mit Ben auch dort immer wieder bedroht war, weil sie persönlich belastend war. Der Fall Ben stellt darüber hinaus vor dem Hintergrund der Erfahrung von Interkulturalität Fragen an die pädagogische Kompetenz sowie an Reflexion und Selbstreflexion in Bezug auf den Umgang mit dem Fremden im Kontrast zur eigenen Kultur. Immer wieder war der kulturelle Hintergrund dieser Familie diffus erlebbar: Im Kontext seiner Familie machte Bens Verhalten Sinn, außerhalb der Familie, in der Schule, in der Tagesgruppe und in der Gruppe der Gleichaltrigen, stieß er mit seinen Verhaltensweisen auf heftige Ablehnung. Durch die Fallstudie wird deutlich, dass Interkulturalität und das in diesem Fall dahinter liegende unverarbeitete Problem der Migration der Elterngeneration auch eine strukturelle Diskrepanz erhellt, die sich beispielsweise als Asymmetrie im Generationenverhältnis widerspiegelt. So wirft die partielle Umkehrung der Generationenfolge, die mit der Migrationserfahrung einhergehen kann, ein neues Licht auf die bei Ben immer wiederkehrende Narzissmus- und ödipale Thematik: Störungen im Bereich der narzisstischen Persönlichkeitsentwicklung erfordern einen langen Atem und fortwährende Aufmerksamkeit, um neue Erfahrungen integrieren zu können. Der Umgang mit Ben war eine ständige Gratwanderung, ihn einerseits als emotional bedürftigen und andererseits als eigenständigen, für sich selbst sorgenden Jungen emotional zu erreichen. Die Erfahrung im Umgang mit Ben führte dazu, dass gewährleistet sein musste, dass Ben zwischen omnipotenten narzisstischen Größenvorstellungen und der latent möglichen Verletzung dieser Fantasie, als auch durch die notwendige Erfahrung des Gehalten-Werdens und der Konfrontation, immer wieder hin und her pendeln konnte. Auf diese Weise konnten die neuen Erfahrungen schrittweise in sein Selbstbild integriert werden. Ben hat von den Erfahrungen in der Tagesgruppe profitiert und es war möglich, eine Korrektur seiner Selbst- und Fremdwahrnehmung zu erreichen, auch wenn wir nicht wissen, wie er sein Leben weiterhin gestalten wird. Mir hat er gezeigt, dass das Verstehen ein notwendiger professioneller Weg ist, um die eigene Handlungsfähigkeit zu sichern, aber auch, um solche Kinder zu erreichen.

Im Folgenden werden nun abschließend die Begriffe des Verstehens und des Handelns rekonstruiert und die rahmengewährende Bedeutung des Verstehens für das erzieherische Handeln in der Tagesgruppe reflektiert. Dem hermeneutischen Verstehen den zentralen pädagogisch handlungsleitenden Stellenwert einzuräumen, ist das professionsrelevante Anliegen dieser Fallstudie. Verstehen und Handeln gelten in der Pädagogik zwar als konstitutiv, sie werden in der Praxis aber meist nicht im Sinne eines Junktims gehandhabt. Diese Fallstudie greift die im Alltag oftmals als gegensätzlich erlebten Handlungsweisen auf und verbindet sie dialektisch. Die Fallgeschichte hat gezeigt, dass das Verstehen sowohl eines Kindes als auch der Bezugspersonen ein wichtiger Bestandteil pädagogischen Handelns ist. Erst das Verstehen eröffnet einen Reflexionsprozess, um die Motive für eine bestimmte Handlung im Nachhinein besser zu begreifen und das Nicht-Verstandene mit Bedeutung zu versehen. Darüber hinaus ermöglicht die Reflexion komplexer Zusammenhänge, dass eine professionelle Haltung gegenüber Eltern und Kindern eingenommen werden kann. Die Fallstudie verdeutlicht, dass eine Interpretation sozialer Situationen, die das Alltagsverstehen immer wieder überschreitet, den bedrohlichen Charakter, beispielsweise aggressiver Verhaltensweisen, mildert.

# 6 Verstehen und Handeln

Wie der Fallbericht und die Fallanalyse zeigen, geht es mir darum, den Verstehensbegriff auch als eine wichtige Voraussetzung für methodisch abgesichertes pädagogisches Handeln zu entfalten. Spielte der Begriff zu Beginn der Fallstudie als Forschungsmethode eine Rolle, so soll er nun vor dem Hintergrund des sozialpädagogischen Lebensweltkonzeptes als ein hermeneutischer Prozess des Verstehens fremder Lebenskontexte definiert und ausgeführt werden (vgl. Thiersch 1996, S. 174 f). „Methodisches Handeln in der Sozialen Arbeit vollzieht sich in der Komplexität, Unübersichtlichkeit, Widersprüchlichkeit und Banalität des Alltags und nur unter Bezug auf diese Kontexte läßt sich realistisch beschreiben, wie professionsspezifische Methoden aussehen könnten und was sie zu leisten im Stande sind“ (Galuske 1998, S. 13 f). Die Fähigkeit, eine Situation in ihrer Komplexität zu erfassen und sich durch gezielte Beobachtungen schnell und adäquat in die Situation eines anderen Menschen einzufühlen, macht somit den Kern der methodischen Praxis-Kompetenz aus. Da Sozialpädagogen und Pädagoginnen in der Regel keine dauerhafte Beziehung zu ihren Adressaten und Adressatinnen voraussetzen können und nicht Teil ihres Alltags sind, brauchen sie verstehende, rekonstruktive Verfahrensweisen, um den Zugang zu den lebensweltlichen Bezügen und fremden Interpretationsweisen ihrer Klientel herzustellen. Sie müssen sich reflexiv erarbeiten, wie sie eine Beziehung und Vertrauen herstellen und welche Interventionsschritte dazu besonders geeignet sein können (ebd., S. 39). Reflexives Verstehen trägt darüber hinaus dazu bei, dass die Subjektivität der beteiligten Personen gewahrt bleiben kann, wenn die pädagogische Beziehung mitreflektiert und verstanden wird. Michael Winkler hält das hermeneutisch geleitete Verstehen für einen wichtigen Weg, um daran anschließende pädagogische Prozesse zu initiieren. Auch hier ist das Schleiermacher'sche Denken Vorbild: Es setzt, so Winkler, dem normativen Verständnis von Erziehung ein Denken entgegen, „das gegenüber aller Programmatik vorrangig auf die Beschreibung und Analyse der Pädagogik als einem Wirklichkeitsbereich von sozialen Funktionen und menschlich-sozialer Aktivitäten zielt. Deshalb liegt Schleiermachers eigentliche Provokation für die Pädagogik darin, in ihm einen Denker entdecken zu müssen, der sowohl gegenüber politischen Ansprüchen wie auch gegenüber pädagogischen Veränderungs- und Handlungsambitionen Aufgabe und Problem einer wissenschaftlichen Theoriebildung jenseits eines ‚praktischen Bedürfnisses' überhaupt erst aufgeworfen und angemahnt hat“ (Winkler 2000, S. 10 f). Im Folgenden wird der Begriff „Verstehen“ rekonstruiert, der eine lebensweltorientierte Pädagogik mit psychoanalytischen Anliegen verbindet und sowohl für die sozialpädagogische Theoriebildung als auch für die Kasuistik grundlegend ist.

Bereits im ersten Jahrzehnt des 20. Jahrhunderts räumt Wilhelm Dilthey dem Verstehen als dem epistemologischen Erkenntnisinstrument der Geisteswissenschaften den zentralen Stellenwert ein, der die natur- von der geisteswissenschaftlichen Erkenntnisgewinnung unterscheide (vgl. Dilthey 1997 (1910), S. 12). Wenngleich die von Dilthey postulierte Dichotomie der Wissenschaften mittlerweile in Frage gestellt wird und sich die erkenntnistheoretischen Grundannahmen weiterentwickelten, zählen Methoden des Verstehens weiterhin zu den kulturwissenschaftlichen Grundvoraussetzungen: Sie zielen auf die Erfassung der Bedeutungs- und Sinnebene von Lebensäußerungen und rekonstruieren die komplexe soziale Praxis und typische Handlungsmuster auch in ihrer überindividuellen Bedeutung (vgl. Combe, Helsper 1991, S. 248). Das Verstehen kann daher unter drei Aspekten betrachtet werden. Schütz unterscheidet zwischen: „1. Verstehen als der Erfahrungsweise des Alltagsverstands, 2. Verstehen als einem epistemologischen Problem, und 3. Verstehen als einer den Sozialwissenschaften eigentümlichen Methode“ (Schütz 1971a, S. 65). Schütz bietet darüber hinaus eine Handlungstheorie an, die für sozialpädagogische Zusammenhänge insofern relevant ist, als sie die Voraussetzungen für Verständigungsprozesse im Handeln analysiert und Sinn-Verstehen mit Handeln dialektisch verbindet. Im Rahmen dieser Fallstudie werden nun die folgenden Ausführungen zum Verstehensbegriff zunächst auf das Alltagsverstehen bezogen, von dem sich das reflexive Verstehen unterscheidet. Im Anschluss daran wird das Verstehen in Bezug zum Handeln gesetzt, um dann Schlussfolgerungen für die Gestaltung der sozialpädagogischen Rahmenbedingungen in der Tagesgruppe zu ziehen.

## 6.1 Verstehen in der alltagsweltlichen Erfahrung

Menschen sind, so Dilthey, auf „elementares Verstehen“ angewiesen, sie müssen sich gegenseitig interpretieren, und so wächst Verstehen „zunächst in den Interessen des praktischen Lebens“ (ebd., S. 255). Die Erfahrung, von einem anderen „richtig“ verstanden zu werden und sich dadurch als emotional angenommen zu erleben, gehört zu einer wesentlichen menschlichen Erfahrungsdimension. Das elementare Verstehen basiert nach Dilthey auf psychologischen und hermeneutischen Voraussetzungen.

### Elementares Verstehen

Helmut Danner unterstellt dem elementaren Verstehen Diltheys eine anthropologische Grundvoraussetzung, die die Struktur und Funktion des Begriffs wesentlich ausmacht: Etwas erscheint als „Etwas“, weil der darüber stattfindende Verständigungsvorgang – die Interpretation – einer formalen Struktur folgt: „1. Wir nehmen ein Ding, einen Vorgang sinnlich war. 2.

Wir erkennen dieses oder diesen als etwas Menschliches. 3. Wir verstehen die Bedeutung, den Sinn dieses Menschlichen. Den gesamten Vorgang in seiner Einheit bezeichnen wir als Verstehen" (Danner 1998, S. 37). Wilhelm Dilthey und Alfred Schütz weisen „Gemeinsamkeitserfahrung" und „Vergleichbarkeit" als eine Struktur des elementaren Verstehens- und Verständigungsprozesses aus, bei der es um die Wahrnehmung und Schaffung von Bedeutungen geht. Auf dieser Grundlage kann der oder die Einzelne am Gesamten der Alltagsvollzüge seiner Kultur teilnehmen und sich verständlich machen. Eine gemeinsame Sprache, Regeln und Übereinkünfte dienen dazu, dass Menschen Bedeutungen und sinnhafte Äußerungen als gemeinsame Zeichen erkennen und die Interpretation eine Verständigung ermöglicht. Das Verstehen setzt also zunächst ein Selbstverstehen voraus und folgt sodann dem Prinzip des Analogieschlusses (ebd., S. 48 f). Um einen anderen Menschen, so Dilthey, in seiner Individualität zu verstehen, nähert man sich ihm an durch das einfühlende „Erahnen" (Divination) eines Sinnzusammenhangs seiner mimetisch-leiblichen und sprachlichen Äußerungen. Schleiermacher beschreibt diese Methode als divinatorische Methode: „Die *divinatorische* ist die, welche, indem man sich selbst gleichsam in den anderen verwandelt, das Individuelle unmittelbar aufzufassen sucht" (Schleiermacher 1999 (1838), S. 169). Dilthey interpretiert das Divinationstheorem im psychologischen Sinne als eine Möglichkeit, Verständigung aufgrund des kongenialen Nachvollzugs der Rede des Anderen zu erreichen (vgl. Danner 1998, S. 67). Nach Manfred Frank verwendet Schleiermacher diesen Begriff jedoch in einem anderen Bedeutungskontext und übersetzt ihn selbst durch den Begriff „Erraten" (vgl. Frank 1999, S. 46 f). Damit will Schleiermacher zeigen, dass ein Text, bzw. eine Äußerung bereits interpretiert worden ist, bevor eine die Verständigung darüber eintreten wird: Indem der Sinn einer Äußerung erschlossen wird, wird im eigentlichen Sinne erst seine Bedeutung erzeugt (ebd., S. 50). Diesen Grundsatz des hermeneutischen Zirkels überträgt Dilthey auf die interaktive Kommunikationsebene. Er sieht im einfühlenden Erraten den wichtigen Zugang zum zwischenmenschlichen Verständigungsprozess, denn auf diese Weise werden unverständliche und widersprüchliche Erfahrungen wahrgenommen und subjektiv gedeutet. Widerspruchserfahrungen basieren auf dem Erleben, dass die als gemeinsame unterstellten Erfahrungsdeutungen sich nicht als gemeinsame, sondern als differente erweisen. Die sich aus dieser Differenzerfahrung heraus entwickelnde reflexive „höhere Form des Verstehens" ist nach Dilthey in den Widersprüchen des elementaren Alltagsverstehen also bereits angelegt (vgl. Dilthey 1997 (1910), S. 259).

**Höheres Verstehen**

Das höhere Verstehen geschieht auf „der Grundlage des Erlebens und des Verstehens seiner selbst, und in beständiger Wechselwirkung beider miteinander bildet sich das Verstehen fremder Lebensäußerungen und Personen aus" (ebd. S. 252). Durch die Fähigkeit zur Empathie, d.h. durch die

Möglichkeit, sich in den anderen hineinzuversetzen, durch „Einfühlung, Nachleben und Nachbilden" (Dilthey), kommt es zur Verständigung als kommunikative Erzeugung von Sinn, der gemeinsam geteilt werden kann. Erst jetzt eröffnet das reflexive Verstehen dem Menschen „ein weites Reich von Möglichkeiten, die in der Determination seines wirklichen Lebens nicht vorhanden sind" (ebd., S. 266). Das elementare Verstehen wird nach Dilthey durch das höhere Verstehen kultureller Lebensäußerungen ergänzt, was durch das geschichtliche Bewusstsein des Menschen einen weiteren Reflexionsgrad ermöglicht. Diese Mehrebenenperspektive auf den Verstehensprozess wurde vom Sozialwissenschaftler Alfred Schütz soziologisch ausdifferenziert.

**Verstehen als Voraussetzung lebensweltlicher Konstruktionen**

Menschen nehmen Wirklichkeit sehr unterschiedlich wahr, was auch für Schütz Ausgangspunkt der Analyse des Verstehens ist und von ihm eng mit dem Lebensweltbegriff verbunden wird. Als Wissenssoziologe definiert Schütz den Begriff der Lebenswelt im Anschluss an die philosophische Auslegung durch Edmund Husserl als eine Erfahrungsdimension der Wirklichkeit[39], die ohne das interpretative Verstehen nicht erfasst werden kann. „Lebenswelt" gilt ihm als eine Struktur, „in der wir als Menschen unter Mitmenschen in natürlicher Einstellung Natur, Kultur und Gesellschaft erfahren, zu ihren Gegenständen Stellung nehmen, von ihnen beeinflußt werden und auf sie wirken" (Schütz 1971b, S. 153). Damit erkennt Schütz den Alltag als eine Welt, in der sich das Individuum immer als in einer Situation befindlich erlebt, „und zwar in einer Situation, die es zu definieren hat" (ebd., S. 159). Die lebensweltliche Erfahrung stellt somit eine durch Interpretation gewonnene Konstruktion der Wirklichkeit dar. Auch aus Sicht des Soziologen muss zwischen dem „natürlich-naiven" Alltagsverstehen, das dem elementaren Verstehen bei Dilthey entspricht, und dem reflektierenden Verstehen, das von Dilthey als höheres Verstehen bezeichnet wird, unterschieden werden. Schütz unterstreicht die zum Verstehen zunächst notwendige regulative Unterstellung von Gemeinsamkeitserfahrungen menschlicher Lebensäußerungen. Allerdings ist die These der Gemeinsamkeitserfahrung nach Schütz bereits eine regulative Konstruktion und Fiktion, also eine Unterstellung von Sinn. Erst diese Konstruktion trägt dazu bei, dass Menschen ihre Welt als fraglos gegebene Wirklichkeit empfinden und davon ausgehen, sie könnten sich auf dieser Basis im Alltag miteinander verständlich machen und einander verstehen. Formal bezieht sich nach Schütz die Unterstellung eines gemeinsamen Sinns auf gesellschaftlich und kulturell

---

39 Im Anschluss an William James definiert Schütz den Begriff Wirklichkeit als „Sinnhorizont", als „ein Verhältnis zu unserem emotionalen und tätigen Leben. Der Ursprung aller Wirklichkeit ist subjektiv; was immer unser Interesse erweckt und anregt, ist wirklich. Ein Ding als wirklich zu bezeichnen bedeutet, daß dieses Ding in einer bestimmten Beziehung zu uns steht" (Schütz 1971a, S. 237).

vermittelte Gegebenheiten. Für ihn ist diese Unterstellung das basale Interpretationsschema der sozialen Welt, das er auch als „naive Erfahrung“ bezeichnet, um die sozialkulturelle Lebenswelt als „eine fraglos gegebene“ Erfahrungsdimension von Welt anzuerkennen. Die Unterstellung geteilten Sinns ermöglicht es nun, dass Menschen Routinen entwickeln, ohne die alltäglichen kulturellen Errungenschaften immer wieder neu hinterfragen zu müssen (ebd., S. 156). Menschen verstehen sich, so lange die unterstellten Gemeinsamkeitserfahrungen durch ähnliche Sozialisationsprozesse vermittelt sind: „Solange der Mensch in natürlicher Einstellung seine Lebenswelt erlebt und unreflektiert auf dieselbe wirkend, denkend oder fühlend gerichtet ist, bekommt er die Scheidung in verschiedene Systeme der Relevanz gar nicht in den Blick. (...) Es bedarf einer reflektierenden Umwendung, um die Relevanzen selbst und deren Scheidung in verschiedene Systemzusammenhänge zu sehen“ (ebd., S. 168). Diesen Vorgang können wir als Lernen identifizieren. Reflexives Verstehen als lernen hebt sich somit vom naiven Alltagsverstehen ab und baut auf Differenzerfahrung auf: „Der Sinnbereich der alltäglichen Lebenswelt behält den Realitätsakzent, solange unsere praktischen Erfahrungen die Einheit und Einstimmigkeit dieses Bereichs ausweisen. Er erscheint uns als die ‚natürliche‘ Wirklichkeit, und wir sind nicht bereit, die darauf beruhende Einstellung aufzugeben, wenn nicht ein besonderes Schockerlebnis die Sinnstruktur des Alltags durchbricht und uns veranlaßt, den Realitätsakzent einem anderen Sinnbereich zu übertragen“ (Schütz 1975, S. 53).

Der Verstehensprozess, so wie Schütz ihn rekonstruiert, ist ein gegliederter Prozess, der in Typisierungen und Relevanzsysteme differenziert wird und vor dem Hintergrund von Erfahrungswissen den eigentlichen Verständigungsprozess in Gang setzt (vgl. Schütz 1971a, S. 8 f). Die Relevanzsysteme werden wiederum in thematische, interpretative und motivationsrelevante Aspekte unterteilt, die sich mit dem erworbenen Wissensvorrat eines Menschen subjektiv zur Deckung bringen lassen müssen: „Wenn andererseits eine routinemäßige Deckung mit Wissenselementen, die im Wissensvorrat schon in hinreichender Bestimmtheit und Vertrautheit vorhanden sind, nicht zustande kommen kann, wird das aktuelle Thema als auslegungsbedürftiges Problem erfahren. Mit anderen Worten, es besteht ein Motiv zur Auslegung des aktuellen Themas“ (Schütz 1975, S. 224). Auf diese Weise reichert sich wiederum der Wissensvorrat an, denn er bildet sich aufgrund des Resultates einer Interpretation, die sich in Form eines durch Reflexivität erweiterten Deutungsschemas als Erfahrung der Wirklichkeit niederschlägt. „Erfahrungen, die sich nicht als auslegungsbedürftiges Problem herausstellen, führen dem Wissensvorrat keine neuen Wissenselemente zu. Auch verändern sie die an ihrer Konstitution beteiligten Relevanzstrukturen bzw. Wissenselemente (Typisierungen, Deutungsschemata) nicht“ (ebd., S. 226). Dieser komplexe Prozess des Lernens als Bildung von reichhaltigen Mustern oder Strukturen, über die eine Verständigung zwischen Menschen im Alltag möglich ist, muss nach Schütz jedoch in beide Richtungen hin vermittelt werden. Sowohl das naive als auch das reflexive Verstehen sind das Ergebnis kulturell-gesellschaftlicher Lernprozesse.

*Merkmale des Alltagswissens*
Die Ausbildung des Alltagswissens folgt, so Schütz, drei grundlegenden Ausrichtungen: „Das Alltagswissen ist erstens strukturell sozialisiert: es beruht auf der grundlegenden Idealisierung, daß, würde ich mit meinem Mitmenschen den Platz vertauschen, ich denselben Sektor der Welt in wesentlich gleichen Perspektiven erfahren würde, wie er es tut, daß also unsere besonderen biographischen Gegebenheiten für alle praktisch vorliegenden Ziele irrelevant sind. Ich werde dies die Idealisierung der Reziprozität der Perspektiven nennen. Das Alltagswissen ist zweitens genetisch sozialisiert: der größere Teil unseres Wissens ist bezüglich seines Inhalts und der besonderen Typisierungsformen, unter denen es geordnet ist, sozial abgeleitet, und zwar in einer sozial gebilligten Weise. Das Alltagswissen ist drittens im Sinn einer sozialen Wissensverteilung sozialisiert: jedes Individuum kennt nur einen Sektor der Welt, und das gemeinsame Wissen von ein und demselben Sektor variiert individuell je nach dem Grad seiner Bestimmtheit und Klarheit, dem Grad des Bekanntseins oder des bloßen Meinens“ (Schütz 1971a, S. 70 f). Auf diese Weise bildet sich die Bedeutung des Begriffs Verstehen als einer Erfahrungsweise des alltäglichen Lebens. Verstehen „ist ebenso das Ergebnis von Lernprozessen oder von Akkulturation wie die alltägliche Erfahrung der sogenannten natürlichen Welt“ (ebd., S. 65). Die Ausführungen des Soziologen machen deutlich, dass sich ein „naives“ Verstehen vom Verstehen als der Reflexion des natürlichen Verstehens unterscheidet. Reflexion basiert auf der Wahrnehmung von Differenzen, während das naive Verstehen von der Unterstellung eines gemeinsam geteilten Bedeutungszusammenhangs ausgeht. Diese Idealisierung ist nach Schütz notwendig, damit ein reibungsloses Miteinander stattfinden kann. Aufgrund der sehr unterschiedlichen sozialen und individuell-biografischen Voraussetzungen nehmen Menschen Wirklichkeit auf sehr unterschiedliche Weise wahr.

Im Alltag kommt es jedoch auf eine pragmatische und routinierte Verständigung an. Um diese zu erreichen, wird die Differenzerfahrung meist durch zwei grundlegende Konstruktionen überwunden. So wird unterstellt, dass die Perspektive der Betrachtung eines Phänomens austauschbar sei, und die Unterstellung der Gemeinsamkeitserfahrung wird pragmatisch genutzt, bestimmte Annahmen als fraglos gegeben allgemeingültig anzuerkennen. Nach Schütz ist dieser Vorgang die soziale Grundlage der reziproken Perspektive[40], die über Sozialisationsprozesse vermittelt werden muss (ebd., S. 12 f). Pädagogisches Handeln stiftet somit die Ausbildung der Fähigkeit zum Verstehen lebensweltlich relevanter Faktoren. Im Rahmen der Familie oder pädagogischer Institutionen trägt Erziehung nach Schütz dazu bei, dass einerseits Wissenselemente (Kulturtechniken und Interpretationsschemata) verinnerlicht und andererseits reflexive Fähigkeiten entwickelt werden, um das naive Verstehen zu überwinden.

Wie der Fallbericht gezeigt hat, ging es in der Interaktion mit Ben und seinen Eltern lange Zeit vor allem darum, eine gemeinsame lebensweltlich relevante soziale Perspektive zu entwickeln, um den Akkulturationsprozess überhaupt erst zu begründen. Immer wieder stieß ich auf kulturell bedingte verschiedene Erlebensweisen und unterschiedliche Wissenselemente, die das natürlich-naive Alltagsverstehen dieser Familie bestimmten. Gleichzeitig musste es darum gehen, die unterschiedlichen Lebenszusammenhänge und Differenzerfahrungen im Sinne eines Nicht-Verstehens wahrzunehmen. Für die sozialpädagogische Kasuistik ist das Nicht-Verstehen der Ausgangspunkt jedes tieferen Verstehensprozesses und damit keineswegs als ein Ausdruck von Hilflosigkeit oder nicht vorhandener Handlungskompetenz zu begreifen. Die Interpretation der Übertragung und Gegenübertragung stellt in diesem Zusammenhang eine zusätzliche Möglichkeit dar, Affekte und unbewusste Fantasien in ihrer inter- und intrapsychischen Wirksamkeit zu erfassen. Auf diese Weise erkannte ich beispielsweise, dass die latent aggressive Stimmung Bens Ausdruck einer inneren Spannung und Folge der Spaltung war, die via projektiver Identifikation psychodynamisch wirksam blieb. Der Begriff „Verstehen" beinhaltet die wichtige inhaltliche Unterscheidung in elementares (naives) und höheres (reflexives) Verstehen, und im Sinnes des hermeneutischen Zirkels verweist er darauf, dass gewisse Vorinterpretationen, die dem Verständigungsprozess in unterschiedlicher Weise vorausgegangen sind, jeden Verstehensprozess bestimmen. Verstehen geschieht aber auch mit Hilfe von Erklärungen, die im Alltag meist synonym mit dem Verstehensbegriff verwendet werden und dazu dienen, ein Problem handelnd zu bewältigen.

## Erklären und Deuten im alltäglichen Verstehen

Auf der Suche nach den Ursachen für ein bestimmtes Ereignis werden in der Regel auch Kausalzusammenhänge geprüft und das aktuelle Ereignis im Lichte der Vorerfahrung mit ähnlichen Ereignissen oder Situationen verglichen. Wir erklären Kindern vielleicht, dass Lernerfolge in der Schule mit der Notwendigkeit von Hausaufgaben zusammenhängen und vom Vorbereiten auf Klassenarbeiten abhängig sind. Wenn sie daraufhin eine

40 Die These der reziproken Perspektive besagt, dass jeder Betrachter ein Objekt anders wahrnimmt und die Perspektive der Betrachtung die Wahrnehmung beeinflusst (vgl. Schütz 1971b, S. 165 f).

gute Note erhalten, dient die Erklärung dazu, plausibel zu machen, dass es sich lohnte zu lernen. Erhalten sie eine schlechte Note, wird erklärt, dass noch nicht ausreichend gelernt wurde. Das Verstehen wird also an Erfahrungen und Handlungen gekoppelt, die Plausibilität erzeugen.

In anderen alltäglichen Situationen sind Menschen wiederum auf deutendes Verstehen angewiesen. Der Psychoanalytiker Jürgen Körner verdeutlicht dies am Beispiel des Verstehens einer Geste. Erst im Akt der Interpretation eines situativen Ereignisses kann die eigentliche Bedeutung der Geste erkannt werden. Ein Lachen kann beispielsweise als freundliche Geste, als Ablehnung, als Sich-lustig-Machen interpretiert werden. Die Bedeutung, die einem Ereignis wie „Lachen" zugeschrieben wird, folgt möglicherweise einem anderen Sinn als dem, den das Lachen für den Lachenden selbst oder für weitere Beobachter und Beobachterinnen haben kann. Innerhalb einer Interaktion erschließen sich erst durch das reflexive Interpretieren Deutungsoptionen. Im Akt des reflexiv-interpretierenden Verstehens wird daher gerade das dem Verstehen und Missverstehen zugänglich, was zunächst unverstanden blieb. Will man nun etwas anfänglich Unverstandenes verstehen, entsteht quasi etwas Neues, denn im Akt des Verstehens muss die Situation erst einmal interpretierend erschlossen werden. „Verstehensprozesse verändern das Subjekt und ihr ‚Objekt'. Sie sind Bewegungen, die keinen logischen Abschluß finden. Insofern kann man nicht gültig sagen, daß ein Verstehen abgeschlossen oder unabgeschlossen ist" (Körner 1985, S. 21).

Reflexives Verstehen sucht vor allem nach dem Sinn und der subjektiven Bedeutung von Verhaltensweisen (vgl. Körner 1983, S. 13 f). Dies bedeutet, dass bereits im Alltag, dort aber meist unbemerkt, Prozesse der Verständigung stattfinden, die einer subjektiven Interpretation folgen. Im pädagogischen Umgang – das hat die Fallgeschichte gezeigt – ist das ein wichtiger Anknüpfungspunkt für die reflexive Bearbeitung einer schwierigen sozialen Situation. Ein Austausch über subjektive Interpretationen ist daher genauso wichtig wie die Wahrnehmung des Nicht-Verstehens und die darüber aufkommenden Gedanken. Auf diese Weise wird der professionelle Verständigungsprozess in Gang gesetzt und es können in der Praxis Konflikte gelöst werden. So zeigte beispielsweise das Gespräch mit Ben und dem Kollegen im Anschluss an die Sportstunde, dass ein Bemühen um die Verständigung von Vorinterpretationen ein wichtiger Weg ist, Bedürfnisse zu erkennen und neue Sichtweisen wahrzunehmen. Zuvor hatte Ben den Eindruck, der Kollege gönne Ben seinen Erfolg nicht und er müsse sich deshalb der Autorität des Kollegen unterwerfen, was ihn zu heftigem Protest herausforderte. Im Anschluss an das Gespräch konnte er die Situation anders deuten: Er erkannte, dass der Kollege keineswegs seine Potenz angriff, sondern in der Rolle des Schiedsrichters auf die Regelverletzung reagierte (vgl. Fallbericht, S. 97). Im pädagogischen Alltag haben wir es oft mit vorbewussten Fantasien zu tun, die das Verhalten bestimmen. Diese Reflexionsarbeit setzt die Mühe einer Rekonstruktion voraus, zeigt dann aber, wie das Verstehen zu Verständigung führt und neue Interaktionsweisen eröffnet. Die von Schütz vorgelegte Handlungstheorie steht in engem Zusammenhang mit dem Verstehensbegriff und lässt sich mit den von Körner vorgetragenen Überlegungen verbinden.

## 6.2 Handeln im Alltag

Wie deutlich wurde, zeichnet sich der pädagogische Alltag durch eine Gleichzeitigkeit von Verstehen und Handeln aus. Daraus entspringt eine paradoxe Situation, denn selten ist man in der Lage, gleichzeitig zu verstehen und zu handeln. Nach Schütz folgt die lebensweltliche Wahrnehmungsweise einer bereits interpretierten und mit Bedeutung und Sinn versehenen Wirklichkeitserfahrung. Diese hat ihren Ursprung in der fiktiven Unterstellung gemeinsam erfahrener sozialer Wirklichkeit. „Von vornherein sind wir Handelnde in sozialen Situationen und erfahren die Welt, in der wir leben, als eine Welt der Natur und der Kultur, und zwar nicht als eine private, sondern als eine intersubjektive, also eine uns allen gemeinsame Welt, die für jedermann entweder tatsächlich gegeben oder potentiell erfahrbar ist. Dies verlangt wechselseitige Kommunikation und Sprache" (Schütz 1971a, S. 61). Die beobachtbaren Verhaltensweisen eines Kindes folgen ebenfalls einer gewissen Logik. Dem Verhalten geht genau wie dem Verstehen, eine pragmatische Orientierung vorraus. „Ich kann Soziales nicht verstehen, ohne es mit einem Handeln in Zusammenhang zu bringen, das es hervorgebracht hat und letztlich, ohne dieses Handeln auf die Motive zurückzuführen, aus denen es entsprang. Ich verstehe kein Werkzeug, ohne zu wissen, wozu es dient, kein Zeichen oder Symbol, ohne zu wissen, für was es steht, keine Institution, solange ich mit ihren Zielen nicht vertraut bin, kein Kunstwerk, wenn ich die Absichten des Künstlers außer acht lasse" (Sprondel 1977, S. 67 f). Um das Handeln zu verstehen, differenziert Schütz zwischen dem Handeln als einer Aktion und der Handlung als einer Verhaltensweise. Handlungen basieren, so Schütz, auf bestimmten Motiven, die das Handeln im Vorhinein mitbestimmen und entwerfen.

**„Um-zu-Motive" und „Weil-Motive"**

Handeln ist gekennzeichnet durch einen Handlungsentwurf, der ihm zeitlich vorausgegangen ist. Nach Schütz ist jede soziale Beziehung durch Handeln und Handlungsvollzüge strukturiert, die durch intersubjektive Motivationsketten geleitet werden. Handeln kann in Bezug auf „Um-zu-Motive" und auf „Weil-Motive" hin unterschieden und analysiert werden (vgl. Schütz 1971a, S. 22 f). Um-Zu-Motive beziehen sich auf die Zukunft und sind identisch mit dem Ziel oder Zweck, für deren Verwirklichung die Handlung selbst das Mittel darstellt. Sie beziehen sich auf ein Resultat, das mit Hilfe der Handlung erreicht werden soll. Weil-Motive beziehen sich auf die intersubjektive Perspektive des jeweils Handelnden. Warum gerade diese Handlung vorgenommen wird, um ein bestimmtes Ziel zu erreichen, ist abhängig von Gründen und Ursachen, die zeitlich gesehen in der Vergangenheit liegen. Somit ist der Entwurf einer Handlung auch durch das Weil-Motiv mitbestimmt. Im Alltag lassen sich diese Motive nicht einfach auseinander halten. Um-zu-Motive sind, so Schütz, integraler Bestandteil jeder Handlung, während Weil-Motive immer den besonderen Reflexionsakt auf interaktiv erlebtes Vergangenes erfordern, den Handelnde nur dann vollziehen, wenn hierfür hinreichend praktische Gründe vorliegen (ebd., S. 25). Weil-Motive können daher erst kommuniziert und interpretiert werden, wenn eine Handlung bereits vollzogen ist. Erst dann können Handelnde beobachtend auf eigenes Handeln zurückblicken und nach den Gründen fragen, die sie zu diesem Handeln bewogen. Die zeitliche Verschiebung von Handlung und Reflexion ist ein charakteristisches Merkmal von Verhaltensweisen. Um-zu-Motive gruppieren sich um aktuelle Vorhaben und verhelfen, bestimmte Ziele durchzusetzen. Die Weil-Motive sind an die Persönlichkeitsstruktur der Handelnden gebunden (ebd., S. 80 f). Handlungsmotive verändern sich von einem Moment zum nächsten, weil während und durch den Fortgang einer Handlung neue Erfahrungen entstehen und sich die Ziele verändern können. Der reflexive Verstehensprozess in Bezug auf Handlungen findet somit eigentlich kein Ende. Alltägliche Handlungsvollzüge lassen sich nicht von der Absicht leiten, „die reale Natur der Dinge oder das eigentliche Wesen von Kausalketten und Naturgesetzen herauszufinden“ (Sprondel 1977, S. 43). Der Alltagsmensch handelt situativ und hat in der Regel kein Interesse, größere Zusammenhänge zu klären und sein Wissen auf einen breiteren Sektor der empirischen Welt anzuwenden. Er ist nicht an der Suche unbezweifelbarer wissenschaftlicher Urteile über die Welt interessiert, sondern allein daran, wie er seine Vorhaben realisieren kann (ebd., S. 44 f).

**Verstehen auf der Grundlage von Verständigung über Handlungen**

Die Analyse des Verständigungsprozesses, die auch das Handeln einschließt, zeigt, dass nicht nur die sprachliche Kommunikation und Interaktion, sondern auch die Verhaltensweisen komplexen Voraussetzungen folgen. Im pädagogischen Alltag kommt es häufig zu Konflikten, weil sich die hinter dem Verhalten liegenden Motive und Fantasien nicht sofort einem tieferen Verstehen erschließen, sondern als Handlungsweise erscheinen. Eine Verständigung über mögliche Motive von Verhaltensweisen kann, so zeigt der Fallbericht, zu Verständigung in Konfliktsituationen führen. Die Psychoanalyse lehrt darüber hinaus, dass das alltäglich-naive und reflexive Verstehen nur so lange zu einer Verständigung beiträgt, wie es sich nicht um bereits eingesetzte Verzerrungen der Wahrnehmung und um Fantasien im Sinne einer Übertragung handelt. Ein Kind, das beispielsweise stark traumatisiert wurde und sich mit Hilfe der Spaltung schützt, ist nicht ohne weiteres in der Lage, Handlungen eines Gegenübers als wohlwollend und auf Verständigung hin ausgerichtet zu interpretieren. Hier dient das tiefenhermeneutischen Verstehen dazu, Unbewusstes in der Gegenübertragung zu erfassen und sich darauf einzustellen, dass eine Verständigung vorerst nicht erreicht werden kann. Werden Spaltungsvorgänge nicht reflexiv bearbeitet, wirken sie sich destruktiv aus, das zeigt der Fallbericht. Bei Ben ging es lange Zeit immer wieder darum, einen Weg zu bahnen, auch seine Fantasien zu verstehen: Zum Beispiel, dass er es nicht erträglich fand, einer unter vielen zu sein und deshalb immer im Mittelpunkt stehen musste. Oder: Dass er sich aufgrund seines Fremdheitserlebens immer wieder wie ein „Störenfried" verhalten musste. Nach und nach gelang es Ben, die neuen Erfahrungen, die durch die Tagesgruppe vermittelt wurden, in sein Selbstkonzept zu integrieren. Wenn es möglich war, darüber mit ihm zu sprechen, trat für ihn spürbar eine Beruhigung ein, die sich auch atmosphärisch auswirkte. Das professionelle Bemühen um das Verstehen des Nicht-Verstandenen trägt daher einerseits zur Anerkennung und Akzeptanz des anderen wesentlich bei. Anpassungsprozesse sollen ja möglichst nicht erzwungen, sondern reflexiv erarbeitet werden. Verhaltensveränderungen sind nach Schütz nur möglich, wenn das subjektive Erleben (Vorinterpretationen) reflektiert, die Motiv-Relevanzen und der verfügbare Wissensbestand, aber auch die reziproke Perspektivität in ihrer Wechselwirkung berücksichtigt werden. Andererseits ist das Verstehen auch eine Voraussetzung, um die pädagogische Handlungsfähigkeit zu erhalten.

Dem Verständigungsprozess sollte im Zusammenhang mit dem erzieherischen Handeln in der Praxis stärkere Aufmerksamkeit zukommen. Die Fallstudie, die das reflexive Verstehen als eine pädagogische Intervention aufgreift und als einen angemessenen Weg der Bearbeitung von Erziehungsproblemen modellhaft aufzeigen will, verdeutlicht, dass erst das Verstehen einen Raum eröffnet, der auch in affektgeladenen Situationen Handlungsfähigkeit eröffnet. Nur so konnte Ben die vielen Jahre in der Gruppe betreut werden. Die Rekonstruktion des Lebensweltbezugs in Kapitel 3 verdeutlicht des Weiteren, dass der Alltag als eine kulturell gewachsene und auf Interpretation (Weitergabe) verwiesene Grundlage des Lebens selbst der Weitergabe an die nächste Generation bedarf. Auf diese Weise werden gesellschaftlich anerkannte Verhaltensweisen vermittelt, die Orientierung bieten. Das geschieht durch fortwährende Interpretationen im Prozess der Erziehung, worin das Potential für mögliche gesellschaftliche Veränderungen immer schon mitgegeben ist. Der Alltag ist ein Geflecht von in sich widersprüchlichen Erfahrungen, stellt aber als kritischer, professionstheoretischer Begriff auch die Rahmung für alle menschlichen Lebensäußerungen dar, mit denen es die Sozialpädagogik zu tun hat. Der Verstehensbegriff muss daher auf die verschiedenen Ebenen der sozialpädagogischen Kasuistik bezogen werden: Als eine affektive Mitwahrnehmung (Divination, Einfühlung, Nacherleben) ist Verstehen eine wichtige Voraussetzung, um in der alltäglichen pädagogischen Praxis soziale Prozesse und Beziehungen zu verstehen und zu gestalten. Als Reflexionsarbeit dient das Verstehen dazu, dem Wahrgenommenen aus pädagogischer Sicht Sinn und Bedeutung beizumessen. So haben beispielsweise die Bezugspersonen in der Tagesgruppe das Anliegen, Selbst- und Bildungsprozesse zu fördern und die kulturellen Grundlagen der Gesellschaft an die jüngere Generation so zu vermitteln, dass diese sie sich aneignen kann. In der Jugendhilfe werden Heranwachsende betreut, deren subjektive Aneignungsmöglichkeiten meist eingeschränkt sind und von daher erst einmal gefördert werden müssen. Dies geschieht im Kontext der Einzelfall- und Gruppenarbeit. Darin erfüllen Sozialpädagogen und -pädagoginnen eine besondere gesellschaftliche Funktion und tragen praktisch zu einem „gelingenderen Alltag" (Thiersch) bei. Da jede subjektive Aneignung, darauf weist Michael Winkler hin, eine Veränderung des Angeeigneten einschließt „und sei es nur in der Neubewertung seines Stellenwertes für die menschliche Tätigkeit", werden Modifikationen möglich (Winkler 1988, S. 113). Aus methodischer Perspektive dient das hermeneutisch-reflexive Verstehen im Rahmen der Kasuistik der Suche nach Interpretationen, die auch das Nicht-Verstandene des Einzelfalls verständlicher erscheinen lassen. Dabei begegnet man dem Paradox, dass erst das Wahrnehmen des Nicht-Verstehens der Beginn eines offenen Verständigungsprozesses ist. In diesem Sinne ist die Fallstudie ein exemplarisches Beispiel, um aus einer „Geschichte zu lernen" (Baacke). Pädagogische Kasuistik könnte hier also eine systematische Orientierung finden. Gerade dann, wenn das natürlich-naive Alltagsverstehen (Schütz) an Grenzen stößt, beginnt eine kasuistische nachgehende Reflexion. Doch auch diese erfährt Begrenzungen. In Bezug auf Bens Familie zeigte sich, dass eine familiale Alltags-Verständigung da scheitern musste, wo die unterstellte Gemeinsamkeits- und Wirklichkeitsauffassung nicht geteilt wurde. Besonders deutlich wurde diese Erfahrung auch, als die Schwestern Bens von Zuhause wegliefen und Herr und Frau Jelloun nicht in der Lage schienen, etwa einen kulturell bedingten Generationenkonflikt oder das psychische Problem der Trennung zu erkennen und entsprechend damit umzugehen. Hier dient die Reflexion dazu, die Grenzen und Begrenzungen pädagogischen Handelns zu erkennen und zu akzeptieren, dass eine Verständigung vorerst nicht möglich ist. Verhaltensweisen als Folge von „Um-zu-" und „Weil-Motiven" zu begreifen, verschränkt das Verstehen mit der Interaktion, denn soziales Verhalten kann nur durch Interpretation (Reflexion) verstanden und verändert werden. Alfred Schütz zeigt, dass dieser Verständigungsprozess im Alltag in der Regel genauso unreflektiert verläuft, also „natürlich", wie das Verstehen selbst. Die reflexive Analyse des Handelns sollte jedoch nicht nur das Verstehen des fremden, sondern auch das Verstehen des eigenen Handlungsentwurfs umfassen. In der Psychoanalyse wird dieser Zusammenhang theoretisch und praktisch berücksichtigt. Besonders dann, wenn es sich um Übertragungen handelt, führen Interventionen, die unter anderen Bedingungen zu notwendigen Entwicklungsschritten führen könnten, nicht immer zu Erfolg.

## 6.3 Psychoanalytische Pädagogik und lebensweltorientierte Sozialpädagogik

Jede Erziehungspraxis, die mehr tut, als an normative Instanzen (Verbote, Regeln) zu appellieren, und wenn das nicht hilft, mit Sanktionen Anpassungsleistungen erzwingt, wird nicht umhinkommen, sich dem Verstehen der primären Interessen eines Kindes und seiner Verhaltensweisen zuzuwenden. Da aber der pädagogische Alltag und eine psychoanalytische Therapie unterschiedlich strukturiert sind und auf anderen Wegen ihre Ziele verfolgen, braucht es auch eine eigene psychoanalytisch-pädagogische Theorie- und Methodenbildung, um einer Praxis, die eine methodische Verbindung beider Disziplinen herstellen will, Orientierung zu bieten (vgl. Figdor 1989). Aufgrund der unterschiedlichen Voraussetzungen und Rahmenbedingungen ist es nicht ohne weiteres möglich, die psychoanalytischen Methoden auch für den pädagogischen Rahmen zu übernehmen.

Helmuth Figdor macht einerseits auf Ängste aufmerksam, die sich auf eine Therapeutisierung des pädagogischen Feldes beziehen; andererseits könne ein Missbrauch des analytischen Settings im Alltag mit negativen Konsequenzen für die betroffenen Menschen verbunden sein. Figdor warnt davor, analytische Methoden außerhalb des Schutzes des therapeutischen Abstinenzprinzips anzuwenden. Deutungen können als emotionale Verführung verstanden werden oder zur Befriedigung des Narzissmus auf Seiten der Bezugspersonen führen. Sie können auch Regressionsprozesse befördern, die die Entwicklung des Kindes beeinträchtigen (vgl. Figdor 1993, S. 91). Hans Thiersch weist auf weitere Schwierigkeiten hin, die mit einseitigen psychoanalytischen Interpretationen im Bereich des pädagogischen Alltags verbunden sein können. Lebensbewältigungsstrategien gelten in der Psychoanalyse als Repräsentationen psychischer Konflikte und Affekte und werden in der Regel nicht auf eine alltagslogische Grundlage hin reflektiert. Der Alltag interessiert die Psychoanalyse nur insofern, als er die Bühne ist, auf der unbewusste und verdrängte innerpsychische Affekte in Szene gesetzt werden. „Der der Psychoanalyse eigene aufklärerische Impetus – hinter den Verdrängungen, Verschleierungen und Versteckspielen des praktizierten Verhaltens die eigentlichen Wurzeln zu finden, – das Theater der Vorderbühne also zurückzubeziehen auf die Hinterbühne der weitgehend verdrängweitgehend verdrängten inneren Auseinandersetzungen, dies setzt die Eigentümlichkeiten und Eigensinnigkeiten der lebensweltlichen Auseinandersetzungen unter den Verdacht, dass sich hier nur Verdrängungen im Uneigentlichen abspielen; die psychoanalytische Deutung tritt auf im Anspruch des notwendig Kritischen, dem die Aufdeckung des Verborgenen, des Verlogenen, des in seiner Verlogenheit Lebenshemmenden gelingt" (Thiersch 2001, S. 45 f). Darin entdeckt Thiersch jedoch eine Entwertung alltäglicher Deutungs- und Handlungsstrategien und eine psychologische Engeführung, der eine reflexive sozialpädagogische Praxis entgegenwirken sollte (ebd., S. 46). Die genannten Vorbehalte halte ich für bedenkenswert, denn weder eine lebensweltorientierte noch eine psychoanalytisch-pädagogisch inspirierte Praxis ist vor dogmatischem Umgang und einseitigen Interpretationen geschützt. Lebensbewältigungsstrategien geraten leicht in einen pathologischen Verdacht, wenn sie vornehmlich in therapeutischer Absicht interpretiert werden. Dem entgegenzuwirken ist die kritische Aufgabe eines am Verstehen orientierten Theorie-Praxis-Diskurses, der konstruktiven Auseinandersetzung zwischen Psychoanalyse und Sozialpädagogik, der Supervision sowie einer professionell-selbstkritischen Haltung. Auch das sozialpädagogische Interesse gilt der Reflexion alltäglicher Bewältigungsstrategien. Das ist Hilfe zur Selbsthilfe, denn die Menschen brauchen nicht nur unser Mitgefühl, sondern auch unsere Denk- und Kritikfähigkeit.

Diese Fallstudie geht den Anregungen und Anliegen einer psychoanalytisch orientierten Sozialpädagogik nach, weil pädagogische Bildungsprozesse in einem Kontext reflektiert werden können, der üblicherweise im Zusammenhang pädagogischer Theoriebildung kaum Beachtung findet. So zeigt die Einbeziehung psychoanalytischer Theorien in Bezug auf den Fall Ben, dass bestimmte psychische Strukturen Voraussetzung für Aneignungshandeln darstellen, was im Rahmen der Tagesgruppenarbeit berücksichtigt werden musste. Deshalb wird in diesem Zusammenhang von Nach-Erziehung gesprochen. In der Praxis gelingt dieser Schritt manchmal nur, wenn eine zeitweilig eine Rollenzuschreibung des Kindes auf die Pädagogen von denen verstanden wird. Eine erzieherische Hilfe kann dann zur Stärkung der Ich- und Objektbeziehungsstrukturen beitragen. Dabei kommt es darauf an, die kontrollierenden, kritischen, prüfenden, kognitiven und aufschiebenden Fähigkeiten eines Kindes zu fördern. Das pädagogische Geschick ist darauf gerichtet, ein Kind so zu unterstützen, dass es innere und äußere Spannungen besser erträgt, ohne sie zu agieren oder in der eigenen Kreativität (Selbsttätigkeit) eingeengt zu werden. Die sensible Wahrnehmung der kindlichen Erlebensweisen und das Erfüllen der Vermittlung von lebensweltlich relevanten Faktoren gelten dafür als Voraussetzung.

**Methodische Perspektive**

Die Geschichte der professionellen sozialpädagogischen Fachlichkeit war von Anfang an durch ein hohes Maß an Engagement und Einsatzbereitschaft für Menschen in Not gekennzeichnet, durch die Bereitschaft der Pädagogen und Pädagoginnen, andere als Person zu achten, sie nicht zu funktionalisieren und Bewältigungsmechanismen nicht alleine biografisch zu bearbeiten (vgl. Thole 1998). Daraus folgt, dass in der Sozialpädagogik eine berufsspezifische Haltung ausgebildet wurde: Sozialpädagogen und Sozialpädagoginnen versuchten in ihren Hilfekonzepten, organisatorische Rahmenbedingungen so zu gestalten und gesellschaftliches Veränderungspotential so aufzuspüren, dass diesen beruflichen Traditionen Rechnung getragen wurde (vgl. Müller 1991, S. 18). Angesichts einer sozialpädagogischen Tradition, der es an Effizienz und Handlungsbereitschaft nicht mangelt, sieht Burkhard Müller, wie bereits erwähnt, ein Problem in der sozialpädagogischen Methodologie. Bezogen auf das Konzept des Lebensweltbezuges kritisiert er meiner Ansicht nach zu Recht, dass das sozialpädagogische Lebensweltkonzept kein explizit ausgearbeitetes Kriterium zur Verfügung stellt, um zu unterscheiden, ob die Profession „Organisation und solidarisch-parteiliche Begleitung von Lernprozessen in relevante und schwierige Situationen des Alltags betreibt, oder ob sie sich der professionellen Domestizierung dieses Alltags schuldig macht" (ebd., S. 55). Sozialpädagogen versuchen oft, das Problem des anderen zu lösen, statt aufzuzeigen, worin es besteht. Im Fallbericht wird dies besonders deutlich, als es um mein Engagement bei Bens Schulwechsel ging. Müller geht es darum, zu klären, wie innerhalb des pädagogischen Bezugs die notwendige Begrenzung der professionellen Intervention reflektiert und eingehalten werden kann, angesichts des Anspruchs einer Allzuständigkeit, die die sozialpädagogische Lebensweltorientierung suggeriert (ebd., S. 55 f). „Die Last der großen Hoffnungen", die sich, so Müller, in der Kluft zwischen „gegebenem und aufgegebenem Alltag" (Thiersch 1986) konkretisiert und sich in der Person des Pädagogen und der Pädagogin entfaltet, muss notwendigerweise reflexiv verarbeitet werden (ebd., S. 9). Deshalb sind Sozialpädagogen und -pädagoginnen darauf angewiesen, ihr Handeln methodisch abgesichert zu reflektieren. Auch aus Gründen einer Professionsethik, die die Anerkennung des anderen in seiner Eigenart und Einzigartigkeit ernst nimmt und die der „Lernfähigkeit und nicht den eigenen Resultaten dient", ist diese Forderung dringend geboten (Oelkers 1992, S. 19). Im Rahmen einer nachgehenden Fallstudie gelingt das Verstehen insofern einfacher, weil sich hier das Problem der Gleichzeitigkeit von Verstehen und Handeln nicht auf drängende Weise stellt. In der Praxis führt die Forderung, dem Verstehen einen stärkeren professionellen Stellenwert einzuräumen, zugleich zu mehreren Problemen. In Zusammenhang mit dem gesellschaftlichen Stellenwert der Hilfen zur Erziehung gilt es das berufliche Selbstverständnis, das Dilemma der Gleichzeitigkeit von Verstehen und Handeln und die allgemeinen Rahmenbedingungen kritisch zu betrachten.

### Das berufliche Selbstverständnis

Verstehen als eine Tätigkeit zu begreifen, die sich auf das Handeln und die Rekonstruktion der Handlungsmotive bezieht, setzt ein berufliches Selbstverständnis voraus, das die Bereitschaft einschließt, auch selbstkritisch Motive des eigenen Handelns zu reflektieren. Damit müssen Pädagogen und Pädagoginnen Momente der Verunsicherung in sich zulassen und sich selbst nach möglichen Gründen für ihr Verhalten befragen. Dies setzt jedoch auch die Annahme voraus, dass Heranwachsende ihren selbst nicht immer bewussten Handlungsmotiven folgen. Die Reflexion von dahinterliegenden Motiven ist das zentrale Anliegen einer solchermaßen lebensweltorientierten Pädagogik. Das Verstehen schützt Pädagogen davor, ihre Interventionen im Sinne „bloßer“ Anpassung einzusetzen, wenngleich es im Alltag Momente gibt, die gerade das erfordern.

Die vorgetragenen pädagogischen Grundkategorien, der pädagogische Bezug, das Aneignungstheorem und der Generationenbezug, bieten der Praxis traditionell Orientierung. Die Gefahr, die von einem starren Einhalten der Leitideen ausgeht, hat Siegfried Bernfeld bereits 1925 in „Sisyphos“ beschrieben. Dort verbindet er das Scheitern der Erziehung mit dem Scheitern der Erziehungsideologie der Sozialpädagogen: Manche Pädagogen und Pädagoginnen, so Bernfeld, „sehen nicht das Kind, wie es ist, sondern im Grund nur das Kind *und* sich selbst, eins aufs andere bezogen. Und wenn sie selbst von sich abstrahieren könnten, es interessierte sie gar nicht, wie das Kind an und für sich ist, sondern einzig, wie man aus ihm etwas anderes bilden könnte. Das Kind ist Mittel zum theologischen, ethischen, sozialutopischen Zweck“ (Bernfeld 1994, S. 36 f). Und dann pointiert er: „Nicht das ist also der Vorwurf, daß die Pädagogiker große und edle Ziele haben, sondern daß sie die Erziehung – ungeprüft – zur Vollstreckerin dieser Ziele machen“ (ebd., S. 39 f). Verstehen und Handeln, das in der Praxis nicht aufeinander bezogen ist, führt zu den von Bernfeld zu Recht erhobenen Vorwürfen. Es gibt Heranwachsende, die sich Gruppenregeln und erzieherischen Normen widersetzen und die professionelle Handlungsfähigkeit an Grenzen bringen. Offenheit und Neugierde für fremde und eigene Verhaltensweisen aufzubringen und das Kind auch dann in seiner Eigenwelt wahrzunehmen, wenn es provoziert und ärgert, erfordert einen erheblichen Reflexionsaufwand. Darüber hinaus sind spezielle Rahmenbedingungen nötig, damit die individuellen und die Gruppeninteressen gewahrt bleiben. Die Fähigkeit, konflikthaft erlebte Situationen zu ertragen, ohne bereits eine Lösung im Blick zu haben, setzt des Weiteren voraus, dass die Pädagogen und Pädagoginnen selbst in der Lage sind, mit affektiver Betroffenheit bewusst umzugehen. Wird die Arbeit durch ein Team geleistet, müssen die Reflexionsprozesse idealerweise auf alle Teammitglieder bezogen werden, damit Spaltungsprozessen entgegengewirkt werden kann. Das setzt einen professionellen Umgang mit Akzeptanz und Anerkennung des anderen voraus und die Bereitschaft, die durch Selbstreflexion gewonnen Erkenntnisse in Beziehung zum Fall einfühlsam zu reflektieren.

Die Frage nach einer möglichen Beteiligung der Familie an der in der Gruppe geleisteten Arbeit sollte im Einzelfall stärker diskutiert werden. Um der Gefahr entgegenzuwirken, dass die eigene Anstrengung, die Veränderung ermöglicht, unterlaufen wird, sollten auch die manipulativen Aspekte einer Beziehung immer wieder kritisch reflektiert werden. Da das empathisch-reflexive Engagement auch den persönlichen Handlungsentwurf der Professionellen berührt, ist eine fachliche Begleitung durch die Supervision nötig. Sie trägt dazu bei, dass das Verstehen nicht Selbstzweck bleibt, sondern die Verbindung zum jeweiligen Fall immer wieder hergestellt wird.

**Die allgemeinen Rahmenbedingungen der Hilfen**

Das Verstehen auf Handeln zu beziehen gilt für den gesamten Hilfeprozess. Das Wissen um unterschiedliche professionelle Handlungslogiken erleichtert eine „multiperspektivische Fallarbeit“ (Müller 1997). Dass ein Fall ein Fall „für“ eine bestimmte Jugendhilfemaßnahme wird, hängt von Einflüssen ab, die an strukturell vorgegebenen Rahmenbedingungen der Jugendhilfe orientiert sind. In der Regel hat der ASD die Funktion, Hilfen zur Erziehung zu vermitteln und seine diagnostischen Kompetenzen sozialadministrativ einzusetzen. Dazu zählen die Einschätzung der psychosozialen Notlage, pädagogische Gesichtspunkte und die Berücksichtigung ökonomischer Faktoren. Regionale Jugendhilfeangebotsstrukturen, eine Budgetierung, das aktuell vorhandene Platzangebot und die Arbeitsauslastung der ASD-Kollegen bestimmen die mögliche Einschätzung eines Falls und die Auswahl einer bestimmten Form der Hilfe, noch bevor beispielsweise die Mitarbeitenden der Tagesgruppe zum Prozess der Hilfeplanung hinzugezogen werden. Wie Bens Fallbericht zeigt, muss der ASD die Unterbringung eines Heranwachsenden in einer Maßnahme oftmals unter starkem Handlungsdruck vorantreiben, so dass auch der Einrichtung nicht genügend Raum und Zeit für eine notwendige anamnestische Abklärung zur Verfügung steht. Im Gegensatz zu den administrativen Seiten der Fallarbeit müssen die Einrichtungen der Jugendhilfe ihren Fokus darauf richten, was aus pädagogischer Sicht auffällig und im besonderen Fall zu tun ist. Sie prüfen, ob die vermutete Problematik im Rahmen der aktuellen Gruppenkonstellation und des erzieherischen Auftrags zu leisten ist.

Die gesellschaftlichen Rahmenbedingungen, nach denen Jugendhilfe als sozialstaatlich organisierter Beitrag zur Entlastung in biografisch schwierigen Lebenskontexten begriffen wird, dürfen dabei nicht einer einseitig an ökonomischen Aspekten ausgerichteten Jugendhilfeplanung untergeordnet werden (vgl. 8. Jugendbericht 1990, S. 197 f). Heranwachsende wie Ben brauchen Zeit, um die Erfahrungen der Tagesgruppe zu verinnerlichen, und Menschen, die ihnen helfen, die Erlebnisse zu verarbeiten. Das sozialpädagogische Lebensweltkonzept impliziert einerseits eine persönliche professionelle Verantwortung der Sozialpädagogen und -pädagoginnen für die Mitgestaltung der sozialpolitischen Voraussetzungen und andererseits für die Ausgestaltung des pädagogischen Alltags in der Jugendhilfeeinrichtung. Notwendige Voraussetzungen für diese lebensweltorientierten Hilfen sind die enge Kooperation mit dem für die Region zuständigen ASD-Kollegen und die am Einzelfall orientierte flexible Hilfegestaltung. Ohne die kompetente Begleitung dieses Falls durch den ASD-Kollegen, wäre Bens Geschichte anders verlaufen. Zum Schluss werden nun die pädagogischen mit den psychoanalytisch inspirierten Überlegungen zum pädagogischen Rahmen verbunden.

### Verstehen und Handeln als Arbeit am Rahmen

Der Rahmen stellt die fachlich notwendige strukturelle Voraussetzung für das erzieherische Handeln dar, das sich an der Frage orientiert: Was ist hier eigentlich los? Analog zum therapeutischen Setting bildet der Rahmen die Bühne, auf der sich Übertragung und Gegenübertragung im pädagogischen Feld entfalten. Im Unterschied zur Therapie muss dieser Rahmen im pädagogischen Kontext jedoch erst einmal erarbeitet und dann immer wieder neu hergestellt werden. Müller beschreibt die Herstellung des Rahmens als einen zentralen Aspekt sozialpädagogischer Interventionen. Der Rahmen bietet allen Beteiligten Orientierung über die geltenden Regeln und Vorhaben (vgl. Müller 1997, S. 115 f). Körner und Körner definieren die sozialpädagogische Situation als eine, die das Schaffen des „Rahmens der Situation“ leisten muss. Je mehr die sozialpädagogische Interaktion im Alltag verankert ist, „desto dringlicher wird die Frage nach dem Rahmen, desto wichtiger ist es zu klären, was die beiden voneinander zu erwarten haben, welchen Regeln des Handelns sie folgen wollen, und nach welchen Regeln sie ihre gegenseitigen Beiträge verstehen wollen“ (Körner, Körner 1997, S. 78).

### Der pädagogische Bezug als Rahmung der Interaktion

Die „transaktionale“ Perspektive der Übertragung und Gegenübertragung ist für eine psychoanalytisch orientierte Sozialpädagogik von großer Bedeutung. Im gemeinsamen Ausgestalten der Beziehung begegnen sich, teilweise unbewusst, die Beteiligten mit eigenen Fantasien und Absichten. Körner und Körner begreifen diese Dynamik als einen fortlaufenden Prozess, der die Qualität der Beziehung betrifft (ebd., S. 85). Im pädagogischen Feld versuchen Heranwachsende, die Erziehenden aktiv zu beeinflussen und sie in Rollen zu drängen, die nicht nur die positiven, sondern auch die negativen Beziehungserfahrungen des Kindes unbewusst bestätigen sollen. Dass es sich dabei offensichtlich um eine Übertragungsfantasie des Kindes handelt, ist auch für Sozialpädagogen und -pädagoginnen erkennbar: „In allen Fällen wirken die Übertragungen druckvoll, sie bringen den Sozialpädagogen in die Situation, in der er etwas tun oder unterlassen muß – auch etwas zu unterlassen, ist in einem solchen Fall eine vielleicht besonders beredte ‚Antwort'“ (Körner, Körner, S. 86). Wenn es sich um eine Übertragung handelt, wird, so Körner und Körner, ein innerer Konflikt in einen sozialen Konflikt verwandelt. Die Externalisierung eines Teils innerer Beziehungskonflikte verhilft dem Kind dazu, unmittelbar seelische Entlastung zu erzielen und dem Wunsch zu folgen, mit dem abgewehrten Selbst-Anteil wieder ins Gespräch zu kommen (ebd., S. 107). Wichtig ist, dass die Erziehenden einen inneren Konflikt bewusst wahrnehmen. Aufgrund dieser in der Übertragung zum Ausdruck gebrachten gegensätzlichen Bestrebungen, die in der Psychoanalyse als Widerstand bezeichnet werden, kommt es darauf an, während einer Übertragungsbeziehung keine kritisierenden und das Verhalten verändern wollenden Versuche zu unternehmen. Im Moment einer

Übertragungsbeziehung bleibt der Versuch, die Wahrnehmungsweise des Gegenüber zu korrigieren, wirkungslos, und meist endet dieses Vorgehen nur in gegenseitiger Verärgerung. Diese Erfahrung wird auch durch die Fallgeschichte zum Ausdruck gebracht: Als ich Ben zum Schulwechsel motivieren wollte und seine unbewusste Motivation und die Fantasien nicht verstand, blieben meine Bemühungen ohne Wirkung in Bezug auf die intendierte Zielsetzung (Fallbericht, S. 92). Während einer Übertragung ist die Reflexion der Gegenübertragungsgefühle deshalb sehr wichtig, um sich eventuell auch dem Druck der Rollenerwartung zu widersetzen, also nicht zu agieren. Das Korrigieren-Wollen eines unangemessen erscheinenden Verhaltens kann in solchen Momenten eher schädliche Folgen haben, weil die Beziehung erheblich von Misstrauen belastet wird. Dann wird es schwer, an die sich hinter dem Verhalten verbergenden Vorstellungen anzuknüpfen: Wieder einmal konnte das Kind nicht verständlich zur Sprache bringen, worin seine Ambivalenz begründet ist. Manche Kinder folgen ihrer Fantasie, dass sie für andere nicht tragbar sind. Da diese Vorstellung nicht bewusst erlebt wird, wird sie agiert (vgl. Körner, Körner 1997, S. 112 f).

Gedanken darüber, was das Kind gerade in eine Szene verwandelte und die Beschreibung dessen, was der Pädagoge oder die Pädagogin in dieser Interaktion erfahren hat, kann bereits zu besserem Verstehen führen. Im pädagogischen Alltag können Fragen, die vor dem Hintergrund des einfühlenden und szenischen Verstehens gewonnen wurden, die Funktion einer Deutung übernehmen. Heranwachsende beobachten die ihnen wichtigen Bezugspersonen sehr genau, weil sie in ihrem Verhalten nach der Bestätigung ihres Selbstbildes suchen. Aufgrund des Verhaltens der Pädagogen und Pädagoginnen kann dann der Eindruck verstärkt werden, dass andere sie nicht ertragen. Eine weitere vermeintliche Verständigung könnte die Bestätigung der Fantasie sein, immer wieder abgelehnt zu werden. Das stärkt den Verdacht, dass die Fantasie wirklich zum Fürchten ist und daher weiterhin unbewusst bleiben muss. Die Autoren weisen auf die Notwendigkeit hin, der gefürchteten Fantasie einen Platz einzuräumen. Ein Pädagoge, der sagt „du möchtest herausfinden, ob du überhaupt tragbar bist", gibt in produktiver Weise zu erkennen, dass ein schmerzhafter Gedanke verbalisierbar ist, und bringt dem Heranwachsenden genügend Verständnis entgegen (vgl. Körner, Körner 1997, S. 113): „Darin wird ein starker Anreiz für eine Veränderung liegen, eine Veränderung innerhalb der sozialpädagogischen Situation und auch eine innere Veränderung auf der Bühne intrapsychischer Konflikte" (ebd., S. 88). Die Schwierigkeiten eines Heranwachsenden müssen also in die affektive Beteiligung des Pädagogen oder der Pädagogin hineingenommen werden und durch nachträgliche Selbstreflexion und Fremdreflexion in den Kontext der Supervision übersetzt werden. Da die Gegenübertragungsreaktionen auch vor dem Hintergrund eigener unbewältigter Konflikte verstanden werden müssen, sind eine analytische Supervision und Selbsterfahrung erforderlich.

**Angst und Scham im pädagogischen Handeln**

Der pädagogische Alltag ist davon gekennzeichnet, dass Heranwachsende in der unmittelbaren Begegnung mit den Pädagogen die Erziehenden fortwährend vor Entscheidungen stellen: Immer werden sie aufgefordert, zu reagieren und Forderungen der Heranwachsenden nachzukommen, deren Motivation in der Situation oft verborgen bleibt. Daher gehört die Möglichkeit, Manipulationen zum Opfer zu fallen, genauso zur pädagogischen Situation wie das Wissen, dass der eigentliche Sinn des Handelns erst im Vollzug der Handlung, also im Nachhinein durch Reflexion verständlicher werden kann. Wie der Fallbericht zeigt, kann es in der Arbeit mit emotional früh gestörten Kindern vorkommen, dass sie durch ihr Agieren Situationen schaffen, in denen sofort gehandelt werden muss, um die Situationskontrolle über die Gruppe und das Kind nicht zu verlieren. Meist handelt es sich dann um stark affektiv aufgeladene Situationen, die die Erziehenden an Grenzen bringen, weil sie von einem Kind oder Jugendlichen zu Handlungen provoziert werden, für die sie sich anschließend schämen. Die Scham ist ein Affekt, der ebenso aufgrund eines Gefühls von Peinlichkeit und von „Ausgeliefert-Sein" entsteht, wenn man sich dem Blick anderer, oder durch sich selbst, ausgesetzt sieht. Das Schamgefühl betrifft im Gegensatz zum Schuldgefühl eine Verletzung des Selbst, während das Schuldempfinden die Verletzung eines anderen impliziert und an moralische Empfindungen geknüpft ist. „Man schämt sich für eine wahrgenommene Schwäche, einen Fehler, einen Defekt, einen Makel und zwar vor den realen oder den verinnerlichten anderen. Scham zeigt in diesem Fall eine Spannung zwischen Ich und Ideal an – im Gegensatz zur Schuld, die eine Spannung zwischen Ich und Über-Ich bezeichnet" (Hilgers 1996, S. 14). Eine solche Situation lag z.B. vor, als ich Ben eine Ohrfeige gab (Fallbericht, S. 70): Ich war über meine eigene Reaktion und die dahinterliegende Wut selbst so entsetzt, dass ich eine Zeit brauchte, um mich von diesem Schock zu erholen. „Scham führt also zu einer gewissen Verunsicherung über das aktuelle Identitätskonzept, mit der Notwendigkeit, die Vorstellung von sich, den anderen und der Realität zu aktualisieren" (Hilgers 1996, S. 16). Bens Vater schämte sich beispielsweise, Hilfe zu brauchen und wegen Ben zu einem Therapeuten gehen zu müssen. Die Scham tauchte jedoch auch als Gegenübertragungsgefühl auf. Manchmal erzeugt der drohende Verlust eigener Handlungskompetenz blitzartig soviel Aggressivität, dass auch Pädagogen Angst vor der Wucht ihrer eigenen Gefühle bekommen und daraufhin mit Schuldgefühlen reagieren. Das kann sich in der diffus erlebten Angst ausdrücken, pädagogisch versagt und das Kind ungerecht behandelt zu haben. In solchen Momenten ist eine kollegiale Unterstützung und mögliche Reflexion hilfreich, die sich um das Verstehen des aktuell Erlebten bemüht. Wenn das Team darüber hinaus die Bereitschaft aufbringt, dieses Erleben im geschützten Rahmen der Supervision zu reflektieren, können auch Angst, Schuld und Scham in das pädagogische Selbstkonzept re-integriert werden. Scham- und Schuldgefühle gelten primär nicht als pathologische Affekte, und daher wäre nicht das Vorhandensein, sondern die Abwesenheit solcher Gefühle im pädagogischen Alltag erklärungsbedürftig (ebd., S. 25 f). Die besonderen Verhaltensweisen eines Kindes präsentieren sich in der Regel wie ein Symptom[41] und können zunächst nur über den Umweg schwerer Konflikte, auch durch Scham-Schuldkonflikte, wahrgenommen werden. In einem solchen Fall greifen Sozialpädagogen und -pädagoginnen stellvertretend unliebsame Affekte des Kindes auf, die einen Teil seiner Problematik enthalten und einen Hinweis darstellen, mit dem das Kind auf seine schwierige Lebenssituation aufmerksam zu machen sucht. In solchen Grenzsituationen trägt reflexives Verstehen dazu bei, sich besser vom Kind abgrenzen zu können und im diagnostischen Sinne Hypothesen zu bilden, die einen Weg zur Veränderung bahnen. Eine psychodynamisch-erzieherische Diagnostik, die die Analyse der Beziehungserfahrungen erfasst, erschließt pädagogisch wertvolle Hinweise, so dass Heranwachsende trotz schwieriger Verhaltensweisen von den Sozialpädagogen oder -pädagoginnen „gehalten" werden können (vgl. Winnicott 1974, s.a. Bion 1997). Die erste Freizeit Bens mit der Tagesgruppe zähle ich zu einer solchen Grenzerfahrung.

Meine Fallstudie zeigt darüber hinaus, dass das psychoanalytische Wissen über das Seelenleben von Kindern und Erwachsenen einen bewussteren Umgang mit erzieherisch relevanten Konflikten befördert. Im Folgenden gehe ich ausführlich auf die Bearbeitung des Trennungsproblems im pädagogischen Kontext ein. In dieser Art der Auseinandersetzung wurde mir beispielsweise immer verständlicher, dass entwicklungsfördernde Trennungsprozesse ebenfalls konfliktträchtig sind. Die durch die Abgrenzung erzeugte Wut betrifft nicht nur die Frustration von Bedürfnissen, sondern steht auch mit dem Autonomie-Abhängigkeitskonflikt in Verbindung. Aus psychoanalytisch-pädagogischer Perspektive hat Erziehung die Aufgabe, Differenzen zwischen Erwachsenen und Kindern, die sich auch im Abhängigkeitsverhältnis wiederspiegeln, weder zu leugnen noch auszunutzen. Eine Verleugnung der generationalen Differenz, die psychisch betrachtet das Erleben von Angewiesen-Sein bedeutet, würde nämlich auf beiden Seiten die schmerzliche Anerkennung der Abhängigkeit und Ambivalenz der Beziehung verhindern, die aber Voraussetzung für die Entwicklung der Subjektautonomie ist. Eine fehlende Erfahrung mit generationaler Differenz, die im Kern auch den ödipalen Konflikt betrifft, beraubt aus objektbeziehungstheoretischer Sicht darüber hinaus das Kind, so auch Ben, dieses notwendigen psychischen Reifungsprozesses. „Die ödipale Konstellation überwindet das Kind positiv, wenn es über sein Klein-Sein nicht allzu sehr beschämt sein muß, es vielmehr nutzen kann, um aus der Identifikation mit dem eigenen Groß-*Werden* und in Identifikation mit ihm wichtigen ‚Gro-

41 Mit dem Begriff „Symptom" wird das Ergebnis eines psychoneurotischen Vorgangs beschrieben. Im umfassenden Sinne bezeichnet der Ausdruck den Vorgang der „Wiederkehr des Verdrängten" in Form von Ersatz-, Kompromiss- oder Reaktionsbildungen (Laplanche, Pontalis 1992, S. 490).

ßen' seine imaginären Wünsche nach Omnipotenz zeitweilig erst einmal zu mildern. Erleichtert wird ihm die Rücknahme seiner Größenfantasien, wenn es sich aufgehoben fühlt in einer zur Identifikationen verlockenden generativen Ordnung, in der sich ‚Große' verläßlich dafür zuständig zeigen, den ‚Kleinen' einen zufriedenstellenden Rahmen für ihr Größer-Werden zu geben" (Winterhager-Schmid 2000, S. 27). Es ist ein Verdienst von Siegfried Bernfeld, die Perspektive des „sozialen Ortes" gefordert und „die soziale Wirklichkeit von Kindern und Jugendlichen als ein die seelischen Konflikte mitbedingendes Grundphänomen kritisch in die wissenschaftliche Arbeit" einbezogen zu haben (Wagner-Winterhager 1988, S. 115).

Die Tagesgruppe ist meist für längere Zeit der Ort, an dem die Heranwachsenden Erfahrungen sammeln und Menschen begegnen, die auch „Fehler" im Umgang mit ihnen machen. Dieser Umstand sollte dazu genutzt werden, den Prozess der Fallarbeit regelmäßig zu reflektieren und dafür strukturelle Vorraussetzungen zu schaffen.

**Erziehung als „verantwortete Schuld" und die Rolle von Supervision**

Der Psychoanalytiker und Pädagoge Helmuth Figdor greift die Überlegungen zum pädagogischen Alltag und der Gestaltung des Rahmens in der Institution auf. Weil der pädagogische Alltag in ungleich stärkerem Ausmaß, als es die psychoanalytische Therapie betrifft, vom Handeln gekennzeichnet ist, braucht es die Supervision als Ort der Reflexion (Figdor 1993, S. 83). Die Verlegung des Verstehensprozesses aus der Alltagssituation in den Rahmen der Supervision verändert die Dynamik der Praxis, wahrt aber deren zentrales methodisches Prinzip: Der pädagogische Bezug beinhaltet eine Beziehungserfahrung, bei der es um notwendige Authentizität und Unmittelbarkeit generationalen Erlebens geht, und damit ist sie auf das Handeln fokussiert (ebd., S. 89). Ein weiterer gewichtiger Grund, das Verstehen von Übertragung und Gegenübertragung an die Supervision zu binden, hängt mit dem Interesse des Kindes zur Selbsttätigkeit und seinen notwendigen Entwicklungsprozessen zusammen. Heranwachsende haben das Bedürfnis nach generativer Auseinandersetzung, die ihnen nicht verwehrt werden darf, und sie klagen diese ein, wenn sie nicht erfahrbar wird. Erwachsene, die Heranwachsende erziehen, kommen nicht umhin, der jüngeren Generation etwas abzuverlangen, ihr Grenzen zu setzen, Trennungen zuzumuten und sie zu frustrieren.

Die Fähigkeit, sich mit dem Kind zu identifizieren, birgt aber die Gefahr, Kindern Grenzen und damit notwendige Frustrationen für ihre psychosoziale Entwicklung vorzuenthalten. Diese Situation liegt der Fallgeschichte zugrunde. Pädagogische Kompetenz zeigt sich daher auch in der ständigen Reflexion der Gefahr von Über-Identifikation mit einem schwierigen Heranwachsenden. Geschieht dies nicht in ausreichendem Maße, führt die Identifikation dazu, mit der Befindlichkeit des Heranwachsenden ausgefüllt zu sein, so dass eine Trennung im Sinne einer Grenzziehung manchmal undenkbar erscheint. In solchen Momenten vermeiden auch Bezugspersonen es, dem Kind Frustrationen und Entbehrungen zuzumuten, die vielleicht auch für sie schmerzhaft sind, weil diese sich scheuen, die Rolle des Aggressors einzunehmen. Die sich in der Regel an eine Grenzziehung anschließende Wut des Kindes gilt es, so Figdor, nicht mitzuagieren, sondern auszuhalten. Figdor bezeichnet diesen Faktor als pädagogische Haltung der „verantworteten Schuld" (Figdor 1999). Sie gilt ihm als notwendige Voraussetzung, um anzuerkennen, dass erzieherisches Bemühen immer auch repressive Anteile besitzt, dass man also Kindern, entsprechend ihrer Entwicklung, Frustrationen zumuten muss, um ihre Entwicklung hin zu größerer Autonomie zu befördern. Konflikte um Grenzen bilden im pädagogischen Alltag keineswegs einen Nebenkriegsschauplatz: Es gibt aktuelle Interessenskonflikte zwischen den Generationen und Adoleszenzkonflikte, die im Interesse der Entwicklung des Kindes nicht zu früh durch ein partnerschaftliches Entgegenkommen entschärft werden sollten. Um einen eigenen Standpunkt zu finden, braucht es starke Gegenüber, mit denen Adoleszente sich auseinander setzen können (ebd. S. 58 f).

Der Kern des von Figdor genannten Theorems der verantworteten Schuld liegt jedoch darin, die eigene Aggressivität gegenüber dem Kind anzuerkennen: „Ich muß also meine (unvermeidliche) Rolle als Aggressor erkennen und akzeptieren können. Und um eben diese Fähigkeit handelt es sich, wenn von *verantworteter Schuld* die Rede ist: zu begreifen, daß ich als Mutter, Vater, Pädagoge nicht darum herum komme, immer wieder Bedürfnisse meines Kindes zu frustrieren und demnach vom Kind auch immer wieder als ‚böse', ‚gemein', versagend erlebt zu werden. Und zwar unabhängig davon, ob ich das will oder nicht; ob ich pädagogische Autorität befürworte oder ablehne; ob ich die Einhaltung von Grenzen fordere oder versuche, das Kind zu ‚motivieren', zu ‚überzeugen', oder – falls das nichts nützt – beleidigt und vorwurfsvoll umherlaufe" (ebd., S. 51 f). Erwachsene müssen auch Triebeinschränkungen von Heranwachsenden einfordern, gegen die diese sich zur Wehr setzen. Verantwortete Schuld führt zu der Anerkennung, dass Beziehungen immer ambivalent erfahren werden. Aus der Erfahrung in der Wiener Erziehungsberatung stellt Figdor fest: „Bei der Unfähigkeit, den Kindern gegenüber die Haltung der verantworteten Schuld einzunehmen, dürfte es sich gegenwärtig um eine der größten, wenn nicht überhaupt um das größte pädagogische Problem – was die affektive Beziehung zwischen Erwachsenen und Kindern betrifft – handeln" (ebd., S. 50).

Die Fähigkeit, Kindern Grenzen zu setzen kann, wie gesagt, beeinträchtigt werden, wenn man sich zu stark mit einem Kind identifiziert. Die Fähigkeit zur Identifizierung ist andererseits jedoch auch eine grundsätzliche Voraussetzung für eine psychoanalytisch-pädagogische Fallarbeit: „Denn nur in der Identifizierung mit dem Kind vermag der Erwachsene *zu spüren,* wie er bzw. seine Handlungen vom Kind erlebt werden; wie viel Angst sie machen oder wie sehr sie es entlasten; und durch welche pädagogischen Initiativen das Kind gerade jene Erfahrungen machen kann, die ihm einen wichtigen Entwicklungsschritt oder einen notwendigen Schritt aus seiner gegenwärtigen Entwicklungskrise heraus ermöglichen“ (ebd., S. 51). Das Setzen von Grenzen braucht daher die Fähigkeit, sich mit dem Kind zu identifizieren, „auch wenn ich mich in einem Konflikt mit ihm befinde, erfordert, daß ich in der Lage bin, *mich mit dem Kind gegen mich selbst identifizieren zu können*“ (ebd. S. 51).

Im Umgang mit Ben stand ich manches Mal vor dieser Situation und konnte sie nicht immer erfolgreich meistern. Der erste wichtige Schritt war jedoch der der Bewusstwerdung, was die notwendige Grenzziehung verhinderte. Ich verweise auf ein Beispiel des Fallberichts: Lange Zeit vermied ich es, Ben aus der Gruppe auszuschließen, auch dann, wenn er sich mir oder der Gruppe gegenüber destruktiv-verletzend benahm. Später reagierte ich häufiger grenzsetzend, gerade auch im Rahmen von Gruppenaktivitäten. Als Ben mich und den Kollegen beim Mittagstisch beleidigte und provozierte, schloss ich ihn sogar für zwei Tage aus der Gruppe aus und verlangte nach Ablauf dieser Frist eine Entschuldigung und ein anschließendes reflektierendes Gespräch. Ben blieb einen Tag Zuhause und entschuldigte sich am darauf folgenden Tag schriftlich und mündlich. Ich war über die Art und Weise der Entschuldigung sehr gerührt und geneigt, den Vorfall damit als erledigt zu betrachten. Aus dem Bedürfnis heraus, wieder freundlich und harmonisch mit ihm zusammensein zu wollen, wäre ich ihm aber zu schnell entgegengekommen. So merkte ich doch, dass er die Angelegenheit rasch für sich beenden und die Grenze zwischen uns durchbrechen wollte, um dann wieder zur Tagesordnung überzugehen. Aus vorangegangenen Erfahrungen mit Ben wusste ich, dass er mir am Ende ein Nachgeben nicht verzeihen und sein Verhalten in gleicher Weise wiederholen würde, wenn ich ihm nun erlaubte zurückzukommen (Fallbericht, S. 102). Auseinandersetzungen, die auf ein inneres Erleben von Differenzerfahrung zielten, bestimmten die letzten Monate der Beziehung zwischen mir und Ben. Ohne die lange gemeinsame Erfahrung, das Gehalten-Werden und die notwendige Auseinandersetzung in der Gruppe und in der Schule, die scheinbaren Rückschritte in seinem Verhalten und das Wahrnehmen der Nuancen eines psychischen Fortschritts, wäre Ben sicher nicht in der Lage gewesen, psychisch zu wachsen und sogar seinen Schulabschluss zu erreichen.

## 6.4 Ausblick

Pädagogisches Handeln und Kasuistik finden in der Spannung zwischen der lebensweltlichen Vermittlung kultureller Errungenschaften, der Anerkennung des subjektiven Erlebens und Handelns (biografische Bewältigung) und der Förderung zur Selbsttätigkeit statt. Diese Fallstudie wollte diagnostische Fragestellungen in Bezug auf Ben aufgreifen und mit Hilfe der hermeneutischen Rekonstruktionsmethodologie die Bedeutung des komplexen erzieherischen Handelns in der Tagesgruppe darstellen. Wenngleich die Schwierigkeiten in der Praxis nicht immer zufriedenstellend gelöst wurden, kann aus dieser Fallgeschichte gelernt werden: Die pädagogische Arbeit am Rahmen umfasst gerade auch solche Probleme, die für die beteiligten Personen schmerzvoll waren und unliebsame Auseinandersetzungen bedeuteten. Die Rekonstruktion des Verstehensbegriffs und die Ergänzung des Lebensweltkonzeptes um psychodynamische Erkenntnisse kann dazu anregen, die theoretische Fundierung der sozialpädagogischen Kasuistik um den Verstehens- und Erziehungsbegriff zu erweitern. Dies hätte meiner Ansicht nach Auswirkungen auf die gegenwärtig stattfindenden Veränderungsprozesse im Bereich der Jugendhilfe. Sie befindet sich in einer Phase der Neu- und Umorientierung, und daher ist es nicht verwunderlich, dass auch eine gewachsene Institution wie die lebensweltorientierte Tagesgruppe auf dem Prüfstand ihrer Leistungsfähigkeit steht. Angesichts der gravierenden Umstrukturierungen, die im Moment die Praxis der Jugendhilfe bestimmen, könnte die Einbeziehung hermeneutischer Fragestellungen auf eine wichtige Perspektive aufmerksam machen, die in der aktuellen Diskussion häufig fehlt. Dabei handelt es sich um die prozessorientierte Dimension des pädagogischen Handelns, die sich der vorschnellen ziel- und lösungsorientierten Pädagogik entgegenstellt und – stellen muss. Darüber hinaus zeigt die Einzelfallstudie, dass die Arbeit mit Ben notwendigerweise an eine Gruppe gebunden sein musste. Ohne den Kontext der Tagesgruppe, die Alltagsstruktur, die Anforderungen, die Beziehungen, hätte Ben nicht betreut werden können. Die Gefahr, in der Zweierbeziehung zu verharren, hätte zu einer Überforderung und über kurz oder lang zum Abbruch der Beziehung geführt. Allerdings braucht eine Gruppe ebenfalls Rahmenbedingungen, die es ermöglichen, solche Kinder zu halten.

Das sozialpädagogische Lebensweltkonzept trug in den 80er Jahren wesentlich dazu bei, dass die Tagesgruppe 1990 als ein reformpädagogisches Modell in den Kanon der Hilfen zur Erziehung des KJHG aufgenommen wurde. Das Konzept prägte ein weitreichendes Verständnis von sozialpädagogischem Hilfehandeln, so dass es als ein Konzept der sozialen Dienstleistung weiterentwickelt wurde. Vor diesem Hintergrund ist die jüngste Diskussion um Flexibilisierung und Integration von Erziehungshilfen, weitestgehend nicht von erzieherischen sondern von ökonomischen und organisationssoziologischen Gesichtspunkten geprägt, und daher wurde auch die Effizienz der Tagesgruppe in Frage gestellt (vgl. Peters u.a. 1998). Meines Erachtens findet jedoch eine Engeführung der Diskussion statt, wenn die notwendige gesellschaftliche Funktion der Erziehung im Rahmen der Jugendhilfe nicht mehr bewusst wahrgenommen und öffentlich diskutiert wird. Sozialpädagogik hat die Aufgabe, soziale Zusammenhänge des Aufwachsens von Kindern zu stiften und begleitende lern- und lebensweltliche Erfahrungskontexte zu arrangieren. Wenn sich im Zuge gesellschaftlicher Veränderungen lebensweltliche Erfahrungskontexte in einem Maße entstrukturieren, dass jungen Menschen notwendige biografische Entwicklungen versagt bleiben, Halt und Orientierung bietende Erwachsene sowie Alltagsstrukturen verloren gehen und soziale Kompetenzen nicht mehr eindeutig vorausgesetzt werden können, erfüllt eine Institution wie die Tagesgruppe eine wichtige gesellschaftliche Funktion (vgl. Tenorth 2000, s.a. Winkler 1988). Zu Recht kritisiert Michael Winkler, dass im Zuge der Umstrukturierung der Jugendhilfe die Rolle des Konzeptes der flexiblen Hilfen in Bezug auf die gesellschaftlichen Veränderungsprozesse und die biografisch bedingte Erosion von Halt gebenden psychischen und familialen Strukturen zu wenig diskutiert wird. Darüber hinaus lassen die Akteure des Veränderungsprozesses in der Praxis offen, ob es ihnen um die notwendige Erweiterung des Hilfeangebots oder um eine grundlegende strukturelle Verflüssigung gewachsener Dienstleistungen zugunsten einer kostengünstigeren und vermeintlich angemesseneren flexiblen Angebotsstruktur geht: „Weder theoretisch noch empirisch finden sich Hinweise auf die Problematik von pädagogischen Handlungssituationen, die sich in institutionell kaum geschützten, unmittelbaren Beziehungen realisieren“ (Winkler 1999b, S. 139). Außer Acht bleibt auch, dass Erziehung an strukturelle Rahmenbedingungen geknüpft ist, die heute deutlicher zu Tage treten, weil sie in Auflösung begriffen sind. In diesem Zusammenhang stellt der von Winkler ausgemachte Verlust kulturell abgesicherter Verbindlichkeiten in Bezug auf familial sozialisatorische Funktionen einen wichtigen Bezugspunkt dar, von dem her sozialpädagogisches Handeln neu interpretiert werden muss (vgl. Winkler 1988, S. 263 f). Dieser Zusammenhang wurde im Rahmen der Fallstudie aufgezeigt, denn der Fall macht deutlich, dass Dissozialität auch mit dem Verlust generativer Ordnungen in Verbindung steht, und dass das pädagogische Hilfehandeln an strukturelle Rahmenbedingungen geknüpft ist, ohne die es seine Wirkung verfehlt.

Vielerorts steht die Tagesgruppenarbeit auf dem Prüfstand und wird selbst von Praktikern in Frage gestellt. Meiner Ansicht nach ist die lebensweltorientierte Tagesgruppe nicht durch flexible Einzelfallhilfen und (sicher auch notwendige) Freizeitangebote für Jugendliche im Stadtteil zu ersetzen. Sie ist auch kein „Lückenfüller“ für lediglich fehlende Gruppenbildungen und soziale Lernerfahrungen im Gemeinwesen. Helga Treeß Kritik, die Tagesgruppe sei nur „Handlanger“ für überforderte Lehrer bzw. Lehrerinnen und trage als eine pädagogische Sondereinrichtung zur „Versäulung“ der Jugendhilfeangebote des KJHG bei, ist aus meiner Erfahrung heraus nicht zuzustimmen (vgl. Treeß 1998, S. 213) Treeß vertritt sogar die Meinung, dass Heranwachsende in der Tagesgruppe geradezu gehindert werden, lebensweltlich relevante Erfahrungen zu machen: „So fragt man sich, was die Kinder in einer Tagesgruppe wirklich lernen: Zuverlässigkeit im Beziehungskontext jedenfalls nicht oder nur eingeschränkt. Wenn die z.T. ambivalent, z.T. ablehnend oder orientierungslos gebundenen Kinder, die in eine Tagesgruppe kommen, jedoch auf diesem für sie lebenswichtigen Feld keine Fortschritte machen könnten, wäre die Tagesgruppe weitgehend wertlos für sie“ (ebd., S. 215).

Diese Fallstudie zeigt, dass die Leistungsfähigkeit der lebensweltorientierten Tagesgruppe gerade darin liegt, ein eigenes pädagogisch ausgerichtetes Lebensfeld bereitzustellen, das Heranwachsende in biografisch vorgegebenen kritischen Lebensaltern begleitet und das ihnen Orientierung bietet. Die Heranwachsenden können hier Fertigkeiten entwickeln, soziales Verhalten einüben und dabei im vertrauten Umfeld der Familie leben. In einzelnen Fällen dient die Tagesgruppe als Clearingstelle, die Heranwachsenden und ihren Eltern eine notwendige räumliche Trennung ermöglicht. Angesichts der gesellschaftlichen Veränderungsprozesse kann die Tagesgruppe als „zweites Zuhause um die Ecke“ Akzeptanz finden, ohne wichtige familiale Bindungen unnötigerweise, vielleicht auch unzulässigerweise, von außen in Frage zu stellen. Darüber hinaus ist die lebensweltorientierte Tagesgruppe in der Regel im Gemeinwesen mit anderen Institutionen vernetzt und stark an einer flexiblen Arbeitsweise interessiert. Die Leistungsbeschreibung dieser Tagesgruppe verdeutlicht diese Zusammenhänge. Dass eine pädagogisch theoretische Fundierung und konzeptionelle Arbeit durch die Pädagogen und Pädagoginnen vor Ort geleistet werden muss, versteht sich von selbst.

# 7 Literaturverzeichnis

Ahrbeck, Bernd 1992: Aggressivität als pädagogisches Problem. Ich-psychologische und objektbeziehungstheoretische Beiträge. In: Frankfurter Arbeitskreis für Psychoanalytische Pädagogik (Hrsg.): Jahrbuch für psychoanalytische Pädagogik, Bd. 4. Mainz, S. 220-237.

Ahrbeck, Bernd 2000: Der ödipale Konflikt im pädagogischen und therapeutischen Prozess. In: Ahrbeck, Bernd; Körner, Jürgen (Hrsg.): Der vergessene Dritte – Ödipale Konflikte in Erziehung und Therapie. Neuwied, Berlin, S. 106-118.

Aichhorn, August 1951 (1925): Verwahrloste Jugend. Die Psychoanalyse in der Fürsorgeerziehung. Mit einem Geleitwort von Sigmund Freud. Bern (3. Auflage).

Allert, Tilman 1998: Die Familie. Fallstudien zur Unverwüstlichkeit einer Lebensform. Berlin, New York.

Ardjomandi, Mohammad E. 1998: Migration – ein Trauma? In: Schlösser, Anne-Marie; Höhfeld, Kurt (Hrsg.): Trauma und Konflikt. Gießen, S. 309-322.

Baacke, Dieter 1993: Ausschnitt und Ganzes. Theoretische und methodologische Probleme bei der Erschließung von Geschichten. In: Baacke, Dieter; Schulze, Theodor (Hrsg.): Aus Geschichten lernen. Zur Einübung pädagogischen Verstehens. Weinheim, München, S. 87-125.

Bauman, Zygmunt 1999: Unbehagen in der Postmoderne. Hamburg.

Beck, Ulrich 1986: Risikogesellschaft. Auf dem Weg in eine andere Moderne. Frankfurt/M.

Beck, Ulrich 1996: Das Zeitalter der Nebenfolgen und die Politisierung der Moderne. In: Beck, Ulrich; Giddens, Anthony; Lash, Scott (Hrsg.): Reflexive Modernisierung. Eine Kontroverse. Frankfurt/M., S. 19-112.

Benjamin, Jessica 1990: Die Fesseln der Liebe: Psychoanalyse, Feminismus und das Problem der Macht. Basel, Frankfurt/M.

Benjamin, Jessica 1998 (1992): Vater und Tochter. Identifizierung mit Differenz. In: Winterhager-Schmid, Luise (Hrsg.): Konstruktionen des Weiblichen. Ein Reader. Weinheim, S. 141-155.

Berger, Peter L.; Luckmann, Thomas 1994 (1969): Die gesellschaftliche Konstruktion der Wirklichkeit. Eine Theorie der Wissenssoziologie. Frankfurt/M.

Bernfeld, Siegfried 1970: Psychologie des Jugendalters. Meisenheim.

Bernfeld, Siegfried 1994 (1925): Sisyphos oder die Grenzen der Erziehung. Frankfurt/M. (4. Auflage).

Binneberg, Karl 1985: Grundlagen der pädagogischen Kasuistik. In: Zeitschrift für Pädagogik, 31. Jg., Nr. 6, S. 773-788.

Bion, Wilfred R. 1997 (1962): Lernen durch Erfahrung. Frankfurt/M. (2. Auflage).

Bittner, Günther 1989: Pädagogik und Psychoanalyse. In: Röhrs, Herrmann; Scheuerl, Hans (Hrsg.): Richtungsstreit in der Erziehungswissenschaft und pädagogische Verständigung. Frankfurt/M., Bern, S. 215-227.
Blankertz, Herwig 1982: Die Geschichte der Pädagogik von der Aufklärung bis zur Gegenwart. Wetzlar.
Blos, Peter 1990 (1985): Sohn und Vater. Diesseits und jenseits des Ödipuskomplexes. Stuttgart.
Blos, Peter 1995 (1962): Adoleszenz. Eine psychoanalytische Interpretation. Stuttgart (6. Auflage).
Böhm, Winfried 2000: Wörterbuch der Pädagogik. Stuttgart (15. Auflage).
Böhnisch, Lothar 1997: Sozialpädagogik der Lebensalter. Eine Einführung. Weinheim, München.
Böhnisch, Lothar; Arnold, Helmut; Schröer, Wolfgang (Hrsg.) 1999a: Sozialpolitik. Eine sozialwissenschaftliche Einführung. München.
Böhnisch, Lothar 1999b: Abweichendes Verhalten. Eine pädagogisch-soziologische Einführung. Weinheim, München.
Bohl, Hans Hartwig 1987: Abweichendes Verhalten. In: Eyferth, Hanns; Otto, Hans-Uwe; Thiersch, Hans (Hrsg.): Handbuch zur Sozialarbeit/Sozialpädagogik. Neuwied, Darmstadt, S. 1-11.
Bollnow, Otto Friedrich 1986: Einige Bemerkungen zu Schleiermachers Pädagogik. In: Zeitschrift für Pädagogik, 32. Jg., Nr. 5, S. 719-741.
Bowlby, John 1980: Das Glück und die Trauer. Herstellung und Lösung affektiver Bindungen. Stuttgart.
Brauner, Klaus 1998: Pädagogik, psychoanalytische. In: Lenzen, Dieter (Hrsg.): Pädagogische Grundbegriffe, Bd 2. Hamburg, S. 1219-1231 (5. Auflage).
Brisch, Karl Heinz 1999: Bindungsstörungen. Stuttgart.
Brusten, Manfred 1981: Abweichendes Verhalten. In: Schiefele, Hans (Hrsg.): Lexikon zur pädagogischen Psychologie. München, S. 1-6.
Bürger, Ulrich 2000: Zur Entwicklung von Jugendhilfebedarf und sozialstrukturellem Wandel. Konzept einer integrierten Berichterstattung. Herausgegeben vom Landeswohlfahrtsverband Württemberg-Hohenzollern. Stuttgart.
Bundesministerium für Jugend, Familie, Frauen und Gesundheit (Hrsg.) 1990: Achter Jugendbericht. Bericht über Bestrebungen und Leistungen der Jugendhilfe. Bonn.
Bundesministerium für Familie, Senioren, Frauen und Jugend (Hrsg.) 1998: Leistungen und Grenzen von Heimerziehung. Ergebnisse einer Evaluationsstudie stationärer und teilstationärer Erziehungshilfen. Stuttgart, Berlin, Köln.
Combe, Arno; Helsper, Werner 1991: Hermeneutische Ansätze in der Jugendforschung: Überlegungen zum fallrekonstruktiven Modell erfahrungswissenschaftlichen Handelns. In: Combe, Arno; Helsper, Werner (Hrsg.): Hermeneutische Jugendforschung. Opladen, S. 231-257.
Chodorow, Nancy 1998 (1985): Die Überwindung des Ödipuskomplexes und seine Wiederbelebung in der Adoleszenz. In: Winterhager-Schmid, Luise (Hrsg.): Konstruktionen des Weiblichen. Ein Reader. Weinheim, S. 156-166.
Colla, Herbert (Hrsg.) 1999: Handbuch Heimerziehung. Neuwied.
Danner, Helmut 1998 (1979): Methoden geisteswissenschaftlicher Pädagogik. München, Basel (4. Auflage).

Datler, Wilfried 1993: Zur Frage nach dem Bildungsbegriff (in) der Psychoanalytischen Pädagogik. In: Muck, Mario; Trescher, Hans-Georg (Hrsg.): Grundlagen der Psychoanalytischen Pädagogik. Mainz.

Devereux, Georges 1998 (1967): Angst und Methode in den Verhaltenswissenschaften. Frankfurt/M. (4. Auflage).

Dilthey, Wilhelm 1997 (1910): Der Aufbau der geschichtlichen Welt in den Geisteswissenschaften. Frankfurt/M. (5. Auflage).

Dornes, Martin 1993: Der kompetente Säugling. Die präverbale Entwicklung des Menschen. Frankfurt/M.

Ecarius, Jutta 1998: Generationenbeziehungen und Generationenverhältnisse. Analyse zur Entwicklung des Generationenbegriffs. In: Ecarius, Jutta (Hrsg.): Was will die jüngere mit der älteren Generation? Generationsbeziehungen und Generationsverhältnisse in der Erziehungswissenschaft. Opladen, S. 41-66.

Erikson, Erik H. 1971 (1959): Identität und Lebenszyklus. Drei Aufsätze. Frankfurt/M.

Erikson, Erik H. 1988 (1968): Jugend und Krise. Die Psychodynamik im sozialen Wandel. München.

Fatke, Reinhard 1995a: Das Allgemeine und das Besondere in pädagogischen Fallgeschichten. In: Zeitschrift für Pädagogik, 41. Jg., Nr. 5, S. 681-695.

Fatke, Reinhard; Scarbath, Horst (Hrsg.) 1995b: Pioniere psychoanalytischer Pädagogik. Frankfurt/M., Berlin, Bern.

Fatke, Reinhard 1997: Fallstudien in der Erziehungswissenschaft. In: Friebertshäuser, Barbara; Prengel, Annedore (Hrsg.): Handbuch Qualitative Forschungsmethoden in der Erziehungswissenschaft. Weinheim, München, S. 56-68.

Feldmann, Michael 1999: Projektive Identifizierung: Die Einbeziehung des Analytikers. In: Psyche, Heft 9/10, S. 991-1014.

Figdor, Helmuth 1989: „Pädagogisch angewandte Psychoanalyse“ oder „psychoanalytische Pädagogik“? In: Frankfurter Arbeitskreis für Psychoanalytische Pädagogik (Hrsg.): Jahrbuch für psychoanalytische Pädagogik, Bd. 1. Mainz, S. 136-172.

Figdor, Helmuth 1993: Wissenschaftstheoretische Grundlagen der Psychoanalytischen Pädagogik. In: Muck, Mario; Trescher, Hans-Georg (Hrsg.): Grundlagen der Psychoanalytischen Pädagogik. Mainz, S. 63-99.

Figdor, Helmuth 1997: Kinder aus geschiedenen Ehen: Zwischen Trauma und Hoffnung. Mainz (6. Auflage).

Figdor, Helmuth 1999: Aufklärung, verantwortete Schuld und die Wiederentdeckung der Freude am Kind. Grundprinzipien des Wiener Konzeptes psychoanalytisch-pädagogischer Erziehungsberatung. In: Datler, Wilfried; Figdor, Helmuth; Gstach, Johannes (Hrsg.): Die Wiederentdeckung der Freude am Kind. Psychoanalytisch-pädagogische Erziehungsberatung heute. Gießen, S. 32-60.

Fisseni, Hermann-Josef 1998 : Persönlichkeitspsychologie. Ein Theorienüberblick. Göttingen, Bern, Toronto, Seattle (4. Auflage).

Flitner, Wilhelm 1997 (1950): Allgemeine Pädagogik. Stuttgart (15. Auflage).

Frank, Manfred (Hrsg.) 1999: Schleiermacher: Hermeneutik und Kritik. Einleitung. Frankfurt/M.

Frankfurter Arbeitskreis für Psychoanalytische Pädagogik 1998 (Hrsg.): Jahrbuch für Psychoanalytische Pädagogik, Bd. 9. Jugendhilfe und Psychoanalytische Pädagogik. Gießen.
Freud, Anna 1960: Probleme der Pubertät. In: Psyche, Heft 1, S. 1-24.
Freud, Anna 1970 (1956): Einführung in die Psychoanalyse für Pädagogen. Hamburg.
Freud, Anna 1989 (1936): Das Ich und die Abwehrmechanismen. Frankfurt/M.
Freud, Anna 1993 (1968): Wege und Irrwege in der Kinderentwicklung. Stuttgart (6. Auflage).
Freud, Sigmund 1951 (1925): Geleitwort. In: Aichhorn, August: Verwahrloste Jugend. Die Psychoanalyse in der Fürsorgeerziehung. Bern (3. Auflage).
Freud, Sigmund 1971a: „Selbstdarstellung". Schriften zur Geschichte der Psychoanalyse. Frankfurt /M.
Freud, Sigmund 1971b (1913): Das Interesse an der Psychoanalyse. In: Freud, Sigmund: Darstellungen der Psychoanalyse. Frankfurt/M., S. 102-129.
Freud, Sigmund 1971b (1926): Die Frage der Laienanalyse. In: Freud, Sigmund: Darstellungen der Psychoanalyse. Frankfurt/M., S. 139-220.
Freud, Sigmund 1986: Kulturtheoretische Schriften. Frankfurt/M.
Freud, Sigmund 1992 (1953): Abriß der Psychoanalyse. Das Unbehagen in der Kultur. Frankfurt/M.
Freud, Sigmund 1997 (1923): Das Ich und das Es. Metapsychologische Schriften. Frankfurt/M.
Friebertshäuser, Barbara; Prengel, Annedore (Hrsg.) 1997: Handbuch Qualitative Forschungsmethoden in der Erziehungswissenschaft. Weinheim, München.
Fromm, Erich 1983 (1941): Die Furcht vor der Freiheit. Frankfurt/M., Berlin.
Fromm, Erich 1986 (1973): Anatomie der menschlichen Destruktivität. Hamburg.
Frommann, Anne; Becker, Gerold (Hrsg.) 1996: Martin Bonhoeffer. Sozialpädagoge und Freund unter Zeitdruck. Talheim.
Füchtner, Hans 1993: Psychoanalytische Pädagogik als kritische Pädagogik. In: Muck, Mario; Trescher, Hans-Georg (Hrsg.): Grundlagen der Psychoanalytischen Pädagogik. Mainz, S. 148-166.
Füssenhäuser, Cornelia 1998: Theoriekonzepte der Sozialen Arbeit im Vergleich. Silvia Staub-Bernasconi – Hans Thiersch – Hans Uwe Otto; oder: Von der sozialpädagogischen Kochkunst und der Art des Würzens. Unveröffentlichte Diplomarbeit am Institut für Erziehungswissenschaft der Universität Tübingen.
Gabbard, Glen O. 1999: Gegenübertragung: Die Herausbildung einer gemeinsamen Grundlage. In: Psyche, Heft 9/10, S. 972-990.
Gaertner, Adrian 1988: Supervision. In: Kreft, Dieter; Mielenz, Ingrid (Hrsg.): Wörterbuch Soziale Arbeit. Weinheim, Basel (3. überarbeitete Auflage), S. 563-566.
Galuske, Michael 1998: Methoden der Sozialen Arbeit. Eine Einführung. Weinheim, München.
Geißler, Georg 1991: Herman Nohl (1879-1960). In: Scheuerl, Hans (Hrsg.): Klassiker der Pädagogik, Bd. 2. München (2. überarbeitete Auflage), S. 225-241.

Gemende, Marion; Schröer, Wolfgang; Sting, Stephan (Hrsg.) 1999: Zwischen den Kulturen. Pädagogische und sozialpädagogische Zugänge zur Interkulturalität. Weinheim, München.
Gerspach, Manfred 2000: Einführung in pädagogisches Denken und Handeln. Stuttgart, Berlin, Köln.
Giddens, Anthony 1993: Wandel der Intimität. Sexualität, Liebe und Erotik in modernen Gesellschaften. Frankfurt/M.
Gill, Merton M. 1997: Psychoanalyse im Übergang. Stuttgart.
Goffman, Erving 1986: Interaktionsrituale. Über Verhalten in direkter Kommunikation. Frankfurt/M.
Groothoff, Hans H. 1964: Erziehung. In: Groothoff, Hans H. (Hrsg.): Das Fischer-Lexikon Pädagogik. Frankfurt/M., S. 74-82.
Grunwald, Klaus; Thiersch, Hans 2001: Lebensweltorientierung. In: Otto, Hans-Uwe; Thiersch, Hans (Hrsg.): Handbuch Sozialarbeit, Sozialpädagogik. Neuwied, S. 1136-1148 (2. völlig überarbeitete Auflage).
Gutbrod, Heiner 1999: „Flexible Hilfen". Eine Fallstudie. Unveröffentlichte Diplomarbeit am Institut für Erziehungswissenschaft an der Universität Tübingen.
Gutwinski-Jeggle, Jutta 1995: Denken lassen oder selber denken. In: Haas, Johann-Peter; Jappe, Gemma (Hrsg.): Deutungsoptionen. Für Wolfgang Loch. Tübingen, S. 189-220.
Haesler, Ludwig 2000: Das ödipale Dreieck – Lebensgeschichtliches Ereignis oder psychische Struktur? In: Ahrbeck, Bernd; Körner, Jürgen (Hrsg.): Der vergessene Dritte – Ödipale Konflikte in Erziehung und Therapie. Neuwied, Berlin, S. 25-49.
Hamburger, Franz 1999: Modernisierung, Migration und Ethnisierung. In: Gemende, Marion; Schröer, Wolfgang; Sting, Stephan (Hrsg.): Zwischen den Kulturen. Pädagogische und Sozialpädagogische Zugänge zur Interkulturalität. Weinheim, München, S. 37-53.
Hartmann, Heinz 1960: Ich-Psychologie und Anpassungsproblem. In: Psyche, Heft 2, S. 81-163.
Heckmann, Friedrich 1992: Ethnische Minderheiten, Volk und Nation. Soziologie interethnischer Beziehungen. Stuttgart.
Heinemann, Evelyn; Rauchfleisch, Udo; Grüttner, Tilo (Hrsg.) 1992: Gewalttätige Kinder. Psychoanalyse und Pädagogik in Schule, Heim und Therapie. Frankfurt/M.
Henseler, Heinz 1982: Die Theorie des Narzißmus. In: Eicke, Dieter (Hrsg.): Tiefenpsychologie, Bd 1. Sigmund Freud – Leben und Werk. Weinheim, Basel, S. 453-471.
Hilgers, Micha 1996: Scham. Gesichter eines Affekts. Göttingen, Zürich.
Hörster, Reinhard; Müller, Burkhard 1996: Zur Struktur sozialpädagogischer Kompetenz. Oder: Wo bleibt das Pädagogische der Sozialpädagogik? In: Combe, Arno; Helsper Werner (Hrsg.): Pädagogische Professionalität. Untersuchungen zum Typus pädagogischen Handelns. Frankfurt/M., S. 614-648.
Holder, Alex 1997: Einleitung. In: Freud, Sigmund: Das Ich und das Es. Frankfurt/M., S. 7-28.

Holder, Alex 1999: Die psychoanalytische Krankheitslehre bei Kindern und Jugendlichen. In: Hinz, Helmut (Hrsg.): Wolfgang Loch. Die Krankheitslehre der Psychoanalyse. Stuttgart, Leipzig (6. Auflage), S. 351-418.
Honneth, Axel 1998: Kampf um Anerkennung. Zur moralischen Grammatik sozialer Konflikte. Frankfurt (2. Auflage).
Hopf, Hans 1998: Aggression in der analytischen Therapie mit Kindern und Jugendlichen. Theoretische Annahmen und behandlungstechnische Konsequenzen. Göttingen.
Horkheimer, Max; Adorno, Theodor W. 1971 (1947): Dialektik der Aufklärung. Frankfurt/M.
Hornstein, Walter 1999: Generation und Generationenverhältnisse in der „radikalisierten Moderne". Theoretische Perspektiven und Forschungsaufgaben in der Erziehungswissenschaft. In: Zeitschrift für Pädagogik, Sonderheft 39. Erziehung und sozialer Wandel. Weinheim, Basel, S. 51-68.
Hurrelmann, Klaus 1986: Einführung in die Sozialisationstheorie. Über den Zusammenhang von Sozialstruktur und Persönlichkeit. Weinheim, Basel.
Jacobson, Edith 1998 (1964): Das Selbst und die Welt der Objekte. Frankfurt/M. (5. Auflage).
Jakob, Gisela 1999: Fallverstehen und Deutungsprozesse in der sozialpädagogischen Praxis. In: Peters, Friedhelm (Hrsg.): Diagnosen - Gutachten - Hermeneutisches Fallverstehen. Rekonstruktive Verfahren zur Qualifizierung individueller Hilfeplanung. Frankfurt/M., S. 99-125.
Jordan, Erwin; Sengling, Dieter 1994: Jugendhilfe. Einführung in Geschichte und Handlungsfelder, Organisationsformen und gesellschaftliche Problemlagen. München (3. Auflage).
Kernberg, Otto, F. 1998 (1975): Borderline-Störungen und pathologischer Narzißmus. Frankfurt/M. (10. Auflage).
Khan, M. Masud R. 1982: Das Werk von D.W. Winnicott. In: Eicke, Dieter (Hrsg.): Tiefenpsychologie, Bd. 3. Sigmund Freud – Leben und Werk. Weinheim, Basel, S. 219-253.
Kimmerle, Gerd (Hrsg.) 1998: Zur Theorie der Psychoanalytischen Fallgeschichte. Tübingen.
King, Vera 1998: Fallgeschichte und Theorieentstehung. Produktivität und Grenzen der Erkenntnis in Freuds adoleszentem Fall Dora. In: Kimmerle, Gerd (Hrsg.): Zur Theorie der Psychoanalytischen Fallgeschichte. Tübingen, S. 45-83.
Klein, Melanie 1960 (1952): Über das Seelenleben des Kleinkindes. In: Psyche, Heft 2, S. 284-316.
Klein, Melanie 1962: Das Seelenleben des Kleinkindes und andere Beiträge zur Psychoanalyse. Stuttgart.
Kleining, Gerhard (Hrsg.) 1995: Lehrbuch entdeckende Sozialforschung. Von der Hermeneutik zur qualitativen Heuristik Bd. 1. Weinheim.
Körner, Jürgen 1983: Psychoanalytische Pädagogik. In: Mertens, Wolfgang (Hrsg.): Psychoanalyse. Ein Handbuch in Schlüsselbegriffen. München, Wien, S. 123- 128.
Körner, Jürgen 1985: Vom Erklären zum Verstehen in der Psychoanalyse. Untersuchungen zur psychoanalytischen Methode. Göttingen.
Körner, Jürgen 1990: Welcher Begründung bedarf die psychoanalytische Pädagogik? In: Frankfurter Arbeitskreis für Psychoanalytische Pädagogik

(Hrsg.): Jahrbuch für psychoanalytische Pädagogik, Bd. 2. Mainz, S. 130-140.
Körner, Jürgen 1992: Auf dem Wege zu einer Psychoanalytischen Pädagogik. In: Frankfurter Arbeitskreis für Psychoanalytische Pädagogik (Hrsg.): Jahrbuch für psychoanalytische Pädagogik, Bd. 4. Mainz, S. 66-84.
Körner, Jürgen 1995: Das Psychoanalytische einer psychoanalytisch-pädagogischen Fallgeschichte. In: Zeitschrift für Pädagogik, 41. Jg., Nr. 5, S. 709-717.
Körner, Jürgen 1996: Zum Verhältnis pädagogischen und therapeutischen Handelns. In: Combe, Arno; Helsper, Werner (Hrsg.): Pädagogische Professionalität. Frankfurt/M., S. 780-809.
Körner, Jürgen; Ludwig-Körner, Christiane 1997: Psychoanalytische Sozialpädagogik. Eine Einführung in vier Fallgeschichten. Freiburg.
Kohut, Heinz 1997 (1971): Narzißmus. Eine Theorie der psychoanalytischen Behandlung narzißtischer Persönlichkeitsstörungen. Frankfurt/M. (10. Auflage).
Kutter, Peter; Müller, Thomas 1999: Psychoanalyse der Psychosen und Persönlichkeitsstörungen. In: Hinz, Helmut (Hrsg.): Wolfgang Loch. Die Krankheitslehre der Psychoanalyse. Stuttgart, Leipzig (6.Auflage), S. 195-278.
Laplanche, Jean; Pontalis, J. B. 1992: Das Vokabular der Psychoanalyse. Frankfurt/M. (11. Auflage).
Lazar, Ross A. 2000: Die klinische Bedeutung des Ödipuskomplexes heute – mit Beispielen aus der Kinder- und Jugendlichenpsychotherapie und der Säuglingsbeobachtung. In: Ahrbeck, Bernd; Körner, Jürgen (Hrsg.): Der vergessene Dritte – Ödipale Konflikte in Erziehung und Therapie. Neuwied, Berlin, S. 87-95.
Leber, Aloys 1972: Psychoanalytische Reflexion – ein Weg zur Selbstbestimmung – in Pädagogik und Sozialarbeit. In: Leber, Aloys; Reiser, Helmut (Hrsg.): Sozialpädagogik, Psychoanalyse und Sozialkritik. Neuwied, S. 13-51.
Leuzinger-Bohleber, Marianne; Garlichs, Ariane 1997: Theoriegeleitete Fallstudien im Dialog zwischen Psychoanalyse und Erziehungswissenschaft. In: Friebertshäuser, Barbara; Prengel, Annedore (Hrsg.): Handbuch Qualitative Forschungsmethoden in der Erziehungswissenschaft. Weinheim, München, S. 157-176.
Liebau, Eckhart 1995: Überlegungen zu einer praxeologischen Bildungstheorie. In: Leonhard, Hans-Walter; Liebau, Eckhart; Winkler, Michael (Hrsg.): Pädagogische Erkenntnis. Grundlagen pädagogischer Theoriebildung. Weinheim, München, S. 131-139.
Loch, Wolfgang; Hinz, Helmut 1999: Grundriß der psychoanalytischen Theorie (Metapsychologie). In: Hinz, Helmut (Hrsg.): Wolfgang Loch. Die Krankheitslehre der Psychoanalyse. Stuttgart, Leipzig (6. Auflage), S. 15-78.
Loch, Wolfgang; Jappe, Gemma 1974: Die Konstruktion der Wirklichkeit und die Phantasien. In: Psyche, Heft 1, S. 1-31.
Lorenzer, Alfred 1993: Die Analyse der subjektiven Struktur von Lebensläufen und das gesellschaftlich Objektive. In: Baacke, Dieter; Schulze, Theodor, (Hrsg.): Aus Geschichten lernen. Zur Einübung pädagogischen Verstehens. Weinheim, München, S. 239-255.

Lorenzer, Alfred 2000 (1973): Sprachzerstörung und Rekonstruktion. Frankfurt/M. (5. Auflage).
Luhmann, Niklas 1981: Politische Theorie im Wohlfahrtsstaat. München, Wien.
Luhmann, Niklas 1988: Ökologische Kommunikation. Opladen (2. Auflage).
Mahler, Margaret S. 1987 (1975): Die psychische Geburt des Menschen. Frankfurt/M.
Mannheim, Karl 1971 (1928): Das Problem der Generationen. In: Friedeburg, Ludwig (Hrsg.): Jugend in der modernen Gesellschaft. Köln, Berlin, S. 23-48).
Mayring, Philipp 1999: Einführung in die qualitative Sozialforschung. Eine Anleitung zu qualitativem Denken. Weinheim (4. Auflage).
Mentzos, Stavros 1988 (1982): Neurotische Konfliktbearbeitung. Einführung in die psychoanalytische Neurosenlehre unter Berücksichtigung neuer Perspektiven. Frankfurt/M.
Mentzos, Stavros 1996 (1976): Interpersonale und institutionalisierte Abwehr. Frankfurt/M. (4. Auflage).
Mertens, Wolfgang 2000: Grundlagen psychoanalytischer Psychotherapie. In: Senf, Wolfgang; Broda, Michael (Hrsg.): Praxis der Psychotherapie. Ein integratives Lehrbuch: Psychoanalyse, Verhaltenstherapie, Systemische Therapie. Stuttgart, New York, S. 130-167.
Meyer-Drawe, Käte 1998: Lebenswelt. In: Lenzen, Dieter (Hrsg.): Pädagogische Grundbegriffe, Bd. 2. Hamburg, S. 923-930 (5. Auflage).
Minuchin, Salvador 1997 (1976): Familie und Familientherapie. Theorie und Praxis struktureller Familientherapie. Freiburg (10. Auflage).
Moch, Matthias 1989: Um die Ecke ein zweites Zuhause. Familienergänzende und teilstationäre Erziehungshilfe im Lebensfeld. Dissertation. Tübingen.
Mollenhauer, Klaus 1991: Einführung in die Sozialpädagogik. Probleme und Begriffe der Jugendhilfe. Weinheim, Basel (9. Auflage).
Mollenhauer, Klaus; Uhlendorff, Uwe 1999 (1992): Sozialpädagogische Diagnosen I. Über Jugendliche in schwierigen Lebenslagen. Weinheim, München (3. Auflage).
Mollenhauer, Klaus; Uhlendorff, Uwe 2000 (1995): Sozialpädagogische Diagnosen II. Selbstdeutungen verhaltensschwieriger Jugendlicher als empirische Grundlage für Erziehungspläne. Weinheim, München (2. Auflage).
Moreno, Jacob L. 1988 (1959): Gruppenpsychotherapie und Psychodrama. Stuttgart, New York (3. Auflage).
Müller, Burkard 1991: Die Last der großen Hoffnungen. Methodisches Handeln und Selbstkontrolle in sozialen Berufen. Weinheim, München.
Müller, Burkard 1995: Außensicht - Innensicht. Beiträge zu einer analytisch orientierten Sozialpädagogik. Freiburg.
Müller, Burkard 1997 (1993): Sozialpädagogisches Können. Ein Lehrbuch zur multiperspektivischen Fallarbeit. Freiburg (3. Auflage).
Müller, C. Wolfgang 1988: Sozialarbeit-Sozialpädagogik. In: Kreft, Dieter; Mielenz, Ingrid (Hrsg.): Wörterbuch Soziale Arbeit. Weinheim, Basel, S. 480-484.
Müller-Pozzi, Heinz 1997: Psychoanalytisches Denken. Göttingen (2. Auflage).
Natorp, Paul 1920: Sozialpädagogik. Theorie der Willenserziehung auf der Grundlage der Gemeinschaft. Stuttgart.

Niemeyer, Christian 1999: Theorie und Praxis der Sozialpädagogik. Münster.
Nohl, Herman 1926: Gedanken über die Erziehungstätigkeit des Einzelnen mit besonderer Berücksichtigung der Erfahrungen von Freud und Adler. In: Nohl, Herman: Pädagogik aus dreißig Jahren. Frankfurt/M., S. 151-160.
Nohl, Herman 1957: Die pädagogische Bewegung in Deutschland und ihre Theorie. Frankfurt/M.
Oelkers, Jürgen 1992: Pädagogische Ethik. Eine Einführung in Probleme, Paradoxien und Perspektiven. Weinheim, München.
Ogden, Thomas H. 1995: Frühe Formen des Erlebens. Wien.
Palazzoli, M. Selvini (Hrsg.) 1978: Der entzauberte Magier. Zur paradoxen Situation des Schulpsychologen. Stuttgart.
Peters, Friedhelm; Trede, Wolfgang; Winkler, Michael (Hrsg.) 1998: Integrierte Erziehungshilfen. Qualifizierung der Jugendhilfe durch Flexibilisierung und Integration? Frankfurt/M.
Peters, Friedhelm (Hrsg.) 1999: Diagnosen - Gutachten - Hermeneutisches Fallverstehen. Rekonstruktive Verfahren zur Qualifizierung individueller Hilfeplanung. Frankfurt/M.
Petrik, Regina 1992: Szenisches Verstehen – Forschungsinstrument und/oder Handlungskonzept Psychoanalytischer Pädagogik? In: Frankfurter Arbeitskreis für Psychoanalytische Pädagogik (Hrsg.): Jahrbuch für psychoanalytische Pädagogik, Bd. 4. Mainz, S. 163-178.
Pfleiderer, Barbara 1993: Der Körper als äußerer und innerer Ort zur Bildung von Objekt- und Selbstrepräsentanzen. In: Verein für Psychoanalytische Sozialarbeit (Hrsg.): Innere Orte – Äußere Orte. Die Bildung psychischer Strukturen bei ich-strukturell gestörten Menschen. Tübingen.
Prengel, Annedore 1997: Perspektivität anerkennen – Zur Bedeutung von Praxisforschung in Erziehung und Erziehungswissenschaft. In: Friebertshäuser, Barbara; Prengel, Annedore (Hrsg.): Handbuch Qualitative Forschungsmethoden in der Erziehungswissenschaft. Weinheim, München, S. 599-627.
Rauchfleisch, Udo 1999: Außenseiter der Gesellschaft. Psychodynamik und Möglichkeiten zur Psychotherapie Straffälliger. Göttingen.
Rauschenbach, Thomas 1998: Generationenverhältnisse im Wandel. Familie, Erziehungswissenschaft und soziale Dienste im Horizont der Generationenfrage. In: Ecarius, Jutta (Hrsg.): Was will die jüngere mit der älteren Generation? Generationsbeziehungen und Generationsverhältnisse in der Erziehungswissenschaft. Opladen, S. 13-39.
Rauschenbach, Thomas 1999: Grenzen der Lebensweltorientierung – Sozialpädagogik auf dem Weg zu „systemischer Effizienz"? Überlegungen zu den Folgen der Ökonomisierung Sozialer Arbeit. In: Zeitschrift für Pädagogik, Sonderheft 39. Erziehung und sozialer Wandel. Weinheim, Basel, S. 223-244.
Redl, Fritz; Wineman, David 1979 (1951): Kinder, die hassen. Auflösung und Zusammenbruch der Selbstkontrolle. München.
Redl, Fritz; Wineman, David 1993 (1952): Steuerung des aggressiven Verhaltens beim Kind. München (6. Auflage).
Ricklefs, Ulfert 1965: Hermeneutik. In: Fischer Literatur Lexikon. Frankfurt/M., S. 277-293.

Rilling, Dieter 1998: Jugendhilfestationen im Landkreis Tübingen. In: Peters, Friedhelm u.a. (Hrsg.): Integrierte Erziehungshilfen. Qualifizierung der Jugendhilfe durch Flexibilisierung und Integration. Frankfurt/M., S. 118-134.

Roskamp, Hermann; Wilde, Klaus 1999: Grundzüge der Neurosenlehre. In: Hinz, Helmut (Hrsg.): Wolfgang Loch. Die Krankheitslehre der Psychoanalyse. Stuttgart, Leipzig (6. Auflage), S. 81-191.

Rotmann, Michael 1978: Über die Bedeutung des Vaters in der „Wiederannäherungs-Phase". In: Psyche, Heft 2, S. 1105-1147.

Rotman, Michael 1981: Der Vater der frühen Kindheit – ein strukturbildendes drittes Objekt. In: Bittner, Günther (Hrsg.): Selbstwerden des Kindes. Ein neues tiefenpsychologisches Konzept. Fellbach, S. 160-171.

Sachße, Christoph 1994 (1986): Mütterlichkeit als Beruf. Opladen (2. überarbeitete Auflage).

Schafer, Roy 1982: Eine neue Sprache für die Psychoanalyse. Stuttgart.

Scherr, Albert 2000. Keineswegs ein unkritischer Beobachter. Niklas Luhmann, Kritische Theorie und Soziale Arbeit. In: Sozial Extra 5/6, S. 21-24.

Schleiermacher, Friedrich 1999 (1838): Hermeneutik und Kritik. Herausgegeben und eingeleitet von Manfred Frank. Frankfurt/M. (7. Auflage).

Schleiermacher, Friedrich 2000: Texte zur Pädagogik Bd. 2. Kommentierte Studienausgabe. Herausgegeben von Michael Winkler und Jens Brachmann. Frankfurt/M.

Schmid, Volker 1997: Fallstudien in der psychoanalytischen Pädagogik. In: Friebertshäuser, Barbara; Prengel, Annedore (Hrsg.): Handbuch Qualitative Forschungsmethoden in der Erziehungswissenschaft. Weinheim, München, S. 177-191.

Schmid, Volker (Hrsg.) 2001: Verwahrlosung, Devianz, antisoziale Tendenz. Stränge zwischen Sozial- und Sonderpädagogik. Freiburg.

Schneider, Christian 1998: Ist die Welt alles, was der Fall ist? Zu einigen Problemen der Einzelfallstudie, insbesondere der psychoanalytischen. In: Kimmerle, Gerd (Hrsg.): Zur Theorie der Psychoanalytischen Fallgeschichte. Tübingen, S. 85-109.

Schoenhals, Helen 1997: Unbewußte Phantasie und die Welt der inneren Objekte. In: Kennel, Rosemarie; Reerink, Gertrud (Hrsg.): Klein-Bion. Eine Einführung. Tübingen, S. 41-53.

Schründer-Lenzen, Agi 1997: Triangulation und idealtypisches Verstehen in der (Re-)Konstruktion subjektiver Theorien. In: Friebertshäuser, Barbara; Prengel, Annedore (Hrsg.): Handbuch Qualitative Forschungsmethoden in der Erziehungswissenschaft. Weinheim, München, S. 107-117.

Schüßler, Gerhard 2000: Psychoanalytische Diagnostik. In: Senf, Wolfgang; Broda, Michael (Hrsg.): Praxis der Psychotherapie. Ein integratives Lehrbuch: Psychoanalyse, Verhaltenstherapie, Systemische Therapie. Stuttgart, New York, S. 92-104.

Schütz, Alfred 1971a: Gesammelte Aufsätze I. Das Problem der sozialen Wirklichkeit. Den Haag.

Schütz, Alfred 1971b: Strukturen der Lebenswelt. In: Schütz, Ilse (Hrsg.): Gesammelte Aufsätze III. Studien zur phänomenologischen Philosophie. Den Haag.

Schütz, Alfred; Luckmann, Thomas 1975: Strukturen der Lebenswelt. Neuwied.

Schütze, Fritz 1993: Die Fallanalyse. Zur wissenschaftlichen Fundierung einer klassischen Methode der Sozialen Arbeit. In: Rauschenbach, Thomas (Hrsg.): Lebensweltorientierte Methoden in der sozialen Arbeit. Weinheim, München, S. 191-221.

Schweitzer, Jochen 2000: Systemische Therapie. In: Senf, Wolfgang; Broda, Michael (Hrsg.): Praxis der Psychotherapie. Ein integratives Lehrbuch: Psychoanalyse, Verhaltenstherapie, Systemische Therapie. Stuttgart, New York, S. 230-238.

Senf, Wolfgang; Broda, Michael (Hrsg.) 2000: Praxis der Psychotherapie. Ein integratives Lehrbuch: Psychoanalyse, Verhaltenstherapie, Systemische Therapie. Stuttgart, New York.

Seitz, Willi 1998: Verhaltensstörungen. In: Rost, Detlef H. (Hrsg.): Handwörterbuch Pädagogische Psychologie. Weinheim, S. 547-551.

Sommer, Markus 1998: Jugendhilfeplanung im Landkreis Tübingen. Eine qualitativ-empirische Rekonstruktion des Planungsprozesses im Bereich der Hilfen zur Erziehung zwischen 1993 und 1997. Unveröffentlichte Diplomarbeit am Institut für Erziehungswissenschaft der Universität Tübingen.

Sprondel, Walter M. (Hrsg.) 1977: Alfred Schütz und Talcott Parsons. Zur Theorie sozialen Handelns. Ein Briefwechsel. Frankfurt/M.

Staehle, Angelika 1997: Paranoid-schizoide Position und projektive Identifizierung. In: Kennel, Rosemarie; Reerink, Gertrud (Hrsg.): Klein-Bion. Eine Einführung. Tübingen, S. 65-84.

Stehr, Harm 1998: Stationäre Langzeitpsychotherapie mit frühtraumatisierten Jugendlichen, orientiert an D.W. Winnicott. In: Schlösser, Anne-Marie; Höhfeld, Kurt (Hrsg.): Trauma und Konflikt. Gießen, S. 465-478.

Stierlin, Helm 1980: Eltern und Kinder. Das Drama von Trennung und Versöhnung im Jugendalter. Frankfurt/M.

Sünkel, Wolfgang 1995: Voraussetzungen theoretischer Grundlagenforschung in der Pädagogik. In: Leonhard, Hans-Walter; Liebau, Eckhart; Winkler, Michael (Hrsg.): Pädagogische Erkenntnis. Grundlagen pädagogischer Theoriebildung. Weinheim, München, S.197-207.

Tenorth, Heinz-Elmar 2000: Geschichte der Erziehung. Einführung in die Grundzüge ihrer neuzeitlichen Entwicklung. Weinheim, München (3. völlig überarbeitete und erweiterte Auflage).

Thiersch, Hans 1978: Die hermeneutisch-pragmatische Tradition der Erziehungswissenschaft. In: Thiersch, Hans; Ruprecht, Horst; Herrmann, Ulrich (Hrsg.): Die Entwicklung der Erziehungswissenschaft. München, S. 11-108.

Thiersch, Hans 1986: Die Erfahrung der Wirklichkeit. Perspektiven einer alltagsorientierten Sozialpädagogik. Weinheim, München.

Thiersch, Hans 1992a: Lebensweltorientierte Soziale Arbeit. Aufgaben der Praxis im sozialen Wandel. Weinheim, München.

Thiersch, Hans 1992b: Das sozialpädagogische Jahrhundert. In: Rauschenbach, Thomas; Gängler, Hans (Hrsg.): Soziale Arbeit und Erziehung in der Risikogesellschaft. Neuwied, Kriftel, Berlin, S. 9-23.

Thiersch, Hans 1993: Strukturierte Offenheit. Zur Methodenfrage einer lebenswelt-orientierten Sozialen Arbeit. In: Rauschenbach, Thomas (Hrsg.): Lebensweltorientierte Methoden in der sozialen Arbeit. Weinheim, München, S. 11-28.

Thiersch, Hans 1995 (1978): Alltagshandeln und Sozialpädagogik. In: Neue Praxis 3/95. Hans Thiersch zum 60. Geburtstag, S. 215-234.
Thiersch, Hans 2001: Lebenswelt, Lebensschwierigkeiten, Psychoanalyse – Zum Verhältnis lebensweltorientierter Jugendhilfe zu psychoanalytischer Therapie.In: Schmid, Volker (Hrsg.): Verwahrlosung, Devianz, antisoziale Tendenz. Freiburg, S. 35-48.
Thole, Werner; Galuske, Michael; Gängler, Hans (Hrsg.) 1998: KlassikerInnen der Sozialen Arbeit. Sozialpädagogische Texte aus zwei Jahrhunderten – Ein Lesebuch. Neuwied.
Treeß, Helga 1998: Tagespflege und teilstationäre Hilfen zur Erziehung. Was können Tagespflege und Tagesgruppen als Teil einer kooperativ-integrativen Kinder- und Jugendhilfe leisten? In: Peters, Friedhelm; Trede, Wolfgang; Winkler, Michael (Hrsg.): Integrierte Erziehungshilfen. Frankfurt/M., S. 201-221.
Trescher, Hans-Georg 1992: Theorie und Praxis der Psychoanalytischen Pädagogik. Mainz.
Trescher, Hans-Georg 1993: Handlungstheoretische Aspekte der Psychoanalytischen Pädagogik. In: Muck, Mario; Trescher, Hans-Georg (Hrsg.): Grundlagen der Psychoanalytischen Pädagogik. Mainz, S. 167-201.
Tyson, Phyllis; Tyson, Robert L. 1997: Lehrbuch der psychoanalytischen Entwicklungspsychologie. Stuttgart, Berlin, Köln.
Uhlendorff, Uwe 1997: Sozialpädagogische Diagnosen III. Ein sozialpädagogisch-hermeneutisches Diagnoseverfahren für die Hilfeplanung. Weinheim, München.
Volk, Gisela 1997: Die depressive Position. In: Kennel, Rosemarie; Reerink, Gertrud (Hrsg.): Klein-Bion. Eine Einführung. Tübingen, S. 54-64.
Wagner-Winterhager, Luise 1988 : Psychoanalytische Pädagogik in ihren Anfängen. In: Neue Praxis 2, S. 111-119.
Waldhorn, Herbert, F. 1982: Heinz Hartmann und die moderne Psychoanalyse. In: Eicke, Dieter (Hrsg.): Tiefenpsychologie Bd. 3: Sigmund Freud – Leben und Werk. Weinheim, Basel, S. 53-80.
Watzlawik, Paul 1999 (1978): Wie wirklich ist die Wirklichkeit? Wahn, Täuschung, Verstehen. München (25. Auflage).
Wegner, Peter 1998: Die Fallgeschichte als Instrument psychoanalytischer Forschung. In: Kimmerle, Gerd (Hrsg.): Zur Theorie der Psychoanalytischen Fallgeschichte. Tübingen, S. 9-44.
Wegner, Thomas 1995: August Aichhorn. In: Fatke, Reinhard; Scarbath, Horst (Hrsg.): Pioniere psychoanalytischer Pädagogik. Frankfurt, Berlin, Bern, S. 17-30.
Will, Herbert 2001: Die Handhabung der Übertragung. In: Forum der Psychoanalyse. Heft 3, Bd. 17, S. 207-234
Winkler, Michael 1988: Eine Theorie der Sozialpädagogik. Stuttgart.
Winkler, Michael 1995a: Erziehung. In: Krüger, Helmut; Helsper, Werner (Hrsg.): Einführung in Grundbegriffe und Grundfragen der Erziehungswissenschaft. Opladen, S. 53-69.
Winkler, Michael 1995b: Die Schwierigkeiten des Zentaurus. Über Grundlagenforschung in der Pädagogik. In: Leonhard, Hans-Walter; Liebau, Eckhart; Winkler, Michael (Hrsg.): Pädagogische Erkenntnis. Grundlagen pädagogischer Theoriebildung. Weinheim, München, S. 15-56.

Winkler, Michael 1999a: „Ortshandeln" – die Pädagogik der Heimerziehung. In: Colla, Herbert (Hrsg.): Handbuch Heimerziehung und Pflegekinderwesen in Europa. Neuwied, S. 307-323.
Winkler, Michael 1999b: Flexibilisierung und Integration von Erziehungshilfen. Oder auch: Überlegungen zur Selbstvergessenheit der Pädagogik. In: Zeitschrift für Pädagogik, Sonderheft 39. Erziehung und sozialer Wandel. Weinheim, Basel, S. 131-151.
Winkler, Michael (Hrsg.) 2000: Friedrich Schleiermacher. Texte zur Pädagogik, Bd. 1., Einleitung. Frankfurt/M.
Winnicott, Donald W. 1974 (1965): Reifungsprozesse und fördernde Umwelt. München.
Winnicott, Donald W. 1997a (1958): Von der Kinderheilkunde zur Psychoanalyse. Frankfurt/M.
Winnicott, Donald W. 1997b (1971): Vom Spiel zur Kreativität. Stuttgart (9. Auflage).
Winnicott, Donald W. 1996 (1984): Aggression. Stuttgart (3. Auflage).
Winterhager-Schmid, Luise 1996: Die Dialektik des Generationenverhältnisses. Pädagogische und psychoanalytische Variationen. In: Liebau, Eckart; Wulf, Christoph (Hrsg.): Generation. Weinheim, S. 222-244.
Winterhager-Schmid, Luise (Hrsg.) 1998: Konstruktionen des Weiblichen. Ein Reader. Weinheim.
Winterhager-Schmid, Luise 2000: „Groß" und „klein" – Zur Bedeutung der Erfahrung mit Generationendifferenz im Prozeß des Heranwachsens. In: Winterhager-Schmid, Luise (Hrsg.): Erfahrung mit Generationen-Differenz. Köln, S. 15-37.
Ziese, Peter 1982: Die Triebtheorie der Psychoanalyse. In: Eicke, Dieter (Hrsg.): Tiefenpsychologie, Bd.1: Sigmund Freud – Leben und Werk. Weinheim, Basel, S. 337-356.
Zwischenbericht der Kommission Heimerziehung der obersten Landesjugendbehörden und der Bundesarbeitsgemeinschaft der freien Wohlfahrtspflege 1977. Frankfurt/M.

# Anhang

## 1 Die lebensweltorientierte Tagesgruppe nach § 27 und 32 KHG

Diese Tagesgruppe ist eine teilstationäre Einrichtung der Jugendhilfe. Sie wurde als reformpädagogisches Modell in den 80er Jahren des vergangenen Jahrhunderts in enger Kooperation mit dem Allgemeinen Sozialen Dienst des Jugendamtes entwickelt. In räumlicher Nähe zur Familie, zur Schule und zum Freundeskreis etablierte sich die Tagesgruppe als ein Ort, an dem Hilfe zur Erziehung geleistet wird. Für einige der jungen Menschen wird die Tagesgruppe zu einem zweiten Zuhause, denn hier erfahren sie Zuwendung, einen geregelten Tagesablauf und können sich dieser Gruppe zugehörig fühlen. In ihrer familienergänzenden und teilweise substituierenden Erziehungsfunktion will die Tagesgruppe dazu beitragen, eine Unterbringung des Kindes oder des Jugendlichen außerhalb der Herkunftsfamilie zu vermeiden. Integraler Bestandteil lebensweltorientierter pädagogischer Arbeit in der Tagesgruppe ist es, soziale Beziehungsfähigkeit und die individuelle Förderung der Persönlichkeitsentwicklung zu ermöglichen, aber auch die Belange eines Gemeinwesens zu berücksichtigen. Die lebensweltorientierte Tagesgruppe ist am Prinzip der Gemeinwesenarbeit und der Familienergänzung orientiert. Die Einbeziehung des Umfelds eines Kindes ist eine Bedingung für die Arbeit, denn die Familie, der Freundeskreis, die Schule und nachbarschaftliche Kontakte sind Teil der kindlichen Erfahrung und bestimmen seine persönliche Entwicklung. „Um die Ecke ein zweites Zuhause“ stellt die Leitidee der Tagesgruppenarbeit dar (Moch 1989).

Die Tagesgruppe liegt inmitten eines Stadtteils, in dem ca. 9000 Menschen leben. Jugendliche im Alter von 10-16 Jahre machen 6 Prozent dieser Gesamtbevölkerung aus. Im Wohngebiet leben 1800 Ausländerinnen und Ausländer, von denen heute der größte Teil Einwanderer aus Osteuropa sind. Der Stadtteil zählt nicht zu den „sozialen Brennpunkten“ in der Stadt. Im Viertel gibt es eine aktive Jugendarbeit und alle Arten von öffentlichen Schulen, Kindergärten sowie ein kleines Einkaufszentrum.

Im Folgenden wird die Tagesgruppenarbeit hinsichtlich der Rahmenbedingungen beschrieben. Sie wird von allgemeinen gesetzlichen Rahmenvereinbarungen durch das KJHG bestimmt, und findet ihre spezifische Prägung durch die Vereinbarungen des freien Trägers mit dem öffentlichen Jugendhilfeträger.

## *1.1 Die gesetzlichen Grundlagen*

Die Arbeit in der Tagesgruppe ist im KJHG unter dem Leistungsbereich „Hilfen zur Erziehung“ § 27 f beschrieben. Der Einleitungsparagraph 27, Abs.1-2, regelt den gesetzlichen Anspruch der Familien auf diese Hilfe, sobald „eine dem Wohl des Kindes oder des Jugendlichen entsprechende Erziehung nicht gewährleistet ist und die Hilfe für seine Entwicklung geeignet und notwendig ist. (...). Art und Umfang der Hilfe richten sich nach dem erzieherischen Bedarf im Einzelfall, dabei soll das engere soziale Umfeld des Kindes oder des Jugendlichen einbezogen werden“ (Jordan 1994, S. 275). In Verbindung mit § 1, Abs.1, KJHG soll der junge Mensch im Rahmen der Tagesgruppe bei der Entwicklung einer eigenverantwortlichen und gemeinschaftsfähigen Persönlichkeit gefördert werden. Der gesetzliche Auftrag konkretisiert sich im Hilfeplan, der die Grundlage der pädagogischen Arbeit darstellt (§ 36 KJHG). Dieser wird in Zusammenarbeit mit der Familie, dem ASD, der Tagesgruppe und ggf. weiteren Beteiligten erstellt. Ob zusätzliche therapeutische Leistungen in Anspruch genommen werden, hängt vom Einzelfall ab. Wenn die Entscheidung für eine „Hilfe zur Erziehung im Rahmen der Tagesgruppe“ gefallen ist, beschreibt § 32 KJHG den Anspruch der Hilfe.

**Die Aufgabenstellung der Tagesgruppenarbeit wird im KJHG wie folgt skizziert:**

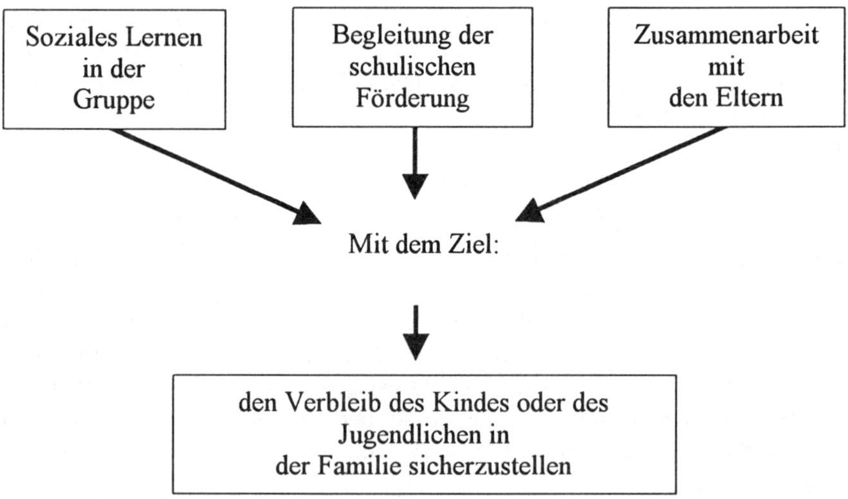

In der Praxis zeigt sich, dass es nicht immer gelingt, den Verbleib eines Kindes oder Jugendlichen in seiner Familie zu sichern. In manchen Fällen kann es sinnvoll sein, die Unterbringung eines Kindes oder Jugendlichen in einer Wohngruppe zu ermöglichen. Häufig gilt die Tagesgruppe auch als „Clearingstelle“, um herauszufinden, welche Institution nach § 27 KHG im Einzelfall notwendig und nützlich sein kann.

### *1.2 Der Träger*

Die Tagesgruppe, die Ben besuchte, gehört zum teilstationären Bereich einer Gesamteinrichtung, deren Name aus Datenschutzgründen an dieser Stelle nicht genannt werden kann. Zum Vorstand des als Verein organisierten Trägers gehören wissenschaftliche Mitarbeiter und Mitarbeiterinnen sowie Ärzte der örtlichen Kinder- und Jugendpsychiatrie. Die Mitarbeitenden der jeweiligen Einrichtungen waren von Anfang an an der Vereinsentwicklung beteiligt. Die Möglichkeiten der Mitbestimmung wandelten sich allerdings im Laufe der Zeit, denn vor dem Hintergrund der Weiterentwicklung der Jugendhilfe und der Expansion der Einrichtung mussten neue Formen der Partizipation entwickelt werden. Die Einrichtung ist dezentral organisiert. Die Leitung besteht heute aus einem Leitungskollegium, dem der Einrichtungsleiter und die Bereichsleiter und -leiterinnen der jeweiligen stationären, teilstationären und ambulanten Jugendhilfemaßnahmen angehören. Der Verein unterhält u.a. zwei lebensweltorientierte Tagesgruppen.

## 2 Die Aufnahmekriterien und Ziele der Gruppe

Die Aufnahmekriterien, die Zielgruppe und Zielsetzung der Tagesgruppe sind abhängig vom sozialräumlichen Bedarf, vom aktuellen Platzangebot und dem jeweiligen Einzelfallbedarf. Als Aufnahmekriterien gelten:

- das Alter der Kinder. Sie sollten zur Zeit der Aufnahme das Grundschulalter erreicht haben und nicht älter als 14 Jahre alt sein;
- das vorhandene Platzangebot in der Gruppe;
- der Wohnort sollte im Gemeinwesen sein;
- der Besuch der Schule im Stadtteil;
- die Freiwilligkeit;
- die Bewilligung der Maßnahme durch den ASD.

**Die Zielgruppe**

Das Angebot der Tagesgruppe richtet sich an Familien, die Hilfe zur Erziehung freiwillig in Anspruch nehmen. Es handelt sich in der Regel um:

- Allein Erziehende;

- Scheidungsfamilien;
- Migrationsfamilien;
- Aussiedlerfamilien;
- kinderreiche Familien.

In den meisten Fällen sind die Familien durch mehrere Faktoren belastet. Aus dieser Mehrfachbelastung resultiert eine Überforderung, sei es durch soziale Ausgrenzung, materielle und psychische Belastungen, Krankheit etc., so dass die Erziehungskompetenz der Eltern nicht in ausreichendem Maße gewährleistet ist. Mangelnde Verbindlichkeit, Mangel an Strukturen im Tages-, Wochen- und Jahresablauf, widersprüchlicher Erziehungsstil, Überreaktionen, hilfloses Gewährenlassen, Geschwisterrivalitäten u.ä. kennzeichnen häufig die familiale Situation. Ursache oder Begleiterscheinung der belasteten Lebenssituation sind:

- Scheidungskonflikte;
- Paarbeziehungskonflikte;
- Alkohol- und Gewaltproblematik;
- Arbeitslosigkeit;
- psychische Erkrankung der Eltern.

Diese Lebensverhältnisse wirken sich auf die Heranwachsenden aus. Die Probleme der Kinder und Jugendlichen zeigen sich in:

- Entwicklungsrückständen und -störungen;
- Unsicherheiten im sozialen Kontakt;
- mangelnder Fähigkeit, sich in eine Gruppe einzuordnen;
- unkontrollierten aggressiven Handlungen;
- Verleugnung eigenen Fehlverhaltens;
- negativer Erwartungshaltung und Misstrauen gegenüber Erwachsenen;
- innerer Unruhe, die nach außen gewandt wird;
- Unsicherheit und mangelndem Selbstwertgefühl;
- Konzentrations- und Lernschwierigkeiten.

**Die Zielsetzung**
Pädagogisches Handeln in der Tagesgruppe lässt sich definieren als ein strukturierter und zielorientierter erzieherischer Umgang mit den Heran-

wachsenden unter Einbeziehung der Gruppe der Gleichaltrigen und der jeweiligen Familie. Es geht um:

- Stabilisierung des familialen Umfelds;
- Stärkung der erzieherischen Kompetenz der Sorgeberechtigten;
- Hilfe bei der sozialen Integration;
- Förderung der Persönlichkeitsentwicklung des Heranwachsenden;
- Aufbau von Beziehungsfähigkeit;
- Stabilisierung der schulischen Situation des Kindes oder Jugendlichen, Stabilisierung außerfamilialer förderlicher sozialer Kontakte;
- Vermittlung von Alltagskompetenzen;
- Mitgestaltung des Sozialraumes im Sinne der Prävention sozialer Problemlagen.

## 3 Das pädagogische Angebot

Die Tagesgruppe befindet sich in zwei nebeneinander liegenden Dreizimmerwohnungen im Erdgeschoss eines Wohnblocks des Stadtteils. Um das Haus herum findet sich eine große Wiese und ein Kinderspielplatz. Darüber hinaus können die Heranwachsenden den separaten Tischtennis-, Werk- und Bastelraum benutzen. Zur Mobilität unterhält die Tagesgruppe zwei VW-Busse, die von der Jugendhilfestation mitgenutzt werden. Die Tagesgruppe wurde für die Betreuung von zwölf Kindern und Jugendlichen konzipiert, bei einer Personalausstattung von 3,75 Sozialpädagogen- und Sozialpädagoginnenstellen sowie einer Zivildienststelle. Jedes der zwölf Kinder hat in einem Zimmer der Tagesgruppe eine Schreibtischecke und die Möglichkeit, den Raum persönlich zu gestalten. In jeder Wohnung arbeiten ein Kollege und eine Kollegin zusammen und betreuen sechs oder sieben Kinder und Jugendliche im Alter von neun bis siebzehn Jahren. Die Anzahl der Mädchen in der Gruppe ist geringer als die der Jungen. In der Regel befinden sich unter den zwölf Heranwachsenden nur drei oder vier Mädchen. Die zwei Pädagogen und zwei Pädagoginnen sind jeweils für drei bis vier Familien zuständig, übernehmen für diese Kinder die Fallverantwortung und sind die Bezugsperson in der Tagesgruppe. Zu ihren Aufgaben gehören die Hausaufgabenbetreuung, Hilfeplangespräche zu führen, Schul- und Elternkontakte zu pflegen, Absprachen zu treffen und Auseinandersetzungen mit den Heranwachsenden zu führen. Die hauswirtschaftlichen Aufgaben müssen mit dem Zivildienstleistenden in der Gruppe übernommen werden.

**Die Tages- und Wochenstruktur**

Die strukturierung der Tageszeit ist ein wichtiges pädagogisches Kriterium. Die Tages- und Wochenstruktur ist weitestgehend festgelegt. Die Kinder und Jugendlichen kommen nach der Schule in die Tagesgruppe. Um 13.00 Uhr gibt es Mittagessen. Die Kinder übernehmen einmal wöchentlich den Küchendienst (Tisch abräumen) und einen kleinen Putzauftrag in der Wohnung. Nach dem Mittagessen ist Zeit für Spiele (Computerspiele, Tischtennis, Gesellschaftsspiele, Toben etc.) und an zwei Tagen dürfen die Kinder bis zur Hausaufgabenzeit fernsehen. Nach dem Essen wird für alle Kaffee und Tee angeboten. Um 14.00 Uhr beginnt die Hausaufgabenzeit, die integraler Bestandteil der Tagesgruppenstruktur ist. Die Kinder und Jugendlichen werden bei der Erledigung der Aufgaben unterstützt. Zwischen 15.00 und 15.30 Uhr beginnen die Nachmittagsaktivitäten. Ein Wochenplan legt die regelmäßigen Aktivitäten fest. Er wird zweimal jährlich vor dem Hintergrund der Lebenssituation des jeweiligen Kindes oder Jugendlichen und dem Entwicklungsförderungsbedarf erstellt. In der wöchentlich stattfindenden Dienstbesprechung wird die aktuelle Planung einer Woche festgelegt. Der Wochenplan lässt auch Spielräume für außergewöhnliche Termine, die nicht vorhersehbar sind. Die Kinder und Jugendlichen können sich, nach vorheriger Absprache, auch mit Freunden außerhalb der Tagesgruppe treffen oder diese mit in die Gruppe bringen. Der Tag in der Gruppe wird mit einer Vesper zwischen 16.30 Uhr und 17.00 Uhr beendet. Zwei bis dreimal jährlich werden Freizeiten für die Kinder und Jugendlichen, Familienfreizeiten sowie Tagesausflüge mit den Familien angeboten.

Die Eltern treffen sich ca. alle sechs Wochen zu Elternabenden in der Tagesgruppe. Das Team bereitet thematische Abende oder gesellige Programmpunkte vor. Die Eltern beteiligen sich an den Verpflegungskosten der Tagesgruppe und zahlen einen monatlichen Beitrag, die „häusliche Ersparnis", sofern sie dazu in der Lage sind. Darüber hinaus finden regelmäßige auf den Einzelfall bezogene Elterngespräche statt. Die erzieherische Hilfe wird mit den beteiligten Personen im Hilfeplangespräch festgelegt. Die am Hilfeplan orientierte Erziehungspraxis umfasst alltagspädagogische Leistungen wie:

- einen geregelten Tagesablauf;
- das verlässliche Beziehungsangebot von Erwachsenen an Kinder und die Auseinandersetzung mit ihnen;
- Einzel- und Gruppensituationen, die bewusst gestaltet werden;
- Freizeitgestaltung;
- schulische Begleitung;
- Übernahme von Pflichten und Verantwortung;
- Elternarbeit.

## *3.1 Die pädagogische Arbeit nach § 32 KJHG*

Die pädagogische Arbeit ist nach § 32 KJHG strukturiert in soziales Lernen in der Gruppe, die schulische Begleitung und Förderung und die Zusammenarbeit mit der Herkunftsfamilie.

**a) Soziales Lernen in der Gruppe**

Die Heranwachsenden machen in einer Gruppe die Erfahrung der Plan- und Veränderbarkeit der eigenen Lebenssituation. Das kann über die Vermittlung von funktionalen Kenntnissen, Kompetenzen, Einstellungen erreicht werden und trägt zu Verhaltensänderungen bei. Die Gruppe ist der Raum, in dem Erwachsene mit Kindern und Jugendlichen Zeit verbringen, sie ist das überschaubare Erfahrungsfeld sozialer Beziehungen. Mit Hilfe der Gruppe der Gleichaltrigen können Verhaltensreflexionen vermittelt, Identität gestiftet und Neues ausprobiert werden. Die Gruppe bietet darüber hinaus Geborgenheit, Schutz und die Möglichkeit zur Identifikation mit gemeinsam geschaffenen Werten und Normen. Soziales Lernen in der Gruppe beinhaltet:

- Vorgabe und Ausgestaltung von Strukturen, z.B. Regeln, Umgangsformen, das Setzen von Grenzen durch die Erwachsenen und die Gruppe der Gleichaltrigen;
- Einübung sozialer Wahrnehmung und Verhaltensweisen durch Aufgreifen von Konflikten und Übernahme von Verantwortung für das eigene Tun;
- Erlernen von Konfliktlösungsstrategien;
- Erfahren von Wertschätzung und Anerkennung;
- Einübung verschiedener sozialer Rollen und Interaktionsformen;
- Auseinandersetzung mit Stimmungen, Bedürfnissen und Interessen der Heranwachsenden in der Gruppe;
- Alters- und geschlechtsspezifischen Angebote, z.B. Mädchentreffs und Jungengruppen;
- Förderung musischer, handwerklicher, sportlicher und hauswirtschaftlicher Fertigkeiten durch freizeitpädagogische Angebote, z.B. Spielgruppe, Theatergruppe, Zirkus und Varieté;
- Einzelangebote für Kinder oder Jugendliche, die aktuell mit den sozialen Anforderungen eines Gruppenangebotes überfordert sind.

**b) Schulische Begleitung und Förderung**

Schulische Förderung umfasst die Begleitung der Kinder und Jugendlichen durch Erwachsene bei den Hausaufgaben und die zusätzliche Förderung durch vertiefendes Lernen des Unterrichtsstoffes. Lücken im Wissensbereich können auf diese Weise geschlossen werden, um das Klassenniveau zu halten oder zu erreichen. Emotional bedingte Lernschwächen werden durch die ganzheitliche Förderung der Kinder und Jugendlichen durch die Pädagogen und Pädagoginnen aufgegriffen, und es wird daran gearbeitet, dass die Heranwachsenden für ihre Leistung Verantwortung übernehmen. Die schulische Begleitung stellt einen zentralen Aspekt der pädagogischen Tätigkeit dar. Die Hausaufgabensituation ist so gestaltet, dass die Kinder während dieser Zeit individuelle Zuwendung erhalten und auch über ihre Erlebnisse in der Schule reden können. Die Förderung und Kooperation im Bildungs- und Ausbildungsbereich beinhaltet:

- Begleitung und Einflussnahme auf Entscheidungen, die die Schul- oder Ausbildungslaufbahn betreffen;
- schulische Förderung durch Hausaufgabenbetreuung, Aufarbeiten von Lücken und evtl. Lese-Rechtschreibtraining;
- Wecken von Neugier durch Angebote von Computerlernprogrammen, Büchern und Reisen, z.B. Work-Camps;
- Kooperation mit der jeweiligen Schule und Besuch von Elternabenden;
- Vermittlung zwischen Schule- oder Ausbildungsinstitution und Familie;
- Vermittlung berufsbegleitender Hilfen nach Abschluss der Tagesgruppe;
- Hilfe beim Erstellen von Bewerbungen;
- Nachbetreuung ehemaliger Gruppenmitglieder.

**c) Zusammenarbeit mit den Familien**

Die Arbeit mit den Familien und die wechselseitige Wertschätzung ist eine Voraussetzung für das Gelingen der Hilfe durch die Tagesgruppe. Um die elterliche Kompetenz zu stärken, ist eine vertrauensvolle Atmosphäre gegenseitiger Akzeptanz nötig. Die Zusammenarbeit der Pädagogen und Pädagoginnen mit der jeweiligen Familie ist die Basis, um die pädagogischen Prozesse und die Förderung der Kinder und Jugendlichen abzusichern. Sie geschieht durch:

- regelmäßige, individuell gestaltete Eltern- und Familiengespräche;
- Entwicklung von Handlungsschritten, um die erzieherische Kompetenz der Herkunftsfamilie zu stärken;
- telefonische Rücksprachen;
- Vermittlung therapeutischer Hilfen;

- alltagspraktische Hilfen im Sinne der Hilfe zur Selbsthilfe für Eltern und selbstständig gewordene Jugendliche;
- Hilfe bei der Bewältigung akuter Krisen;
- regelmäßige Elternabende in der Tagesgruppe zu pädagogischen Themen oder zur Pflege sozialer Beziehungen innerhalb der Elterngruppe;
- Familienwochenendfreizeiten und Familientagesausflüge.

### *3.2 Die Funktions- und Betreuungsleistungen im Regelangebot*

Eine gruppeninterne Statistik im Jahr 2000 zeigte, dass von 37 Heranwachsenden, die seit Bestehen der Tagesgruppe die Gruppe verließen, zwei Drittel männlichen und ein Drittel weiblichen Geschlechts waren. Bei 52 Prozent der Heranwachsenden handelte es sich bereits bei der Aufnahme um eine Indikation, bei der die Tagesgruppe als Alternative zur Fremdunterbringung gewählt worden war, und sie damit die kostenintensive stationäre Unterbringung verhinderte. Die familienähnliche Struktur der Gruppe erleichtert z.B. eine zeitlich begrenzte Beheimatung von Kindern und Jugendlichen. Bei drei von 37 Heranwachsenden wurde im Anschluss an eine langjährige Unterstützung durch die Tagesgruppe eine weiterführende Jugendhilfemaßnahme gewährt, weil die familiale Situation eine Begleitung der Heranwachsenden in Ausbildung und Beruf nicht erfolgreich gewährleistet hätte. Für sechs von 37 Heranwachsenden war das Angebot der Tagesgruppe eine einjährige Durchgangsstation, um eine Fremdplatzierung zu ermöglichen. Bei 48 Prozent der Maßnahmen war die Tagesgruppe eine unterstützende Hilfe zur Erziehung, so dass die jungen Menschen in ihren Familien bleiben konnten. Die Gruppe musste jedoch keinen Ersatz für eine mangelnde erzieherische Arbeit bieten. Die durchschnittliche Verweildauer der Heranwachsenden in der Tagesgruppe betrug 3,5 Jahre. Im vorgestellten Fall blieb der Junge doppelt so lange. 27 Prozent der jungen Erwachsenen verließen die Tagesgruppe mit dem Realschulabschluss. Der Rest besuchte die Hauptschule und verließ die Gruppe mit dem Hauptschulabschluss. Bei zwei von 37 Heranwachsenden wurde die Gruppe vor dem Schulabschluss beendet. Die jungen Menschen kamen, wie bereits erwähnt, aus Familien unterschiedlicher Nationalitäten, besonders hoch war der Anteil eritreischer Kinder und Jugendlicher. Betrachtet man die Höhe der Kosten für die Unterbringung in der Tagesgruppe, so liegt der Tagessatz für die teilstationäre Betreuung unter dem einer stationären Unterbringung. In der Tagesgruppe ist das Team in Absprache mit dem Bereichsleiter für die Betreuung und auch die Gestaltung des äußeren Rahmens zuständig.

Die Leistungen beziehen sich auf:

- Öffnungszeiten: ganzjährig, täglich. Die Heranwachsenden kommen nach der Schule in die Tagesgruppe und werden bis 17.00 Uhr betreut. In den Ferien ist die Gruppe auch vormittags geöffnet;
- Bezugspersonensystem;
- regelmäßige Erziehungsplanung;
- Flexibilität im Betreuungsschlüssel: Die Betreuung und die Kosten werden dem Bedarf entsprechend reduziert, wenn ein Jugendlicher in der Ablösungsphase ist;
- Krisenintervention: Die Mitarbeitenden der Tagesgruppe vermitteln bei Familienstreitigkeiten und in Krisenzeiten, z.B. Krankheit oder Kuraufenthalt der Sorgeberechtigten; sofern es notwendig ist, wird die Versorgung des Kindes über die Tagesgruppe sichergestellt;
- Freizeiten;
- sozialtherapeutische Leistungen: Die Tagesgruppe trägt zur diagnostischen Abklärung und Vermittlung psychotherapeutischer Kindertherapien, Familienberatungen oder -behandlungen bei.

Das Team ist zusätzlich verantwortlich für den äußeren Rahmen der Gruppenarbeit:

- die Organisation der Haushaltsführung;
- Instandhaltung der Räume und VW-Busse;
- regelmäßige Renovierung der Gruppenräume;
- Bewirtschaftung des Gruppenetats;
- materielle Ausstattung;
- konzeptionelle Weiterentwicklung der Jugendhilfe.

Die pädagogischen Vorgehensweisen sind fachtheoretisch rückgebunden:

- an eine lebensweltorientierte Pädagogik und das biografische Fallverstehen;
- tiefenpsychologisches und systemtheoretisches Fallverständnis;
- erlebnispädagogische Ansätze.

# 4 Strukturelle Entwicklungen

Im Rahmen der Jugendhilfeplanung des Landkreises wurde vor einiger Zeit das Zuständigkeitsgebiet der freien Träger für die verschiedenen Regionen des Landkreises aufgeteilt. Dabei wurden die ASD-Regionalteams einem jeweiligen Träger der Jugendhilfe zugewiesen. Sie übernehmen zusammen die Aufgabe, die Angebote der Jugendhilfe nach § 27 f KJHG in der Region bereitzustellen. Als Organisationsmodell soll die Jugendhilfestation die Verknüpfung professioneller Möglichkeiten mit Selbsthilfepotentialen des Gemeinwesens ermöglichen (vgl. Rilling 1998, s.a. Sommer 1999). Die Jugendhilfeplanung korrespondierte mit professionstheoretischen Überlegungen zur Weiterentwicklung der Jugendhilfe, die unter dem Stichwort „flexible und integrierte Hilfen" entwickelt wurden (vgl. Peters u.a. 1998).

## *4.1 Das Konzept der Jugendhilfestation*

Im Modell der Jugendhilfestation ist die Tagesgruppe ein Teil des Verbundsystems. Die Jugendhilfestation, zuständig für alle Anfragen der Region, integriert Hilfeformen und trägt zur Entwicklung neuer flexibler Projekte und Kooperationsmöglichkeiten bei. Durch die neue Organisationsstruktur wird es möglich, Angebote der „Hilfen zur Erziehung" noch besser an individuelle und sozialräumliche Bedarfslagen der Hilfesuchenden anzupassen. Während gemeinsamer Fallbesprechungen suchen die Mitarbeitenden der Jugendhilfestation nach Lösungen für den jeweiligen Einzelfall.

- Präventiv, alltagsorientiert und unbürokratisch soll Jugendhilfe helfen, bevor Hilfe zur Erziehung aufgrund schwerwiegender Auffälligkeiten unabweisbar indiziert ist;
- Ganzheitlich, integrativ soll jeder Stadtteil Hilfestrukturen vorhalten, die sowohl individuelle Bedürfnisse als auch sozialräumliche Gegebenheiten berücksichtigen und die vorhandene Infrastruktur nutzen;
- Regional, dezentralisiert und vernetzt soll Jugendhilfe im überschaubaren Gemeinwesen tragfähige soziale Netze entwickeln und vorhandene Ressourcen aus dem Stadtteil einbeziehen;
- Partizipativ und Selbsthilfe fördernd soll dem Bürger und der Bürgerin die Möglichkeit zur Beteiligung an der Jugendhilfe Planung ermöglicht werden, um anstehende Probleme zu erkennen und an deren Lösung mitzuwirken (vgl. Rilling 1998).

Daraus ergeben sich folgende Aufgaben:

- Aufbau präventiver Beratungs- und Hilfeangebote in der Region, Präsenz des ASD im jeweiligen Stadtteil und Kooperation mit Kindergärten, Schulen, Jugendhäusern und Einrichtungen der Jugendhilfe, Aufbau von Stadtteilbüros;

- Aufbau von flexiblen Hilfestrukturen im Gemeinwesen zur Koordination der Jugendhilfe-Maßnahmen;
- Aufbau einer Arbeitsgemeinschaft „Jugend und Familie“ als Zusammenschluss aller Institutionen, die innerhalb des Gemeinwesens für Kinder und Jugendliche tätig sind.

### *4.2 Die Leistungen der Jugendhilfestation*

Das Leistungsspektrum der Jugendhilfestation umfasst alle Angebote der Hilfen zur Erziehung § 27-32 und § 35 KJHG sowie Beratungsangebote und betreutes Wohnen im Lebensfeld. Die Station koordiniert das ambulante und teilstationäre Angebot nach der Bedarfslage im Gemeinwesen. Die Leistungen werden erbracht durch:

- Das Kreisjugendamt, das für die Entscheidung über die Durchführung von Erziehungshilfen zuständig ist und das dem ASD die Prüfung und Feststellung der Leistungsvoraussetzung sowie die Planung, Steuerung und Zielüberprüfung der Erziehungshilfen überlässt;
- Die Fachkonferenz für Erziehungshilfe, die den Bedarf an Jugendhilfe-Maßnahmen im Gemeinwesen koordiniert;
- Die jeweiligen Einrichtungen, die in der Fachkonferenz vertreten sind beraten die Hilfeplanung.

Die nachfolgende Grafik verdeutlicht den Aufbau und die Organisationsstruktur der Jugendhilfestation. Die Kooperation und enge Vernetzung ermöglicht eine fallübergreifende Arbeitsweise, so dass verschiedene Aufgaben arbeitsteilig übernommen werden können und sich ergänzen.

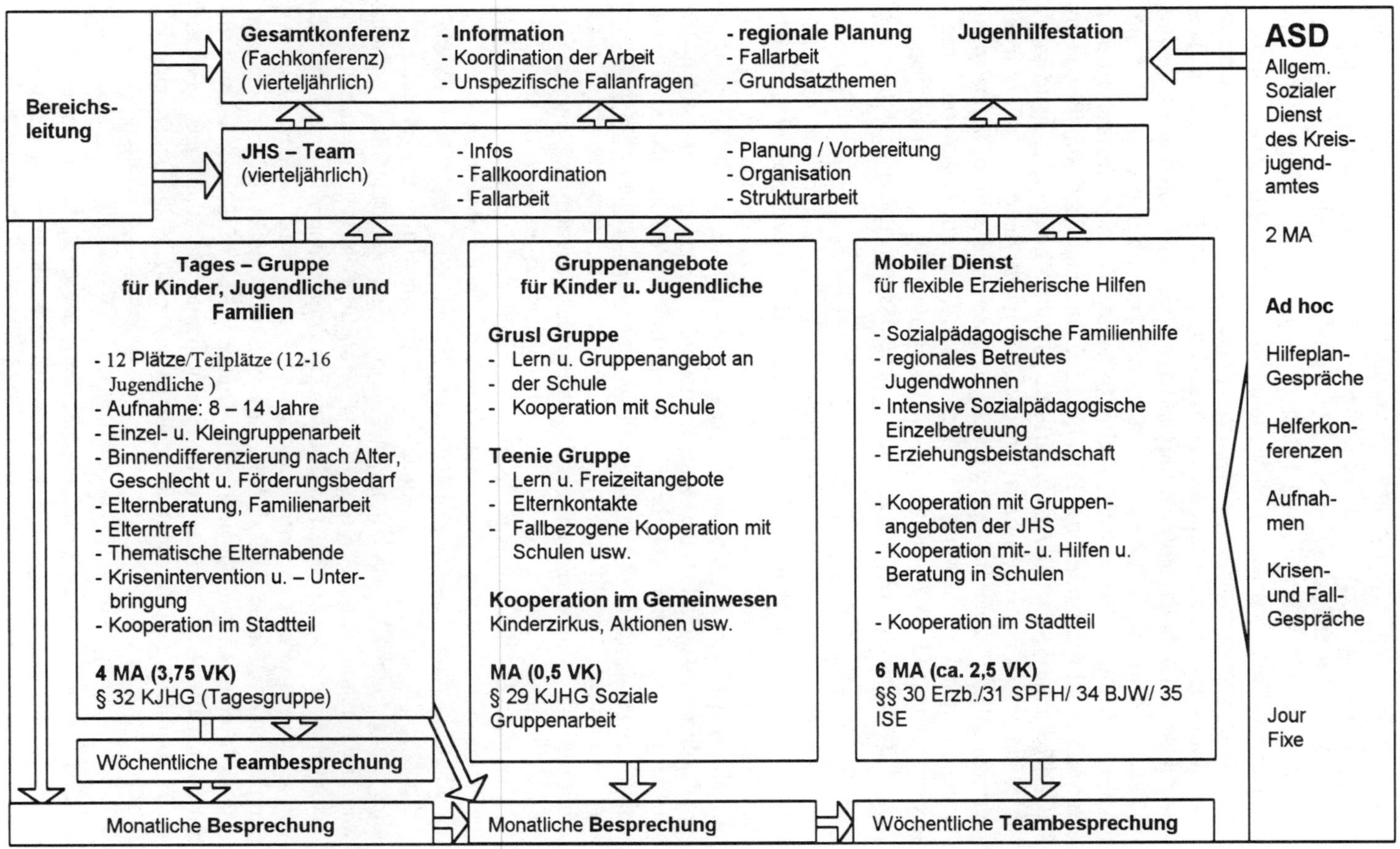
Gesamtkonferenz
(Fachkonferenz)
( vierteljährlich)
- Information
- Koordination der Arbeit
- Unspezifische Fallanfragen
- regionale Planung
- Fallarbeit
- Grundsatzthemen
Jugenhilfestation
ASD
Allgem. Sozialer Dienst des Kreis-jugend-amtes
2 MA
Ad hoc
Hilfeplan-Gespräche
Helferkon-ferenzen
Aufnah-men
Krisen- und Fall-Gespräche
Jour Fixe
Bereichs-leitung
JHS – Team
(vierteljährlich)
- Infos
- Fallkoordination
- Fallarbeit
- Planung / Vorbereitung
- Organisation
- Strukturarbeit
Tages – Gruppe
für Kinder, Jugendliche und Familien
- 12 Plätze/Teilplätze (12-16 Jugendliche )
- Aufnahme: 8 – 14 Jahre
- Einzel- u. Kleingruppenarbeit
- Binnendifferenzierung nach Alter, Geschlecht u. Förderungsbedarf
- Elternberatung, Familienarbeit
- Elterntreff
- Thematische Elternabende
- Krisenintervention u. – Unterbringung
- Kooperation im Stadtteil
4 MA (3,75 VK)
§ 32 KJHG (Tagesgruppe)
Gruppenangebote
für Kinder u. Jugendliche
Grusl Gruppe
- Lern u. Gruppenangebot an
- der Schule
- Kooperation mit Schule
Teenie Gruppe
- Lern u. Freizeitangebote
- Elternkontakte
- Fallbezogene Kooperation mit Schulen usw.
Kooperation im Gemeinwesen
Kinderzirkus, Aktionen usw.
MA (0,5 VK)
§ 29 KJHG Soziale Gruppenarbeit
Mobiler Dienst
für flexible Erzieherische Hilfen
- Sozialpädagogische Familienhilfe
- regionales Betreutes Jugendwohnen
- Intensive Sozialpädagogische Einzelbetreuung
- Erziehungsbeistandschaft
- Kooperation mit Gruppenangeboten der JHS
- Kooperation mit- u. Hilfen u. Beratung in Schulen
- Kooperation im Stadtteil
6 MA (ca. 2,5 VK)
§§ 30 Erzb./31 SPFH/ 34 BJW/ 35 ISE
Wöchentliche Teambesprechung
Monatliche Besprechung
Monatliche Besprechung
Wöchentliche Teambesprechung